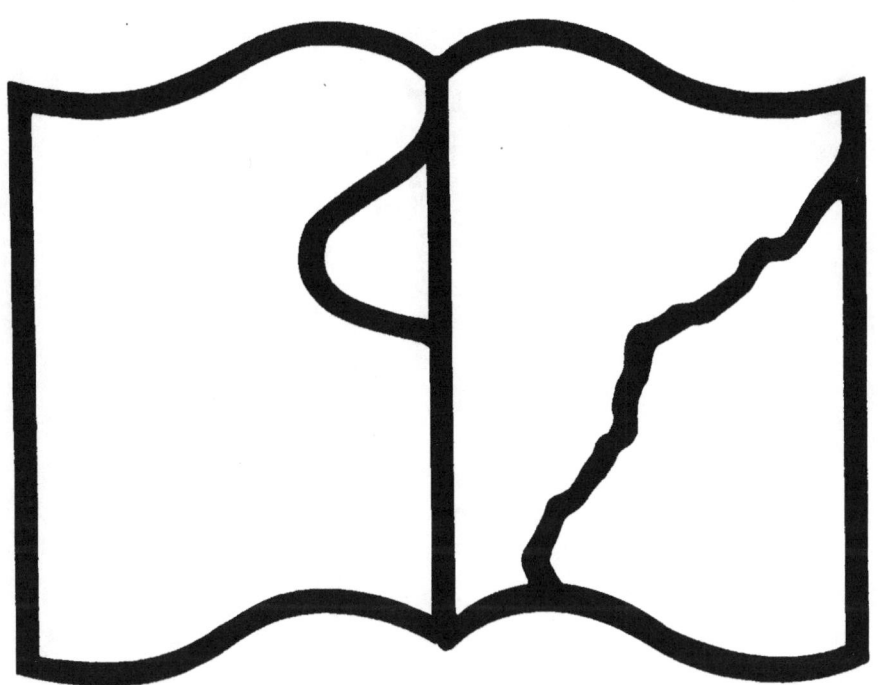

Texte détérioré — reliure défectueuse

NF Z 43-120-11

FRASCUELO

LIBRO DE LECTURA CORRIENTE

NOCIONES ELEMENTALES

SOBRE

LA MORAL, LA ECONOMIA POLITICA
LA AGRICULTURA, LA LEGISLACION USUAL Y LA HIGIENE

Por G. BRUNO

OBRA CORONADA POR LA ACADEMIA FRANCESA
Y POR LA SOCIEDAD PARA LA INSTRUCCION ELEMENTAL

EDICION ILUSTRADA CON 250 GRABADOS INSTRUCTIVOS

LIBRERÍA DE CH. BOURET

PARIS | MEXICO
23, calle Visconti, 23 | 14, Calle del Cinco de Mayo, 14

1884
Propiedad del editor.

FRASCUELO

LIBRO DE LECTURA CORRIENTE

NOCIONES ELEMENTALES

SOBRE

**LA MORAL, LA ECONOMIA POLITICA
LA AGRICULTURA, LA LEGISLACION USUAL Y LA HIGIENE**

Por G. BRUNO

OBRA CORONADA POR LA ACADEMIA FRANCESA
Y POR LA SOCIEDAD PARA LA INSTRUCCION ELEMENTAL

EDICION ILUSTRADA CON 250 GRABADOS INSTRUCTIVOS

LIBRERÍA DE CH. BOURET

PARIS | MEXICO
23, calle Visconti, 23 | 14, Calle del Cinco de Mayo, 14

1884
Propiedad del editor.

Traduccion de Lorenzo Elizaga

INDICE METÓDICO
DE LAS LÁMINAS INSTRUCTIVAS

La infancia de la industria humana.

Primeras moradas de los hombres. Caverna d'Aurignac, 277. Una gruta, 98. Habitacion lacustre, 280. Primeros instrumentos de los hombres. Hacha de silex, 111. Hacha de silex, pulida y con mango, 278. Hacha de bronce, 279. Uno de los primeros sepulcros de los hombres. Dolman, 280. Choza de salvajes, 100. Utensilios de los salvajes, 111. Salvajes labrando piedras, 144. El cambio en objetos, 166. Piragua africana, 167. Conchas monedas, 171. Carcaj, 180.

Nuestros vestidos.

La industria del tejido. Telar, 80. La naveta del tejedor, 191. El huso y rueca de la hilandera, 192. Interior de una fábrica, 4.

Cómo se tiñen nuestros vestidos.

Molino para moler el indigo, 2. Indigotero, 2. Rubia, 79. Secadero de vapor, 38. Cómo se pintan las telas de seis colores, 203.

Los adornos.

El coral, 77. Ostra de perlas y de nácar, 202. Diamante tallado en rosa, 282. Obrero puliendo el diamante, 282. Obrero tallando el diamante, 282.

Las minas y las canteras.

Mina de carbon de piedra, 55. Explosion de grisú, 61. Lámpara de los mineros, 63. Hoja de helecho en la hulla, 341. Terreno encerrando filones, 168. Las minas de oro: molino pequeño para separar el oro del lodo, 170. Pizarrales, 266.

El trabajo de los metales.

Cómo se reducen los metales á láminas, 168. Obrero batiendo hojas de oro, 169. Cómo se reducen los metales á hilos, 169.

Industria.

Manufactura de tabaco, 149. Carpintería, ebanistería, 173. Nivel del agua, 175. Zapatería mecánica, 183. Manufactura de los Gobelinos, 206. Mercado de los vinos, 237. Pozo artesiano, 253. Exposicion universal, 253. Fabricacion de vidrios, 297.

Nuestras lámparas y el alumbrado.

Las lámparas antiguamente, 204. Lámpara inventada por Argand, 204. Lámpara con moderador, 204. Faro antiguo, 205. Lámpara de un faro moderno, 205.

Nuestros relojes.

Reloj de madera llamado cuclillo, 50. Péndula de un reloj de pesas, 85.

Los ferro-carriles.

El jóven Potter tratando de perfeccionar la máquina de vapor, 83. Una de las primeras locomotivas: el *Cohete* de Stephenson, 66. Una locomotiva moderna, 67. Un viaducto, 163. Túnel del San Gotardo, 165. El cambiador, 326. Descarrilamiento, 326.

El telégrafo.

Las señales de fuego en la edad media, 219. El telégrafo de los hermanos Chappe, 222. Iman eléctrico levantando pesos, 225. Hilos y postes telegráficos, 226. Oficina telegráfica, 226. Hilo telegráfico envuelto en gutta-percha para colocarle bajo el mar, 227.

La imprenta y el grabado.

Carácteres de imprenta, 284. Compositor de imprenta disponiendo los carácteres en líneas y en páginas, 285. La prensa de imprenta, 285. Grabador trabajando, 283.

El comercio y la navegacion.

Una canoa de salvajes, 105. Una galera antigua, 197. El primer buque de vapor: el buque de Papin, 274. El mayor de los buques de vapor: el *Leviathan*, 230. Ruedas de los buques antiguos, 292. Hélice de los buques modernos, 293. El mar visto desde un peñasco de la Mancha, 267. Canal de Suez, 156. Canal de agua dulce y su compuerta, 157. Colision de buques, 267. Incendio en el mar, 307.

La agricultura.

La brueta, 71. Un arado antiguo, 254. Arado de Dombasle, 254. Rastrillo, 255. Rodillo, 255. Máquina de trillar, 263. Tubos de desagüe, 252. El ganado, 259. El borrego merino, 262.

Legislacion usual.

El cajero y el tenedor de libros, 90. Bienes inmuebles, 96. Bienes muebles, 97. Caja de ahorros, 139. Banco de Francia, 172. Los jueces de paz, 200. Un tribunal, 128. Cámara de diputados, 239. Senado, Eliseo, 240. El voto, 241.

Verificador de pesos y medidas, 291. Venta en almoneda por embargo, 293. La Bolsa de Paris, 330. Alcaldía, 351. Consejo municipal, 353. Una sala de biblioteca, 153.

Las obras y los monumentos antiguos.

Jardines suspendidos de Babilonia, 115. Las pirámides de Egipto, 116. Esclavo romano volteando la muela para moler el trigo, 117. El Coliseo, 118.

Las grandes obras modernas.

Puente sobre un brazo de mar, 68. Un gran trabajo ejecutado por la Francia: la perforacion del istmo de Suez, 156. Muralla contra la cual se estrella el mar, 161. Grua que se mueve por medio del vapor, 162. El trabajo bajo del agua, 162. Perforacion del Monte-Cenis, 164.

Los grandes hombres.

Jorge Stephenson, 57. Pascal, 72. Newton, 88. Franklin, 89. San Vicente de Paul, 119. Estatua de Gutenberg, 286. Juana Darc, 318. San Luis, 319. Washington, 124. Ana de Austria, 198. La Bruyère, 208. Turgot, 211. Parmentier, 214. Olivier de Serres, 258. Lamartine, 349.

Las bellas artes.

Arquitectura: La casa cuadrada de Nimes, 346. Castillo feudal de Pierrefonds, 346. *Escultura*: Una de las primeras esculturas de los hombres: el reno, 347. *Dibujo*: Uno de los primeros dibujos de los hombres: el oso de las cavernas, 347. *Pintura*: Un cuadro del más grande pintura frances, Poussin: *la peste entre los Filisteos*, 348.

La geografia.

Una cadena de montañas: los Pirineos, 329. El torrente de la montaña, 276. Una isla del *mar del coral ó Archipiélago peligroso*, 78. Los volcanes. El Vesubio en erupcion, 339. Cráteres del Etna, 340. El gran geiser ó fuente brotante de Islanda, 341. El polo y sus hielos flotantes, 342. Paisaje de las Indias, el elefante, 154. Mezquita, oasis, 160. Milan, 165. Venecia, 165. Rennes, 174. Dijon, 176. San Quintin, 186. Lyon, 191. Lille, 194. Douai, 195. Paris, plaza del Teatro Frances, 199. Rouen, 203. Limoges, 212. Brest, 226. Ajaccio, Argel, 227. Lóndres, 231. Génova, 232. Nancy, 261. Moulins, 269. New-York, 271. Blois, 274. Pompeya, 281. Estaburgo, 287. Nantes, 289. El Havre, 294. Amiens, 301. Nevers, 305. Pau, 328. Tunez, 350. Fábrica de Rochdale, 314. Nice, 358.

Las diversas ciencias y sus instrumentos usuales.

El compas de los geómetras, 322. El nivel de agua y la mira de los agrimensores, 333. El anteojo de los marinos, 222. El lente de los físicos, 82. El telescopio de los astrónomos, 335. El microscopio de los naturalistas, 336. El barómetro, 337. El termómetro, 337. Los globos, 220. El horno y la retorta de los químicos, 338. El alambique y el alcohol, 300. La astronomia: el planeta Júpiter y sus satélites, 336.

Historia natural. Las plantas.

Rama de cerezo en flor, 48. El sagotal, 51. El pimentero y sus semillas, 81. Ramas de cafeto, 81. Cocotero, 86. El tabaco, 146. Hoja de un helecho antiguo, 341. Hongo de yesca, 83. Algas, 84. Plátano, piña, 108. Arbol de tapioca, manzanillo, 110. Bambú, 112. Caña de azúcar, 120. Adormidera, 148. Margarita, 177. Mimbreral, 179. Viña baja, viña alta, 182. Arbol de cautchuc, 188. Patata, tomate, estramonio, belladona, beleño, 215. La selva virgen, 73. Un bosque de alcornoque y la cosecha del corcho, 248.

Historia natural. Los animales.

Perro faldero, 6. Perro de Terranova, 264. Serpiente boa, 74. Leon, 75. Tigre, 76. Huellas dejadas por un monstruo de las antiguas edades, 341. El mammouth ó elefante de los primeros tiempos, 342. El megaterio ó *monstruo enorme* de antiguamente, 343. Alosa, salmon, 92. Escorpion, tarántula, cientopiés, 99. Serpiente de cascabel, vampiro de América, 99. Lobo, jaguar, gato-tigre, 101. Berraco, lechon *montés*, 103. Pericos, ave del paraíso, pájaro mosca, 103. Ardilla, semivulpeja, perezoso de América, 104. Titi, simiol, oustiti, 105. Gorilla, quimpancé, gueno, mono volante, mandril, 106. Antilope, la llama *alpaga*, 107. Grulla trompeta, 110. Ibis sagrado de Egipto, 117. Oso blanco, 121. Foca, morso, castor, bisonte, alce, tapir, hormiguero, tato, 122. Gamo, 142. Cocodrilo, 143. Pantera, camello, gato de algalia, camaleon, salamandra, pavo real, marabú, 155. Hiena, rinoceronte, avestruz, jirafa, 158. Zebra, gacela, pelicano, pintada, 159. Hipopótamo y cocodrilo, 160. Camello, 160. Buey jorobado, 171. Rana, 179. Gimnota, torpedo, 223. Abejaruco, abubilla, buho, salton, oruga musgaño, 251. Gato angora, 265. Golondrina, 358.

La caza y la pesca.

Jóven pescador tendiendo una red, 94. Un anzuelo de los primeros hombres, 279. El arco, 178. Pesca del coral en el Mediterráneo, 77. Pesca de la ballena, 228.

Higiene.

El cerebro y los nervios, 234. Los pulmones, 244. Delirio alcohólic 302. Blusa de seguridad contra la asfixia, 245.

FRASCUELO

I. — Entrada de Frascuelo al aprendizaje.

> El niño que con su trabajo se hace útil á su familia, y á sus semejantes, es ya un hombre. El hombre que por su pereza se hace inútil á todo el mundo, es todavía un niño.

Un viérnes muy temprano, el jóven Frascuelo, acompañado de su padrino el tio Santiago, entró como aprendiz en la gran fábrica de tejidos dirigida por el Sr. Clertan.

La puerta de la fábrica estaba situada justamente enfrente de la casa de Frascuelo, de manera que no había más que atravesar la calle. Várias veces ántes de aquel dia, Frascuelo y su hermanito Eugenio, sentados á la puerta de su casa, se habían divertido en ver la rica habitacion del Sr. Clertan. Cuando el criado abría de par en par la puerta para que pasara el coche del amo, era sobre todo cuando los dos chicuelos lanzaban á todo su sabor miradas de curiosidad al gran patio enarenado y plantado de árboles. En el centro, un lindo pradito dibujaba un óvalo, cuyas extremidades estaban adornadas de flores; en el fondo las paredes, cubiertas de plantas trepadoras, formaban un horizonte de verdura que alegraba la vista; y los dos niños, más de una vez habían deseado ver de cerca esas bellas cosas, así como el interior de la fábrica, donde se oía todo el dia el ruido de los telares y de las máquinas.

El dia á que nos referimos Frascuelo seguía con emocion al tio Santiago por la calle que rodeaba el pradito. Despues de haber atravesado el patio, entraron á un corredor un poco oscuro, que conducía á grandes talleres de tintorería en los que debía ocuparse Frascuelo. Su trabajo debía consistir en dar vueltas al molino del índigo.

La pieza en que se encontraba este molino era una especie de cueva muy oscura. Una sola ventanilla daba al patio de entrada, y eso, estaba cubierta por una cortina de plantas trepadoras. Sin embargo, esta cortina no era bastante espesa para impedir ver lo que pasaba en el patio.

Molino para moler el índigo.

Seguramente, el lugar destinado á Frascuelo no era alegre ni agradable; pero el niño, habituado ya á una casa sombría, pobre y triste, no hizo alto en ello desde luego. Segun las instrucciones del tio Santiago se sentó en una tablita en el fondo de la cueva, y se puso animosamente á dar vueltas al molino. La tarea no era difícil y exigía más paciencia que fuerza; una vez lanzado, el molino giraba sin grande esfuerzo.

El tio Santiago dejó á Frascuelo y se fué por otro lado á desempeñar sus propias ocupaciones. No por eso dejaba de estar vigilado nuestro pequeño trabajador; arriba de su molino mismo había una ancha abertura cuadrada, que daba á la pieza contigua en donde se hallaban otros obreros. De vez en cuando

Indigotero; sus flores, sus frutos y sus granos. Este árbol crece en la India. Su jugo encierra una materia azul llamada índigo, que se emplea en la tintura despues de haberla molido en un molino.

el contramaestre venía á echar una ojeada para ver lo que hacía el niño.

La primera media hora no pareció muy larga á Frascuelo. Pensaba en su padre que había muerto; recordaba las palabras que su madre le había dicho más de una vez :

— Eres el mayor de los varones, debes ser razonable, porque serás más tarde el jefe de la familia.

Frascuelo, que tenía un corazon excelente, estaba orgulloso de ayudar á su madre á ganar el pan de la casa; y tenía mucha razon para estarlo, porque es una cosa muy grande y muy bella trabajar por los suyos y volver así en parte á nuestros padres lo que nos han dado.

II. — **El Sr. Clertan.** — **El ojo del amo.**

« No hay para ver como el ojo del amo. »
LA FONTAINE.

Durante la segunda media hora Frascuelo, siempre sólo en su cueva, se divirtió en mirar por la ventanilla lo que pasaba en el patio. Esto le era muy fácil desde su puesto, y le distraía mucho.

El criado iba y venía, limpiando los caballos que relinchaban. Muchas gentes entraban y salían: la lechera, el panadero, la cocinera, y sus conversaciones interesaban al pequeño obrero.

A las ocho se presentó el amo de la casa, el Sr. Clertan.

Era un viejo alto, seco, vivo, alerta, que lo examinaba todo. Pasó una especie de revista de arriba abajo de la fábrica, animando á los unos, riñendo á los otros, notando las más ligeras negligencias como conviene á un buen amo de casa.

Por último entró á la cueva en donde se hallaba Frascuelo; el tio Santiago estaba presente.

— Acércate, chiquillo, dijo el Sr. Clertan con tono breve.

El niño se acercó, con la gorra en la mano.

—¿ Qué edad tienes?

— Nueve años, señor.
— ¿Sabes leer?
— No mucho, señor.
— Estarías mejor en la escuela que aquí, hijo mio.
Frascuelo bajó la cabeza.
— La madre es viuda, Sr. Clertan, dijo el tio Santiago;

Interior de una fábrica.

tiene tres hijos, y, ántes de enseñarlos á leer es preciso darles de comer.
— Es justo, dijo el anciano. ¿Cómo te llamas, chicuelo?
— Frascuelo, señor, para servir á usted.
— Pues bien, Francisco, Frascuelo, es preciso trabajar con empeño. Si se está contento de tí se aumentará tu salario, pero se te despedirá si no eres más que un perezoso.

III. — **El juego.** — **Frascuelo olvida su trabajo.**

Si os acostumbrais á jugar sin cesar, el trabajo os será penoso, y el juego mismo acabará por fastidiaros. No tendreis pues de los dos lados más que fastidio, tanto en el trabajo como en el juego.
Pero si os acostumbrais á trabajar, el trabajo os será poco á poco agradable, y el juego, que os servirá de recompensa, os será agradable tambien. No tendreis entónces más que goces.

El Sr. Clertan se había alejado, y Frascuelo había

vuelto á su trabajo, y continuaba mirando por la ventanilla.

Hacía mucho sol. Era una de esas hermosas mañanas de Marzo que anuncian la primavera, y desde su puesto Frascuelo veía brillar, como perlas, las gotas de rocío en el césped del pradito.

De repente una niñita vestida de blanco, con largos cabellos rizados cayendo sobre sus hombros, se adelantó por la calle que rodeaba el pradito. Parecia tener de ocho á diez años.

Un gran perro de fina raza faldera, con largos pelos negros y blancos, acudió inmediatamente saludando á su señorita con saltos de alegría, y ladrando para manifestarle su gusto de volverla á ver.

— ¡Abajo, Fanor! decía ella, ¡psit! cállate, no me ensucies.

Y cuando el inteligente animal para complacerla, se alejaba dócilmente, la niñita le llamaba inmediatamente con un gesto. Entónces los dos corriendo el uno tras del otro, daban la vuelta al pradito. Y eran carcajadas interminables, y despues órdenes dadas con esa vocecita infantil que se engruesa para parecer importante. En cambio Fanor, suavizando la suya, ladraba discretamente, y agitaba en señal de contento su larga cola negra, cuya extremidad tenía una mancha blanca.

La señorita tomó un aro, le alzó á la altura de su hombro, y se puso á gritar: ¡Hop! ¡hop, Fanor! — Fanor, inmediatamente, se lanzó de un salto á traves del círculo. Despues corrió á buscar el pañuelo de su ama, y se le trajo muy ufano y con la cabeza erguida.

Frascuelo no perdía nada de esta escena. Seguía cada movimiento del hermoso faldero, así como los menores gestos de la jóven señorita; y en la contemplacion de aquel risueño espectáculo su corazon se puso á latir desmesuradamente. Tenía grandes deseos de ir él tambien á correr con el dócil Fanor y á jugar en pleno sol alrededor del pradito.

Frascuelo no estaba acostumbrado á trabajar mucho tiempo seguido, porque su madre jamas tenía tiempo de vigilarle. La viuda Roullin se iba á su trabajo desde las siete de la mañana, y no volvía hasta la noche, algunas veces muy tarde. Durante ese tiempo, Frascuelo y su hermanito, siempre solos, ganduleaban en la calle entre las horas de clase.

Faldero, especie de perro originaria de España, de largos pelos sedosos y de orejas colgantes.

Se comprende que un trabajo asíduo tenía que ser muy difícil para Frascuelo. Nada, en efecto, es más difícil que perder una costumbre, y por eso es necesario no adquirir más que costumbres buenas. Por más que Frascuelo resistió al principio al deseo de abandonar su trabajo, acabó por olvidar la tarea que se le había asignado, abandonó su molino, corrió á la ventanilla, y se consoló de no poder jugar mirando al ménos el juego de más cerca.

IV. — La envidia.

> Cuando seais desgraciados no envidieis la felicidad de los demas. Si ellos fuesen desgraciados como vosotros, ¿seriais por ello más dichosos? ¿Se curaría uno de una enfermedad deseando el mismo mal á su vecino?

Apénas hacía cinco minutos que Frascuelo estaba allí, cuando una voz gruesa y ruda le gritó:

— ¡Y bien, perezoso! ¿así ganas el jornal que te pagarán mañana?

El chicuelo, avergonzado, volvió á su molino, osando apénas mirar el semblante severo del contramaestre que acababa de reñirle.

Se puso de nuevo á trabajar, pero de mala gana, y su tarea se le hizo muy pesada. La cueva le pareció más negra, los minutos se le figuraron siglos, y en el fastidio que sentía, los ladridos de Fanor le irritaron, la alegría de la niñita le pareció insoportable.

Al mismo tiempo su imaginacion mal dispuesta le recordó los murmullos contra los ricos que había oido muchas veces ganduleando en la calle. La calle no es una buena escuela, y era un milagro que Frascuelo se hubiese conservado tan razonable como lo era de ordinario. Pero en aquel momento no lo fué mucho, y se dejó llevar de un feo sentimiento de envidia.

— ¡ Qué desgraciado soy ! decía. ¿Por qué esa niñita tiene tan bello traje, dias enteros para jugar, criados para servirla; miéntras que yo tengo harapos, necesito trabajar sin descanso y almuerzo un pedazo de pan duro? Esto es muy injusto.

Luego se acordaba de que una vez el perro había entrado aturdidamente á su casa en el momento en que su madre preparaba la sopa; y la viuda Roullin le había tirado un palo á la cabeza gritando: — ¡ Quieres largarte, perro perezoso! ¡Estás mejor alimentado que nosotros, y quieres despojarnos!

Otra vez la amita de Fanor, acompañada de una criada, pasaba por la calle frente á la ventana de la viuda Roullin, y una vecina había exclamado perversamente: — ¡Ved si no agrada á los ricos tirar el dinero! Visten de blanco á esa niña, lo mismo en el verano que en el invierno. Así se acostumbra la señorita á hacer la dama, y miéntras tanto los pobres no tienen con qué vestirse.

Todos esos recuerdos de palabras envidiosas se amontonaban en la cabecita de Frascuelo. Como estaba al mismo tiempo descontento de su suerte, descontento de sí mismo y muy lastimado porque el contramaestre le había llamado perezoso, la cólera le inspiró los más ruines pensamientos.

V. — **La envidia conduce á la perversidad.**

La cólera es mala consejera.

En el momento en que Frascuelo se abandonaba así á la envidia, Fanor, arrastrado por la vivacidad de su carrera, se lanzó en el corredor á que daba la cueva de Frascuelo; la niña le seguía corriendo. Los dos pasaron y volvieron á pasar como sombras delante de la puerta.

Frascuelo había cogido una piedra.

Al cabo de un momento, el faldero volvió á pasar de nuevo; la piedra lanzada con fuerza le dió en la pata. Fanor sorprendido, con la cabeza baja y cojeando, fué á buscar un abrigo en las faldas de su ama.

Ella nada había visto, y no comprendía nada, pero una gruesa voz que salía de la cueva exclamó:

— ¡Ah! ¡pillo holgazan, no contento con no trabajar, arrojas piedras! Aguarda un poco, aguarda, allá voy á corregirte.

El contramaestre, pronunciando estas palabras, salió por la abertura colocada encima del molino de Frascuelo y cogió al niño por las orejas. Pero la graciosa ama de Fanor había entrado, ella tambien, en la cueva.

— Señor Andrés, dijo gravemente, mi padre grande no quiere que se maltrate á los niños.

— Ya lo sé, señorita Amada; pero si el Sr. Clertan hubiese visto como yo á este bribon tirar su piedra, á riesgo de lastimar á usted, le habría tal vez calentado las orejas más rudamente de lo que yo lo hago.

— ¡Bah! dijo la niña sacudiendo su cabeza rizada; este muchacho no sabía que llegábamos Fanor y yo, y debe haberse sorprendido tanto como nosotros de su torpeza. Pero habla pues, chicuelo, y dí que no nos veías.

Si Frascuelo adolecía de grandes defectos, no tenía por lo ménos el de ser embustero. Había oido decir muchas veces que sólo mienten los cobardes, porque el miedo es lo único que obliga á mentir; ya sea el miedo de ser castigado, ó ya el de ser tenido por perverso ó por necio á causa de una accion perversa ó necia. Ahora bien, Frascuelo, por nada en el mundo habría querido ser cobarde, y en todas ocasiones confesaba intrépidamente la verdad. Respondió, pues, sin vacilar:

— Sí, señorita, veía á usted.

Y bajó la cabeza.

Los grandes ojos azules de la niña expresaron una especie de espanto y de tristeza.

— ¿Qué decía yo, señorita Amada? exclamó el contramaestre. Pero no tenga usted cuidado, este haragan no volverá á poner los piés aquí.

— Señor Andrés, respondió Amada haciendo un grande esfuerzo para conservar su calma, esto es cosa mia. Déjeme usted tener una explicacion con él. No puede haber querido hacerme mal, puesto que yo jamas se le he hecho. Si tuviera tan mal corazon no seria franco. Mi abuelo dice que no se debe desconfiar de los que no saben mentir.

El contramaestre obedeció á Amada y se fué; pero se ocultó en una pieza contigua para escuchar todo.

VI. — Amada y Frascuelo. — La altivez.

> La altivez es á veces un buen sentimiento, pero debe ir siempre acompañada de la dulzura, que la impide degenerar en orgullo.

Una vez que los dos niños se quedaron solos, se miraron. Parecían tan conmovidos el uno como el otro.

— ¿Por qué me querías hacer mal? dijo Amada; ¿me detestas acaso? ¿Qué te he hecho? Es la primera vez que te hablo y ni siquiera sé tu nombre.

A estas preguntas, pronunciadas con voz dulce y casi trémula, como la de un niño que está á punto de llorar, Frascuelo se sintió tan avergonzado de su perversidad, que le faltó el valor para responder. Bajó la cabeza sin decir nada.

— ¡Habla pues! continuó Amada.

Y como aún callaba, agregó ella:

— ¿Tienes miedo de ser despedido? Te prometo que no lo serás.

Hemos dicho que Frascuelo detestaba sobre todo la cobardía. Estas palabras: «¿tienes miedo?» le hicieron levantar la cabeza; y queriendo hacer ver que era valiente, contó sus perversos pensamientos de hacía un momento, sin hablar siquiera de su arrepentimiento actual.

— No tengo miedo de que me despidan, dijo. ¿Quiere usted saber si la detesto? ¡Pues bien! detesto á todos los ricos. Detesto tambien al perro de usted porque está mejor alimentado que yo ; por eso os he tirado una piedra á los dos.

Amada era una niña encantadora ; habría sido casi perfecta sin una excesiva altivez que la llevaba siempre demasiado léjos. Las acusaciones de Frascuelo, que le echaba en cara, como un crímen, una riqueza en que jamas pensaba, la lastimaron extremadamente.

— Entónces, dijo ella, te habría dado mucho gusto estropear á mi perro, y más todavía haberme lastimado á mí misma y haber podido ver las lágrimas de mi abuelo? ¡Todo porque ese buen abuelo, á fuerza de trabajo, me ha ganado una fortuna! ¡Bah! ¡pobre muchacho, eres muy perverso! Pero te he prometido que no serías despedido, y no lo serás. Por otra parte, no te tengo miedo, aunque seas enteramente cobarde, tú que te ocultas en los rincones para no errar el golpe..... No importa, continuó con una animacion cada vez más orgullosa, no me das miedo. No me parezco á tí, yo soy muy valiente y Fanor tambien. Te prevengo que me ocultes bien tu juego, si me quieres hacer mal, porque mi perro, que no se defendió cuando le lastimaste, te haría pedazos si me tocaras, absolutamente como si se tratara de un ladron ó de un bandido.

Amada al acabar estas palabras, salió de la cueva, erguida y soberbia como una princesita.

— Señor Andrés, dijo en el corredor, he tenido una explicacion con el aprendiz de usted ; le he prometido que sería usted muy bueno con él, y lo será usted, ¿no es verdad, mi buen señor Andrés?

El contramaestre prometió no reñir á Frascuelo ; pero se apresuró á contar al Sr Clertan lo que había pasado.

VII. — Remordimientos de Frascuelo.

> Hay una voz que habla en nosotros ; cuando nos aprueba, somos felices ; cuando nos desaprueba somos desventurados : es la voz de la conciencia.

Frascuelo, una vez solo, se puso á trabajar.

Tenía mucha cólera por haber sido tratado de cobarde por Amada ; tenía una vergüenza más grande todavía al pensar que había merecido ese nombre.

La costumbre de no mentir jamas le había dado una gran rectitud de conciencia. No se excusaba ante sí mismo de sus faltas, como no trataba de hacerlo ante los demas. No se dijo, pues, para justificarse, como lo habrían hecho muchos niños, que no había reflexionado ántes de tirar su piedra, que había obrado solamente por ligereza, que no había tenido un solo instante el cobarde pensamiento de ocultarse para dar aquel mal golpe. Nó, se dijo, lo que era cierto, que su accion era muy mala.

Su humillacion era tanto más grande cuanto que Amada, en vez de querer que le castigara el contramaestre, le había pedido que fuese bueno con él. Si ella hubiera hecho eso por bondad, Frascuelo le habría pedido en el acto que le perdonara su falta; pero la niña le había hablado con tanto desprecio, que Frascuelo no veía reconciliacion posible. Entónces se sintió castigado por el orgullo de aquella niña de una manera tan dura, que no pudo dejar de llorar amargamente.

VIII. — Las humillaciones de Frascuelo.

Para el que ha obrado mal todo se convierte en un motivo de humillacion.

Cuando dieron las nueve, todos los obreros dejaron su blusa de trabajo; se lavaron la cara y las manos en el rio que corría á la orilla del taller; luego atravesaron el bello patio enarenado del Sr. Clertan, y se fueron á almorzar.

Frascuelo marchaba en la fila, avergonzado de sí mismo y mortificado, porque Amada estaba sentada en un banco con un libro de estudio en la mano. Todos los obreros al pasar se quitaban la gorra y decían:

— Buenos dias, señorita Amada.

La niña les correspondía su saludo sonriendo, y los llamaba á cada uno por su nombre, á este: tio Santiago, al otro: señor Luis.

Cuando pasó Frascuelo, se levantó ella, haciendo como si persiguiera á una mariposa, y volvió la espalda á Frascuelo que pensó que no quería saludarle. Hizo, sin embargo, un grande esfuerzo, y llevó la mano á su gorra.

En el momento en que Frascuelo se acercaba á la

puerta, Fanor, que le guardaba rencor, se lanzó fuera de su nicho enseñando los dientes; pero Amada acudió, y sin dignarse de ver á Frascuelo hizo un gesto de amenaza á Fanor y le mandó que se fuese. El perro trató entónces de apaciguar á su ama, y se acostó á sus piés; pero ella, para darle una leccion, le despidió severamente alzando su bracito como si estuviese muy irritada y tuviera muchos deseos de pegarle. El perro avergonzado, se volvió á su nicho.

Frascuelo estaba más avergonzado todavía. Habría querido estar á cien piés debajo de la tierra mejor que verse defendido por Amada. Se apresuró, pues, á pasar la puerta para llegar á su casa; pero otra prueba le aguardaba todavía.

El Sr. Clertan se paseaba con las manos á la espalda, delante de la puerta.

En el momento en que Frascuelo pasaba, el anciano le hizo seña de que se acercara; le miraba con tanta atencion, observando sus ojos enrojecidos por las lágrimas, que el niño perdió su sangre fria.

Frascuelo se imaginó que Amada había dicho todo á su abuelo á pesar de su promesa, y que iba á ser despedido vergonzosamente, allí, en plena calle, delante de los transeuntes y de los obreros que salían. Por fin el Sr. Clertan terminó su silencioso exámen.

—¡Y bien! Frascuelo, parece que trabajas debidamente, segun me han dicho.

Frascuelo miró al abuelo de Amada pensando que queria burlarse de él; pero el Sr. Clertan tenía el aspecto natural de una persona que habla muy seriamente.

Esta última humillacion fué la más dura de todas; Frascuelo no pudo soportarla. Recibir en silencio un elogio, cuando no merecía más que reprensiones, le pareció imposible. ¿Qué cosa más vergonzosa en efecto, que aceptar sin decir nada una alabanza de que no es uno digno? ¿No es como si se engañara á los otros y como si quisiera uno engañarse á sí mismo? Doble falsedad, doble mentira que repugnaba á Frascuelo; porque, y lo sabemos, su gran cualidad era ser franco consigo mismo y con los demas.

— Nó, señor, exclamó valerosamente, no he cumplido con mi deber esta mañana; pero me conduciré mejor esta tarde.

— Entónces, dijo el abuelo de Amada, eres más severo para tí que mi contramaestre. Buena señal, Frascuelo, si quieres, llegarás á ser un buen muchacho. Véte á almorzar.

Frascuelo no aguardó que se lo dijera dos veces.

IX. — **El libro de Amada.** — **Es preciso amar á los que nos aborrecen.**

« Amad á vuestros enemigos. » (*Evangelio.*)

Despues de que hubieron partido los obreros, Amada volvió á tomar su libro. Leía con mucha atencion, porque se trataba de aprender una leccion de memoria. El libro que estudiaba era el Evangelio.

Y el libro decía :

— « Yo os mando : amad á vuestros enemigos, bendecid á los
» que os maldicen, haced bien á los que os aborrecen, y orad por
» los que os ultrajan y os persiguen.
» A fin de que seais hijos de vuestro padre que está en los cielos.
» Porque Él hace que salga su sol para los buenos y para los
» malos, y hace caer su lluvia benéfica sobre los justos y los
» injustos.
» Si sólo amais á los que os aman, ¿qué recompensa obtendreis?
» Y si sólo acogeis bien á vuestros hermanos, ¿qué haceis de
» extraordinario?
» Sed pues perfectos como lo es vuestro Padre celestial. »

Amada soltó el libro muy conmovida. Era la primera vez de su vida que comprendía lo que era tener un enemigo; y ese mismo dia se le ordenaba amar á ese enemigo, bendecirle, orar por él!

Le parecía muy duro pensar que álguien la aborrecía y encontraba sobre todo muy injusto que se la detestase porque era rica. Desde su pequeña escena con Frascuelo, la especie de orgulloso contento que sentía de haber humillado al niño con su desden no había sido turbado. El placer de haberse vengado de un odio que no merecía, le parecía muy natural y hasta entónces había sido completo; pero ahora comenzaba á turbarse. Algo como un remordimiento se elevaba en su alma, porque el libro la condenaba.

No se trataba de saber si Frascuelo había tenido la culpa, si era ó nó su enemigo; esto importaba poco, pues que siempre y en todo caso era preciso perdonar y amar.

¡Pero qué, ella daría el primer paso! ¿Era posible? ¿Qué le diría ella? ¿Y si él rehusaba reconciliarse? La altiva Amadita se estremecía de impaciencia á la idea de humillarse de esa manera.

Para contentar al mismo tiempo su conciencia turbada y su orgullo sublevado, Amada pensó que el dia no había concluido, que tenía tiempo, que aprovecharía la primera ocasion favorable; que Frascuelo en fin, que tenía la culpa de todo, daría el primer paso, y que la reconciliacion se llevaría á cabo sola.

Y se consagró en seguida á sus lecciones y á sus temas.

X. — La conciencia de Amada no se tranquiliza.

Cuando la conciencia no está tranquila no se puede disfrutar de ningun descanso.

Cuando los obreros llegaron despues del almuerzo, Amada se encontró á su paso.

Esperaba que Frascuelo se excusaría de alguna manera, ó que ella misma tendría el valor de dirigirle la palabra; pero Frascuelo se contentó con quitarse su gorra al pasar delante de ella sin mirarla, y Amada no pudo decidirse á concederle otros buenos dias que una pequeña señal de cabeza enteramente protectora.

Luego que Amada hubo dado esa pobre victoria á su orgullo, su alma se llenó de tristeza, porque tuvo la conciencia todavía más turbada.

Su abuelo, viéndola tan pensativa, la llevó al campo despues de comer para distraerla; pero la niña no pudo gozar del placer del paseo. Las palabras del libro zumbaban á sus oidos, y todo lo que la rodeaba parecía empeñarse tambien en recordárselas. El alegre sol, que se extendía sobre la pradera uniforme y tranquila así como sobre las cimas escarpadas de las colinas, parecia decirla :

— « Mira, Amadita, yo brillo para todos, prodigo mi calor y mi luz á los humildes lo mismo que á los audaces, á los buenos así como á los malos. Yo soy el sol del buen Dios. Se llama á Dios el buen Dios, porque es la misma bondad. Amadita, todos los hombres deben de esforzarse en ser perfectos como lo es su Padre celestial. »

Despues, el trigo, verde como la esmeralda, ondulaba en las campiñas y parecía murmurar:

« Amadita, yo prolongo cuanto puedo mis fecundos tallos; pero no crezco para tí sola porque soy la planta bendecida que sustenta á la humanidad entera. El pobre, el rico, el hombre bueno, el hombre malo, todos se alimentarán con mi grano: ¡yo soy el trigo del buen Dios! Me debo á todos, porque todos los hombres son hermanos, y porque Dios es su padre comun. Los ama á todos, y el primero de los mandamientos es el amor: — ¡Hijitos mios, amaos todos como yo os he amado! »

XI. — Tened un gran corazon y se os amará.

La más bella victoria es atraer á sí todos los corazones.

— ¿En qué piensas, hijita? dijo el abuelo acariciando la mejilla de la niña.

— Miro el trigo, dijo ella.

Y se ruborizó bajando la cabeza, y no atreviéndose á decir lo que la preocupaba.

El Sr. Clertan lo adivinaba sin duda: los padres leen tan fácilmente en el alma de sus hijos ! Él continuó:

— ¿Te acuerdas, hijita, por qué he querido que te llamases Amada?

La niña levantó la cabeza, y fijando sus grandes ojos azules en los del anciano, respondió suspirando:

— Sí, padre grande. El más caro deseo de usted era que fuese yo amada de todos, y me ha dado usted el nombre de Amada para recordármelo sin cesar. Pero, sin embargo, padre grande, continuó Amada despues de un instante de silencio, no basta querer ser amada de todos para conseguirlo. Si se me detesta sin que yo lo merezca, ¿qué puedo hacer?

El abuelo tomó á la niña en sus brazos, y la sentó en sus rodillas:

— Hijita, la dijo gravemente, ¿crees acaso que la victoria más noble, la que consiste en atraerse el amor de sus semejantes, pueda obtenerse sin esfuerzo? Si así fuese, hijita, me cuidaría ménos del bello nombre que llevas. Amada, Amadita, nada se obtiene aquí abajo sin esfuerzo, sin lucha, sin valor! El soldado no vacila en dar su vida para conquistar el nombre de bravo; ¿y tú querrías, hija mia, que las victorias más difíciles, las victorias del corazon, no costasen nada?

Escucha bien, hijita, continuó el Sr. Clertan, y acuérdate. Los corazones humanos, y á veces los más altivos, resisten al poder, á la fuerza, á la inteligencia, muchas veces á la gracia y á la belleza; pero no existe ninguno, áun entre los peores, al que no sepan vencer la irresistible dulzura, la caridad heróica, la nobleza de un alma amante. Ten, pues, un gran corazon, hija mia, y atraerás á tí á los mismos que te aborrecen.

Amada echó los brazos al cuello de su abuelo, escondió su cabecita en el seno del anciano, y le dijo entre dos besos:

— Trataré de tenerle, padre grande mio.

XII. — La cancion del pobre.

« Si quieres, hermano mio,
» Amémonos ambos, pues! »

Miéntras tanto la noche se acercaba. Amada habría querido regresar, porque deseaba reconciliarse cuanto ántes con Frascuelo. Pero el Sr. Clertan, que tenía negocios importantes en su quinta, había encargado á la labradora que les preparase de comer; de manera que eran las ocho de la noche cuando el carruaje del Sr. Clertan le trajo á su casa. Los obreros acababan de partir.

Amada no había vuelto á ver á Frascuelo. Estaba más

fatigada que de costumbre, porque no tenía el corazon satisfecho, y pidió ir á la cama temprano. Pero una vez acostada, la niña no pudo dormir. Todo lo que había pasado en el dia le vino á la imaginacion. Miéntras que pensaba en ello, la noche se adelantaba más y más, y muy pronto se extinguieron los mil rumores del dia.

Dieron las nueve. El silencio era tan grande en la habitacion del Sr. Clertan, que Amada pudo contar cada campanada del gran reloj. A poco el reloj mismo se calló y Amada ya no oyó nada.

Pero un momento despues un ruido muy débil y muy sordo vino á llamar su atencion. Era como una oscilacion uniforme que se elevaba del seno de la tierra.

Amada pensó inmediatamente en Frascuelo, porque ese ruido se parecía al de su molino; y como el cuarto de la niña estaba encima de la cueva, no era extraño que le oyese.

— Pero, se dijo Amada, ¿Frascuelo vela entónces? Por lo regular, padre grande no deja velar á los niños. Es preciso que el trabajo haya sido bien urgente. ¡Pobre Frascuelo!

Y la imaginacion de la niña se representó al chicuelo solo en su cueva oscura que la noche hacía todavía más oscura. ¡Cuán feliz era Amada de estar allí muy calientita en su camita con cortinas de muselina! Frascuelo pensaba tal vez en eso, él tambien, y la aborrecía más todavía... Amada sintió deseos de llorar.

Entónces en el silencio de la noche, una voz se elevó, una vocecita de niño, triste, lastimera; y la voz cantaba

Soy hijo de la miseria,
Es el trabajo mi ley.
Dicen que el rico es mi hermano,
En mí pensará tal vez?
Oh Dios, mi trabajo acepta
Si ves la plegaria en él!

De la cuna al cementerio
Muy larga mi labor es!
Mas el trabajo da orgullo
Y da el ocio timidez.
Hijo soy de los obreros,
Inspírame oh Dios, tu fe!

Va fecundando la tierra
El trabajo por do quier;
Coral, perlas y diamantes
Al agua toma tambien;
Porque son dueños del mundo
Los que trabajan en él.

Rico de manos ociosas,
Hijo de Dios soy tambien!
Es diversa nuestra suerte,
Pero el amor es la ley;
Si quieres, hermano mío,
Amémonos ambos, pues!

Siendo el mismo nuestro orígen
Nos hemos de aborrecer?
Desdichas causa tu orgullo
Sangriento mi rencor és.
Confundamos nuestras almas,
Cual hijos del Sumo Sér!

Si quieres, marchemos juntos
Con nuestras almas sin hiel,
Olvidando nuestras penas
En fraternal estrechez.
Yo soy Fuerza y tú Cariño,
Celestial el amor és!

Cuando la voz de Frascuelo calló, Amada juntó sus manecitas un instante. Oraba.

Despues se levantó sin ruido, se vistió, y con un paso ligero como el de una sombra, bajó al patio.

La criada, que velaba siempre en su cocina, cuando velaban los obreros, se había dormido tejiendo, y no vió pasar á la niña. Sólo el fiel Fanor, que había sentido á su amita, acudió á ella. Le hizo seña de que se callara, y el fiel perro la siguió en silencio.

XIII. — La reconciliacion. — Jamas nos creamos enemigos los unos de los otros.

« Si estando á punto de ofrecer vuestro don en el altar, recordais que vuestro hermano tiene algo contra vos, dejad allí vuestra ofrenda, y corred á reconciliaros con vuestro hermano; volvereis despues á presentar vuestra ofrenda. »   (*Evangelio.*)

Algunas veces nos creemos enemigos, y nos basta conocernos mejor los unos á los otros para estimarnos mutuamente y ser amigos.

Hacía una luna magnífica, y, por la ventanilla de Frascuelo, un largo rayo blanco iluminaba la cueva con una luz pálida y suave. Frascuelo daba vueltas á su molino tristemente. Pensaba en la letra de su cancion.

De repente una figurita esbelta atravesó el dintel de la puerta, y se detuvo en medio del rayo de luna que se reflejaba en la cueva. Esta sombra, enteramente blanca como una aparicion, era Amada ; gruesas lágrimas inundaban sus mejillas.

— Frascuelo, dijo, no puedo dormir, porque me has dicho que me detestabas. Comprendo que he merecido que me aborrezcas todavía más, porque en lugar de responderte con dulzura te he injuriado y tratado de cobarde. Perdóname, Frascuelo, porque el deber es perdonar siempre. No me detestes, porque el Evangelio dice que amemos hasta á nuestros enemigos, y yo no soy tu enemiga, Frascuelo ! Porque yo te amo porque eres pobre, porque trabajas á la hora en que descanso ; te amo tambien porque no sabes mentir, y porque mi abuelo ha dicho que se conoce en eso á las nobles almas. ¿ Quieres perdonarme, Frascuelo ?

Y tendió sus dos manecitas á Frascuelo, que puso en ellas las suyas sin vacilar, lloraba más fuerte que ella y le decía :

— Usted es la que tiene que perdonarme, señorita Amada ; yo habría debido hacer lo que usted hace, y usted es más brava que yo, porque sabe cumplir mejor con su deber.

— No digas eso, Frascuelo, te equivocas. Desde el momento en que soy más dichosa que tú, á mí me corresponde tenderte primero la mano; á mí hacerme amar á pesar de mi riqueza, y saber llevarla con tanta justicia y rectitud que no pueda hacerme odiosa á ninguno. Jamas había yo pensado en eso ántes de haberte visto. Cuanto ha pasado ayer me ha hecho reflexionar en cosas en que yo no había pensado. Ya lo ves, Frascuelo, soy muy ignorante, porque soy incapaz de responder á todos los reproches que haces á los ricos ; pero quiero instruirme, interrogaré á mi abuelo, y como es bueno responderá á todas mis preguntas. Yo te repetiré lo que él me enseñe y tú tambien lo aprovecharás. Y despues, mi hermano Enrique, que viaja actualmente con su preceptor va á volver muy pronto. Mi padre grande me hará asistir á las lecciones de mi hermano ; me instruiré más, y si tú quieres, Enrique y yo te contaremos las bellas cosas que hayamos aprendido. Padre grande dice que el saber es la más segura de las riquezas y tendremos mucho gusto en enriquecerte de esa manera. ¿Quieres, Frascuelo?

— Sí, respondió él, quiero todo lo que usted quiere, señorita Amada.

Despues de un momento de silencio, Amada le dijo:

— ¿Quién te ha enseñado la cancion que cantabas hace un rato? ¡Es muy hermosa! Escuchándola he encontrado el valor de venir á tenderte la mano.

— Me la ha enseñado el tio Santiago, respondió Frascuelo ; pero no la canto frecuentemente ; ahora, porque estaba solo y triste me ocurrió pensar en Dios y canté eso.

— ¡Oh Frascuelo, qué bien has hecho en pensar en Dios! Yo tambien, pensando en él he comprendido mis injusticias para contigo. Si quieres, para darle gracias, le rezaremos juntos ántes de separarnos.

Y Amadita, juntando sus manos, se puso á repetir con una voz dulce la bella oracion del *Padre nuestro*. Frascuelo respondió á su vez. Estaban allí los dos, de rodillas el uno junto al otro en la arena de la cueva ; el uno pobre, vestido de harapos ; la otra, rica, vestida de muselina y de seda ; pero sus dos vocecitas, igualmente infantiles, igualmente puras, se unian fraternalmente para llamar á Dios con el mismo nombre : ¡Padre nuestro!

Cuando terminó la oracion, Amada se levantó :

— Buenas noches, Frascuelo, dijo ; ahora voy á dormir sin remordimientos. Hasta mañana.

Despues Amada se alejó haciendo señas á Fanor de no dejar solo á Frascuelo.

El inteligente animal, como si comprendiese el pensamiento de su ama, vino á echarse á los piés del niño ; y Frascuelo, dando vueltas á su molino, pasaba su mano izquierda que no trabajaba, por los largos pelos del perro.

Fanor, en señal de satisfaccion azotaba con su cola la arena de la cueva, y de vez en cuando acariciaba con su hocico los piés del chicuelo. A este le pareció deliciosa la velada ; el buen perro le hacia el efecto de un amigo; ya no estaba solo, y bendecia á Amada por esta última atencion que había tenido al irse.

Una hora despues, la velada había concluido, las puertas estaban cerradas, y todo el mundo acostado en la habitacion del Sr. Clertan. Sólo el abuelo de Amada que no dormía, y que había seguido á su nieta sin que ella lo advirtiese, entró en el cuarto de la niña.

Esta disfrutaba de un sueño tranquilo, una sonrisa de contento vagaba en sus labios. Una de sus manecitas colgaba fuera de la cama y tenía algunas manchas ligeras, causadas por las manos de Frascuelo llenas de índigo. El anciano tomó esa mano y la besó :

—¡Bendita seas, Amada mia, murmuró, tú cuyo corazon es tan puro, tú que caminas tan recta y valerosamente por el camino del deber!

XIV. — El almuerzo compartido.

Se dobla un placer compartiéndole.

Al dia siguiente Amada, á la hora de su almuerzo, que era tambien la hora de su recreacion, fué á hacer una visita á la cueva de Frascuelo.

Tenía en una mano una gran rebanada de pan con dulce; en la otra, el libro en que debia aprender su leccion despues de almorzar.

— Buenos dias, señorita Amada, exclamó Frascuelo muy alegre de volverla á ver.

— Buenos dias, Frascuelo, respondió ella con una vivacidad graciosa. Vengo á pedirte que me hagas un favor ; ¿quieres concedérmele sin saber lo que es?

—¡Oh! sí, sí, yo lo quiero con todo mi corazon.

— Pues bien, respondió ella tendiendo su larga rebanada á Frascuelo, ¡partamos!

El chicuelo, sorprendido de la proposicion estaba un poco avergonzado y su orgullo sufría ; pero la buena Amadita, que adivinaba que Frascuelo era susceptible y no quería dejarse alimentar como un mendigo, continuó inmediatamente:

—¡Vamos, vamos, Frascuelo! ya ves que es en prueba de buena amistad y de reconciliacion; no me hagas el desaire. Por otra parte, añadió maliciosamente, tengo tu promesa y no puedes desdecirte.

Frascuelo no se hizo de rogar por más tiempo. Tomó un extremo de la rebanada de pan, miéntras que Amada tiraba del otro; y la maliciosa chiquilla se arregló de tal manera que la parte más grande quedó en manos de Frascuelo.

Aunque el chicuelo se había hecho rogar para aceptar, debemos decir que no por eso dejó de comer con mucho apetito. Era la primera vez de su vida que probaba el dulce, y aquella rebanada de pan le pareció un regalo de príncipe.

Amada, por su parte, mordía la suya de buena gana, y Fanor, que se había echado á los piés de los dos niños, los miraba hacer con mucha calma; porque, con gran sorpresa de Frascuelo, Fanor no amaba las confituras.

Sin dejar de comer Frascuelo, no interrumpía su trabajo. Tenía con una mano su pan y con la otra daba vueltas á su molino; al mismo tiempo la conversacion seguía su tren.

— El dulce es una cosa muy buena, decía Frascuelo.

—¡Es delicioso! replicaba Amada. Esto hace que se pueda comer fruta en todo tiempo.

Aquí hubo una pausa durante la cual los dos niños tomaron cada cual otro bocado. Despues Frascuelo continuó, cambiando de conversacion: — Siempre veo á usted con un libro en la mano, señorita Amada, ¿tiene usted muchas lecciones que aprender?

—Tengo dos por la mañana y dos por la tarde.

—¡Eso debe de ser muy fastidioso!

— Algunas veces, porque hay lecciones difíciles de aprender; pero entónces me armo de un gran valor, y las aprendo siempre.

—¡Ay, Dios mio! ¿por qué el abuelo de usted, que

la ama tanto la hace trabajar, siendo tan rica, y que podría ser tan venturosa sin hacer nada?

Eso es justamente lo que dije una vez á mi padre grande, Frascuelo, y me ha hecho comprender que me equivocaba.

— Quisiera yo saber cómo.

—¡Oh! eso no es difícil; escucha, vas á comprenderlo tambien.

XV. — El trabajo trae consigo la felicidad.

Niño, el trabajo y el juego no son tan diferentes como tú crees; para jugar, lo mismo que para trabajar, se necesita la actividad, y algunas veces la pena; y no es más difícil aprender á hacer cosas útiles que cosas inútiles. La única diferencia consiste en que el juego es el placer de un momento, miéntras que el trabajo prepara la felicidad de toda la vida.

— En primer lugar, Frascuelo, preguntó Amada, ¿qué es lo que tú llamas vivir sin hacer nada?

— ¡Toma! vivir sin trabajar, sin fatigarse y divirtiéndose lo más que se pueda.

— Pero, Frascuelo, todos los juegos fatigan y son una especie de trabajo. Para aprender á jugar á la pelota, por ejemplo, á saltar la cuerda, á bailar un trompo, ¿no es preciso darse mucho trabajo y fatiga? Jugar no es, pues, vivir sin fatigarse.

— Es cierto; pero una vez que sabe esos juegos, ¡qué contento está uno, y cómo se divierte!

— Ciertamente; pero cuando sé mi leccion estoy todavía más contenta. Mi padre grande me abraza y le oigo que me dice: — «Amadita, has cumplido bien con tu deber, eres una buena niña y me haces muy dichoso!» Te aseguro, Frascuelo, que nada hay que cause más gusto. Y luego, como tengo permiso para divertirme, la recreacion me parece mucho mejor. Al contrario, cuando me ha faltado el ánimo para estudiar mi leccion y no la he sabido bien, mi abuelo me dice: «Amadita, estoy muy descontento, no has empleado bien la hora del trabajo!» Y entónces, Frascuelo, estoy tan triste que no puedo lograr divertirme durante la recreacion.

— Comprendo muy bien eso, dijo Frascuelo, porque ayer en la noche cuando mamá me abrazó al volver de mi trabajo, me dijo : « Ya eres casi un obrero, Frascuelo mio, ayudas á tu madre á ganar el pan de la familia; eso es bueno, eso hacen los hombres, y los hombres valerosos! » Entónces me he sentido tan orgulloso y tan contento, que he olvidado en el acto el fastidio de todo el dia.

— ¡Ya lo ves, Frascuelo! hay placeres de toda especie, y eso es lo que yo quería probar. Cuando en mi dia, he tenido el gusto de haber cumplido bien con mi deber, y despues el placer de haberme divertido sin remordimientos y sin preocupacion, ¿no he sido más dichosa que si hubiera lanzado mi pelota ó mi aro sin querer hacer otra cosa? ¿No he tenido dos satisfacciones en lugar de una? ¿Los niños perezosos no hacen, como dice padre grande, un cálculo muy necio cuando prefieren un solo placer, y eso mezclado de remordimientos, á dos goces muy completos y muy vivos?

XVI. — Piensa ántes de obrar.

El aturdido obra ántes de haber pensado. El que es razonable piensa ántes de obrar; sabe lo que va á hacer, por qué va á hacerlo, y cómo va á hacerlo. A causa de eso obra más pronto y mejor que los demas; está contento de sí mismo y los demas están contentos de él.

— Comprendo bien eso, dijo Frascuelo; pero cuando yo iba á la escuela y tenía mi libro enfrente, no pensaba nunca más que en el fastidio de estudiar, y eso me desanimaba inmediatamente.

— Yo hacía lo mismo al principio; así es que mi padre grande me ha prohibido que me ponga á trabajar sin haber ántes reflexionado algunos minutos en la pesadumbre que me prepararía yo entregándome á la pereza.

— ¿Y piensa usted siempre en hacer esa reflexion?

— Trato de no olvidarla. Mi abuelo tiene mucho empeño en que yo no obre jamas aturdidamente. Siempre es posible, dice, tomar las costumbres que uno quiere; el que se habitúa á pensar ántes de obrar, y trata de hacer bien todo lo que hace, adquiere muy pronto una gran superioridad.

— Lo creo, pero me parece que es una costumbre muy difícil de adquirir.

— Te aseguro, Frascuelo, que no lo es más que cualquiera otra. Así es que por la mañana, despues de rezar, pienso algunos minutos en las cosas que tengo que hacer durante el dia; de una ojeada las veo todas, y me prometo hacerlas lo mejor posible. Me digo : « Voy primeramente á dar los buenos dias á mi padre grande, y á abrazarle muy fuerte, muy fuerte; despues voy á almorzar divirtiéndome bien. » Hasta ahora todo eso es fácil como ves; pero las lecciones vienen despues. ¡ Ah ! ¿ serán tal vez muy difíciles ?... ¡ Bah ! No perderé un minuto, me aplicaré tanto, tanto, que las sabré. Mi padre grande me acariciará alegremente la mejilla; yo estaré muy ufana, y por la noche, interiormente, la voz de la conciencia me dirá : « Amadita, está bien, no has faltado á tus deberes y Dios te bendice. »

— ¡Oh! señorita Amada, yo tambien quiero hacer lo mismo todas las mañanas. Es mucho más sencillo de lo que yo pensaba encontrar el valor de cumplir con su deber.

— ¿ No es cierto ? dijo Amada, se forja uno montañas á la idea del trabajo, y cuando se reflexiona en ello, es tan fácil ! Para comenzar, Frascuelito, voy á dejarte, porque temo que mi recreacion haya pasado, y es preciso que no olvide la hora de mi leccion.

— ¡ Dios mio! dijo Frascuelo, por mí ha dejado usted de ir á divertirse, y ha perdido el tiempo de su recreacion.

— ¡ Vaya una tontería! Te parece que habríamos estado más contentos jugando á la pelota que hablando razonablemente los dos, tú sin dejar de trabajar, y yo sin jugar ?

— ¡ Oh! de seguro que nó, dijo Frascuelo.

— Ya ves que algunas veces da más gusto ser razonable que perder su tiempo.

Y despues de esta sábia conclusion, la niñita, para estirar las piernas ántes de abrir su libro, hizo que Fanor practicara algunos ejercicios en presencia de Frascuelo.

— ¡Hop, hop, Fanor! exclamaba riendo, dé usted un gran salto por el Sr. Frascuelo.

Tendía su libro á Fanor, que no se hizo de rogar y saltó muchas veces por encima, con la mejor gracia del mundo. Amada corrió despues á ver el reloj, para saber si había dado la hora del trabajo.

XVII. — De la oracion.

> Un alma pura es la imágen de Dios y la oracion purifica el alma.

Algunos instantes despues volvió Amada, siempre corriendo, porque era viva y alegre como un diablillo, y una buena conciencia da mucho contento al corazon.

— Frascuelo, dijo, tengo todavía diez minutos.

Tenía su libro abierto debajo del brazo como para no perder un instante en buscar la leccion cuando diese la hora.

El chicuelo miraba con curiosidad el libro de Amada; parecía ansioso de saber lo que decía.

Amada adivinó su pensamiento y se acercó á la ventanilla para ver más claro.

— Escucha, dijo, voy á leerte mi leccion si tú quieres. Tengo que recitar á mi padre grande dos páginas teniendo cuidado de detenerme en los puntos y comas. Leyendo ántes contigo me ejercitaré.

Y comenzó con una voz clara, deteniéndose un poco á cada versículo, con el acento conmovido de una persona que comprende lo que lee.

LA ORACION.

Hijo mio, cuando siendo pequeñuelo te tomaba tu madre en sus brazos para evitarte una fatiga, cuando te daba una fruta ó cogía para tí una flor, ¿no te ha enseñado á agregar á tu sonrisa de reconocimiento la palabra gracias? ¿Y no te parece muy natural mostrar así tu agradecimiento á la que te ama tanto?

¡Pues bien, hijo mio! piensa en una cosa : los dones de que tu madre te colma son los dones de Dios, y debes tambien mostrar á Dios tu agradecimiento. ¿Todo lo que te rodea no es su obra? ¿La fruta aterciopelada que cuelga del árbol del camino, así como esas miríadas de estrellas que hacen la noche luminosa?

La pequeña margarita de los prados, cuya corolilla blanca se llena de gotas de rocío, es como tú, hijo mio, una obra de Dios;

pero esa florecilla no tiene una inteligencia para admirar á su Creador, ni un corazon para amarle, ni una voz para glorificarle, sólo cuenta con su belleza. Tú, niño, habla en lugar de la flor y bendice el nombre de Dios.

Eres el único en la naturaleza que posées la palabra; eleva, pues, la voz, y sé el intérprete de la naturaleza entera, para bendecir la bondad del Creador!

¿Cómo, exclamas, me atrevería á hablar á Dios? ¡Dios es sin límites, infinito! Y yo, niño, tan pequeño, no puedo siquiera comprenderle. ¿La gota de rocío que tiembla en el seno de la margarita puede contener la inmensidad del cielo azul? Mi pobre inteligencia es mucho más incapaz todavía de comprender la inmensidad del que ha hecho el cielo mismo.

Hijo mio, acércate un poco más, y mira. Esa gotita, tan pequeña, que se columpia en el pétalo de la flor, es al mismo tiempo tan pura y tan trasparente, que se refleja en ella una partícula del cielo azul. La perla límpida es un espejo en que se reproduce el color hermoso de los cielos! Pues bien, hijo mio, un alma pura es como la gota de rocío, refleja en ella la imágen del Dios infinito que ha creado el mundo. Miéntras más pura es el alma, más visible es la marca que deja en ella la imágen celestial.

Sé, pues, puro, hijo mio, sé bueno, sé cuerdo. La pureza, la bondad, la cordura, hacen que nos parezcamos á Dios, y la oracion es el lazo que nos une á él!

Amada se detuvo, su dulce vocecita temblaba. La leccion era bella y la había conmovido. Se acercó á Frascuelo para saber lo que pensaba de su lectura, y vió que él tambien se hallaba conmovido ; porque la dió tímidamente las gracias, muy serio todavía por las cosas que acababa de oir. Ella le dirigió una sonrisa.

— ¡Hasta la noche! le dijo. Estoy contenta, Frascuelo, porque veo que eres bueno, y que ya no me detestas.

XVIII. — Ser dichoso es tener la conciencia tranquila.

Niños, la verdadera felicidad no viene del exterior; viene de lo más profundo de nuestra alma, viene de nuestra conciencia.

Cuando Frascuelo volvió á quedarse solo, repasó en su imaginacion todo lo que le había sucedido desde la víspera.

Justamente á esa hora se había llenado su corazon el dia anterior de hiel y de envidia, al contemplar á la niñita de los ricos vestidos y de los cabellos rizados que jugaba en el pradito. En aquel momento había cometido la maldad de tirar una piedra; Fanor había sido herido, y Amada hubiera podido serlo.

¡Qué dia tan triste había pasado despues de aquella falta! ¡Cómo le había atormentado y hecho desgraciado su conciencia, avergonzada y descontenta! ¡Qué desolado estaba por la noche, al cantar solo su cancion, á la débil claridad de la luna! y ¡cuán buena le había parecido Amada por haber sido la primera en tenderle la mano y poner fin á su tristeza!

Y Frascuelo se decía interiormente:

— Es mejor amar que aborrecer, porque el odio es amargo, el odio impulsa al mal, el odio llena el corazon de remordimientos y de tristeza. El odio es malo, y Dios se aparta de los corazones rencorosos. Ya no quiero aborrecer á nadie, ya no quiero hacer el mal. Ricos ó pobres amaré á todos los hombres, pues que son mis hermanos. Y cuando mi pobreza me parezca dura, en vez de llamar al odio en mi auxilio, llamaré en mi ayuda á la luz de Dios.

Y Frascuelo repitió á media voz, como una plegaria, dos bellos versos de su cancion:

> Hijo soy de los obreros,
> Inspírame, oh Dios! tu fe!

Y miéntras que Frascuelo oraba de ese modo, sintió elevarse en su corazon algo fuerte y dulce que le hacía feliz. Era la voz de su conciencia que le aprobaba.

Frascuelo comprendió que los mejores placeres nos vienen del alma; y las penas que cuesta el cumplimiento del deber le parecieron entónces muy ligeras, en comparacion de esa satisfaccion interior que le llenaba todo entero.

XIX. — El rico debe instruirse.

> La instruccion es el alimento del alma como el pan es el sustento del cuerpo.
>
> Tú, rico, gracias al trabajo de tus padres no tienes que temer el hambre; eres, **pues**, más culpable que cualquiera otro si no das á tu alma su sustento.

Por la tarde, á la hora de su merienda, Amada volvió

al lado de Frascuelo para pasar con él una parte de su recreacion.

Tenía todavía su libro en la mano, y Frascuelo no pudo prescindir de preguntarle si todas las páginas de ese libro eran tan bellas como las que le había leido por la mañana.

— Ciertamente, respondió Amada; y si quieres convencerte, mira, Frascuelo, abre en donde quieras. Te leeré el capítulo que salga, y juzgarás.

Frascuelo tomó un alfiler que estaba prendido convenientemente en la manga de su blusa, y miéntras que Amada tenía el libro bien cerrado, clavó el alfiler en medio de las hojas.

— ¡Escojo el lado izquierdo! exclamó gravemente como si se hubiese tratado de echar suertes para la conscripcion.

Amada abrió el libro é hizo un gestecillo.

— Este capítulo es muy bello, dijo; sin embargo, convendria mejor para mí que para tí. El siguiente, por el contrario, te interesaría más; ¿le leo?

— Nó, nó, he sacado ese, quiero saber lo que dice. Se lo ruego á usted, señorita Amada, léamele usted.

— Si eso puede complacerte, ya comienzo:

EL RICO DEBE INSTRUIRSE.

Hijo mio, hay tiempo para todo en la vida. El tiempo de la juventud es el del estudio. Si dejas pasar tus primeros años sin aprender nada, eres culpable, y tu falta te hará desgraciado en el porvenir.

— Pero, dices, soy rico, no necesito trabajar para vivir; ¿por qué me he de fatigar en estudiar? ¿Qué me importa la ciencia? Yo sabré vivir dichoso sin ella.

— Te equivocas, hijo mio. No basta ser rico para ser dichoso, es preciso tambien ser bueno. Aunque tuvieses las riquezas más grandes de la tierra, si tienes un alma baja y malvada serás desgraciado.

— ¿Pero no puedo ser bueno permaneciendo en la ignorancia?

— Hijo mio, si permaneces voluntariamente en la ignorancia cometes ya una falta, y una falta enorme, porque eres un perezoso. Prefieres vivir como el bruto para beber, comer y dormir, en vez de vivir como un hombre por el pensamiento. Estudiar, trabajar, pensar, es tratar de comprender todo lo que nos rodea, y como ello es obra de Dios nos acercamos á él instruyéndonos.

Piensa en ello, hijo mio, el estudio es más noble de lo que tú crees; estudiar es buscar á Dios. ¿El que estudia no busca la verdad, y Dios no es la verdad misma?

— ¡Cómo! ¿mi abecedario y esa gramática con reglas tan fastidiosas, me han de hacer buscar á Dios? ¿Es posible? Ni siquiera se pronuncia allí su nombre.

— Hijo mio, escucha una comparacion.

En la casa de campo de tu padre hay un gran verjel rodeado de muros, con una puerta cuidadosamente cerrada. Los hermosos árboles del verjel están cubiertos de frutas, y su vista te ha tentado:

« Madre, has dicho, dame esas lindas ramas de cerezas que veo allá arriba. »

Tu madre, que te ama, ha respondido : sí, y te ha tomado por la mano. Pero en lugar de llevarte al verjel, vuelve contigo á casa.

Entónces, como eres un chicuelo impaciente, te pones á llorar, creyendo que tu madre te engaña. Ella, sin cuidarse de tus lágrimas toma la llave del verjel que está colgada en la pared, y llevándote entónces te dice:

« Aturdido, ¿no era necesario hacer primero este rodeo, para poder entrar en seguida? »

Hijo mio, la ciencia es como el gran jardin cerrado de tu madre; es preciso hacer un rodeo fastidioso ántes de entrar, porque la llave de todos los bellos libros instructivos es el alfabeto. Aprende, pues, á leer, hijo mio, aprende la gramática que es la ciencia de la palabra y de la escritura.

No te fastidies por un poco de trabajo que tienes al principio; más tarde cuando seas grande, y cuando la vida te haya dado las horas tristes que tiene en reserva para todos, lo mismo para los ricos que para los pobres, — la ciencia te consolará. Los buenos libros, como amigos fieles, vendrán á encantar tu soledad.

Te hablarán de Dios y de la imperecedera justicia cuyos triunfos no pueden impedir los malvados.

Te hablarán de los hombres, tus hermanos, que sufren como tú, más que tú acaso; y tu alma ennoblecida ha largo tiempo por la instruccion, olvidará sus propios dolores pensando en los de tus hermanos.

Querrás hacer algo para aliviar su infortunio, y te será posible porque el que sabe muchas cosas encuentra recursos que el ignorante no sospecha.

Entónces advertirás que queriendo sostener la carga de tus hermanos para aliviarlos, has aligerado el peso de tu propia miseria. El gran consolador por excelencia es el amor del prójimo, es la caridad; pero la caridad es siempre doblemente fecunda cuando está acompañada de la ciencia.

Instrúyete pues, hijo del rico, si quieres ser útil á los hombres que son tus hermanos, y útil á tí mismo perfeccionando tu alma, ese presente de Dios de que algun dia se te pedirá cuenta.

Amada se calló, el capítulo había concluido.

— Esas páginas son bellas, dijo Frascuelo; pero tenía

usted razon, señorita Amada, están escritas para usted que es rica..., no para mí...

Frascuelo se detuvo, estaba visiblemente embarazado, tenía deseos de decir algo y no se atrevía. En fin, el deseo de hablar fué más fuerte : — ¿Por qué, exclamó, el libro no aconseja instruirse más que á los niños ricos? ¿Los ama más que á los otros?

Amada sonrió ; volvió á abrir su libro por toda respuesta, y comenzó el capítulo siguiente.

XX. — El pobre debe instruirse.

El ignorante está destinado á representar toda su vida, en medio de sus semejantes, el papel de un niño.

— ¿Pero yo que soy pobre, que debo pasar mi vida en labrar los campos ó en trabajar el hierro en la fragua ardiente, ó en levantar piedra por piedra la casa del rico, tengo necesidad de estudiar? ¿Se ha hecho la ciencia para mí? ¿No necesitan más mis manos de saber manejar las pesadas herramientas del trabajo que las hojas delicadas de los libros?

— Hijo mio, el pobre debe instruirse lo mismo que el rico ; porque el pobre tiene, como el rico, deberes que cumplir aquí abajo para ser bueno, sabio, virtuoso ; y conviene que pueda recordar sin cesar esos deberes leyendo y volviendo á leer las leyes morales.

Pero las leyes morales no son las únicas que interesan al trabajador ; está sometido á las leyes de la sociedad en que vive, y si viola esas leyes puede ser llevado ante los tribunales. ¿No es una inconsecuencia espantosa no saber leer esas leyes humanas que pueden condenarte á la multa, á la prision, ó áun á la muerte?

Hijo mio, que trabajas la tierra, ó el hierro, ó la madera, necesitarás hacer contratos con tus semejantes ; ¿no debes de hallarte en estado de dar á esos contratos una fijeza cierta por medio de la escritura?

Jóven obrero que vivirás de tu salario, si no has aprendido á contar, si no sabes calcular lo que tienes derecho de reclamar, ignoras las condiciones mismas á que está sujeta la existencia del trabajo.

El trabajador que no sabe leer ni escribir está destinado á representar toda su vida, en medio de sus semejantes, el papel de un niño.

A los treinta años lo mismo que á los diez, estará todavía en tutela. Será preciso que algun otro piense, hable, lea, escriba, cuente por él, haga sus negocios y le dirija con sus consejos.

Nacer pobre, hijo mio, es considerado como una desgracia. Pues bien, hijo del pobre, el primer remedio para esa desgracia es instruirte. El obrero que tiene un buen fondo de educacion comprende muy pronto que su valor ha doblado. Se estima más á sí mismo, y le estiman tambien más todos los que le conocen.

—¡Pero me queda tan poco tiempo para ir á la escuela! jamas podré saber gran cosa.

— El tiempo es como la tela, hijo mio; el que no la desperdicia saca de ella un vestido completo, miéntras que el pródigo no encuentra siquiera lo suficiente para hacerse un chaleco.

Sé, pues, económico de tu tiempo,¡querido hijito del trabajador! No pierdas un minuto cuando vayas á sentarte á los bancos de la escuela.

Ama el libro con que tratas de ilustrar tu inteligencia; estúdiale con valor; arráncale una por una todas sus enseñanzas. ¡Que sea para tí como una promesa de emancipacion para el porvenir! Esto es más cierto de lo que tú piensas. Tu libro te ama sin que tú lo sospeches. Es un amigo que te habla y quiere ilustrarte. Esas líneas regulares de puntitos negros que se extienden ante tus ojos, quién quieres que las haya trazado, si no es la mano de alguno que te ama? Vamos, querido hijo del pueblo, tu madre no es la única que te sigue con ojos enternecidos entre la muchedumbre. El que te habla aquí por la voz de tu libro, es un amigo desconocido, pero adicto, que desearía verte feliz. Escucha, pues, las lecciones de tu libro, hijo mio; estudia lo más que puedas. La sabiduría llega á medida que la ignorancia huye, y la sabiduría es la felicidad!

XXI. — Frascuelo toma una buena resolucion. — Utilidad de la lectura.

> Cuando hayais leido algunas páginas de un buen libro, seguid los consejos que os da, porque son los consejos de un amigo.

¡Hé ahí un capítulo muy hermoso! exclamó Frascuelo, miéntras que Amada cerraba su libro. Yo no habría creido nunca que fuese tan útil saber leer. Ahora me aplicaré con tanto ardor, que acabaré muy pronto de aprender, aunque no sea más que para leer las bellas cosas de que está lleno el libro de usted, señorita Amada.

— Es una buena resolucion, Frascuelo; pero ¿quién te enseñará á leer?

— ¡Oh! dijo Frascuelo; luego que ya no vele, mi hermana Paulina me hará leer todas las noches cuando vuelva de su trabajo; en vez de seguir mis letras con negligencia, estaré muy atento. Despues, el domingo en la tarde estudiaré tambien. Quiero seguir como es debido los consejos del libro; no quiero ser ignorante.

— Cuando sepas leer, Frascuelo, te prestaré todos mis libros; así podrás aprender todo lo que yo sé.

— Es usted muy buena, señorita Amada, y bien quisiera poder prestar á usted tantos servicios como los que ya me ha prestado desde hace unos cuantos dias que la conozco.

— Frascuelo, contestó Amadita muy séria, me has sido tan útil como yo he podido serlo para tí. Me has hecho reflexionar mucho desde ayer; y si yo te he inspirado los deseos de instruirte, tú por tu parte, te lo aseguro, has despertado en mí igual deseo. Quiero aprender muchas cosas en que jamas habia pensado; no quiero permanecer indiferente á las cuestiones que interesan á los pobres; porque, lo siento, amo á los que son ménos venturosos que yo; los amo más todavía que á los que, como yo, tienen fortuna. Quiero, pues, que ellos me amen, y para eso, Frascuelo, quiero ser mejor. Ya ves la bella resolucion que me has inspirado; díme si no te debo mucho.

Amada, sonriendo, tendió la mano á Frascuelo, y se escapó corriendo, porque acababa de dar la hora del trabajo.

XXII. — **El vestido blanco de Amada.** — **La pureza del corazon.**

Tened un corazon sin mancha.

— Señorita Amada, dijo al dia siguiente Frascuelo cuando vió llegar á la niña, usted lleva siempre un traje blanco, y veo el gran cuidado que tiene de no mancharle. Yo desearía saber por qué está usted siempre vestida de blanco, en lugar de llevar, como las otras señoritas ricas, color de rosa, azul y toda suerte de colores.

— Frascuelo, respondió Amada seriamente, es por obedecer á un deseo de mi madre. Nunca la he conocido; pero tengo mucho gusto en probarle que la amo obedeciéndola.

— Tiene usted razon, señorita Amada, dijo Frascuelo, porque sé que se debe siempre contentar el capricho de sus padres.

—¡Oh! dijo Amada sonriendo; mi madre ha tenido en ello otra cosa que un capricho: ha tenido un pensamiento afectuoso para mí. El blanco es el color que mi madre prefería; parece, Frascuelo, que en todos los tiempos y en todos los paises el blanco ha sido considerado como la imágen de la inocencia. Pues bien, obligándome á llevar este color tan fácil de manchar, mi madre moribunda ha querido hacerme recordar sin cesar, por el asco minucioso á que me condenaba, los cuidados escrupulosos que debo de tomar para conservar á mi alma toda su pureza. Este traje, que mi madre me ha impuesto, me la recuerda constantemente, y me recuerda tambien lo que me habría dicho si hubiese vivido.

— Es singular, dijo Frascuelo, cómo sabe usted comprender todas las cosas, señorita Amada. Yo jamas habría adivinado eso.

— Yo tampoco lo he adivinado, dijo Amada. Mi abuelo es quien me ha dado esta explicacion. Sin él, no habría yo comprendido mejor que tú el pensamiento de mi madre, y habría tenido tal vez la tentacion de murmurar contra las privaciones que más de una vez me ha impuesto mi vestido blanco.

— Es cierto, dijo Frascuelo pensativo; muchas veces ha de haberse usted visto privada de jugar, señorita Amada.

Y diciendo esto, Frascuelo pensó que ese constante respeto por la voluntad afectuosa de una muerta, impuesto á esa niña desde la edad más tierna, era sin duda el que había habituado á Amada á ser tan razonable.

Comprendió vagamente lo que había de tierno en ese pensamiento maternal sobreviviendo á la tumba, para recordar sin cesar á una hija la memoria de su madre y el respeto de sí misma por medio de un signo exterior, de un traje blanco. Así es que Frascuelo se conmovió sin saber por qué. Ahora le parecía que Amada era superior á él, por la elevacion de sentimientos más todavía que por la fortuna; y el pensamiento que había tenido al verla por la primera vez, fué expresado involuntariamente por sus labios: — ¡Los ricos son muy felices! exclamó.

Amada sonrió alegremente.

— Frascuelo, dijo ella, parece que consideras á los ricos como una especie de hombres aparte. Sin embargo, mi padre grande es hijo de un obrero. ¿Quieres que te diga en dos palabras su historia, que me ha contado muchas veces?

— Con mucho gusto, dijo Frascuelo.

XXIII. — Historia del abuelo de Amada. — Ricos y pobres.

> No hay rico que no tenga entre sus abuelos algun pobre; no hay pobre que no tenga entre sus abuelos algun rico.
>
> Los hijos del rico se volverán pobres si son pródigos; los hijos del pobre se harán ricos, si saben economizar.
>
> ¿Por qué, pues, el rico ha de despreciar al pobre, y por qué el pobre ha de aborrecer al rico?

Amada continuó:

— A tu edad, Frascuelo, mi padre grande andaba descalzo, y usaba zuecos solamente cuando helaba muy fuerte. No sabía ni leer ni escribir, y no le fué posible instruirse hasta que tuvo diez y ocho años. Era vendedor ambulante, llevaba al cuello sus efectos, y comenzó el oficio á los nueve años con cincuenta sueldos de mercancías. Dormía de noche en las granjas, comía un pedazo de pan duro, y bebía en el hueco de su mano en las fuentes de la calle.

Llevó durante veinte años esa existencia de trabajo sin descanso y de privaciones continuas ántes de decidirse á gozar un poco de la fortuna que con tanto trabajo había reunido.

Se casó entónces, y montó una fábrica, sin dejar de trabajar y ahorrando siempre.

En fin, Frascuelo, mi abuelo tiene setenta y cinco años, y hace sesenta y seis que trabaja. Si es rico, no lo debe más que á sí mismo. ¿No te parece que ha merecido el bienestar que le rodea, y piensas que se le debe mirar con malos ojos, porque puede servirse de un carruaje, ahora que ya no tiene bastantes fuerzas para hacer largas marchas á pié?

—¡Oh! dijo Frascuelo, ¡el Sr. Clertan es un hombre admirable! Pero ¿cómo puede ser cierto todo eso?

Frascuelo, dijo Amada, mi abuelo mismo me lo ha dicho, y ¿cómo había de mentir él que me ha inspirado tanto horror por la mentira?

— Perdóneme usted, señorita Amada; ¡pero me parece tan singular pensar que usted es nieta de un obrero, y que no lo oculta! Esto hace que me avergüence yo más por lo mal que acogí á usted la primera vez que la ví.

— ¡Ah! dijo la niñita alegremente, no hablemos más de eso. Puesto que ya no somos enemigos, es lo esencial. Corro ahora á comer, porque á mi padre grande le agrada la exactitud, y oigo la campana de la comida.

XXIV. — **Frascuelo pone en práctica los consejos de Amada: Es preciso reflexionar ántes de obrar. — La prudencia.**

« Obrar sin haber reflexionado, es ponerse en viaje sin haber hecho preparativos. »

« Jamas emprendais nada sin haber reflexionado en ello con prudencia. Pero una vez tomada vuestra resolucion, ejecutadla con valor. »

La noche de aquel dia Frascuelo veló tambien hasta las diez. El Sr. Clertan le había dicho que era por última vez.

Una imperiosa necesidad habia decidido al Sr. Clertan á hacer trabajar al jóven aprendiz durante la velada. Frascuelo debía de ser pagado muy ventajosamente; las horas de velada iban á serle pagadas al mismo precio que á un hombre.

El niño se alegraba mucho de eso, y en vez de fastidiarse, sólo sentía que aquella noche fuese la última en que se le obligaba á velar.

Favor venía de vez en cuando á echarse á sus piés y á lamer sus manos; pero volvía á marcharse en seguida, yendo, viniendo, registrando con inquietud. Olfateaba el aire como si sintiese algo de anormal.

Frascuelo, que le observaba, acabó por advertir que había como un olor á quemado. Miéntras más se adelantaba la noche, más vivo sentía el niño aquel olor.

LA PRUDENCIA. 37

Dió parte al contramaestre. Éste pasó una revista al taller y nada notó. Al abrir la puerta contigua á la cueva de Frascuelo, pareció que el olor á quemado se pronunciaba. El contramaestre examinó todos los rincones sin luz. Si hubiera habido fuego, se le habría visto; no había nada.

El Sr. Andrés declaró que era preciso ir á acostarse, que Frascuelo soñaba, que ese olor á chamuscado venía de algunos fósforos prendidos un momento ántes.

En una palabra, se cerraron las puertas, Frascuelo volvió á su casa y se acostó.

Pero no pudo lograr conciliar el sueño. Estaba inquieto, escuchaba, y el ruido más ligero llegaba á sus oidos en medio del silencio de la noche.

El ancho de la calle separaba solamente la puerta del Sr. Clertan del pobre piso bajo que habitaba Frascuelo; desde su cama oía al inteligente Fanor correr por el patio dando una especie de ladrido lastimero, como una advertencia.

El niño, agitado, sentía no haber insistido más con el contramaestre. Por otra parte, no se explicaba cómo esa gran pieza enteramente oscura, llena de sacos de algodon colocados sobre la arena misma de la cueva, habría podido ofrecer algun peligro de incendio. Nunca se entraba al taller de noche más que con una linterna; estaba prohibido fumar en las piezas en que se doblaban los algodones; en fin, todas las precauciones estaban tomadas.

Rama de algodonero.

En aquel momento se acordó Frascuelo de que uno de los obreros, el tio Leon, encargado precisamente de cuidar los algodones en el secadero de vapor, tenía la mala costumbre de fumar, á pesar de las reprimendas que sufría por tal causa. Esa misma tarde Frascuelo le había visto con la pipa en la boca cuando llevaba los sacos de algodon al hombro; despues, habiendo creido oir al Sr. Clertan, el tio Leon habia metido precipitadamente su pipa en la bolsa, díciendo : — ¡ Ah ! ahí viene el patron; *Cuelillo*, no digas nada de mi pipa.

A medida que Frascuelo recordaba todas esas cosas le parecía de más en más cierto que podía haber sucedido un accidente, y que un peligro amenazaba al abuelo de Amada.

Secadero de vapor. Pieza calentada por tubos de calorífero y en la cual se tienden los algodones que se quiere secar.

Sin embargo, el chicuelo no se atrevia á volver á casa del Sr. Clertan.

— Todo el mundo está acostado, pensaba; ¿cómo me atreveré á despertar á las gentes sin saber si mis temores son fundados?

Pero luego le dió valor un pensamiento más desinteresado.

— ¿Qué arriesgo yendo? se dijo. ¿Que me hagan burla si me equivoco, y que me regañen? Pues bien, prefiero correr ese riesgo á exponer á un peligro á la señorita Amada y á su abuelo, si no me equivoco.

XXV. — **La prudencia es madre de la seguridad.**

No retardeis jamas lo que podeis hacer en seguida.

Sin vacilar más se vistió apresuradamente:
— Madre, dijo, no puedo dormir, temo que haya fuego en casa de mi patron; déjame ir á despertarle.

Acabando estas palabras, Frascuelo se lanzó á la calle y llamó á golpes redoblados á la gran puerta. Fanor unió inmediatamente el ruido de sus ladridos á los aldabazos y á los campanillazos. Era un ruido capaz de despertar á los muertos. La criada no tardó en venir.

— ¿Quién es? preguntó á traves de la puerta.
— Yo, Frascuelo, el volteador del molino de índigo. Quiero hablar al Sr. Clertan.

—¿Te burlas acaso, pequeño imbécil, despertando á las gentes á esta hora? El señor duerme, ¿qué le quieres?

—No se enoje usted, señorita Catarina, y ábrame la puerta. Necesito hablar al Sr. Clertan; creo que hay fuego en la cueva de los algodones teñidos.

A esta palabra de fuego, la criada abrió inmediatamente. El chicuelo corrió hácia la cueva. Un fuerte olor á quemado se escapaba de ella.

—Vea usted, vea usted, señorita Catarina, ¿no huele usted?

—¡Es cierto! dijo la vieja cocinera; hay algo ahí que se quema; corro á buscar al señor.

Un instante despues el anciano abría la puerta y penetraba en la cueva con Frasucelo y Catarina.

No se notaba todavía ninguna huella de incendio, salvo un insoportable olor de trapo quemado. El Sr. Clertan se acercó á uno de los sacos cerrados.

—De aquí viene el olor, dijo; el incorregible tio Leon habrá dejado caer alguna chispa de su pipa al guardar los algodones. El fuego se oculta sin duda alguna en ese saco cerrado; pero muy pronto se habría declarado comunicando el incendio á los algodones más próximos. Catarina, lleve usted ese saco al patio. Frascuelo, toma un cubo, y bombea el agua.

Se llevó el saco al patio, donde fué abierto. Entónces comenzó á escaparse el humo, y á poco las llamas le siguieron. Se echó agua en abundancia y se apagó el fuego.

Todo eso había sido hecho en diez minutos, durante los cuales Frascuelo había respondido á las preguntas del Sr. Clertan y de Catarina.

—Vamos, dijo el rico negociante, eres un buen muchacho, Frascuelo; esta noche has dado pruebas de más inteligencia y reflexion que un hombre de larga experiencia como mi contramaestre. Te doy las gracias, amigo mio, y no olvidaré el servicio que me has prestado.

—Frascuelo estaba muy orgulloso al volver á su casa; pero no quiso meterse en la cama sin dar gracias á Dios por la buena inspiracion que le había enviado.

Cumplido ese deber, se durmió con el corazon muy satisfecho.

XXVI. — **Frascuelo es recompensado.** — **Un servicio produce otro servicio.** — **La renta sobre el Estado.**

> El bienhechor no debe de hacer ver que se acuerda del servicio prestado; el obligado debe de hacer ver que se acordará siempre.

El Sr. Clertan, por su parte, no había permanecido inactivo; había pensado en los medios más convenientes de recompensar á Frascuelo por el servicio que le había prestado.

El Sr. Clertan sabía bien que Frascuelo, prestándole este servicio no lo había hecho por interes ni por esperanza de recompensa; pero por eso mismo la accion del jóven aprendiz era más meritoria y más digna de ser recompensada, porque nada es más hermoso que hacer el bien por el bien.

El Sr. Clertan mandó llamar al niño á su gabinete.

— Amigo mio, le dijo, me has evitado con tu inteligencia una desgracia cuyas consecuencias podían ser muy graves; sin tí nuestro taller no sería tal vez más que un monton de ruinas en este momento. Deseo, pues, expresarte mi reconocimiento. Hé aquí una cubierta cerrada que llevarás á tu madre. Contiene una renta sobre el Estado para la Sra. viuda Roullin. Cada trimestre tu madre cortará del título de renta uno de esos pedacitos de papel que contiene y que se llaman *cupones*; irá á casa del tesorero general á presentar su cupon, y en cambio se le entregará la suma indicada en él. En cuanto á tí, hijo mio, deseo darte lo que yo considero como el mayor beneficio, una buena educacion; pero no quiero hacerte salir de tu condicion de obrero, porque quiero que seas tú mismo el artesano de tu fortuna. Continuarás, pues, tu aprendizaje en mi casa. Solamente que no trabajarás en tu oficio más que cuatro horas por dia; el resto del tiempo asistirás á las lecciones de mis hijos, harás temas como ellos, y espero, Frascuelo, que te aplicarás de manera que no me causes disgustos. Más tarde, instruirás á tu vez á tu hermanito; velarás porque sea un buen trabajador y un obrero inteligente. Si quieres, Frascuelo, de tí sólo depende salir de la miseria.

Frascuelo estaba tan agradablemente sorprendido que no sabía qué decir. El Sr. Clertan puso fin á su embarazo enviándole á llevar á su madre el título de renta.

Amada acompañó á Frascuelo, y expresó á la viuda de una manera tan graciosa las ideas de su abuelo, que triunfó de las resistencias de la Sra. Roullin; esta no quería comprender que el servicio tan simple de Frascuelo valiese una recompensa semejante.

XXVII. — **Las lecciones en comun.** — **El Sr. Edmundo.**

El estudio en comun es más dulce.

Ocho dias despues, Frascuelo, vestido con mucho aseo, tomaba su primera leccion en compañía de Amada y de su hermano Enrique, que estaba de regreso de su viaje.

Enrique era, lo mismo que su hermana, un niño estudioso y bien educado; pronto trató á Frascuelo como camarada.

El Sr. Edmundo, el preceptor de los dos niños, era un antiguo profesor, que á fuerza de trabajo, había aprendido por sí mismo una multitud de cosas, las lenguas antiguas y las ciencias modernas.

Como era un buen maestro, no dejó de establecer entre sus tres alumnos la igualdad más perfecta. No mostraba sus mayores miramientos más que al que trabajaba mejor y no dispensaba sus aprobaciones sino segun el mérito.

Aunque Frascuelo estuviese muy atrasado, puesto que apénas sabía leer, se entregó al trabajo con tal ardor, y era, por otra parte, tan inteligente, que la distancia que le separaba de los otros dos niños disminuyó muy pronto.

El excelente Sr. Edmundo se arregló ademas de manera que reemplazaba en cuanto era posible, durante el primer año, los temas escritos con lecciones orales, lo cual restablecía la igualdad entre los tres discípulos,

Cuando hacía buen tiempo las lecciones se tomaban al aire libre, en el pradito del patio.

Algunas veces tambien, el Sr. Edmundo llevaba á nuestros jóvenes amigos á dar un paseo por el campo; durante el camino los instruia, y el paseo les parecía mil veces más agradable.

En fin, cuando llovía, los niños se reunían en una sala de estudio semejante á la escuela en que el Sr. Edmundo enseñaba en otro tiempo. Había allí un grande encerado, en el cual el Sr. Edmundo trazaba problemas, figuras de dibujo lineal y modelos de escritura. En las paredes se veía cartas de geografía en que los niños se ejercitaban en buscar el sitio de las ciudades y de los paises. Todo esto maravillaba al jóven Frascuelo, que se aficionaba mucho al estudio.

El arreglo de esta existencia nueva no había hecho perder de vista á Amada los pensamientos serios que su primera entrevista con Frascuelo había despertado en su alma.

Revolvía en su cabecita importantes cuestiones cuya resolucion deseaba, y el dia ménos pensado, despues de haber puesto en órden sus ideas, pidió permiso al Sr. Edmundo para interrogarle. Enrique y Frascuelo estaban presentes; no dejaron de mezclarse al debate, y hé aquí la conversacion que tuvieron.

XXVIII. — **Amada querría conocer algunos remedios para los sufrimientos de los pobres. — El sufrimiento, principio de la caridad.**

El sufrimiento es el lazo de los hombres.

— Señor Edmundo, dijo Amada, me parece una desgracia que haya pobres, y muy triste que haya gentes obligadas á tomarse tanto trabajo, miéntras que otras no hacen nada. Mi pobre padre grande ha trabajado sesenta años para ganar la fortuna que tiene! A pesar de eso, esta fortuna es una excepcion á lo que parece; porque hay gentes que despues de haber trabajado el mismo número de años, mueren trabajando, sin haber podido descansar, y sin el consuelo de saber al ménos que sus hijos han salido de la miseria! ¿No es muy triste? ¿Qué remedio hay para eso? ¡ Oh! ¡yo quisiera poder hacer que nadie sufriese en este mundo! Aunque debiera yo sufrir en lugar de los demas, consentiría en ello de buena voluntad.

— Hija mia, replicó dulcemente el Sr. Edmundo, enternecido por los ojos húmedos de la niña, ya usted ve que el sufrimiento sirve de algo, puesto que puede hacer nacer, áun en el alma de un niño, una compasion bastante viva para inspirarle la idea generosa de un sacrificio. El sufrimiento es el orígen de lo que hay de más bello sobre la tierra: la caridad, la piedad y el amor.

El sufrimiento que entristece á usted tanto, es el lazo más fuerte que puede unir á los hombres, obligándolos á trabajar en comun, á socorrerse los unos á los otros y por eso mismo á amarse. ¿No ve usted que para combatir el sufrimiento, necesitan poner en comun todas sus fuerzas? Porque los pobres no son los únicos que sufren en este mundo: las enfermedades, la muerte, ¿no alcanzan tambien á los ricos? A causa de eso los ricos necesitan como los pobres del auxilio de sus semejantes, de su amor, que ayuda á soportar las penas suavizándolas. El sufrimiento, obligando á los hombres á trabajar juntos, los hace hermanos.

Hé ahí una primera utilidad del sufrimiento, hijos mios; desarrolla en nosotros lo que hay de más precioso en la tierra y en el cielo mismo: la bondad, la caridad.

El sufrimiento tiene otras muchas utilidades todavía que os mostraré más tarde.

XXIX. — **Los hombres deben luchar juntos contra el sufrimiento.**

<blockquote>Todos necesitamos, ricos ó pobres, ilustrarnos sobre los mejores medios de aliviar la miseria.</blockquote>

— Pero entónces, dijo Enrique, ¿si el sufrimiento es útil, se debe de no combatirle?

—Al contrario, amigo mio, porque no es útil sino porque nos excita á combatirle reuniendo todas nuestras fuerzas. No pretendo absolutamente que sea preciso resignarse á ver sufrir en torno de sí, como se resigna uno á saber que hay gentes que mueren en la tierra á cada minuto del dia. Aunque los hombres saben que deben todos de morir, ¿no ve usted que hacen esfuerzos constantes para alejar la muerte lo más posible, y disminuir el número de víctimas que hace diariamente en torno de ellos? Pues bien, debemos de hacer para los otros males lo mismo que hacemos para ese.

Solamente que el médico que se consagra al estudio de las enfermedades no comienza por hacerse ilusiones y por figurarse que llegará de la noche á la mañana á curar á todos los enfermos, á impedir á todos los hombres que sufran y mueran. Nó. Pero se promete curar el mayor número posible de gentes y disminuir así el imperio de la muerte. Así, los que se consagran al estudio de las miserias que existen en la sociedad y de sus remedios, es decir, al estudio de las *cuestiones sociales*, no deben de comenzar por soñar lo imposible, ni de esperar una curacion completa y repentina de todos los males, por ejemplo, de la pobreza. En cambio, se puede combatir la pobreza como las enfermedades y la muerte, hacerla disminuir y arrancarle el mayor número posible de víctimas.

— ¡Eso ya es algo, es mucho! exclamó Frascuelo, que no perdía una sola palabra. Ah! señor Edmundo, ya lo ve usted! la Srta. Amada tenía alguna razon, y debe de haber remedios para la suerte miserable de los pobres.

— ¡Sí, sí, eso es! exclamó Amada dando palmadas. ¡Oh! señor Edmundo, ruego á usted que nos explique lo que concierne á esta cuestion. Veo bien que sabe usted muchas cosas á este respecto; y yo, no sé nada, no conozco nada, sino que hay gentes desgraciadas que sufren; y eso me hace sufrir, y me hace tambien desgraciada. La cancion del pobre me persigue por todas partes; luego que estoy sola la canto sin quererlo, y por la noche, en sueños, creo oirla todavía.

— Hija mia, lo que usted me pide es toda una ciencia que se llama *economía social* ó *economía política*. Es el estudio de los medios de aumentar la riqueza y de disminuir la miseria en una nacion.

— ¡Oh! señor, exclamaron los tres niños á una voz, ¡qué gusto nos daría aprender eso! ¡Cómo nos aplicaríamos para comprenderlo!

— Vamos, dijo el Sr. Edmundo sonriendo, no me estaría bien hacerme demasiado de rogar; porque, sabedlo, el Sr. Clertan me había recomendado precisamente que hablase con vosotros de estas interesantes cuestiones así como de los problemas de moral cívica y de legislacion usual que á ellas se refieren. Cree que en nuestra sociedad moderna es necesario á todos, ricos y pobres, ilustrarse sobre asuntos tan instructivos, tan morales y tan religiosos. Solamente que necesitaré mucha atencion de vuestra parte. Así, estoy seguro de que llegaremos á un excelente resultado, porque las cosas más útiles son tambien las más interesantes cuando se las comprende.

Los tres niños estaban entusiasmados. De manera que pidieron una primera conferencia para el dia siguiente; despues corrieron los tres á dar gracias al Sr. Clertan, que había pensado ántes que ellos mismos en el objeto de sus deseos.

XXX. — El hombre está hecho para el progreso, al cual es excitado por el sufrimiento.

> La cosa más bella es ser eternamente perfecto, como Dios; pero la más bella despues de eso es perfeccionarse sin cesar, y tal es el deber del hombre.

Al dia siguiente el tiempo estaba frio y lluvioso; fué imposible tomar la leccion en el patio. Los tres alumnos se reunieron en la sala de estudios. El Sr. Edmundo se paseaba de un extremo á otro de la pieza interrogándolos, para habituarlos á encontrar las cosas por sí mismos. Comenzó por Amada.

— Amadita, le dijo, usted que quiere saber de dónde vien en el mal y el sufrimiento, escuche una comparacion. Cuando una madre ve que su hijo es capaz de andar solo, se coloca á cierta distancia, ¿y qué hace?

AMADA. — Le tiende los brazos, le sonríe.

EL SR. EDMUNDO. — Sí, pero quiere que ande y dé algunos pasos hácia ella. El niño llora algunas veces sin atreverse á avanzar, pero qué contento se pone cuando ha podido andar, y cuando separado de su madre por una distancia de algunos pasos ha logrado salvarla para echarse en brazos de la que ama! Pues bien, todos somos como el niño. Dios quiere que aprendamos á andar solos en el camino de la vida, en la vía del progreso, y á acercarnos á la perfeccion por el trabajo y por la virtud. Para eso es preciso que algo nos advierta nuestra imperfeccion y nos impida complacernos en ella : ese algo es el dolor.

Ya sabeis que la primera utilidad del sufrimiento consiste en despertar en nosotros el amor del prójimo y el deseo de trabajar por la felicidad de los otros; la segunda, en excitarnos á perfeccionarnos nosotros mismos, en hacernos trabajar por nuestra propia felicidad.

El sufrimiento nos hace comprender todas nuestras imperfecciones y todas nuestras necesidades. Por ejemplo, Frascuelo, ¿qué es lo que nos advierte muchas veces por dia que es tiempo de reparar nuestras fuerzas?

— El sufrimiento, el hambre.

— Si ocupaciones demasiado numerosas, ó la pereza, ó la falta de alimento impiden al hombre hacer sus comidas habituales, mirad cómo el hambre, ligera al principio, se hace muy pronto imperiosa. No hay modo de resistirla; es preciso comer, es preciso vivir. Si el hombre no sufriese así cuando se olvida de comer, lo olvidaría sin cesar y moriría. Gracias al sufrimiento, podemos estar tranquilos, no lo olvidará.

—¡Oh!¡ señor, dijo Enrique, es muy singular ! Nos dice usted cosas en medio de las cuales vivimos, y sin embargo, jamas las había yo observado. ¡ Qué aturdido soy !

— Yo tambien, dijo Amada; porque nunca me había ocurrido pensar en eso.

— ¡ Y á mí mucho ménos todavía ! dijo Frascuelo.

El Sr. Edmundo sonrió y continuó.

— Teníais hambre y sufríais; pero comeis, y en seguida sentís un bienestar. Al mismo tiempo la fruta llevada á vuestros labios os causa un placer. Entónces pensareis tal vez en prolongar ese placer y en comer sin necesidad; nada temais : el sufrimiento vela, acude de nuevo y os enseñará la moderacion. Habeis comido demasiado porque era agradable comer; pero el alimento tomado sin necesidad fatigaría vuestro estómago y comprometería vuestra existencia: vuestro estómago le rehusa, y sois presa de los sufrimientos de la indigestion.

Ya veis, hijos mios, el papel saludable del sufrimiento para con el hombre. Le instruye, le urge, le modera, despierta su razon y su voluntad.

Notadlo bien, hijos mios, el sufrimiento no solamente nos advierte de las necesidades de nuestro cuerpo, sino tambien de las necesidades de nuestra alma. Así el alma necesita conocer é instruirse, tiene sed de verdad; pues bien, sufrís en presencia de lo desconocido, y cada cosa nueva que aprendeis os agrada. ¿Hemos cometido alguna mala accion? el sufrimiento nos lo advierte y nos la hace expiar; eso es lo que se llama el remordimiento. Muchas veces tambien el sufrimiento es una prueba; es la condicion del mérito, de la virtud. En una palabra, es el aguijon apremiante que nos excita al progreso.

— Muchas gracias, señor, dijo Amada. Miéntras más habla usted más comprendo mi ignorancia y lo mal que mi pobre y corta inteligencia me explicaba lo que yo anhelaba saber.

— Estudiemos, pues, amigos mios; porque á medida que nos instruyamos seremos más capaces de admirar los planes simples y fecundos de la Providencia.

XXXI. — La *NATURALEZA* y la *INDUSTRIA*. Dos clases de utilidades.

La naturaleza procura al hombre los materiales, la industria los pone en obra.

Al dia siguiente, la lluvia había cesado y el tiempo era soberbio. Los niños se reunieron en el pradito. Amada, encantada de tomar la leccion al aire libre y con aquel sol tan hermoso, estaba más animada que de ordinario; dejaba estallar su júbilo en exclamaciones de todas clases.

— ¡Qué azul está el cielo! decía, y ¡qué bueno es Dios enviándonos dias como este!

— Sí, respondió Enrique llevando una silla para el Sr. Edmundo. Todo parece doblemente hermoso con ese sol tan alegre.

— ¿Cómo se llama ese gracioso arbolito, señorita

Amada? dijo Frascuelo, que conocía mucho mejor la ciudad que los campos.

Amada. — Es un cerezo.

Frascuelo. — Está completamente cubierto de flores; habrá muchas cerezas este verano.

Amada. — Probablemente, Frascuelo; y me parece absolutamente maravilloso pensar que esas mil florecitas que parecen copitos de nieve, van á cambiarse despues en otras tantas cerezas color de rosa, dulces y frescas.

Rama de cerezo en flor. El cerezo, originario del Asia Menor fué traido á Roma el año 68 ántes de Jésucristo; y de ahí se extendió poco á poco en toda la Europa.

Frascuelo. — Sí, señorita Amada; pero lo que es todavía más admirable es pensar que la tierra esté cubierta de otras muchas cosas más extraordinarias que un cerezo, y que no por eso le han costado más trabajo al buen Dios

Enrique. — A mí lo que me maravilla mucho tambien, es pensar que Dios ha dado á sus criaturas el poder de hacer ellas mismas tantas cosas bellas. Cuando miro la manufactura de papá grande, y considero todas las invenciones que han sido necesarias para tejer solamente un pañuelo de cuadros rojos, me asombro de que Dios nos haya dado tanta inteligencia.

— Dígame usted, Enrique, respondió el Sr. Edmundo que llegaba en aquel momento; ¿qué diferencia hay entre las obras de Dios y las de los hombres?

Enrique. — ¡Oh! ¡señor, una muy grande! El hombre no puede hacer nada sin algo; no puede crear.

El Sr. Edmundo. — En efecto, sólo Dios es creador, hijo mio, miéntras que el hombre, para trabajar y hacer un objeto cualquiera, necesita siempre de una materia prima que no es capaz él de crear, y que saca de la naturaleza. Así para producir pan ó construir una casa, es preciso tener la materia prima del pan que es el trigo, la materia prima de una casa que es la piedra.

La naturaleza, que nos proporciona las materias primeras se parece á un vasto almacen de donde sacamos todas las cosas que nos son útiles.

Solamente que entre esas cosas, hay algunas que encontramos ya listas para el servicio, y otras que exigen de nuestra parte un trabajo. Se llama á las primeras *utilidades gratúitas*, es decir, dadas gratis por la naturaleza, y á las otras, *utilidades costosas*. es decir, que cuestan pena y trabajo. Esa es una distincion cuya importancia reconocereis más tarde.

Como las utilidades naturales son insuficientes para satisfacer todas las necesidades del hombre, la humanidad se ha visto siempre obligada á trabajar para plegar la naturaleza á sus necesidades; y este trabajo del hombre sobre la naturaleza se llama la *Industria*.

¿Quereis un ejemplo de las dos clases de utilidades? Dígame usted, Enrique, la necesidad de respirar, una de las más imperiosas, puesto que su privacion produce la muerte más rápida, ¿exige trabajo por nuestra parte?

— Nó, señor, respondió Enrique, nos basta abrir la boca sin pensar en ello para satisfacerla.

El Sr. Edmundo. — El aire es, pues, un presente de la naturaleza, de una utilidad incontestable, y sin embargo, puramente *gratúita*. Pero la necesidad de comer no es tan fácil de satisfacer: se necesita trabajo é industria para procurarse alimentos. Los alimentos son, pues, *utilidades costosas*.

Amadita, agregó el Sr. Edmundo, para probarme que ha comprendido usted bien lo que acabo de decir, ¿quiere usted encontrar sola otro ejemplo?

La niña reflexionó; estaba muy embarazada; Frascuelo y Enrique buscaban por su parte. Todos guardaban mucho silencio; pero luego Amada exclamó con vivacidad y encarnada de placer por haber encontrado:

— Señor Edmundo, el hombre necesita de luz. La del sol es gratúita porque se debe á la naturaleza. Cuando nos falta la luz del sol se la reemplaza con una lámpara: en este segundo caso la luz debida á la industria, se ha hecho costosa.

Perfectamente, dijo el Sr. Edmundo; se ha explicado

usted muy bien, hija mia, y veo que me ha comprendido de una manera admirable. — ¿Y vosotros, señores? agregó el preceptor, mirando á los dos niños, que estaban muy sorprendidos de la rapidez con que Amada había encontrado su ejemplo.

Por segunda vez se guardó silencio, porque cada uno de nuestros chicuelos se calentaba la cabeza. Enrique fué quien tomó primero la palabra.

— A mí me toca, exclamó. Tengo ya mi ejemplo. Beber, bañarse ó lavarse son necesidades del hombre. El rio, que pasa abajo de nuestro jardin, nos da el agua gratis, puesto que no tenemos que hacer más que cogerla. Pero en la casa de campo de papá grande, la casa está situada en una altura donde no había agua. Ha sido preciso abrir un pozo muy profundo, establecer una bomba; en verano, en fin, para llevar el agua del pozo á los jardines, se necesita otro sistema con tubos de caoutchouc que cuestan muy caros. Hé ahí el agua convertida en aquel lugar en una cosa costosa ó debida á la industria.

Apénas había acabado Enrique su ejemplo cuando Frascuelo tomó la palabra: — El calor es una necesidad y muy grande, puesto que se puede morir de frio. En verano nos le da el sol: hé ahí una cosa gratúita. En invierno es preciso hacer fuego, quemar leña y carbon: hé ahí una cosa costosa, producida por la industria.

— Vamos, hijos mios, dijo el Sr. Edmundo, estoy muy contento; todo el mundo ha respondido bien.

Ya lo veis, Dios ha hecho por nosotros los primeros gastos, y nos ha concedido gratúitamente los primeros dones que nos eran necesarios; pero quiere que adquiramos el resto con nuestro trabajo, y que nuestras más bellas riquezas sean nuestra obra.

XXXII. — **El trabajo y la industria elevan la inteligencia del hombre.** — **El sagotal y los habitantes de Ceram.**

« La ociosidad es madre de todos los vicios. »

El Sr. Edmundo. — Hay países, hijos mios, donde la naturaleza parece haber hecho todo por los hombres.

porque les proporciana casi gratúitamente con qué satisfacer sus necesidades. Allí la industria es casi desconocida.

— ¡Oh! dijo Frascuelo, ¡debe ser muy agradable vivir en tales países!

El Sr. Edmundo. — Hijo mio, los habitantes de esos países no son dignos de envidia. Como han tenido ménos necesidad de trabajar, se han quedado ménos industriosos, ménos inteligentes, y su progreso moral es casi nulo.

En Ceram, por ejemplo, una de las islas de la Oceanía, crece en abundancia el árbol llamado sagotal. Este árbol produce una harina excelente, el sago, que se come cocido en agua y con sal ó bien en forma de bizcochos. Un árbol de buen tamaño puede producir con qué hacer 1.800 bizcochos.

El sagotal, grande árbol de la familia de los palmeros, de cuya médula se hace la harina llamada sago.

Enrique, *riendo*. — ¡Oh! ¡oh! ¡hé ahí un árbol mucho más cómodo todavía que nuestro cerezo!

El Sr. Edmundo. — Sí, hijo mio; porque esos 1.800 bizcochos bastan para alimentar á un hombre durante un año entero. Como el trabajo necesario para convertir un sagotal en bizcochos no exige más que diez dias, de ahí se sigue que los habitantes de Ceram, con dos semanas de trabajo se procuran con qué vivir durante un año. Desgraciadamente, esa facilidad de la vida tiene por consecuencia la incuria más completa. Los indígenas de Ceram son, segun dicen algunos viajeros, muy inferiores á los habitantes de las otras islas donde no existe el sagotal. Son perezosos, ladrones, andan desnudos como salvajes, se contentan con un abrigo miserable, y se embriagan siempre que sus relaciones con los Europeos se lo permiten.

— ¡Qué cosa tan singular, señor! dijo Amada.

El Sr. Edmundo. — No lo es tanto como usted cree, hija mia. La ociosidad degrada al hombre; el trabajo, por el contrario, es moralizador por excelencia; excita y eleva nuestra inteligencia.

XXXIII. — **El trabajo de la inteligencia, en la industria, reemplaza y disminuye poco á poco el trabajo del cuerpo. — La instruccion obligatoria.**

> Por el progreso de la industria la inteligencia reina más cada dia sobre todas las cosas, y la naturaleza se convierte en servidora de la humanidad.

El Sr. Edmundo. — Frascuelo, si te envío á dar un recado al otro extremo de la ciudad y estás cansado, ¿cuidarás, no es verdad, de reflexionar en el camino que debes tomar para andar ménos, y harás trabajar tu inteligencia?

Frascuelo. — ¡Oh! sí señor, y áun preguntaré á los transeuntes cuál es el camino más corto si temo equivocarme.

El Sr. Edmundo. — Pues bien, amigo mio, la humanidad entera, desde la creacion del mundo, hace lo que tú dices para disminuir cada dia más su pesada tarea. Lo mismo que tú reflexionas para encontrar el camino más corto y ahorrar una fatiga á tus piernas, así la humanidad reflexiona para que trabajen en lugar de ella la naturaleza y las cosas que encierra, como la fuerza del agua, del vapor, del aire, etc. Esa es la parte de la inteligencia, eso es lo que se llama el *trabajo intelectual*. Lo mismo que tú interrogas á los transeuntes temiendo equivocarte de camino, la humanidad interroga á la naturaleza y se interroga á sí misma por la instruccion. El sabio frances que quiere inventar una máquina capaz de remover fardos que mil hombres no podrían levantar, interroga los libros escritos sobre la *mecánica* por todos los sabios de los otros países. Reflexiona tambien por su parte, observa todo lo que le rodea, hace trabajar su inteligencia.

El primer hombre que logró domar el caballo salvaje y hacerse llevar dócilmente sobre su lomo, se ahorró el esfuerzo de la marcha y el de llevar cargas pesadas. Y dime, Frascuelo, ¿lo ahorró solamente á sí mismo?

FRASCUELO. — Señor, lo ahorró á todos los hombres que se aprovecharon despues de su idea.

EL SR. EDMUNDO. — Lo mismo el primer hombre que pensó en utilizar la gravedad del agua para poner en movimiento la rueda de un molino, ó la fuerza del viento para hacer girar las aspas del molino de viento, hizo desempeñar al aire y al agua el trabajo que sin eso habrían estado obligados á desempeñar él y todos los demas hombres que debían de vivir despues de él para dar vuelta á la muela del molino.

Ya veis, hijos mios, el papel importante de la inteligencia, y cómo el trabajo intelectual reemplaza poco á poco el trabajo del cuerpo en la industria.

No hay un solo de los objetos de que os servís que no sea una conquista de la inteligencia sobre la naturaleza. Conquistas más gloriosas cien veces que todas las victorias sangrientas que han costado la vida á millares de hombres! Conquistas pacíficas y dulces, destinadas á disminuir las penas de la humanidad!

Pero para llevar á cabo esas conquistas sobre la naturaleza, se debe cultivar la inteligencia. La instruccion es, pues, muy necesaria á todos los hombres, y la ley que hace la instruccion obligatoria y gratúita, es una ley sábia. Los niños que emplean mal el tiempo precioso del estudio son muy culpables. Se privan en el porvenir de una multitud de recursos para sí mismos y privan tambien de ellos á todos sus semejantes, porque la invencion más humilde del más humilde de los hombres presta más tarde servicios á todos.

Y á este propósito, hijos mios, os contaré la historia de un pobre minero inglés, llamado Jorge Stephenson cuyos descubrimientos demuestran bien la importancia del trabajo intelectual y de la instruccion.

XXXIV. — Historia de Jorge Stephenson.
Su infancia.

> « Va fecundando la tierra
> El trabajo por do quier;
> Coral, perlas y diamantes
> Al agua toma tambien;
> Porque son dueños del mundo
> Los que trabajan en él! »

La idea de oir contar una historia regocijaba mucho á nuestros tres alumnos; así es que llegaron muy solícitos á la leccion. El Sr. Edmundo comenzó de esta manera:

— ¿Sabeis, hijos mios, qué cosa es una mina? Una especie de ciudad debajo de la tierra, abierta por la mano de los mineros. Allí en las entrañas del suelo, algunos hombres trabajan todo el dia en extraer el carbon ó el metal que encierran ciertos terrenos.

Jorge Stephenson era hijo de un pobre obrero minero. A los ocho años comenzó á trabajar. Guardaba las vacas en los campos vecinos de la mina en que estaba ocupado su padre, y ganaba en esto cuatro sueldos diarios (1).

A los diez años su padre le llevó consigo á la mina. El niño era tan pequeño que se escondía detras de los carretones y de las máquinas cuando pasaba el inspector de las minas, porque temía que se le encontrase demasiado jóven para ganar su salario, y el pobre niño no recibía más que doce sueldos!

Se mostró tan trabajador, tan atento á sus obligacio-

---

(1) El sueldo frances tiene igual valor que el centavo americano.

nes, que á medida que avanzaba en edad se le confiaba ocupaciones de más en más difíciles. Cuando llegó á la edad de diez y seis años se le encargó que cuidara la máquina de vapor.

Jorge tenía un gusto muy particular por las máquinas y se advirtió muy pronto en la mina que las que le estaban confiadas se hallaban en buen estado. Pero no se limitaba á eso la atencion de Jorge. Quería tambien comprender el mecanismo ingenioso de las máquinas que sobrevigilaba. En lugar, pues, de ejecutar su

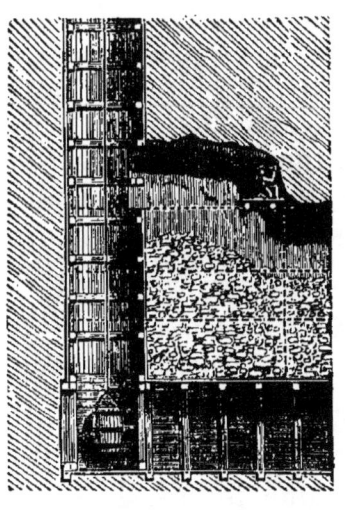

Mina de carbon de piedra con su pozo.

penoso trabajo de doce horas por dia con la indiferencia de un autómata, observaba los rodajes complicados de la máquina de vapor que le estaba confiada.

Desgraciadamente Jorge, que tenía entónces diez y siete años, no sabía ni leer ni escribir: sus padres, demasiado pobres, no habían podido enviarle á la escuela. Comprendió pronto que esas máquinas que tanto amaba serían para él enigmas hasta el dia en que fuese ménos ignorante. Resolvió, pues, aprender á leer y compró un alfabeto.

Por la noche iba á ver al maestro de escuela del pueblo y tomaba una leccion; durante el dia, á la hora de las comidas, estudiaba. Luego que tenía un instante de ocio sacaba de su bolsa un libro de lectura, una pizarra en la cual se ejercitaba en escribir y en calcular. Era un trabajador tan enérgico, que terminado el dia, comenzaba de nuevo á trabajar por la noche, remendando los zapatos viejos de sus camaradas para ganar el dinero que necesitaba para comprar sus libros.

— ¡Oh! señor, dijo Frascuelo, qué buen ejemplo para mí!

— Sí, amigo mio; y lo que es más estimulante todavía es que ese rudo trabajador, salido de las filas más pobres del pueblo, acabó no solamente por sobreponerse á la miseria, sino por llegar á ser una de las glorias más puras de su país. Pero ántes de llegar á los descubrimientos que han inmortalizado á Stephenson, quiero mostraros las cualidades morales á que ha debido seguramente sus triunfos. La inteligencia, por admirable que sea, y el genio mismo, no llegan á nada sin el trabajo, el valor, la perseverancia y la sobriedad, de que Stephenson va á darnos los más bellos ejemplos.

XXXV. *(Continuacion).* — **Stephenson rehusa ir á la taberna. — Sus primeros trabajos.**

El Sr. Edmundo. — Jorge se casó jóven. Para subvenir á las necesidades de su familia, tuvo que trabajar más que nunca. Los domingos empleaba sus ocios en instruirse, leyendo y calculando sin cesar, estudiando en dibujos el mecanismo de todas las máquinas nuevas y poniéndose así más al corriente de las cosas de su oficio.

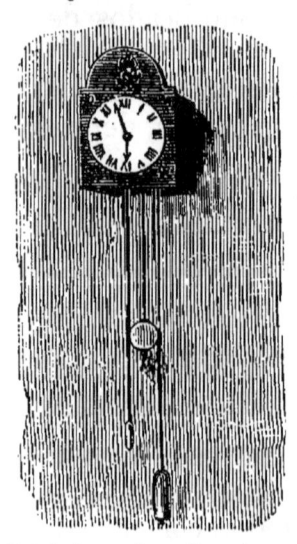

Reloj de madera llamado cuclillo, se fabrica en grande los relojes de madera en la selva negra.

Era tan sobrio que jamas se le vió en la taberna. Se expuso áun á descontentar al jefe de la mina al cual debía su empleo de mecánico ántes que consentir en acompañarle á una taberna para tomar un vaso de aguardiente.

— Excúseme usted, señor, respondió con firmeza Stephenson, pero me he prometido á mí mismo no beber jamas.

Un dia hubo un incendio en la habitacion de Jorge durante su ausencia. Algunos de sus muebles se quemaron y otros se averiaron, y esto le ocasionó grandes pérdidas. Entre otros el cuclillo que daba las horas se hallaba en un estado tan triste que no se le podía hacer andar; y lo que era todavía más sensible, faltaba el dinero para dirigirse al relojero. Stephenson hizo con su precioso reloj lo que hacía con sus máquinas : le desarmó con precaucion, le examinó, le limpió, le renovó con tanta inteligencia, que anduvo despues mejor que nunca.

— ¡Bueno! pensó entónces nuestro industrioso trabajador, hé ahí de hoy en adelante una cuerda nueva para mi arco : en vez de remendar simplemente el calzado durante la velada, compondré tambien los relojes. Así al ménos, me habrá servido de algo el incendio.

Y en efecto, desde aquella época todo el pueblo le confió el cuidado de sus relojes de bolsa y de sus cuchillos.

XXXVI. *(Continuacion).* — **El padre y el hijo de Stephenson.** — **Amor filial y amor paternal.**

Miéntras tanto, la reputacion de habilidad de Stephenson como mecánico se extendía por todas partes. Se le envió al fondo de la Escocia á reparar una máquina importante. En lugar de tomar un carruaje hizo valerosamente el camino á pié con un baston en la mano. — Esta es una economía, pensaba, que me permitirá pagar los meses de escuela de mi hijo.

Jorge, en efecto, tenía un hijo á quien había dado el nombre de su anciano padre : Roberto. Lo que Jorge deseaba más para su hijo era poderle dar una buena

Jorge Stephenson, nacido en 1781, cerca de Newcastle, en Inglaterra, muerto en 1848.

educacion. No tenía otro objeto al agregar hacía tanto tiempo el trabajo de la noche al del dia.

La máquina descompuesta que Stephenson había ido á ver acabó, gracias á los buenos cuidados de nuestro amigo, por volverse á encontrar en estado de servicio, y él recibió en pago 700 francos. — ¡Qué rico estoy! pensaba. Es igual, vine á pié, me volveré lo mismo para no menoscabar mi tesoro.

De paso quiso ir al pueblo en que habitaba su anciano padre, y llegó extenuado de fatiga.

Había ocurrido un accidente espantoso. El padre de Stephenson, horriblemente quemado por un chorro de vapor que una máquina le había lanzado se había quedado ciego. Ademas, había caido en una miseria profunda.

Stephenson, que había recorrido á pié una larga distancia por no tocar sus 700 francos, gastó inmediatamente la mitad de esa suma en pagar las deudas de su padre.

Despues le hizo dejar la pobre choza en que languidecia, y le llevó á una linda casita, á poca distancia de su morada. El ciego vivió allí feliz durante largos años.

— ¡Qué bueno y excelente hijo! dijo Amada. ¡Qué bien merecía la proteccion de Dios!

— Sí, querida niña, porque Dios bendice á los buenos hijos. Pero nuevas pruebas esperaban todavía á nuestro amigo.

Stephenson había tenido ya precedentemente la desgracia de perder á su mujer; ya no le quedaba, pues, más que su hijo Roberto, muy jóven todavía, y su anciano padre ciego.

En aquel momento la Inglaterra, empeñada contra la Francia en una guerra desesperada, llamaba á las armas á todos los hombres válidos, áun á los obreros cuyo trabajo era indispensable para la existencia de sus familias.

Jorge, obligado á partir ó á comprar un reemplazo, gastó sus últimas economías para exceptuarse del servicio á fin de ganar el pan de su padre y de su hijo.

Así, de tanto trabajo, de tantas vigilias, ya no quedaba nada á Stephenson. Una suspension de trabajo, una enfermedad, habrían bastado para hundirle en la más espantosa miseria. — ¡Cuántas veces, decía él mismo, devorado de inquietud por el porvenir, he recorrido llorando el trayecto de mi cabaña á la mina!

XXXVII. *(Continuacion)*. — **Stephenson ingeniero de la mina.**

Sin embargo, no duró mucho el desaliento de Stephenson. Volvió á consagrarse al trabajo con más ardor que nunca; el trabajo y el estudio le consolaron.

Se había establecido una nueva máquina en una mina

contigua á la en que trabajaba Jorge. Esta máquina debía bombear el agua que se encuentra siempre en la escavacion de las minas; pero estaba mal colocada, y no pudo funcionar. Algunos sabios ingenieros intentaron en vano repararla, y se pasó un año sin que nadie pudiese obtener de ella un servicio conveniente.

Stephenson aprovechaba todas las ocasiones posibles para acercarse á ese aparato obstinadamente rebelde. Su imaginacion no descansaba: quería encontrar el obstáculo que impedía funcionar á la máquina.

Un sábado en la noche, despues de haberla observado detenidamente, volvió muy contento: —¡Ya sé lo que se debe de hacer para ponerla en movimiento! exclamó.

Esta reflexion fué comunicada al director de la mina, que, no sin vacilar mucho tiempo, se decidió á confiarle las reparaciones. Algunos dias despues la máquina había funcionado tan bien, que toda el agua que obstruia la mina estaba agotada, y los obreros se habían puesto á trabajar. Maravillados, sobrellamaron á Stephenson el *médico de las máquinas*. El director, agradecido, le nombró ingeniero de la mina, con un aumento bastante grande de sueldo.

XXXVIII. *(Continuacion).* — **Nuevos estudios de Stephenson.** — **Roberto y su borriquito.**

Stephenson, léjos de aprovechar este principio de fortuna para descansar un poco, pensó inmediatamente en continuar con más vigor sus estudios. Compró nuevos libros, que leía por la noche al volver de su trabajo.

Al mismo tiempo envió á su Robertito á estudiar á la ciudad vecina, y como no quería separarse de él completamente, y el camino era demasiado largo para las piernas del chicuelo, le compró un burrito.

Roberto, encaramado en su montura, partía por la mañana temprano para la escuela, con su cesto de provisiones y su carton lleno de libros. Por la noche al regreso, el padre y el hijo hacían los temas juntos; Roberto repetía á su padre las preciosas lecciones de sus profesores, y el padre, de ese modo, comenzaba de nuevo su educacion.

Este admirable ejemplo de amor al estudio hacía comprender al hijo cuán preciosa es la ciencia. Roberto se apasionaba por el trabajo, y adoraba á su padre, que le enseñaba tan bien el precio del saber. El abuelo, aunque no podia ver á sus dos queridos hijos, gozaba en medio de ellos de una vejez venturosa y pacífica. El bienestar reinaba de nuevo en la humilde casa.

A medida que Stephenson estudiaba los libros sobre las ciencias, se empeñaba en descubrir perfeccionamientos para las máquinas. Tenía en su casa un pequeño taller, en el cual habia modelos de toda especie, y pasaba largas horas en estudiar sus diversos mecanismos.

Se puso á construir él mismo máquinas, y fabricó muchas para las hulleras vecinas, que funcionaron maravillosamente.

Jorge insistió entónces en la idea que había tenido desde su juventud, de que perfeccionando las máquinas de vapor de que se hacía uso para trasportar los cargamentos, se llegaría á no necesitar del auxilio de los caballos, y á atravesar el espacio con una velocidad mucho mayor. Las locomotivas existían ya; pero muy imperfectas: no hacían más que dos leguas por hora, consumían mucho carbon, y en fin, hacían un ruido tal que espantaban á los caballos y al ganado. Luego que aparecía un rebaño ó un carruaje, había necesidad de detener el espantoso carro de vapor para evitar los accidentes. Todo esto causaba mucho fastidio y moderaba de tal manera la velocidad, que las locomotivas perdían el favor del público.

Stephenson comenzó á remediar ese ruido excesivo inventando una nueva especie de tubo.

Pero no debía llegar desde luego á realizar completamente el ideal que se había propuesto.

XXXIX. *(Continuacion).* — **El incendio en la mina.** — **El fuego grisú.**

EL SR. EDMUNDO. — Al mismo tiempo que trataba de perfeccionar la locomotiva, Stephenson no descuidaba el trabajo que le daba su empleo en las minas.

Hijo de obrero minero, minero él mismo, sabía que

pocas existencias hay más penosas y más expuestas á la vez que la del minero; porque muy frecuentemente, por desgracia, las explosiones del *grisú* matan á los obreros ó los sepultan bajo derrumbamientos.

FRASCUELO. — Señor, ¿qué cosa es el grisú?

— Amigo mio, es un gas que se puede comparar al del alumbrado. Se encuentra en la tierra, y su explosion es terrible. Basta con la llama de una sola lámpara para producir la detonacion del grisú. Por otra parte, es imposible trabajar en una mina sin luz. Los pobres mineros estaban, pues, expuestos en otro tiempo á una muerte cierta, luego que el grisú se producia en un lugar en que trabajaban.

Explosion de grisú en una mina.

Jorge Stephenson estaba hacía mucho tiempo preocupado con ese peligro.

Un dia un minero espantado llega á la casa de Stephenson. — ¡Se acaba de incendiar un tubo de ventilacion de la mina! exclama.

Jorge se lanza inmediatamente en esa direccion. Mujeres y niños se apiñaban espantados á la entrada de la mina. Había peligro de muerte para quien bajase á la galería amenazada.

Stephenson no vacila; manda que le bajen inmediatamente.

Dirigiéndose á los mineros espantados, reunidos en el fondo de la mina, y para los cuales era imposible la huida porque no se podía subir más que un pequeño número de hombres á la vez: «Si hay solamente entre vosotros, exclama, seis hombres de valor resueltos á seguirme, os prometo que nos haremos dueños del fuego.»

La voz tranquila y firme de Stephenson reanimó la energía de los mineros, que se pusieron á trabajar activamente. Stephenson á la cabeza de ellos, con la paleta en la mano, hizo elevar un muro ante el tubo inflamado.

Cesando el aire de alimentar la llama, el fuego se extinguió.

Sin embargo, algunos hombres habían perecido, y miéntras que se retiraba sus cadáveres del pozo, los mineros rodearon á Stephenson; tenían una confianza sin límites en su inteligencia y su genio.

— ¡Ah! le dijeron, ¿no tratais de encontrar un medio de impedir semejantes desgracias?

— Le busco, replicó Stephenson.

— Pero entónces, ¡apresuráos! Mirad, continuaron, mostrando los cadáveres de sus camaradas. ¡el carbon se compra con la vida de los mineros!

XL. — Invencion de la lámpara de los mineros.

> Nuestra más bella gloria y nuestras más bellas riquezas consisten en el bien que hemos hecho á nuestros semejantes.

Stephenson, de regreso á su casa, se puso con mayor perseverancia á buscar el medio de hacer una lámpara preservadora, cuya llama estuviese abrigada contra el grisú.

Muchas veces se hacía bajar á las galerías, y los obreros le veían acercarse con una luz en la mano á los sitios más peligrosos. Conmovidos entónces por el peligro que Stephenson corría, trataban de detenerle.

— Dejadme, respondia con una dulce firmeza. Lo que yo trato es de proteger la vida de millares de trabajadores. Eso vale bien la pena de que yo me exponga.

Muchas veces hacía en su casa experiencias con gases semejantes al grisú; y como, á pesar de todo lo que había estudiado, ignoraba sin embargo muchas cosas, esas experiencias no dejaban de ser peligrosas.

Un dia llegó á producirse una explosion; el techo se

desplomó, destruyendo los instrumentos y los ensayos de Jorge; pero éste fué respetado y se estimó muy dichoso de que le costase tan poco el accidente.

Por fin la lámpara preservadora fué concluida. Un tejido metálico debía garantizar la llama del contacto del grisú. Sólo faltaba ensayarla, lo cual era muy peligroso.

Stephenson se hizo bajar al fondo del pozo con un obrero práctico y el contramaestre de la mina.

Este último condujo á Stephenson á una galería que había sido preciso abandonar á causa de los gases mortíferos que se escapaban silbando por todas las hendiduras. El contramaestre se adelantó sin luz en la galería, lo que excluía todo peligro.

Volvió inmediatamente al lugar en que Jorge se encontraba, afirmándole que si introducía una llama cualquiera tendría lugar una explosion terrible: era la muerte. Stephenson sonrió.

— Colocáos en lugar seguro, dijo; yo entraré solo.

El contramaestre y el obrero se pusieron en efecto al abrigo, temblando por la vida de Stephenson, cuyo valor admiraban. Él no tardó en desaparecer con su lámpara encendida en las profundas sinuosidades de las galerías.

Luego que hubo entrado en la corriente de aire mortífero, la luz de su lámpara se elevó súbitamente; se habría dicho que el aparato se inflamaba; despues disminuyó y se apagó.

Volvió á sus dos compañeros, y les contó lo que había pasado, rogándoles que se acercaran bastante para que fuesen testigos de lo que pasaba. Se decidieron á ello, y lo que se había verificado la primera vez se renovó exactamente sin la menor explosion.

Jorge, despues de haber estudiado atentamente el efecto de su lámpara, explicó á sus dos compañeros los perfeccionamientos que se le debía de hacer. Despues se entregó otra vez á su trabajo tenaz, y la lámpara, hecha de nuevo, fué ensayada el 4 de noviembre.

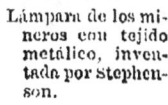

Lámpara de los mineros con tejido metálico, inventada por Stephenson.

Por fin estaba completa, y servía maravillosamente para su objeto. Los hulleros, reconocidos, la bautizaron inmediatamente con el nombre de su inventor, y la llamaron un *jorgeto*.

Sin embargo, amigos mios, cinco dias despues del ensayo de la lámpara de Stephenson, un gran sabio inglés, Davy, presentaba á la Sociedad Real ó Academia de Lóndres otra lámpara de seguridad.

Como Davy era un sabio célebre, y Stephenson un pobre trabajador ignorado, la lámpara de Davy obtuvo en seguida la fama, y fué la única conocida de toda la Inglaterra, y muy pronto del mundo entero. El *jorgeto* de los hulleros de Newcastle fué conocido de ellos solamente; y si Stephenson no hubiese tenido más que ese título de gloria, su nombre no habría pasado á la posteridad.

Pero Jorge siguió adelante. En vez de dejarse desanimar por ese golpe de la fortuna, se maravilló de ver que había tenido la misma idea que un sabio ilustre, y se estimuló á sí mismo á trabajar más todavía para llegar á mayor altura.

XLI. *(Continuacion).* — **Stephenson busca la mejor locomotiva. — Las luchas del progreso contra la rutina.**

Stephenson volvió á su antigua preocupacion: el perfeccionamiento de la locomotiva y la invencion de los ferrocarriles. Roberto, á medida que crecía, tomaba parte en los trabajos de su padre.

No seguiremos á los dos Stephenson en todos los ensayos que tuvieron que hacer, en todas las luchas que sostuvieron contra las preocupaciones, la ignorancia y la envidia. Que os baste saber, hijos mios, que despues del descubrimiento de la lámpara pasaron catorce años completos, catorce años de dura labor, de ensayos de toda especie, durante los cuales, léjos de encontrar ayuda y estímulo en sus compatriotas, Jorge fué colmado de desprecio y tratado de loco.

Cuando tenía que pasar por las tierras de los labradores para levantar planos y estudiar el terreno en que se debía colocar los rieles, encontraba las resistencias más obstinadas. Los cultivadores se imaginaban que el establecimiento de esas nuevas máquinas iba á arruinarlos. Decían que el aire sería envenenado por las locomotivas; ya no se podría criar aves, los árboles se secarían, los ganados espantados rehusarían pacer cerca de aquellos caminos infernales, las chispas que se escapan de la locomotiva incendiarían las cosechas. En una palabra, era un concierto de odios y de maldiciones.

Stephenson fué odiosamente expulsado por unos labradores que le prohibieron pasar por sus tierras haciéndole mil amenazas.

Luego el propietario y los empleados de un canal vecino, pensando que los ferro-carriles iban á arruinar las empresas de trasportes por agua, se concertaron para hacer abortar los proyectos de Jorge. Se apostaban hombres por todas partes para impedir á Stephenson que levantase planos.

Para escapar á esta ridícula sobrevigilancia, recurrió á la astucia. Cuando quería levantar un plano, hacía disparar tiros de fusil en un lugar opuesto; los guardas, creyendo que había por allí cazadores furtivos, dejaban su puesto para correr tras de los pretendidos malhechores.

Miéntras tanto, Stephenson á toda prisa y á la luz de la luna, levantaba el plano que le hacía falta.

— ¡Dios mio! dijo Frascuelo, entónces los ingleses son un pueblo muy atrasado!

— Nó, amigo mio, pero en Inglaterra, como en Francia y en todas partes, hay ignorantes, y la ignorancia se espanta de todo lo que es nuevo, trata de estorbar lo que no comprende, y el progreso se realiza siempre á pesar suyo. Hé ahí por qué es tan importante instruirse, hijos mios; porque si la instruccion que recibimos no nos hace capaces de inventar algo, nos impedirá por lo ménos que opongamos obstáculos al genio.

XLII. *(Continuacion).* — **Invencion de la mejor locomotiva. — Concurso de 1829.** — El *COHETE*.

Se abrió un concurso para el cual se proponía un premio al inventor de una locomotiva capaz de arrastrar un peso enorme con una velocidad de tres leguas por hora.

Los Stephenson, que habían por fin resuelto las dificultades de su trabajo, presentaron al concurso una locomotiva que llamaron el *Cohete*. Se dió la señal, el Cohete partió, y se vió que merecía bien su nombre, porque arrastró el peso convenido con una velocidad de seis leguas.

Locomotiva el *Cohete*, inventada por Stephenson.

Desembarazada despues de su carga, el *Cohete* partió por segunda vez y llegó á diez leguas por hora.

Otras cuatro locomotivas concurrieron, pero no llenaban las condiciones exigidas y fueron desechadas.

Desde aquel dia el triunfo de Jorge fué completo. Aclamado por los mismos que se burlaban de él la víspera, fué objeto del orgullo nacional.

Al principio no se había pensado en las locomotivas más que para trasportar mercancías, pero se comprendió por fin lo que Stephenson predecía y en lo cual trabajaba hacía veinte años: « Los hombres acabarán por viajar ellos mismos sirviéndose del vapor. »

La reputación del antiguo minero era sin rival. De simple ingeniero de minas se hizo empresario de ferrocarriles. El fué quien estableció la primera vía férrea en Inglaterra y várias vías en Francia.

XLIII. — La divisa de Stephenson. — Perseverancia.

Stephenson llegó á poseer una inmensa fortuna debida á su trabajo y á su inteligencia. Cuando se sintió demasiado fatigado para continuar sus trabajos industriales, dejó á su hijo que los continuase. Aplicó entónces su actividad á instituciones caritativas. Hizo construir escue-

LA DIVISA DE STEPHENSON.

las para sus obreros, abrió bibliotecas y fundó cajas de ahorros para ellos.

Cuando iba á verlos les recordaba sin cesar que no debía su fortuna y sus triunfos más que á la perseverancia.

— La perseverancia, les decía, ha sido siempre mi divisa; sin ella, no habría yo logrado nada. A pesar de mi pobreza y de las dificultades que me ocasionaba, he perseverado en instruirme. A pesar de los consejos y de los malos ejemplos, he perseverado en no poner jamas los piés en la taberna. A pesar de los reveses de la fortuna que me han abrumado tantas veces, me he repetido siempre mi divisa: ¡Perseverancia! Ella me ha hecho triunfar de todas las miserias. Si quereis adoptarla, amigos mios, hará por vosotros lo que ha hecho por mí: os hará dichosos.

LA LOCOMOTIVA MODERNA, DEBIDA Á STEPHENSON Y AL FRANCES SEGUIN. — F, hornilla donde arde el carbon de piedra. A caldera que contiene un gran número de tubos (oo) á traves de los cuales pasa la llama cual si fuesen otras tantas pequeñas chimeneas para mejor calentar el agua. — La invencion de esta caldera, sin la cual no se podría obtener una gran velocidad, ha sido la gloria de Seguin que inventó la locomotiva casi al mismo tiempo que Stephenson. — B C, conductor por los cuales llega el vapor al piston colocado abajo, á la derecha, que hace mover las ruedas.

Estas simples palabras de Stephenson encontraban siempre eco en el alma de los obreros; porque esos hombres sabian que ántes de dar consejos, Stephenson había comenzado por dar el ejemplo.

La vida de Jorge Stephenson es una de las más bellas que se pueda ofrecer como modelo de trabajo, de perseverancia y de integridad. Murió á los 67 años, en 1848.

XLIV. — **El hijo de Stephenson, Roberto.— Los puentes sobre el mar. — Los ferro-carriles de Rouen y de Marsella.**

— Señor, y ¿qué fué del hijo de Stephenson? preguntó Frascuelo.

— Roberto siguió los nobles ejemplos de su padre.

Puente tubular construido sobre un brazo de mar.

A pesar de la fortuna que este le había dejado, jamas ha cesado de trabajar, y como su padre, ha aplicado su inteligencia á hacer nuevos descubrimientos.

El es quien ha inventado los famosos puentes tubulares, enormes tubos de hierro fundido por los cuales pasan los viajeros y los trenes de mercancías por encima de los rios y áun de los brazos de mar.

Se debe á Roberto el viaducto Britannia que atraviesa el mar y conduce de la isla de Anglesey á la Inglaterra. Los buques más altos pueden pasar por debajo.

Roberto ayudó á su padre á construir el ferro-carril de Paris á Rouen y el de Marsella á Avignon.

Ha hecho otros muchos trabajos grandiosos, que harán su nombre inmortal como el de su padre.

XLV. — **La industria acerca á los hombres y prepara el reinado de la paz.**

« Bienaventurados los pacíficos porque la tierra les pertenece. »   (*Evangelio.*)

¡Cuánto más gloriosa es la industria que hace vivir, que la guerra que mata! Una y otra llevan sobre su frente la corona de la victoria; pero los laureles de la industria son sin mancha, miéntras que los de la guerra están cubiertos de sangre.

El Sr. Edmundo. — Los dos Stephenson son con el

francés Séguin, los inventores del ferro-carril. Hace mucho tiempo que se ha dicho de los ferro-carriles que acabarían por suprimir las guerras entre los pueblos. ¿Adivinais, hijos mios, la razon que ha inspirado ese pensamiento siempre cierto, á pesar de la frecuencia de las guerras que se hacen todavía? Vamos, tratad de explicármelo.

Los tres niños se miraron embarazados.

ENRIQUE. — Señor, yo he oido decir en efecto: «El vapor hará caer las barreras que separan á los pueblos;» pero no he comprendido absolutamente nada de esa gran frase.

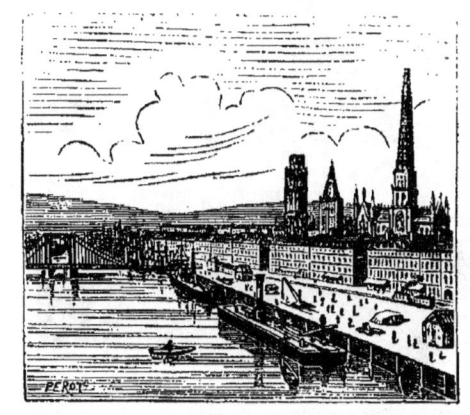

ROUEN. — Patria de Corneille, es una de las ciudades más industriosas y uno de los puertos más comerciantes de Francia (115000 habitantes). Su industria consiste sobre todo en tejidos de algodon llamados *ruanerías*. — Su primer ferro-carril fué construido por los dos Stephenson.

Hubo un nuevo instante de silencio; Amada reflexionaba, y miró á Frascuelo:

— Creo que comprendo, dijo. Un hermano y una hermana, como Enrique y yo, se aman naturalmente, porque la costumbre de vivir y de pensar juntos ha unido sus corazones desde que se conocieron; pero los niños de dos familias extranjeras, y que no se conocen, — como no nos conocíamos Frascuelo y yo, — permanecen indiferentes el uno para el otro, y hasta pueden aborrecerse algunas veces si se dice al uno mal del otro. Para reconciliarlos, bastaría que se conocieran mejor...

La niña se detuvo confusa. — Continúe usted, Amadita, dijo el Sr. Edmundo; la comparacion de usted es muy justa. Usted quiere decirnos que los pueblos enemigos se reconciliarían si se conociesen mejor.

— Sí, señor, dijo la niña, y los ferro-carriles que atraviesan tan rápidamente toda la Europa, harán tarde ó temprano que las diferentes naciones de la Europa se conozcan y se amen, como sucede actualmente con los habitantes de las diversas provincias de Francia que ántes eran enemigos. Esto demandará tal vez mucho tiempo, pero sucederá sin duda.

— Muy bien, hija mía, dijo el Sr. Edmundo, miéntras Enrique, ufano de la explicacion de su hermana, la abrazaba con todas sus fuerzas.

LA ESTACION DE MARSELLA. — Marsella es hoy igual á Lyon por la poblacion (350.000 habitantes). Es el más importante de los puertos de comercio de Francia. Su industria, muy activa, consiste sobre todo en jabonería y en refinadurías muy famosas. — Su primer ferro-carril fué construido bajo la direccion de los dos Stephenson.

En cuanto á Frascuelo, tenía los ojos bajos; parecía continuar en sí mismo el pensamiento de Amada.

El Sr. Edmundo lo advirtió. — Vamos, amigo mio, le dijo, piensa en alta voz, y saca la deduccion.

— ¡Oh! dijo Frascuelo con embarazo, es muy difícil, señor, porque pensaba muchas cosas á un tiempo.

— Y bien, hijo mio, haz siempre la prueba.

Frascuelo se ruborizó:

— Señor, dijo, al oir á usted decir que un dia los pueblos renunciarían á la guerra, he pensado en el pobre minero Jorge, hijo de obrero como yo, que instruyéndose á fuerza de vigilias y de fatigas, habrá contribuido á impedir algun dia que los hombres se aborrezcan. El pensamiento de que un pobre obrero podía llevar á cabo tan grandes cosas, me ha hecho dichoso. Me he puesto á amar el trabajo, á pensar que quería, como Jorge, estudiar con valor é instruirme lo más posible, sin desanimarme por las dificultades del estudio. Luego he pensado en Dios que bendice á los trabajadores, en Dios que quiere que todos los hombres se amen como hermanos, y le he rogado que me dé la fuerza necesaria para cumplir bien con mis deberes.

— Vamos, querido Frascuelito, dijo el Sr. Edmundo, estoy contento de tí: has encontrado una conclusion muy bella á nuestras reflexiones sobre el trabajo. El fruto que sacas de mis lecciones me hace muy dulce la tarea de continuarlas.

— Señor, dijo Enrique, sólo yo no he dicho nada hoy; pero prometo á usted que trataré de hacerlo mejor otra ocasion.

XLVI. — Pascal y la invencion de la brueta. — Las ventajas de la civilizacion.

Obrero, cuando trabajas en medio de tus instrumentos, no te hallas tan solo como podrías creerlo: todos los inventores de los útiles que aligeran tu trabajo, aún cuando hayan muerto largo tiempo ha, ¿no continúan haciendo una parte de tu tarea? ¡Cuántos compañeros y amigos tienes sin sospecharlo!

EL SR. EDMUNDO. — Os he dado, hijos mios, un ejemplo de grandes invenciones hechas por pobres obreros: voy á hablaros hoy de una invencion más modesta, que fué obra de un gran sabio.

Cuando érais todavía muy pequeñitos, habeis tenido probablemente entre vuestros juguetes una brueta que os divertíais en llenar de arena ó de piedras con una pala, y que arrastrabais en seguida.

— ¡Oh! señor, dijo Enrique, conozco eso y me he divertido muchas veces de esa manera.

— Los obreros se sirven todos de bruetas, dijo Frascuelo; son mucho ménos pesadas que las carretas, y es mucho más cómodo llevar las cosas en ellas que en los brazos ó á la espalda. Pero, señor, ¿no han sido siempre conocidas?

EL SR. EDMUNDO. — Nó, querido Frascuelo. Aunque la cosa parece hoy tan fácil, no por eso deja de ser fruto de los cálculos de un gran genio. Su inventor es el ilustre Pascal, nacido en Clermont. ¿Conoces á Pascal, no es verdad, Enrique? ¿No es digno de ser propuesto como modelo á todos

La brueta.

los niños por su amor al trabajo y á la ciencia?

Enrique. — Sí, señor, usted me ha dicho que asombró desde muy niño á sus padres á causa de su pasion por las matemáticas. A los 14 años, sin haber aprendido todavía la geometría, se divertía solo en trazar figuras y en medirlas. Hacía en la arena ó en el papel líneas y círculos que llamaba barras y ruedas, y había descubierto sin auxilio de nadie cosas muy difíciles, encontradas en otro tiempo por los grandes geómetras. A los 16 años había ya hecho descubrimientos, é hizo un gran número de ellos en su vida.

Pascal, nacido en 1623, muerto en 1662.

El Sr. Edmundo. — Sí, hijo mio, y entre estos se halla la invencion de la brueta, instrumento que los carpinteros hacen muy fácilmente, y que no cuesta muy caro. Lo dificil era inventarle.

Nosotros gozamos gratúitamente de esa invencion; porque lo que pagamos al comprar una brueta es la madera y el trabajo del obrero; pero no pagamos absolutamente la idea y los cálculos de Pascal.

Tales son los beneficios de la inteligencia: aunque hayan costado á su orígen muchos esfuerzos, hoy gozamos de ellos gratúitamente, como del aire que nos rodea, de la luz que nos alumbra, y de todas las riquezas que la naturaleza pone á nuestra disposicion.

Clermont Ferrand. — (45.000 habitantes), antigua capital de la Auvernia, es vecina de Puy de Dome, donde Pascal hizo experiencias célebres sobre la gravedad del aire. Clermont luce un gran comercio de paños, telas, trigo y pastas alimenticias.

Al principio, la humanidad ignorante estaba, por decirlo así, hundida en la noche. Cada idea nueva, cada invencion de la ciencia es como una estrella más ó ménos brillante, que una vez suspendida en el firmamento, no cesará ya de lucir para todos; las verdades descubiertas son otras tantas estrellas que hacen la noche cada vez ménos oscura. Todo el mundo se aprovecha de su luz; todo el mundo tambien puede verlas y aprender á reconocerlas: ellas derraman gratúitamente sobre todos su bienhechora claridad.

Así como nosotros gozamos del trabajo de nuestros padres, nuestros descendientes gozarán del nuestro.

Ese progreso de la inteligencia, de la industria y de la moralidad se llama *civilizacion*.

XLVII. — **El hombre está hecho para vivir en sociedad. — Robinson y sus compañeros invisibles. — Las primeras edades de la humanidad y las selvas vírgenes.**

«El hombre no es un animal salvaje, sino un sér sociable y amante.» (ARISTÓTELES.)

ENRIQUE. — Señor, ayer nos habló usted de las ventajas de la civilizacion. Me parece que todo eso es en efecto muy hermoso; pero acabo de leer la historia de Robinson arrojado por un naufragio á una isla, y creo que sería todavía más divertido vivir como él en una tierra desierta. A mí me gustaría más su cabaña de follaje y su lecho de

LA SELVA VIRGEN. — Se llaman *selvas vírgenes* aquellas en que el hombre no ha hecho todavía uso del hacha. Las selvas vírgenes como las que cubrían en otro tiempo el centro de la Europa, se encuentran todavía en gran número en América.

musgo que nuestra gran fábrica; y luego, ¡qué placer

de pescar ó de cazar todos los dias con Fanor, en lugar de estudiar la aritmética y las ciencias! Y los obreros, los mineros, por ejemplo, que están siempre debajo de la tierra, ¿no serían más felices en medio de las selvas, en libertad? ¿Por qué, pues, los hombres construyen ciudades donde se reunen en tan gran número mejor que irse al acaso á los hermosos países inhabitados donde la tierra está cubierta de frutas y de flores? ¿No sería eso más agradable?

— Amigo mio, dijo el Sr. Edmundo, hablas muy bien de lo que sería agradable, y no de lo que sería posible. La historia de Robinson es un cuento encantador, y muy divertido; pero no es más que un cuento.

— Sin embargo, señor, dijo Amada, ni una sola hada aparece en la vida de Robinson para salvarle de los peligros que le amenazan. Robinson sale siempre del paso por el sólo esfuerzo de su valor y de su destreza, absolutamente como en las historias verdaderas.

LOS ANIMALES DE LAS SELVAS VIRGENES: LA SERPIENTE. — La serpiente es un reptil de cuerpo muy largo, sin piés, que se mueve por medio de los repliegues que hace sobre el suelo. Las serpientes, muy ágiles, suben fácilmente á los árboles. Muy numerosas en los países meridionales, adquieren bajo los trópicos un volúmen enorme.

— Amadita, ¿está usted bien segura de ello? Los instrumentos, las armas, los útiles, el traje mismo del solitario en el momento en que la tempestad le arroja á la isla ¿son productos de su industria? ¿No son más bien otros tantos tesoros que la buena hada civilizacion deja al pobre náufrago para impedir que muera? ¿No tenía por compañeros invisibles hasta en su isla desierta, á todos los que habían fabricado sus útiles, sus armas, sus vestidos, á todos los que le habían instruido? ¿No es la Civilizacion la que había de antemano desarrollado la inteligencia de Robinson, de manera á inspirarle á cada paso los expedientes que podían sacarle de apuros? Sin eso, ¿qué habria sido de él, arrojado solo, desnudo, sin instruccion alguna, sin armas, sin útiles, sin un solo resto del buque en su isla desierta? Suponiendo que no hubiese muerto de hambre ni de frio, la primera bestia feroz le habría devorado.

— Es cierto, dijo la niña, habría muerto sin duda; pero yo no lo había pensado.

LOS ANIMALES DE LAS SELVAS VIRGENES: EL LEON. — El *leon* es un grande animal que tiene 2 metros de largo y 1 m. 30 de alto. Sus lomos y su pecho cubiertos de una crin espesa, su cabeza que tiene levantada, le dan un aire de majestad que le ha hecho considerar en todo tiempo como el rey de los animales. Los leones, numerosos en otro tiempo, ya no se encuentran más que en África y en algunos países del Asia.

El Sr. Edmundo. — Pues bien, hija mia, reflexione usted en ello. Y tú mismo, Enrique, ¿díme si hay algo más débil que un hombre aislado, algo más fuerte que los hombres en sociedad? No solamente los progresos de la ciencia y de la industria habrían sido imposibles sin la sociedad; sino que el hombre no habría podido vivir en el aislamiento.

No creais, hijos mios, que en las primeras edades de la humanidad la tierra se parecía en algo á lo que es hoy. Selvas inmensas, impenetrables á los rayos del sol, reemplazaban las fértiles llanuras que nos dan nuestro alimento. Si de las ramas espesas de los árboles pendían muchas frutas salvajes, en cambio los reptiles y las serpientes de toda suerte pululaban á la sombra de aquella poderosa vegetacion.

Los aullidos de los leones y de los tigres se repetían de eco en eco. Las bestias feroces erraban en manadas numerosas. A cada paso se encontraban pantanos pestilenciales. Torrentes, montañas, precipicios, elevaban por todos lados sus obstáculos insuperables.

El hombre desnudo, débil, sin abrigo, sin otras armas que sus manos, no tenía más que su inteligencia para domar esa rica pero espantosa naturaleza.

LOS ANIMALES DE LAS SELVAS VIRGENES : EL TIGRE. — El *tigre* parece un gran gato. Su magnífico pelaje nos procura una de las más bellas pieles. El tigre, tan fuerte como el leon es más feroz todavía. Habita sobre todo el Asia meridional.

Por bella que fuese esa inteligencia, hijos míos, si el hombre hubiese vivido solo, habría sido vencido por las fuerzas brutales de la naturaleza y de los animales. Así es que la sabiduría de la Providencia le ha dado gustos é inclinaciones que le hacen buscar la sociedad de sus semejantes. Vosotros mismos, aunque la vida de Robinson os parezca encantadora en un momento de irreflexion, os fastidiaríais muy pronto de la existencia de los solitarios. El primer aguacero quitaría á vuestro lecho de musgo muchos encantos, sobre todo si el grito de las bestias feroces os servía de despertador.

Los tres niños se echaron á reir.

XLVIII. — **Los hombres son compañeros de trabajo. — Los cuatro salvajes y la piedra. — El coral. — El trípoli.**

« Concluyo que es fuerza ayudarse los unos á los otros. »
La Fontaine.

El Sr. Edmundo. — El hombre ha comprendido

siempre, hijos mios, áun en la vida salvaje, la necesidad en que estaba de vivir con sus semejantes, y las ventajas que podía sacar de ello.

Supongamos que una piedra enorme se ha desprendido de la montaña. Obstruye la entrada de una caverna donde la víspera todavía, un indio encontraba un refugio contra la lluvia y el frio. El salvaje trata de levantar esta piedra pero inútilmente. Otro salvaje pasa, prueba á su vez, pero siempre en vano. Mil salvajes podrían pasar así uno por uno delante del obstáculo sin lograr moverle.

— Unámonos, dice entónces el primero á tres de sus camaradas.

Se reunen, y la piedra rueda á lo léjos: la entrada de la caverna queda libre.

Indio de América ó piel raja.

Los salvajes entónces, como precio de su esfuerzo comun, se entienden, una vez la caverna libre, para gozar de ella los cuatro.

La sociedad, hijos mios, no es más que una vasta asociacion de trabajadores que se ayudan todos así, algunas veces áun sin conocerse, y que desean todos tener una parte en la satisfaccion que resulta de ese trabajo en comun.

Aun en la naturaleza, nada se hace solitariamente: parece que todas las fuerzas de la naturaleza necesitan unirse para alcanzar sus resultados

El coral existe en el Mediterráneo; tiene la forma de un arbolillo. Se encuentra á profundidades de 25 á 200 metros, verdaderos bosques de coral. La pesca del coral se hace en las costas de España y de Argel.

5.

más bellos Millares de animalitos, pegándose unos á otros, y dejando tras sí ese despojo encarnado que se llama coral, han formado islas, archipiélagos enteros de una grande extension. Millares de millones de otros animalitos, cuyo despojo forma esa arena fina que se llama trípoli, y que son talmente pequeños que una pulgada de trípoli contiene centenas de mil, han formado acumulándose enormes montañas.

EL MAR DE CORAL Ó ARCHIPIÉLAGO PELIGROSO. — Los corales en los mares de la India ó de la Oceanía, forman vastas líneas de arrecifes sobre los cuales se rompen muchas veces los buques. La Nueva Caledonia tiene sobre su costa una barrera de arrecifes de 140 leguas de longitud. La isla que representa el grabado es la de Borabora, situada en el *Archipiélago peligroso*.

¿Qué no serán capaces de hacer los hombres, asociando sus esfuerzos y su trabajo, ellos que han recibido de Dios una alma inteligente, amante y libre?

XLIX. — De la *DIVISION DEL TRABAJO* en la industria, y de sus buenos efectos.

Dividid las dificultades si quereis resolverlas; dividid los trabajos si quereis facilitarlos.

— Señor, dijo al dia siguiente Frascuelo, estoy léjos de desear como el Sr. Enrique ir á vivir solo en los desiertos, porque me parece que ya cuesta bastante trabajo vivir prestándose todos un apoyo. Pero creo que es muy fastidioso trabajar á la manera de todo el mundo, es decir, haciendo cada uno siempre una misma cosa. Yo, por ejemplo, doy vueltas á un molino; el tio Santiago moja sus madejas en la cuba de campeche, de cochinilla ó de rubia. Mi madre teje continuamente; el panadero, nuestro vecino, hace cocer pan de la mañana á la noche; el zapatero de enfrente está siempre sentado frente á un par de zapatos. ¿No sería más agradable hacer uno mismo su calzado, su pan, su blusa y todo aquello de que necesita? Cuando se hace una cosa nueva, es siempre divertido; si se cambiara continuamente de trabajo se divertiría uno siempre trabajando.

El Sr. Edmundo. — Esto sería muy bueno, Frascuelo, si no tuviésemos que hacer en el mundo otra cosa que divertirnos. Los hombres están obligados á buscar para trabajar, no la manera más divertida, sino la que produce más trabajo con la menor fatiga posible.

Industria de la tintura. La cuba.

Si tu madre, Frascuelo, tuviera que amasar vuestro pan, coser y cortar todos vuestros vestidos, fabricar vuestro calzado, tejer vuestras medias, sembrar las legumbres que comeis, el trigo con que se hace

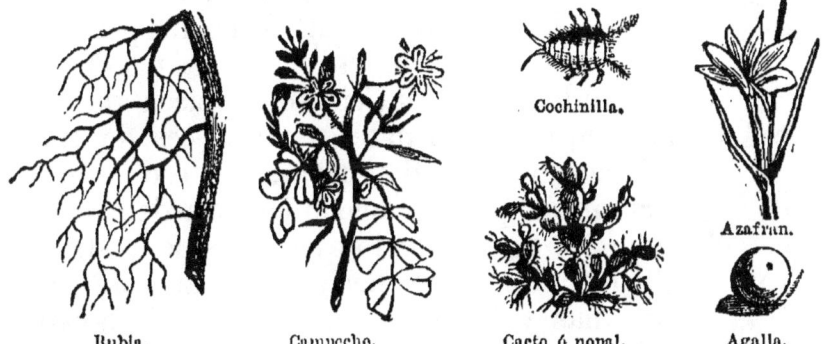

Rubia.   Campeche.   Cacto ó nopal.   Agalla.
Cochinilla.   Azafran.

Industria de la tintura. — La *rubia* es la planta más importante de Francia para la tintura. Su raíz puede servir para hacer esos bellos colores rojos sólidos de que están teñidos por ejemplo los pantalones de los soldados franceses. El departamento de Vancluse produce por año 30 millones de kilógramos de rubia. — El *palo de Campeche* es un producto de México, donde se encuentran la ciudad y la bahía de Campeche. Da un jugo rojo. — La *cochinilla* es un insecto de México que produce un bello color escarlata. La cochinilla vive en los *cactos*, plantas carnosas cubiertas de espinas. Los mexicanos del campo plantan *cactos* ó nopales en sus tierras y depositan en ellos cochinillas que ponen sus huevos y producen millares de pequeños insectos. • • La *nuez de agalla* es una excrecencia producida sobre el encino por la picadura de insectos. Sirve para hacer tinta y teñir de negro. — El *azafran* sirve para teñir de amarillo. Se emplea tambien en la cocina y en medicina.

el pan, cortar la leña que os calienta, reparar vuestro techo cuando la lluvia le deteriora, fabricar, en fin, todas las cosas de que gozais, no encontraría áun cuando la ayudase tu hermana, ni el tiempo ni la fuerza de hacer todo. Y aunque tuviese el tiempo y la fuerza, ¿cómo se procuraría el algodon, el lino ó el cáñamo de vuestros vestidos, las materias primas de que están hechos vuestros muebles y vuestra casa, puesto que no tiene por único bien más que su trabajo de cada dia? Evidentemente eso sería imposible, y tu madre se hallaría en una miseria espantosa.

La industria del tejido. Telar.

Pues bien, hijo mio, gracias á la *division* de los oficios todo eso se arregla. Tu madre y tu hermana han escogido la profesion para la cual tenían gusto y aptitud: han aprendido á tejer. La excelencia de sus ojos les permite distinguir rápidamente el órden en que deben ser pasados los hilos entre los dientes de los peines, y la destreza de sus dedos les permite ejecutar con rapidez ese minucioso trabajo. En cambio del servicio que hacen de ese modo á la fábrica, ganan jornales unas veces de tres francos y otras de cuatro. Con eso se procuran su pan ya hecho en casa del panadero, y mejor de lo que ellas le podrían hacer. Compran hechos los zuecos, las medias y la blusa que gastas; y la lavandera, por algunos sueldos, asea vuestros vestidos.

Flor del lino.

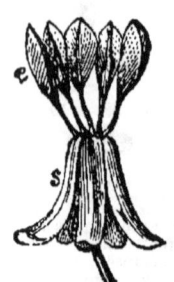
Flor del cáñamo.

«Cada cual su oficio,» dice el proverbio, y el proverbio tiene razon. Yo agrego que cada uno debe amar el oficio que ha escogido y tratar de desempeñarle lo mejor posible.

L. — **Cada uno se aprovecha del trabajo de todos.** — *BENEFICIOS DE LA ASOCIACION.* — **El alfiler, la sal, la pimienta, el café.**

Trabajando para sí, se trabaja tambien para los demas.

El Sr. Edmundo. — Frascuelo, tú que quisieras hacer todos los oficios para variar tus placeres, te verías muy embarazado si tuvieses que fabricar solamente un

BENEFICIOS DE LA ASOCIACION.

simple alfiler. ¿Sabes por cuántas manos pasa un alfiler ántes de estar acabado? Por las manos de diez y ocho obreros que teniendo cada cual una tarea diferente, la hacen mejor y más aprisa.

Una aguja pasa por las manos de doscientos cincuenta obreros entre los cuales está dividido el trabajo.

Así sucede con todas las cosas. Los menores objetos son el resultado de un trabajo dividido entre una multitud de hombres, de los cuales cada uno ha hecho su tarea. Así el tendero que os procura sal recogida á orillas del Océano, chocolate, café y pimienta cosechados en las colonias, y queso confeccionado en Suiza, considera como una fortuna el no estar obligado á ir á buscar tan léjos todas esas cosas.

El *pimentero*, arbusto sarmentoso, crece en Oceanía, en Asia y América.

— ¡Cómo! señor, exclamaron los tres niños; el chocolate, la pimienta, el café vienen de tan léjos!

El cacao.

— Sí, amigos mios; los pocos granos de pimienta que sazonan vuestra sopa han sido traidos de muy léjos. Ha habido necesidad de un buque, de marineros que tuviesen el gusto de viajar, de la buena armonía entre los pueblos de la Europa y las colonias para que pudiese establecerse libremente el cambio.

— ¡Qué hermoso es todo eso! señor, dijo Amadita, y fuerza es que todos los hombres se hayan entendido bien entre sí, para llegar á arreglarse de una manera tan inteligente.

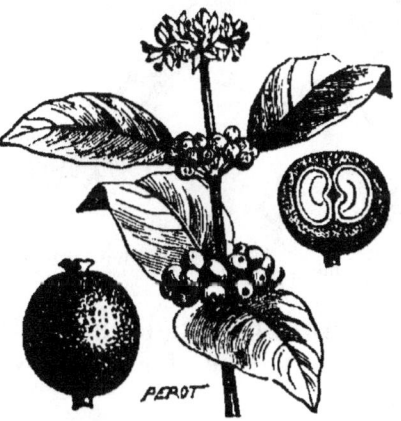

RAMA DE CAFETO con sus flores y sus frutas llamadas *cerezas*. Una de las cerezas, cortada en dos, deja ver en el interior los dos granos de café que encierra.

— Tiene usted razon, hija mia; porque para obtener

esos resultados maravillosos de trabajo, es preciso que la armonía reine entre los hombres. Cada cual escoge su tarea segun sus aptitudes ó su gusto, y como no se distrae á cada rato, adquiere mayor habilidad por la costumbre. Trabajando de esa manera para sí mismo, resulta que cada cual ha trabajado para los demas. Uno solo se aprovecha del trabajo de cien mil, y los cien mil á su vez se aprovechan de lo que él ha trabajado. Tales son los beneficios de la *asociacion* y de la *division del trabajo* en la industria.

LI. — *PODER DE LA ATENCION*. — **El niño y la máquina de vapor.** — **Historia del jóven Potter.**

<blockquote>Niños, habituaos á ser atentos y á reflexionar sobre todas las cosas. Un espíritu atento tiene más poder que veinte espíritus distraidos.</blockquote>

El Sr. Edmundo. — Uno de los más felices efectos de la division de los oficios, es que ella concentra la atencion de cada trabajador en un mismo objeto y le da así mayor poder.

Niños, escuchad una comparacion. Cuando los rayos del sol se extienden y se dispersan libremente en el espacio, alegran y calientan la atmósfera; pero ¿no es verdad que no podrían producir el fuego y la llama? Pues bien, amigos mios, entre los instrumentos de física comprados para Enrique, mirad este vidrio que se llama *lente*;

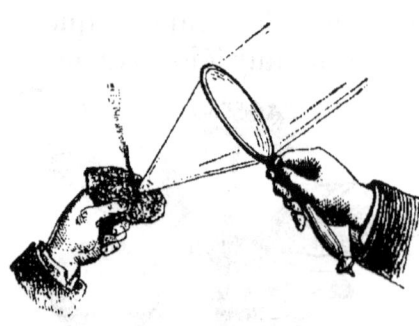

El lente de los físicos es un vidrio combado cuya forma recuerda la de las lentejas.

tiene la propiedad de juntar los rayos del sol en un mismo punto, y vais á ver la fuerza que les da esa concentracion.

El Sr. Edmundo puso el lente al sol, arriba de un pedazo de yesca. Al cabo de un minuto la yesca se encendió: Frascuelo palmoteó. — Hé ahí una cosa muy maravillosa, dijo Amada.

— No ménos maravillosos, hijos mios, son los efectos

PODER DE LA ATENCION.

de la atencion sobre la inteligencia, replicó el Sr. Edmundo. Un espíritu distraido que se dispersa y se gasta por todas partes, pierde algo de su fuerza; y si la atencion aplica ese espíritu á un solo objeto, se hace mil veces más poderoso.

El espíritu de un niño, si está siempre atento á un mismo trabajo, descubrirá algunas veces cosas que habían escapado á los sabios. Hé aquí un ejemplo.

Hongo de yesca.

Recien inventadas las máquinas de vapor, un niño estaba encargado de abrir y de cerrar incesantemente dos llaves; no podía dejar su trabajo sin poner en peligro la máquina entera. Un niño llamado Potter, encargado de ese trabajo en una fábrica de Alemania, encontraba su tarea fastidiosa y fatigante y miraba con atencion las llaves y la máquina para ver cómo marchaba todo eso.

« ¡Qué desgracia, decía, puesto que las demas piezas

El jóven Potter tratando de perfeccionar la máquina de vapor y atando las llaves á los brazos de la máquina.

van perfectamente solas, que estas no vayan solas tambien! Yo me cruzaría de brazos ó haría otra cosa, y no necesitaría más que echar de vez en cuando una ojeada á la máquina para sobrevigilarla.»

A fuerza de atencion, nuestro chicuelo tuvo una idea excelente. Amarró las dos llaves á los dos brazos de la máquina con unos cordones, y vió que la máquina desempeñaba su tarea mejor todavía que él mismo. Seguro de que todo iría bien, se aprovechó de ello para ir á jugar algunos instantes con sus camaradas.

De repente llega el contramaestre; lanza una exclamacion de terror y de cólera al ver la máquina abandonada á riesgo de romperse. Se acerca, reconoce que todo marcha como de ordinario, se asombra, y descubre el ingenioso expediente.

«¡Buena idea!» se dijo. Y en efecto, el niño había encontrado por su atencion, un perfeccionamiento que había escapado á los sabios inventores y á los viejos mecánicos.

FRASCUELO. — Señor, yo bien quisiera ser tan ingenioso como ese niño, y encontrar un medio para que mi molino de índigo se moviese solo.

EL SR. EDMUNDO. — La cosa no es tan simple, amigo mio; pero si no eres tú quien la encuentras será ciertamente otro, y estoy seguro de que dentro de poco tiempo ese procedimiento incómodo será reemplazado por algun mecanismo.

LII. — **Descubrimientos debidos á la atencion. — Cristóbal Colon y las yerbas de la playa. — La lámpara de la catedral de Pisa y la péndula de los relojes.**

El grande inventor James Watt había tomado por divisa: «Observar.»

La historia de las invenciones contiene otros muchos ejemplos que demuestran la necesidad de fijar en todo la atencion. Muchos descubrimientos traen su orígen de un hecho en apariencia insignificante que ha llamado la atencion de un trabajador inteligente ó de un hombre de ciencia.

Las *algas* sirven para hacer la soda y para abonar la tierra.

El mar abandona en la playa yerbas y algas de una especie desconocida en

Europa; Colon las recoge, las examina atentamente, se dice que han debido venir de tierras remotas, y sueña más allá del océano el descubrimiento de un nuevo mundo.

En la catedral de Pisa, una lámpara colgada en la bóveda se columpia frente al altar. Galileo se pone á seguir sus movimientos con atencion : ¡ Una, dos ! ¡ una, dos ! siempre el mismo tiempo, siempre el mismo golpe regular. El sabio vuelve á su casa entusiasmado : ha descubierto una de las leyes más fecundas de la física : la duracion regular de las oscilaciones de la *péndula*. Se llama *balancin* ó péndula todo cuerpo suspendido que se columpia.

— ¡ Toma! dijo Enrique, es el mismo nombre de las péndulas que marcan las horas.

PÉNDULA DE UN RELOJ DE PESAS.
— La pesa P hace girar la rueda R. La péndula K, moviéndose regularmente de derecha á izquierda hace entrar los ganchos A y B, uno despues de otro, en los dientes de la rueda que gira, y arregla de ese modo el movimiento del reloj.

— Precisamente, amigo mio; se las llama péndulas á causa del balancin que contienen. Antes del descubrimiento de Galileo no se podian hacer relojes que marcasen la hora con exactitud.

LIII. — **Los relojes de otro tiempo. — El reloj de los salvajes. — Los cocos y el cocotero.**

El reloj dice al trabajador : Aprovecha la hora que pasa, porque pasa para no volver jamas.

FRASCUELO. — Señor, ¿cómo se hacía en otro tiempo para saber la hora sin relojes?

EL SR. EDMUNDO. — Amigo mio, se medía las horas segun el tiempo que la arena gastaba en caer de un reloj de arena, ó el agua en correr de un vaso.

En un archipiélago de la Oceanía está todavía en uso un medio muy singular. Sobre un cubo lleno de agua se coloca la mitad de una cáscara de coco, muy lisa y pulida, con un agujerito en el fondo, por el cual se introduce el agua muy lentamente. Poco á poco la cáscara se llena; su tamaño está calculado tan bien, que no se llena ni puede caer al fondo del cubo más que al cabo de una hora. El ruido que hace al caer advierte que la hora ha trascurrido.

El cocotero es una especie de palmero de una talla muchas veces gigantesca y cuya altura media es de 30 metros. Las frutas del tamaño de la cabeza de un hombre, tienen una cáscara muy dura, que sirve para hacer vasos y utensilios. Encierran una especie de leche azucarada. Con la hilaza que cubre su cáscara se hacen cordajes. Con las hojas del árbol se hacen cestos y esteras.

En las naciones civilizadas, desde el gran descubrimiento de Galileo, se ha construido péndulas y relojes de bolsa en los cuales las oscilaciones regulares de un balancin miden el tiempo con la más rigurosa exactitud. Pero basta de historias. Volvamos á nuestro asunto.

Reloj de arena.

— ¡Oh! nó señor; ¡cuéntenos usted otras! exclamaron los niños. Esto nos interesa y nos instruye mucho.

— ¡Bueno! consiento en ello.

LIV. — **La manzana de Newton.** — **Descubrimientos astronómicos.** — **Las maravillas del cielo.**

« Bienaventurado el que estudia los cielos: aprende á hacer ménos caso de lo que más admira el mundo; las obras de Dios son para él sobre todo, y su estudio le procura los goces más puros. »
(Képler, *Armonías del mundo.*)

El Sr. Edmundo. — Para demostraros mejor el poder de la atencion y de la reflexion, cualidades muy necesarias á los niños y á los hombres, voy á contaros la historia de una manzana que al caer sugirió á Newton un descubrimiento admirable.

FRASCUELO. —¡Una manzana señor! no es posible. Yo he comido muchas veces manzanas, y muchas veces las he dejado caer al suelo: ¿cómo se puede hacer así un descubrimiento?

EL SR. EDMUNDO. — Amigo mio, para aprovecharse de todo lo que se ve y se observa, es necesario cierto fondo de conocimientos, cierta instruccion; por eso esta es tan útil á todo el mundo. Los hombres instruidos é inteligentes verán algo de interesante y de provechoso donde un ignorante no ve nada absolutamente. Si no son hombres de genio como Newton ó Galileo, serán por lo ménos hombres ingeniosos y útiles.

PISA, patria de Galileo (nacido en 1564, muerto en 1642), es una de las ciudades ilustres de la Italia. Sus principales monumentos son la *Catedral* y la *Torre inclinada*, de lo alto de la cual Galileo hizo importantes experiencias sobre la gravedad y la caida de los cuerpos.

Un dia que Newton meditaba en su jardin, acostado debajo de un árbol, vió caer una manzana. Había caido de lo más alto del árbol y estuvo á punto de lastimarle; porque ya sabeis que miéntras mayor es la altura de donde cae un objeto, más grandes son, al caer, su velocidad y su fuerza.

ENRIQUE. — He notado eso muchas veces jugando á la pelota. Cuando tira uno su pelota poco alta, la recibe en las manos muy suavemente; pero si la lanza á una altura muy grande en el aire, vuelve á caer pesada como una piedra y hace mal en las manos.

EL SR. EDMUNDO. — Precisamente, amigo mio. Newton, que sabía eso, se dijo: «Si el árbol hubiera sido diez veces más alto, esta manzana habría podido matarme. Y si el árbol tuviese muchas leguas de alto, sería peor todavía!

En aquel momento, la luna estaba ya alta en el horizonte y brillaba en el cielo puro.

« Si el árbol fuese bastante alto para elevarse hasta la luna, pensó Newton, la manzana habría caído siempre al centro de la tierra, y habría adquirido al caer una velocidad espantosa... Pero entónces, ¿ por qué la luna misma no cae? Y sin embargo, ella tambien debe de ser pesada, y mucho más que una manzana! »

Esta idea llamó la atencion de Newton, y buscó inmediatamente la causa que podía mantener á la luna suspendida de esa manera en el espacio.

Se consagró desde aquel momento á cálculos cuya dificultad puede ser concebida solamente por los matemáticos. Supo aprovecharse de los descubrimientos hechos anteriormente por un astrónomo de Alemania, hijo de un pobre tabernero, que fué al principio mozo de taberna y que llegó á ser á fuerza de trabajo un gran sabio : Képler.

Newton, nacido en Inglaterra en 1642, muerto en 1727. Perdió á su padre á la edad de tres años, fué enviado á pequeñas escuelas de pueblo, luego á la escuela pública de la ciudad, donde se hizo notar por un gusto muy vivo por las invenciones mecánicas. Entró despues al colegio de Cambridge. Llegó á ser uno de los sabios más grandes de los siglos modernos.

Veinte años despues de sus primeras reflexiones sobre la caida de una manzana, Newton publicó su libro inmortal de los *Principios,* en que explica el movimiento de los astros.

La contemplacion del firmamento había inspirado á Newton una creencia profunda en Dios. Un dia que se le pedía una prueba de su existencia, se descubrió, y sin decir nada mostró el cielo estrellado.

— He ahí una respuesta muy bella, dijo Amada ; yo quiero mucho á ese sabio, porque veo que era muy bueno.

— Hija mia, la verdadera ciencia hace siempre mejores á los hombres. En efecto, un espíritu atento á las cosas que le rodean, no podría permanecer indiferente á sí mismo ; ahora bien, la atencion que fijamos en nosotros mismos es la que nos hace descubrir nuestros defectos y nos ayuda á corregirnos. Puesto que toda la leccion se ha pasado hoy en contaros historias, voy á terminar dándoos un ejemplo de constante atencion á sí mismo.

LV. — **Fíjese la atencion en sí mismo.** — **El cuaderno de Franklin y el exámen de conciencia.**

« Conócete á tí mismo. » (Sócrates.)

« Examina cada noche tu conciencia. » (Pitágoras.)

Desde su juventud Franklin había concebido la noble ambicion de llegar á ser lo más perfecto posible. Sabiendo bien que no se llega á nada sin atencion, resolvió ejercer una sobrevigilancia activa sobre sí mismo.

Para eso inscribió en un cuadernito de doce páginas doce virtudes importantes. Todas las noches hacía su exámen de conciencia y anotaba abajo de cada página las faltas que había cometido contra cada una de las doce virtudes.

FRANKLIN, inventor del pararayo, nació en Boston en 1706, de una familia pobre, y fué al principio obrero impresor. Es no ménos célebre por su adhesion á su patria que por sus descubrimientos científicos. Cuando estalló la guerra entre la Inglaterra y sus colonias americanas, Franklin vino á proponer á la Francia un tratado de alianza con su patria. El fué quien firmó en 1783 la paz que aseguraba en lo sucesivo la independencia de los Estados Unidos. Cuando murió (1790), la Asamblea nacional francesa se puso de duelo.

— « Cuando comencé á ejecutar este proyecto, cuenta el mismo Franklin con una dulce humildad, me sorprendí de encontrarme muchos más defectos de los que me había imaginado. »

Este descubrimiento, léjos de desanimarle, le excitó á ser más atento de sí mismo que lo que había sido hasta entónces. « Pronto, dice, tuve la satisfaccion de ver disminuir en mi libro las marcas que indicaban mis faltas diarias. A este medio y á la ayuda de Dios he debido la felicidad constante de toda mi vida hasta los setenta y nueve años, á cuya edad escribo estas páginas. »

Frascuelo. — ¡Oh! hé ahí una idea muy buena

Cuando sepa yo escribir mejor haré como Franklin, un cuaderno para anotar todas mis faltas y corregirme muy pronto !

Enrique. — Yo voy á hacer esta noche mi exámen de conciencia muy atentamente.

Amada. — Yo tambien, y jamas dejaré de hacerlo.

El Sr. Edmundo. — Esas ideas son excelentes, hijos mios.

LVI (*Continuacion*). — **El cajero y la teneduria de libros de comercio. — Quiebras y bancarotas.**

La negligencia del comerciante es un *delito*. El fraude del comerciante es un *crimen*. (*Código penal.*)

Los tres libros obligatorios para todo comerciante son el *diario*, el *copiador de cartas* y el registro de *inventario*. (*Código de comercio.*)

El Sr. Edmundo. — Haciendo así cada dia el exámen de sus acciones, Franklin seguia en el órden moral, el ejemplo que nos dan los buenos comerciantes para los intereses materiales. El cajero que te paga todos los sábados, Frascuelo ¿ no está obligado á contar todos los dias su dinero, á sacar el total de las ventas y de las compras ?

— Señor, dijo Enrique, mi padre grande hace inscribir todas las sumas que paga ó que le pagan en su libro *diario*. Trascribe tambien todas sus cartas en el *copiador de cartas*. Cada año hace su *inventario*, para ver si ha tenido utilidades. Es preciso no distraerle en aquel momento de sus cálculos porque se pondria muy enojado.

El cajero y la paga.

El Sr. Edmundo. — Vuestro abuelo, obrando así, obedece á la ley, que obliga á todo comerciante á una buena teneduría de libros, porque el que no lleva exactamente sus libros se expone á no poder pagar sus deudas. ¿ Cómo se llama eso, Enrique ?

Enrique. — *Quebrar.* Mi padre grande me ha dicho que el que quiebra, ademas de que pierde su honor de comerciante, pierde tambien el *derecho de votar* en las elecciones.

El Sr. Edmundo. — Sí, hijo mio, y la ley es todavía más severa cuando la quiebra es debida, nó á desgracias involuntarias, sino á una mala teneduría de libros. Se la llama entónces *bancarota simple*. El comerciante imprevisor ó negligente que ha causado así por culpa suya á sus acreedores pérdidas de dinero, es castigado como un ladron con prision de un mes á dos años.

Si ha habido no solamente negligencia, sino fraude y mala fe en la teneduría de libros, la bancarota se llama *fraudulenta*, y es castigada con muchos años de trabajos forzados. Así todo comerciante honrado debe darse cuenta de sus menores utilidades y gastos para no exponerse á arruinarse y á arruinar á los demas.

Ahora, hijos mios, respondedme, ¿ las virtudes y la riqueza moral tienen ménos precio para un hombre honrado que las riquezas materiales ? Nó, sin duda. Cada uno de vosotros debe, pues, preocuparse, como Franklin, de las pérdidas ó de las utilidades morales que ha podido tener en el dia ; emplear en perfeccionarse un celo que no pueda ser superado por el celo mercantil del comerciante. Preguntaos todas las noches al examinar vuestra conciencia : « ¿ Si todo el mundo obrase como yo lo he hecho hoy sería un bien y un progreso para la humanidad ? ¿ Mis acciones podrían ser propuestas por modelo á todos los hombres ?

LVII. — **La prevision y la economía.** — **El salvaje imprevisor.**

> Donde quiera que veais alguna riqueza, grande ó pequeña, estad seguros de que ha habido alguno que sabia *prever* y *economizar*.

El Sr. Edmundo. — El trabajo, áun el más atento y el más inteligente, necesita para producir todos sus frutos, del auxilio de otra virtud. Vamos á ver, amigos mios, si encontrais el nombre de esa virtud indispensable.

Los tres niños se miraron, consultándose en vano sin adivinar.

El Sr. Edmundo, para ayudarlos, continuó:

— Vamos á ver, Frascuelo; supongamos un hombre que no tenga otra virtud que el trabajo: ¿qué va á suceder? Hé ahí, por ejemplo, un salvaje que pesca todos los dias en el rio para alimentarse, porque es laborioso y no querria permanecer ocioso un solo dia. Algunas veces la pesca es buena y le da más alimento del que necesita para un dia; entónces deja que se pierdan sus pescados, — salmones ó alosas, — y vuelve á comenzar á trabajar al dia siguiente con la misma conciencia.

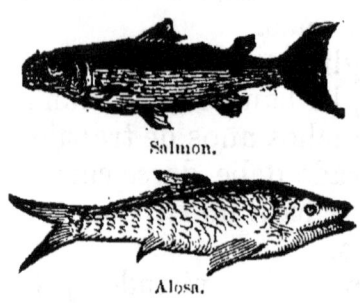

Salmon.

Alosa.

El salmon y la alosa son pescados de mar, que en la primavera suben muy arriba de los rios para depositar sus huevos.

Frascuelo. — ¡Ah! señor, ¿de qué le sirve trabajar con tan poca reflexion? Si deja perder el fruto de su trabajo ahora que goza de buena salud y que es jóven, ¿cómo hará cuando esté enfermo, viejo, ó cuando la pesca sea mala?

— Evidentemente, dijo Enrique, de nada sirve ser trabajador si no es uno previsor.

— Y si no economiza para los malos dias, añadió Amada.

El Sr. Edmundo. — ¡Perfectamente! hijos mios; habeis nombrado la virtud que debe acompañar siempre al trabajo: la *prevision*, madre de la economía. Tened la virtud de la atencion y aprovechareis el pasado; tened prevision, y estareis ciertos del porvenir.

LVIII. — **El imprevisor es un ciego.** — **Necesidad de la prevision y de la economía para el obrero.**

Trabajadores, pensad en el porvenir.

El Sr. Edmundo. — Ya sabeis, hijos mios, cuál es la miserable condicion de los que no tienen más que el sentido del tacto sin tener el de la vista.

El ciego no puede discernir más que los objetos que se hallan al alcance de su mano; no es dueño más que del estrecho espacio que ocupa. La vista, por el contrario, se extiende á lo léjos, hasta á las mismas estrellas separadas de nosotros por millares de millones de leguas. Si nos fuese preciso ir junto á las estrellas para tocarlas con la mano, ese viaje duraría más de mil años, y para ciertas estrellas más de cien mil años. Pero no necesitamos hacer ese viaje : abrimos los ojos, y la luz de la estrella nos la revela á traves del infinito. La vista nos hace, pues, dueños de un espacio inmenso.

Pues bien, amigos mios, el trabajador imprevisor es como el ciego : no toca ni posee más que el presente. El trabajador previsor es como los ojos que ven á lo léjos : abarca el porvenir.

El imprevisor es, por decirlo así, esclavo de los demas como el ciego ; porque si ellos no le conducen por la mano, no podrá conducirse á sí mismo, tropezará con todos los obstáculos y estará expuesto á todos los peligros. El hombre previsor, por el contrario, es libre ; puede ir y venir por sí mismo, es dueño de su persona, porque es dueño del tiempo y del porvenir.

El fruto visible de la prevision es la *economía*. La economía es la provision del porvenir. Frascuelo, tú que eres un jóven trabajador, no lo olvides, el trabajo sin la economía es la fatiga continua sin el descanso, es la pobreza. La economía es el descanso asegurado para la vejez y la enfermedad ; es la riqueza. ¡ Dichoso el obrero previsor que sabe economizar!

LIX. — **Historia de un salvaje industrioso. — De la propiedad. — La red.**

« La *propiedad* es el derecho de gozar y de disponer absolutamente de las cosas que nos pertenecen, siempre que no hagamos de ellas un uso prohibido por la ley. » (*Código civil.*)

El que escribe su pensamiento en una carta, la cierra y pone su sello en la cubierta. Este sello quiere decir : Respetad lo que es mio.

Ese sello tan fácil de romper es para el hombre honrado una barerra más infranqueable que una alta muralla.

Lo mismo, hijos mios, las cosas que hemos producido con nuestro trabajo llevan el sello de nuestra inteligencia. Este sello que nuestro trabajo pone sobre las cosas y que las hace inviolables es la *propiedad*.

EL SR. EDMUNDO. — He advertido que las historias

de salvajes os hacen comprender fácilmente mis explicaciones; ¿quereis que me sirva de ellas para haceros ver cómo se desarrolla la industria en la humanidad?

— ¡Oh! señor, ¡qué dicha! exclamó Enrique. Los salvajes me divierten como la historia de Robinson.

— A mí tambien, dijo Amada.

— Yo, agregó Frascuelo, no he visto la historia de Robinson Crusoe más que en imágenes; así es que prefiero las historias del Sr. Edmundo.

— Pues bien, amigos mios, remontémonos á los primeros tiempos del mundo; tomemos por principal personaje de nuestra historia á uno de los hombres de aquella época, á un salvaje de América si quereis, y llamémosle Pablo.

El primer hombre que pescó, debió de querer tomar los peces con la mano, y pasaba en eso un tiempo considerable. Pablo, nuestro salvaje, se alimentaba sólo de pescados y los cogía con la mano. Abrumado de fatiga se dirigió á su inteligencia: reflexionó, observó, buscó, y un dia le ocurrió la idea de reemplazarse á sí mismo en medio del agua por una red.

Pensó tejer esa red con plantas secas, tales como los filamentos del aloe, y echarla al agua para que los peces fuesen cogidos en las mallas como por un gran número de manos.

JOVEN PESCADOR TENDIENDO SU RED. — La red está fabricada con hilos atados entre sí de una manera regular. Se cuenta más de 70 especies de redes para la pesca que tienen formas diversas.

La familia de nuestro salvaje le ayuda á fabricar su preciosa red, que una vez acabada funciona, y Pablo, armado con ella toma en algunas horas más pescados que en otro tiempo en todo el dia. Desde aquel momento va todo mejor en la casa; el alimento es más abundante, y sin embargo el trabajo ménos grande para todos, porque la familia tiene ya una riqueza, una propiedad : la red.

Díme, Frascuelo, ¿ estás bien seguro de que la red pertenece á Pablo, de que es su propiedad, y de que esa propiedad es una cosa justa que no se le puede quitar sin cometer un crímen?

FRASCUELO. — ¿ Cómo, señor, podría ser de otra manera? El es quien ha inventado y fabricado esa red, que sin él no existiría. Nada me parece más justo que el verle propietario de ella.

EL SR. EDMUNDO. — Hé ahí, por consiguiente, amigos mios, un derecho incontestable para el hombre, el derecho de propiedad, es decir, el derecho de poseer lo que ha producido con su trabajo.

El *aloe* de América ó *agave* conocido en México con el nombre de *maguey*, tiene hojas espinosas, de más de un metro de largo, que procuran una hilaza excelente.

LX. — **Frascuelo propietario. — Diversas especies de propiedades. — Propiedad de la persona. Bienes muebles é inmuebles.**

« Cada *persona* se pertenece á sí misma. »
« Todos los *bienes* son muebles ó inmuebles. » *(Código civil.)*

EL SR. EDMUNDO. — Hay tres especies de propiedades hijos mios. Amadita, ¿ quiere usted decirnos cuál es la primera? Para eso recuerde usted lo que Pablo poseia ántes de su red, y áun ántes de pescar.

La niña sonrió. — No poseía nada más que á sí mismo, señor, buenos brazos para trabajar, la voluntad y la inteligencia para dirigir su trabajo.

EL SR. EDMUNDO. — Pues bien, hija mia, esa es en efecto la primera de las propiedades que Dios nos ha dado igualmente á todos, y que debe de ser sagrada para los demas hombres, la propiedad de nosotros mismos y de nuestra persona.

Volviendo á nuestro salvaje, díme, Frascuelo, la segunda cosa que ha poseido y que era su *bien*.

FRASCUELO. — Su red, señor, y los pescados que cogía con ella.

EL SR. EDMUNDO. — Esas cosas entran en la segunda especie de propiedad, que se llama *mobiliaria*.

FRASCUELO. — ¿Qué quiere decir *mobiliaria?*

EL SR. EDMUNDO. — Hijo mio, *mobiliario* y *mueble* vienen de la palabra *móvil,* que indica el movimiento; así se acostumbra decir que los niños son séres muy móviles para indicar que están siempre en movimiento. Pues bien, las cosas que se puede trasportar, — libros, vestidos, muebles, dinero, — son propiedades mobiliarias ó *bienes muebles,* es decir, *móviles*.

— ¡Entónces yo soy propietario! dijo Frascuelo, mostrando su cuchillito de á cuatro sueldos y sus zuecos de á doce. ¿Son estos mis *bienes muebles?*

— Ciertamente, amigo mio : tú posees bienes muebles, sin contar la propiedad de tí mismo, de tu persona y de tu trabajo.

— ¡Pues bien! no me lo sospechaba, dijo el niño riendo, ni mamá tampoco.

EL SR. EDMUNDO. — Ahora, si pregunto á nuestro Enrique de qué género es la tercera propiedad, podrá seguramente respondernos cuando yo haya dicho que se llama propiedad *inmobiliaria*.

BIENES INMUEBLES. — La *quinta* y la *bomba* fijas en el terreno por su *naturaleza,* son *inmuebles por naturaleza*. El *ganado* y los *instrumentos* de trabajo, fijos en la quinta por su *destino,* son tambien inmuebles. El código civil los llama *inmuebles por destino*.

ENRIQUE. — Sí, señor. Inmobiliaria es lo contrario de mobiliaria, como inmóvil de móvil. Se trata, pues, sin duda de cosas que permanecen fijas en el mismo sitio como las casas y los campos. Así, la manufactura de mi padre grande donde estamos reunidos, su quinta, su casita de campo son propiedades

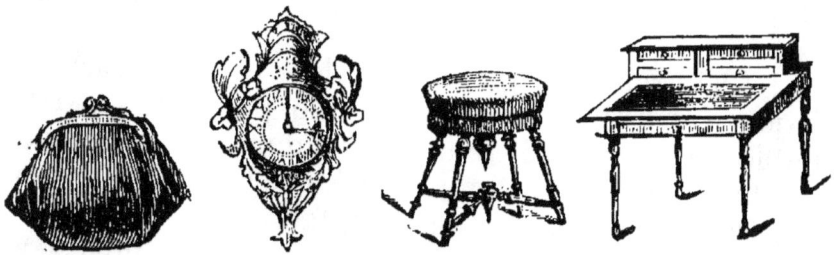

Bienes muebles. — El *portamoneda*. El *reloj*. El *taburete*. El *escritorio*.

inmobiliarias, inmuebles. Mi porta-moneda con mis pequeñas economías, el taburete en que estoy sentado, el escritorio en que escribo, el reloj de la chimenea, la jaula de mi ventana con su jilguero y su canario, la pecera con los peces rojos que mi padre grande me ha dado son propiedades mobiliarias.

BIENES MUEBLES. — La *jaula*, el *jilguero*, el *canario*, la *pecera*.

EL SR. EDMUNDO. — Eso es, amigo mio.

LXI. — **El salvaje industrioso** (*continuacion*). — El CAMBIO, las convenciones y los CONTRATOS. — Fabricacion de una segunda red. Construccion de una choza. — La hamaca.

> La industria y el comercio consisten en los *servicios mutuos* que los hombres se prestan entre sí. Para ello hacen convenciones y contratos. La ejecucion de los contratos es *obligatoria*. » (*Código civil.*)

EL SR. EDMUNDO. — Hemos dejado á Pablo muy ocupado en pescar con su red. Llega entónces otro salvaje, pescador tambien, pero ménos industrioso, y que todavía coge el pescado con sus manos: llamémosle Pedro. Se acerca al rio, y ve á Pablo echar su red en el agua y al cabo de muy poco tiempo retirarla llena de pescados.

— ¡Ah! exclama ¡qué maravilloso es eso, y cuánto trabajo te ahorras! Pablo, amigo mio, préstame tu red.

Pablo replica: — Si te la presto, durante ese tiempo yo no haré nada y mi familia sufrirá el hambre como ántes. Puesto que quieres una red, fabrícala.

— Pero, objeta Pedro, que es ménos inteligente y ménos industrioso, no me será posible.

— Tanto peor, dice Pablo. Yo he tenido que inventar la mia: tú eres más dichoso porque tienes un modelo ante los ojos. Si eso no te basta, ¿qué quieres que yo haga? ¡Pesca con la mano! Si tuviera yo que fabricar redes para todos los pescadores que viven en nuestra isla, moriría de fatiga, y ¿qué sería de mi familia? Yo podria hacerlo en favor de algunos por amistad; pero no estoy obligado á ello, y en este momento no me es posible.

UNA GRUTA. — Las grutas son excavaciones que se han formado naturalmente en las tierras ó en las rocas. Las hay tan grandes que tienen algunas veces muchos kilómetros de profundidad. Muchas veces están ornadas de columnatas y de estalactitas. Las grutas que abrigan todavía hoy á los salvajes, servían de morada á los primeros hombres que en ellas dormían y preparaban su alimento. Se ha encontrado en las cavernas y en las grutas las osamentas de los hombres de las antiguas edades, mezcladas muchas veces con las de las bestias feroces que les disputaban aquellas guaridas.

Pedro, á pesar de esa negativa no puede decidirse á marcharse. Un momento le ocurre el mal pensamiento de arrojarse sobre Pablo, de matarle, y de robarle su red. Pero Pablo es robusto; Pedro no está seguro de ser el más fuerte. Al mismo tiempo Pedro comprende que cometería una injusticia. Esa red que codicia es el fruto del trabajo y de la industria de su vecino, es una *propiedad lealmente adquirida*, apoderarse de ella á viva fuerza sería un *robo*, un *crímen*. Pedro piensa en otro medio mejor.

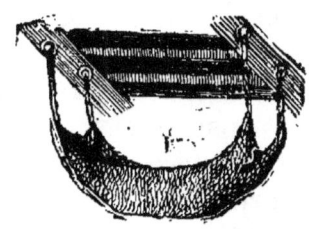

LA HAMACA ó lecho suspendido. — Se ha imitado en los buques de guerra las hamacas que los salvajes tienen en sus chozas.

— Escucha, dice á Pablo, lo que acabas de decir es justo; sin embargo, yo tambien necesito una red. Hagamos un arreglo, una convencion; durante quince dias

  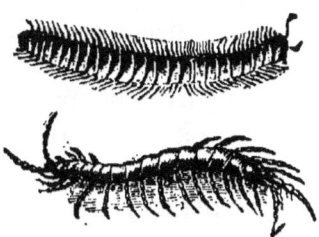

LOS INSECTOS VENENOSOS. — El *escorpion* en los países frios ó templados no es muy peligroso, pero el de los países cálidos es más temible. El escorpion tiene su veneno en la cola.
La *araña ponzoñosa* ó *tarántula* se encuentra en América y en los países meridionales de Europa. Su picadura produce una especie de embriaguez y de exaltacion extraña.
Los *cientopiés* poco temibles en los países frios ó templados son muy grandes en los cálidos y causan una mordida muy dolorosa.

mi mujer y mis hijos ayudarán á los tuyos á preparar las redes; yo, por mi parte, pescaré en tu lugar para alimentar á nuestras dos familias reunidas. Durante ese tiempo descansarás ó harás otra cosa, y en recompensa me darás una red.

A Pablo le parece ventajoso el *contrato* ó la convencion que se le propone, porque hace mucho tiempo que tiene la idea de

La *serpiente de cascabel* tiene la cola guarnecida de una especie de cascabeles. Su veneno activo mata al hombre en unas cuantas horas.
El *vampiro* de América es un gran murciélago que chupa la sangre de los animales durante su sueño.

construirse una choza; está cansado de dormir expuesto al frio de la noche, ó en las profundidades de las rocas y de las grutas cuyas paredes son húmedas.

Ademas, se tejerá una hamaca semejante á sus redes, para acostarse, y una colcha para cubrirse completamente. Así estará protegido contra los insectos venenosos, las serpientes y los vampiros. Acepta pues la proposicion, que es un contrato hecho de viva voz, y miéntras que su vecino vela por el sustento de todos, comienza su choza.

LXII. — El salvaje industrioso *(Continuacion)*. — El *ALQUILER DEL TRABAJO*. Obrero y patron. — El *ALQUILER DE LA CASA*. El contrato de arrendamiento. Propietario y locatario.

« Las convenciones y los contratos, para ser válidos, deben ser hechos *libremente*. » *(Código civil.)*

Quince dias no bastan á Pablo para acabar su choza; así es que al cabo de ese tiempo él es quien propone á Pedro otra convencion.

— Continúa pescando, le dice, para alimentarnos á todos: mi choza, una vez acabada, será bastante grande para nosotros. Te permitiré habitar en ella con tu familia, desde el momento en que los árboles pierden sus hojas hasta que reverdecen. Continuarás entónces trabajando por nosotros sólo un dia por semana, y así seré pagado de mi trabajo.

El trato se hace inmediatamente, porque Pedro advierte que ese nuevo contrato ofrece tantas ventajas para él como para Pablo.

Hé ahí, pues, á nuestros dos salvajes haciendo arreglos ó contratos semejantes á los que se hacen en nuestra época.

CHOZA DE SALVAJES. — Casi todos los salvajes se construyen chozas de ramas cubiertas de paja. Ciertos negros se hacen grandes nidos en los árboles escondidos en medio de las hojas.

Pedro ha *alquilado* su trabajo á Pablo mediante un precio convenido. Se ha hecho, pues, el *obrero* de Pablo.

PROPIETARIO Y LOCATARIO.

Por otra parte, Pablo ha *alquilado* la cabaña que posée. Ha hecho de viva voz con Pedro un contrato de arrendamiento de seis meses. Pablo es pues ahora un *propietario* que tiene un *locatario*.

Retened bien todas estas cosas; porque es indispensable para comprender la economía política y la legislacion usual, conocer los *contratos de alquiler:* — alquiler del trabajo y arrendamiento de las casas.

Ahí teneis, hijos mios, los primeros ejemplos del cambio. Notad que cada uno de nuestros dos salvajes, al mismo tiempo que hacia una cosa provechosa para sí mismo, hizo tambien una cosa provechosa para su compañero; cambiando sus trabajos ó los productos de sus trabajos no han hecho más que prestarse mutuos servicios. Cada dia comprendereis más, queridos niños, que el verdadero interes de los unos es tambien el interes verdadero de los otros.

LXIII. — Historia de un salvaje (*Continuacion*). — Venta de las redes. — El COMERCIO y los contratos de venta.

El comercio y los contratos acercan á los hombres.

Una vez realizada la ingeniosa idea de Pablo, su familia provista de redes, y nuestros salvajes en su choza al abrigo de las bestias feroces, sucede que pescan más peces de los que necesitan para vivir.

LAS BESTIAS FEROCES DE LA AMÉRICA DEL SUR. — El *lobo*, que se encuentra en casi todos los paises, es un carnicero de la especie de los perros. — El *jaguar* es de la especie de los gatos. El *gato-tigre* de América hace sobre todo la caza á los monos.

Unos perezosos imprevisores habrían dicho: — Descansaremos. — Pero Pedro y Pablo son animosos, jóvenes y sanos: no piensan en el descanso.

Pedro, que ha tenido tanto gusto en gozar de la red de Pablo, propone á este último ir á ofrecer redes á los demas pescadores de la isla mediante una compensacion. Como la idea es buena, Pablo la acepta, y hé ahí á nuestros dos pescadores, provistos de redes, obra de sus manos, que parten un dia en busca de sus semejantes para ofrecerles sus servicios: Hélos ahí convertidos en *comerciantes.*

Antes de hacer sus ofertas, ensayan, delante de los pescadores que pescan con la mano, la industriosa red que toma los peces mucho más pronto. Cuando han hecho ver las ventajas de la invencion que traen, se les acercan los otros inmediatamente para rogarles que les cedan sus redes.

— Con mucho gusto, dicen; precisamente á eso hemos venido. Solamente es preciso que reflexioneis en que os traemos al mismo tiempo un instrumento y una idea; hemos hecho un camino muy largo para prestaros este servicio, y pasado muchos dias en fabricar las redes. Indemnizadnos de nuestro trabajo: que cuatro de entre vosotros trabajen por nosotros durante veinte dias.

Estas condiciones se debaten por ambas partes con firmeza, pero con *justicia,* puesto que ni unos ni otros emplean la menor violencia. Porque, no lo olvidemos, la *libertad* completa es la condicion de la justicia en los *contratos de venta.*

Pedro y Pablo, despues de haber obtenido lo que pedian vuelven satisfechos, y su satisfaccion es legítima, porque extendiendo á lo léjos sus cambios, han prestado un servicio á mayor número de personas, y por consiguiente van á recibir ellos mismos en cambio mayor número de servicios.

Ya lo veis, hijos mios, la sabiduría de la Providencia ha cuidado de acercar á los hombres por sus mismos intereses. El interes de Pablo le mueve á acercarse á los otros salvajes para utilizar su idea y su invencion con un número mayor de hombres. Al mismo tiempo, ellos tienen interes en comerciar con Pablo, en *contratar* con él para poder aprovecharse de su industriosa idea. Todos esos intereses se encuentran, pues, en armonía. Los

INVENCION DE UNA CANOA. 103

hombres, cambiando su trabajo ó los productos de su trabajo, no hacen más que cambiar de servicios. El *comercio* hace que todo el mundo se aproveche de lo que la *industria* ha inventado y producido.

LXIV. — (*Continuacion*). **Invencion de una canoa.**

No hay comercio posible sin los medios de trasporte.

EL SR. EDMUNDO. —Al regresar, nuestros dos pescadores se consultan para saber en qué emplearán los ochenta dias de trabajo que en su provecho tienen que

LOS ANIMALES DE LOS BOSQUES DE LA AMÉRICA DEL SUR. — I. El *berraco* es un borrego salvaje que se encuentra en las diversas partes del mundo, y existe todavía en Europa sobre todo en Cerdeña y en Córcega. — II. El *lechon montés* vive en manadas.

hacer los otros salvajes: es casi la cuarta parte de un año durante la cual tendrán obreros á su servicio.

LOS ANIMALES DE LOS BOSQUES DE LA AMÉRICA DEL SUR. — III. Los *pericos* tienen un magnífico plumaje verde, rojo, azul ó blanco. Se alimentan sobre todo de frutas — IV. Las *aves del paraiso* tienen un plumaje deslumbrante. Las damas adornan sus sombreros con las plumas de la larga cola de este animal. — V. Los *pájaros-moscas* brillan tambien con espléndidos colores.

Pablo, el hombre de las ideas, desearía cambiar su excedente de pescado por la carne que poseen los cazadores de aves, de berracos y de *lechones monteses*.

— Pero, dijo Pedro, los cazadores habitan los grandes bosques poblados de monos que están al extremo de la isla; ¿cómo ir tan léjos con una carga de pescado al hombro para volver no ménos cargado de caza?

El trabajo es demasiado grande en efecto, y es preciso renunciar á la idea si no se cuenta más que con las piernas para caminar. Pero Pablo ha visto que el rio lleva los árboles desarraigados por el viento y el rio se va siempre corriendo hasta el bosque abundante en caza donde residen los cazadores. Pablo, un dia que se bañaba, probó acostarse sobre un árbol llevado por la corriente: el árbol le aguantó, y habría aguantado algo todavía más pesado. Pablo quiso tratar de arreglar un árbol hueco, de manera que pudiese llevar en él las provisiones de pescado. «Me sentaré yo mismo sobre el árbol, se dijo, y seré conducido sin esfuerzo hasta el bosque vecino. Haré mis ofertas á los hombres cazadores, y traeré su caza en lugar de los pescados que yo les haya llevado.»

LOS ANIMALES DE LOS BOSQUES DE LA AMÉRICA DEL SUR. — VI La *ardilla* se encuentra en América como en Europa. Es un animalito gracioso y ágil que sabe guardar provisiones para el invierno. — VII. La *semirulpeja*, especie de garduña, tiene en el vientre una bolsa donde se refugian sus hijuelos al menor peligro. — VIII. El *perezoso* de América anda muy lentamente, pero trepa con agilidad á los árboles.

La idea de Pablo es aceptada con entusiasmo por Pedro. Durante treinta dias se trabaja sin descanso para hacer provisiones de boca. Porque ¿cómo trabajar en la barca sin comer, y cómo comer si no se ha hecho un acopio de víveres? Sin una economía precedente que permita descuidar durante algunos dias el trabajo destinado á procurar el pan cuotidiano, es imposible entregarse á otro trabajo cuyo beneficio no sea inmediato. No olvideis jamas, hijos mios, que la economía es indispensable á todo progreso de la industria.

LXV. — (*Continuacion*). **Viaje al bosque. Los pericos y los monos. — Ventajas del comercio.**

Despues de mucho trabajo y de muchos ensayos, la canoa está lista. Pablo se mete en ella, saludado por las aclamaciones de sus compañeros y la corriente le arrastra suavemente sin esfuerzo. El júbilo es grande. Rema con una larga tabla para regresar, como con sus dos brazos cuando nada:

LA CANOA. — Los salvajes fabrican sus canoas ligeras con troncos huecos ó con la corteza de los árboles. El remo de que se sirven se llama *pagaya*.

la experiencia ha salido bien. Aborda á la villa, y con general contento se hace una comida de fiesta al mismo tiempo que de despedida.

Tití.   Simiol.   Oustití.

LOS MONOS DEL NUEVO CONTINENTE. — Los monos se dividen en dos grandes clases : los del nuevo continente y los del antiguo. — El *tití* es un monito inteligente, vivo, fácil de educar y de instruir. — El *simiol* tiene ojos á propósito para ver por la noche. — El *oustití* es del tamaño de una ardilla. Es muy gracioso é inteligente.

Al dia siguiente se parte. La canoa ligera lleva á Pablo y á Pedro hasta debajo de los grandes árboles del bosque, donde picotean los pericos, las aves del paraíso y los pájaros-moscas, donde saltan las ardillas, donde se columpian las semivulpejas y los monos de todos tamaños.

Pablo vuelve despues sin contratiempo. Las dos familias tienen ahora víveres variados. Ademas, Pablo ha traido una multitud de objetos útiles en uso entre los cazadores.

Ya lo veis, hijos mios, si Pablo y Pedro han aumentado su fortuna, es porque han extendido más sus relaciones comerciales y sus cambios.

Gorilla.   Quimpanzé.   Gueno.   Mono volante.   Mandril.

LOS MONOS DEL ANTIGUO CONTINENTE. — El *gorilla*, que se parece mucho al hombre, es grande, fuerte y feroz. — El *hombre de los bosques ó quimpanzé* se parece tambien mucho al hombre: puede domesticarse y hacer muchos de los oficios de un criado. — El *mono volante* tiene entre los miembros una piel que le sirve de paracaída y le permite dar saltos enormes sin volver á caer en tierra. El *mandril* es notable por su fealdad; tiene la cara azul, la nariz roja y la barba amarilla. — El *gueno* es la hembra del mono: es muy tierna con sus hijos á quienes defiende aun á riesgo de su vida.

El *comercio*, por los servicios mutuos que los hombres se prestan en él, *aumenta* su riqueza y hace *circular* esta riqueza de uno en otro individuo ó de uno en otro pueblo.

LXVI.—Comunidad de intereses entre los hombres.

> Niños, la humanidad es una vasta *asociacion de trabajadores*. Cada uno está interesado en la felicidad y en la fortuna de todos.

El Sr. Edmundo. — Pablo es ahora rico en comparacion de los demas salvajes. Ha traido del bosque pieles de antílopes, vellones calientes de llamas y de alpagas con que las mujeres fabricarán vestidos para los dias frios. Ha tomado tambien á lo largo de la playa frutas que abundan en las cercanías del bosque, y que son raras en otras partes.

El antílope.

La llama alpaga.

El *Antílope* es un lindo animal que ocupa un lugar intermediario entre los ciervos, las cabras y los bueyes. Se le encuentra en Asia, en América, y sobre todo en el Africa central.
La *llama* es como la gamuza de la América del Sur, pero es mucho más pequeña y graciosa. La *alpaga* con cuya lana se hacen los tejidos de ese nombre, es una especie de llama: podría vivir en domesticidad en el mediodía de la Francia.

Vosotros comprendeis, hijos mios, cómo Pablo, traficando con su idea, ha debido en efecto enriquecerse; pero notad bien la armonía magnífica que existe en los hechos industriales y comerciales á que acabais de asistir.

La súbita riqueza de Pablo, cuyo orígen es la invencion de la red y la venta de su descubrimiento nos sorprende más porque Pablo está en el primer plan.

Observad, sin embargo, amigos mios, que, gracias á Pablo, Pedro su asociado está en una situacion casi igualmente favorable; y no solamente Pedro, sino el pueblo entero de los pescadores. Todos aligerados en lo sucesivo de una cantidad de trabajo considerable, tendrán tiempo para ocuparse en otras necesidades que la de alimentarse.

¡Qué cosa más justa, más hermosa, más llena de atractivos que esa estrecha union de los hombres entre sí, esa comunidad de intereses, ó *solidaridad* que hace que el provecho de los unos lo sea tambien de los otros!

De esa manera disminuye poco á poco la desigualdad primitiva que existe entre los dones naturales de los hombres. Pablo había nacido evidentemente más inteligente, más reflexivo que todo el pueblo de pescadores sus vecinos y sus antecesores. Pues bien, mire usted, Amadita, cuán admirables son las leyes de la Providencia: esa desigualdad nativa que á primera vista podía chocar á vuestra alma afectuosa se cambia por sí misma y de más en más en igualdad por el sólo efecto de la libertad y de la justicia.

Así el que ha recibido más inteligencia se aprovecha de ese don tan envidiable, pero al mismo tiempo hace que sea útil á los demas. ¡Qué bella leccion de fraternidad, hija mia y cómo debería de inspirar la justicia á los hombres!

El *plátano* es un árbol de hojas enormes, de 2 á 3 metros de largo. Puede bastar á casi todas las necesidades de la vida de los salvajes. El *plátano* tiene el sabor de la manzana; su fécula sirve para hacer pan, su jugo para hacer vino. La médula del plátano se come como legumbre. Una sola de sus hojas puede vestir un hombre. Su tronco procura hilo de que se hace tejidos. — La *piña* tiene frutas carnosas.

LXVII. — (*Continuacion*). **Las consecuencias de la injusticia.**

La injusticia de un hombre es dañosa para todos.

El Sr. Edmundo. — Hijos mios, todo el beneficio hecho por nuestros salvajes viene precisamente de que la *justicia*, es decir, la libertad más perfecta y más igual de una y otra parte ha presidido á sus cambios y contratos.

Suponed que Pedro, en lugar de decidirse á pagar con su trabajo la idea de Pablo, hubiese pensado en robarle su red por la fuerza, y que Pablo hubiera sido herido de muerte.

Hé ahí á Pedro en posesion de la red por ese crímen. Es cierto que ha ganado quince dias de trabajo; pero ha perdido las demas ideas de Pablo: la choza, la canoa, los cambios con los cazadores, — en fin, una verdadera fortuna.

Ademas, ¿cómo se atreverá á proponer la idea de la red al pueblo vecino de pescadores? ¿No deberá de suponer, juzgando á los demas por sí mismo, que le van á matar para apoderarse de la red sin pagarla? En lugar de mostrar esa red la esconderá con cuidado, se servirá de ella furtivamente, siempre inquieto, siempre temeroso.

Hé ahí la injusticia de Pedro dañosa no solamente al mismo Pedro sino tambien á todo el pueblo, que se verá privado como Pedro de las ideas de la choza, de la hamaca, de la canoa y de la red.

¡Nueva prueba de la union de los hombres en el bien y en el mal! Si los dones de la inteligencia concedidos á un hombre aprovechan á todos y son una riqueza para todos, la injusticia de un hombre es igualmente dañosa para todos, y causa casi siempre una pérdida á toda la humanidad.

LXVIII. — (*Continuacion*). **Justicia de la *PROPIEDAD*.**

> El envidioso mira los bienes del rico, los compara con su miseria y se irrita; no sabe y no se pregunta cómo han sido adquiridos esos bienes por el que los poseé ó por sus padres. Si lo supiese, su cólera se cambiaría las más veces en respeto, y su baja envidia en una noble emulacion. Porque si hay bienes adquiridos injustamente, la mayor parte de las riquezas son el justo resultado del trabajo y de la prevision.

El Sr. Edmundo. — Los cuatro pescadores que fueron á trabajar al servicio de Pablo y de Pedro hacen, á su regreso á su pueblo, una maravillosa narracion de la fortuna acumulada por nuestros salvajes.

— Estais casi desnudos, dicen estos cuatro pescadores á sus compañeros; ellos tienen provisiones de pieles de animales no solamente para vestirse, sino para acostarse en ellas y evitar la frescura del suelo. Os abrigais por la noche en algun agujero de roca húmeda ó dormís á campo raso; ellos tienen una choza caliente por la noche, fresca durante los ardores del sol. Esta choza está llena de provisiones: pescados salados, carne ahumada, frutos secos al sol, vino de plátanos, pan de tapioca y de manzanillo.

ARBOLES DE JUGO VENENOSO Y DE FÉCULA ALIMENTICIA. — *Flor del árbol de tapioca.* Este árbol da á la vez un violento veneno y un alimento. Su raíz contiene la fécula que comemos con el nombre de tapioca.
El *manzanillo* encierra en sus frutos una fécula alimenticia como la tapioca. Su jugo es muy venenoso: algunas gotas de ese jugo proyectadas en los ojos bastan para cegar. Tambien es peligroso dormir bajo la hermosa sombra del manzanillo.

Poseen un rebaño conducido por grullas que han sabido domesticar. Tienen hachas y cuchillos de piedra, utensilios de toda especie, calabazas hechas con la cáscara de las frutas para conservar la bebida, vasos de cáscara de coco, esteras y cestos de hojas de cocotero, de plátano y de aloe. En verdad, son muy dichosos.

Entónces alguno, movido por la envidia, toma la palabra en medio de los pescadores y exclama:

La *grulla trompeta* de América, así llamada á causa de su grito penetrante, es muy inteligente, y signo de muy buena voluntad al hombre; puede prestar los mismos servicios que el perro y conducir como él los ganados.

— ¡Es una grande injusticia que esos dos hombres posean tantas cosas miéntras que nosotros no tenemos nada! ¿No somos los más fuertes? ¿Cómo sufrimos que esos hombres se apropien tantas riquezas á nuestras expensas? Porque, en fin, ¿quién ha hecho su canoa del tronco de un árbol? ¿Quién ha elevado la palizada de bambú de que está cercada su propiedad? ¿No somos nosotros, á quienes ha empleado á su servicio?... Somos los más fuertes. Vamos, apoderémonos de lo que tienen;

repartiremos despues sus bienes entre todos. De esta manera no se verá hombres que poseen toda la riqueza, y otros que nada tienen!

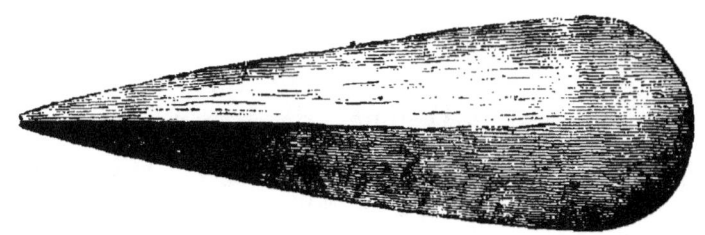

HACHA DE SILEX. — Los primeros hombres no conocían el hierro ni los metales, y fabricaban sus útiles ó sus armas con una piedra muy dura llamada *sílex*. Se servían tambien de huesos de animales y de aretes de pescado.

Si alguno habla así, amigos mios, pensais que no se encontrará inmediatamente otro hombre para responder :
— ¿Qué injusticia veis en que dos hombres laboriosos, inteligentes y previsores, hayan economizado los frutos legítimos de su trabajo? ¿Qué mal os han hecho adquiriendo esas riquezas, y privándose del descanso presente para asegurar el porvenir de sus familias? ¿No sois libres para imitarlos, para *trabajar* como ellos, para ser igualmente inteligentes y *previsores*, para *asociaros* y *dividir* entre vosotros el trabajo, para hacer *cambios* y *contratos* con vuestros vecinos, y todo eso sin violar la libertad de otro? ¿Qué mal os hacen con ser dichosos? ¿Acaso la felicidad de los unos hace la desventura de los otros?

UTENSILIOS DE LOS SALVAJES. — Las *calabazas* son cierta especie de curgas vacías y desecadas.

¿Decis que se aprovechan de vuestro trabajo? pero vosotros, ¿no gozais de las redes que os han dado en cambio? ¿El contrato no ha sido hecho libremente? Si hay alguno injusto, ¿no lo sois vosotros que os quejais ahora, despues de haber recibido en pago instrumentos de trabajo que érais incapaces de imaginar, y que os ayudarán cuando querais, á enriqueceros vosotros mismos? ¿ Esos hombres no os han dado al mismo tiempo una leccion elocuente, mostrándoos lo que pueden la actividad, la inteligencia y la prevision reunidas, leccion preciosa que deberíais de aprovechar?

EL BAMBU. — Especie de caña gigantesca que crece en los paises cálidos y que se cultiva tambien cerca de Nimes. Este árbol es uno de los más preciosos que existen : se come sus renuevos; su jugo puede reemplazar el azúcar; su madera sólida y ligera sirve para todos los usos.

Despues de haber oido los discursos de esos dos salvajes, Amadita, ¿ de qué lado se pondría usted?

AMADA — ¡ Oh! señor, ¡ no se burle usted de mí! La justicia está muy evidentemente del lado del inteligente Pablo para que se pueda siquiera vacilar.

LXIX. — (*Continuacion*). La *HERENCIA Y LOS TESTAMENTOS*. — Derecho de dar. Derecho de testar. — Conclusiones sobre la historia de un salvaje industrioso.

> En otro tiempo sólo el hijo mayor heredaba los bienes de su padre : era el pretendido *derecho de primogenitura*. La Revolucion francesa y el código civil han restablecido la igualdad entre los hijos.
> Un alma generosa trabaja todavía con más ardor por el porvenir de sus hijos que por sí misma.

EL SR. EDMUNDO. — Escucha, Frascuelo; si uno de los pescadores del pueblo dijese á Pablo : « Consiento en que usted posea el fruto de su trabajo, pero no quiero que le trasmita á sus hijos; » — ¿ qué dirías tú?

FRASCUELO. — No lo sé á punto fijo, señor, pero me parece que no es poseer una cosa no poderla dar á quien uno quiere, sobre todo á los que más ama. Cuando tengo una manzana, estoy en mi derecho para dividirla con mi hermanito en lugar de comérmela toda entera como un gloton.

AMADA. — Me parece que Frascuelo tiene razon. Y luego, señor Edmundo, si los hombres pensaran al trabajar que no podían dejar el fruto de su trabajo á los que aman, creo que se desanimarían enfrente del trabajo. Mi padre grande me dice siempre : « Amadita, ya no tendría yo á mi edad el valor de darme tanto trabajo si no supiera que algun dia se aprovecharán de él tu hermano y tú. »

El Sr. Edmundo. — Eso es lo que se llama responder bien, hijos mios. Sí, el derecho de propiedad trae consigo el de dar lo que se posée, sea durante la vida, sea despues de la muerte.

Frascuelo, cuando se pone por escrito lo que se quiere dejar á alguno despues de la muerte, ¿cómo se llama eso?

Frascuelo. — ¡Oh! ya lo sé, señor : es un *testamento*.

Mamá dice muchas veces que nosotros los pobres estamos libres del cuidado de hacer testamento, y que eso se queda bueno para los ricos.

El Sr. Edmundo. — Por otra parte, un testamento no es muy difícil de hacer. No hay más que escribir sobre el primer papel que se tiene á la mano : « Lego esto á fulano, aquello á mengano, etc. » Solamente es preciso tener mucho cuidado de *poner la fecha* y de *firmar*.

Enrique. — Entónces, señor, ¿es uno absolutamente libre de dar á quien quiere?

El Sr. Edmundo. — ¡Oh! no absolutamente, cuando se tiene hijos ó padre y madre, porque la ley no ha querido que un padre pudiese privar á sus hijos de toda su fortuna. Si quiere dejar una parte de ella á otros que á sus hijos, puede hacerlo ; sin embargo, la ley *reserva* siempre á los hijos cierta parte de la fortuna paternal.

Pero volvamos á nuestros salvajes. Estos no hacían testamentos por la sencilla razon de que no sabían escribir, aunque no por eso es ménos cierto que todo pasaba entre ellos como pasa en nuestra sociedad.

¿No veis, hoy como entónces, el *trabajo* proveer á las necesidades de los hombres? Los más *inteligentes* como nuestro salvaje Pablo, enriquecen sin cesar á la humanidad con sus descubrimientos ; con la *economía* se acumula la riqueza ; *dividiendo el trabajo,* como lo hacen Pedro y Pablo, se aumenta los productos de ese mismo trabajo ; el *cambio* y los *contratos* hacen que cada uno se aproveche del trabajo de todos ; en fin la *propiedad* se forma con el trabajo y la economía, despues se trasmite por *herencia,* de tal suerte, que la riqueza pública se aumenta de generacion en generacion.

La propiedad adquirida y trasmitida con justicia, es decir, sin violar la libertad de otro, tiene, pues, en nuestros dias, el mismo derecho á nuestro respeto que la propiedad del salvaje Pablo respecto de sus vecinos.

LXX. — La primera de las propiedades es la *PROPIEDAD DE SI MISMO.* — Injusticia de la *ESCLAVITUD.* — Miseria de los esclavos en la antigüedad. — Los jardines de Babilonia y las pirámides de Egipto. — Los esclavos en el molino.

El que quiere tratar á otro como *esclavo,* hacerle *violencia, llevarle* á su pesar ó *encerrarle,* es castigado por la ley con la prision ó los trabajos forzados. *(Código penal.)*

El Sr. Edmundo. — No siempre han comprendido los hombres que sus verdaderos intereses están de acuerdo con la justicia. Ha habido perezosos y envidiosos, que para dispensarse de trabajar ellos mismos y para procurarse los bienes que envidiaban, han empleado medios injustos, la violencia y el robo bajo todas sus formas. De esa manera han preparado las mayores desgracias á ellos mismos y á sus descendientes.

La forma más vergonzosa de la violencia y del robo, despues del asesinato, es la esclavitud.

Frascuelo. — ¿Qué cosa es la esclavitud, señor?

El Sr. Edmundo. — Amigo mio, es la violacion de la más sagrada de las propiedades, de la propiedad de sí mismo. El esclavo, en vez de pertenecerse, pertenece á su amo; no se le trata como hombre, sino como bestia de carga.

Carro de triunfo antiguo, donde el general victorioso estaba en pié coronado de laureles.

Durante largo tiempo la guerra entre dos naciones terminaba con la esclavitud de los vencidos. El pueblo más fuerte se apoderaba del más débil y le reducia á la cautividad. ¿Te acuerdas, Enrique, de los judíos cautivos llevados á Babilonia detras de los carros de triunfo?

ENRIQUE. — Sí, señor, y me acuerdo de que se les empleaba en los trabajos más duros.

EL SR. EDMUNDO.— En efecto, todos los grandes trabajos, todas las maravillas de la antigüedad de que tanto se habla, — por ejemplo, los jardines suspendidos de Babilonia, las pirámides de Egipto, los templos egipcios con sus calles adornadas de gigantescas esfinges,— eran obra de los esclavos. ¡Cuántas penas, cuántos sudores, cuántas existencias han costado esos trabajos!

JARDINES SUSPENDIDOS DE BABILONIA. — Semíramis, reina de Asiria, volvió de sus conquistas, trajo en su séquito grandes tropas de vencidos reducidos á la esclavitud. Hizo ejecutar por esos esclavos trabajos gigantescos, entre los cuales se cuentan los jardines suspendidos, una de las *siete maravillas del mundo* en la antigüedad. Esos jardines estaban en terrados escalonados, sostenidos por puentes de ladrillos; estaban plantados de grandes árboles y de verjeles regados por ríos artificiales.

El brazo del esclavo era casi el único instrumento de la antigüedad: como no se conocía casi ninguna máquina, se hacía uso de lo que se llamaba *máquinas vivientes, máquinas humanas,* es decir, esclavos. Se compraba y se vendía obreros, como se compra y se vende bestias de carga.

Los Romanos reclutaban así por toda la tierra sus esclavos. Los generales romanos llevaban en triunfo rebaños de hombres encadenados, que los ciudadanos ricos compraban y hacian trabajar á su servicio.

ESFINGE. — Animal simbólico con que los egipcios adornaban sus templos. Tenia el cuerpo de un leon con una cabeza de hombre ó de mujer; era el emblema de la intelligencia y de la fuerza reunidas.

En Roma, el amo que poseía un maestro zapatero le cortaba los nervios de las piernas para quitarle la posibilidad de la fuga: la ley se lo permitia.

Cuando se trataba de voltear la muela para moler el trigo, se enganchaba al hombre como se engancha hoy el caballo, y se le sacaba los ojos. Por el más ligero delito, por un capricho del amo, el esclavo espiraba bajo las vergas ó sobre la cruz, colgado con garfios de hierro, abandonado vivo á las aves de rapiña.

LAS PIRÁMIDES DE EGIPTO. — Millones de hombres en la servidumbre fueron empleados por los reyes de Egipto en la construccion de las Pirámides que servían de sepulcros. Todavía se encuentra allí *momias* ó cadáveres embalsamados que se han conservado intactos despues de millares de años en sus ataudes. Allí se encuentra tambien los cuerpos embalsamados de ciertos animales sagrados como el Ibis, venerado de los Egipcios porque destruye las serpientes y los huevos de cocodrilo. La mayor de las Pirámides costó veinte años de trabajo y ocupó la tercera parte de la poblacion del Egipto. Tiene 250 metros de ancho en la base, y 150 metros de altura; sus cuatro frentes miran exactamente á los cuatro puntos cardinales.

— ¡Oh! señor, exclamó Amada palideciendo, ¡qué cosas tan horribles! Preferiria no saberlas.

— Hija mia, replicó gravemente el Sr. Edmundo, la ignorancia puede parecer, en efecto, algunas veces más dulce que la ciencia; pero la ignorancia es estéril, impotente para hacernos mejores, para elevarnos más alto. La

INJUSTICIA DE LA ESCLAVITUD.

ciencia, al contrario, por ruda, por austera que nos parezca cuando nos muestra la iniquidad de los tiempos antiguos, es siempre fecunda. Nos excita al bien por la indignacion. Turba nuestra pereza, molesta nuestro tranquilo egoismo, pero al mismo tiempo nos levanta, nos arrastra al progreso moral. Nos desgarra el corazon, pero nos ennoblece. Más vale sufrir, hija mia, puesto que el sufrimiento nos hace mejores.

Os indignais ahora, Amadita, de todas esas injusticias, porque habeis sido creada y educada en los sublimes preceptos del Evangelio;

Momia encontrada en las Pirámides.

pero los niños de aquel tiempo, y áun las niñas, encontraban muy naturales aquellos horrores de la esclavitud. ¿No se veia en los circos de Roma, tales como el Coliseo, mujeres jóvenes que miraban á los esclavos matarse mutuamente? Era una de sus más caras diversiones, y lo

El Ibis sagrado, destructor de los reptiles.

era tambien del pueblo romano todo entero.

MISERIA DE LOS ESCLAVOS EN LA ANTIGÜEDAD. — Esclavo romano volteando la muela para moler el trigo.

FRASCUELO. — Señor, ¿ los demas pueblos se parecían todos á esos crueles romanos?

El Sr. Edmundo. — No eran todos tan crueles, pero todos tenían esclavos.

En Aténas, en Grecia, los obreros eran tambien comprados y vendidos en el mercado: un armero valía poco más ó ménos 46 á 47 francos de nuestra moneda; un minero, de 115 á 116 francos. Sin embargo, era el país del mundo en que los esclavos eran tratados con más dulzura.

EL COLISEO EN SU ESTADO ACTUAL. — El Coliseo (palabra que quiere decir *colosal*), así llamado á causa de su tamaño, era el mayor anfiteatro de la antigua Roma. Tiene cerca de 200 metros de longitud y 50 metros de altura. Podía contener 87.000 espectadores. Servia para los combates de animales feroces, de esclavos y de gladiadores y áun de buques, porque se podía llenar de agua á voluntad. El Coliseo es todavía la ruina más imponente de Roma.

No sucedía lo mismo en Esparta, ciudad rival de Aténas. Habiéndose un dia señalado dos mil esclavos por su valor en una batalla en que se les había empleado como soldados, se temió que se emancipasen, y se les atrajo á una emboscada en que fueron todos degollados.

El número de esclavos que debía encerrar el país estaba limitado por la ley; cuando los esclavos tenían un gran número de hijos se organizaba una caza al hombre. Los jóvenes espartiatas, para ejercitarse en la guerra, perseguían á los esclavos desarmados como si fuesen bestias feroces, los hacían huir ante ellos, locos de terror, y los asesinaban sin piedad.

ABOLICION DE LA ESCLAVITUD.

LXXI. — Santa Batilde. San Vicente de Paul. — La parte que tomó la Francia en la abolicion de la esclavitud. — Los negros de América. — Los mercados de esclavos.

Segun la ley francesa, todo esclavo que pisa el suelo de la Francia es libre (1).

—¿Verdad, señor, que ya no existe la esclavitud? preguntó Amada, á quien la narracion del Sr. Edmundo hacía estremecer á su pesar.

—¡Ah! hija mía, todavía existe en ciertos países. Sin embargo, esa odiosa institucion tiende á desaparecer de la tierra. Muchas almas generosas han luchado en diversas épocas contra el torrente de la crueldad y de la barbarie, entre otras una reina de Francia, Santa Batilde, esposa de Clovis II. — Batilde había sido esclava en otro tiempo y el brillo de la monarquía no le hizo olvidar sus desgracias. Consagró su fortuna y su vida á abrir asilos para ellos.

Muchos siglos despues, segun una tradicion muy extendida, vemos á San Vicente de Paul, honor de la ciudad de Dax, tomar las cadenas de un esclavo y comprar la libertad de un galeote á expensas de la suya.

San Vicente de Paul nació cerca de Dax (Lándes) en 1576. Murió en 1660. Guardó los rebaños en su infancia, y se instruyó á fuerza de trabajo. El fué quien fundó la admirable institucion de las hermanas de caridad. Se le había sobrellamado el intendente de la Providencia.

La Francia, siempre accesible á los sentimientos generosos fué la primera que abolió la esclavitud en sus colonias, primero en 1793, y despues en 1848. La Dinamarca, la Inglaterra, la Holanda imitaron su ejemplo.

Desgraciadamente la esclavitud existía todavía hace algunos años en los Estados Unidos de América. Se veia entónces hombres blancos, Americanos, comprar en

(1) Lo mismo sucede en los Estados Unidos mexicanos, y en la mayor parte de las Repúblicas del nuevo continente.

el mercado, como se compra un caballo ó un buey, á otros hombres negros, para hacerlos trabajar en su provecho, en los vastos campos de algodones ó de cañas de azúcar, bajo los ardores del sol de los trópicos. Armados de látigos esos hombres blancos docilitaban á su rebaño humano. El amo que había comprado un esclavo disponía de él á su albedrío. Quitaba sus hijitos á sus negras, si semejante infamia le parecía ventajosa, para venderlos en el mercado; y había en ese despiadado mercado de carne humana, otros hombres, otros amos, para comprar esos pobres inocentes y arrebatarlos á su madre á quien forzosamente olvidaban.

Dax y su fuente de agua caliente

— ¿Es posible? dijo Amadita, con los ojos dilatados por el espanto.

— No solamente, hija mia, existía eso en los Estados Unidos en plena civilizacion, sino que existe todavía en este momento en países ménos civilizados.

Un negro.

— ¡Ay! dijo la niña con un suspiro de angustia;¡ qué triste es eso!¡ Ay! yo quiero pedir mañana y noche al buen Dios que vuelva la libertad á esos pobres esclavos!

— Queridita mia, todos los dias lo hace usted sin sospecharlo cuando recita la bella oracion del Padre nuestro. ¿ No dice usted á Dios: « Venga á nos tu reino; hágase tu voluntad así en la tierra como en el cielo? » El reino de Dios, querida niña, es el reino de la justicia y de la caridad; la voluntad de

La caña de azúcar.

Dios es que todos los hombres trabajen sin cesar por el

triunfo de la justicia y de la caridad. ¿Pero cómo trabajar en ello si no se forma uno idea exacta del derecho de cada uno ni de los deberes de todos?

— ¡Oh! señor, dijo Frascuelo, ¡qué cierto es eso, y cuánto agradezco á usted que nos instruya! Así es que permítame usted que le haga otra pregunta. ¿Cómo se ha abolido la esclavitud en los Estados Unidos?

— Por una gran guerra, hijo mio, en que un hombre de la clase obrera, un carpintero, Lincoln, que llegó á ser presidente de los Estados Unidos, representó el principal papel.

LXXII. — *HISTORIA DE LA ABOLICION DE LA ESCLAVITUD.* — Los *ESTADOS UNIDOS*; sus tierras incultas y sus animales salvajes. — Los peones. — *LINCOLN.*

<blockquote>Para ser verdaderamente grande, no basta ser poderoso, es preciso emplear su poder en hacer el bien.</blockquote>

EL SR. EDMUNDO. — Lincoln era hijo de un pobre peon.

ENRIQUE. — Señor, ¿qué cosa es un peon?

EL SR. EDMUNDO. — Hijo mio, los peones son los obreros que se internan en las tierras incultas de América, inmensas praderas y vastas selvas vírgenes. Muchas veces no tienen por toda fortuna más que una hacha, un fusil y algunos útiles. Hacen la caza á los animales salvajes;

LOS ANIMALES DE LA AMÉRICA DEL NORTE. — I. El oso blanco habita la Groenlandia y las regiones polares del Canada. Tiene hasta dos metros de largo. Se alimenta de peces y de focas, y para atraparlos se mete muchas veces en el agua.

derriban los árboles de la selva; construyen una casa con tablas, y toman posesion del suelo que han desmontado.

FRASCUELO. — ¿Hacen, pues, como los primeros hombres?

El Sr. Edmundo. — Sí, pero entran en la vida salvaje provistos de los instrumentos de la civilizacion.

Lincoln, desde la edad de 7 años participó de los rudos trabajos de su padre. A los 19 años se alquiló como marinero en un barco del Mississipi. A su regreso, se hizo

LOS ANIMALES DE LA AMÉRICA DEL NORTE. — I. — La *foca* ó *becerro marino* es un mamífero inteligente, manso, que se aficiona al hombre. — II. — El *morso* ó *elefante marino*, especie de foca sin orejas se defiende con furor si se le ataca. Sus enormes colmillos tienen más precio que el mismo marfil del elefante. — III. — Los *Castores* viven en sociedad y se construyen especies de ciudades en medio de las aguas. Saben derribar árboles y fijarlos en los cauces de los rios de manera que formen diques que tienen hasta sesenta metros de largo. Así se forma un lago y en él se construyen los castores chozas de dos pisos, uno debajo del agua para sus provisiones, el otro arriba para su habitacion. — IV. — El *bisonte*, buey salvaje provisto de una larga barba y de una jiba, vive en manadas innumerables en las praderas y selvas de América. — V. — El *alce* especie de ciervo gusta de las selvas y de los paises pantanosos de la América del Norte, vive en manadas y es de un natural dulce á pesar de su gran fuerza. — VI. — El *tapir* tiene la forma del cochino con una talla más grande y una nariz prolongada en forma de trompa móvil. Es herbívoro y vive en las selvas. — VII. — El *hormiguero* de los paises cálidos se alimenta de hormigas que desentierra ó cuyos ejércitos lame al paso con su larga lengua. — VIII. — El *tato* es notable por su coraza de escamas.

leñador, se construyó una cabaña, y vendió los árboles de las selvas vírgenes. Más tarde fué especiero y maestro de postas.

En medio de esos diversos trabajos que le imponía la

necesidad de vivir, Lincoln, lo mismo que todos los obreros que valen algo, comprendió muy pronto que sin la instruccion no se va jamas léjos. Comenzó solo sus estudios pidiendo prestados libros por falta de recursos su-

El *Mississipi*, el rio más largo del globo (7.200 kil.), tiene por término medio de media legua á una legua de ancho. Es una de las más grandes vías de navegacion del mundo.

ficientes para comprarlos. Estudió con tanta decision, que pudo hacerse maestro de escuela, y más tarde abrazar la profesion de abogado. A los 38 años fué elegido miembro del Congreso ó asamblea nacional, donde figuró diez años. A los 51 años Lincoln se puso en el número de los candidatos para la presidencia de la República.

En el momento en que Lincoln aspiraba á ese puesto elevado que habia ocupado por vez primera Washington, habia en los Estados Unidos dos partidos muy enemigos el uno del otro. Los Estados del sur querían á toda fuerza mantener la esclavitud; los del norte querían abolirla. La eleccion de Lincoln marcó el triunfo de los partidarios de la abolicion.

Hubo entónces una gran guerra. Los Estados del sur quisieron separarse de los del norte y se sublevaron. Lincoln sostuvo enérgicamente la union de los Estados y los derechos de los esclavos á la emancipacion.

LXXIII. — *(Continuacion.)* **Noble respuesta de los esclavos. — Las escuelas de negros. — Los vivaos. — La muerte de Lincoln.**

> La ley, haciendo la instruccion obligatoria para todos, ha abolido la última forma de la servidumbre, la ignorancia.

EL SR. EDMUNDO. — El 1.º de Enero de 1863, Lincoln, digno sucesor de Washington, proclamó la emancipacion de los esclavos en todo el país sublevado.

Inmediatamente una multitud de hombres, de mujeres y de niños, huyendo la esclavitud, acudieron en pos de los soldados del Norte; imploraban su proteccion y ofrecían en cambio combatir en sus filas.

Se cita á este propósito una noble respuesta dada por

WASHINGTON, fundador y primer presidente de la república de los Estados-Unidos, nacido en 1732, muerto en 1799.

pobres esclavos: se les decia que eran libres, y se les preguntaba lo que deseaban que se hiciera por ellos. Sorprendidos al principio, no se atrevieron á responder; despues, cuando su primera sorpresa hubo pasado, pidieron simplemente: « Enseñadnos á leer.»

—¡Bella respuesta, en efecto, señor! dijo Enrique.

— Sí, hijo mio, bella y muy digna de ser comprendida. Así una de las glorias de la América será precisamente el celo con que todos los habitantes, hombres y mujeres, se apresuraron á instruir á los esclavos emancipados. Un año despues del decreto de emancipacion había ya 1.500 escuelas abiertas para los negros; tres años más tarde, llegaban á 4.000. Si se piensa que en otro tiempo una odiosa ley del Sur prohibía, bajo pena de muerte enseñar la lectura y la escritura á los esclavos, se comprenderá lo poderoso de la revolucion que abría tantas escuelas á hombres tan profundamente sumidos en la ignorancia!

Luego que una ciudad se sometia, el ejército del Norte entraba en ella con profesores y profesoras para instruir á los negros y negras. En los regimientos en que había negros enganchados los generales organizaban escuelas de regimiento. Se enseñaba á leer á los libertos en medio de los preparativos de batalla, bajo la tienda y á la luz del fuego de los vivacs; el libro formaba parte de las municiones de guerra. Así es que una vez terminada

NOBLE RESPUESTA DE LOS ESCLAVOS.

la guerra, 40.000 libertos que habían asistido á las escuelas de regimiento sabían leer y escribir.

La guerra fratricida entre los Estados de la Union duró cinco años. Al cabo de esos cinco años, espiraba el poder dado á Lincoln como presidente de la República; pero fué reelegido con entusiasmo, y juró continuar su obra hasta el fin. Poco tiempo despues, en el momento en que terminaba la guerra y en que los partidarios de la esclavitud deponían las armas, Lincoln, que llevaba el peso de todas las iras de los vencidos fué asesinado de un pistoletazo á quema ropa.

Negros aprendiendo á leer en el vivac.

Pero la muerte de ese gran ciudadano, sobrellamado en América el « modelo del hombre honrado » no hizo más que consagrar definitivamente la abolicion de la esclavitud.

FRASCUELO. — Señor, estoy muy orgulloso de ver que ha habido obreros capaces de hacer tan grandes cosas; porque en fin Stephenson, de quien usted nos ha hablado no era más que un obrerito minero á la edad de diez años, y ese gran Lincoln lo era tambien á los siete años!

EL SR. EDMUNDO. — Tienes mucha razon, amigo mio, de estar orgulloso de eso; pero te ruego observes que Stephenson y Lincoln han cuidado de instruirse. A pesar de las miserias de su pobre existencia han tenido la energía de estudiar durante el tiempo que debían de consagrar al sueño. Los dos comenzaron á instruirse luego que pudieron; no se dijeron : « ¿De qué me servirá esto? Soy demasiado grande para aprender; no soy más que un obrero y el estudio no me servirá de nada. » Nó, han pensado, al contrario, que la ignorancia era la peor de las miserias, y han querido comenzar por emanciparse de ella. Un valor tan grande ha tenido su recompensa : la instruccion ha hecho al mismo tiempo su dicha y la de la humanidad.

LXXIV. — Distincion de los deberes de *JUSTICIA* y de *CARIDAD*. — Una restitucion de San Luis.

> « No hagas *mal* á nadie y haz *bien* á todos los hombres sólo porque son hombres. »
> CICERON *(Tratado de los deberes).*

AMADA. — Señor, hablándonos de los esclavos nos ha dicho usted que la voluntad de Dios es que llegue el reinado de la justicia y de la caridad. Pues qué, ¿la justicia y la caridad son dos virtudes diferentes?

EL SR. EDMUNDO. — Sí, hija mia; pero deben de estar siempre unidas en nuestro corazon. La simple justicia consiste, segun la definicion de un filósofo de la antigüedad, Ciceron, « en no hacer *mal* á los otros hombres, ni por violencia ni por astucia, » miéntras que la caridad consiste «en quererlos y en hacerles *bien.* »

« No hagais á los otros lo que no quisiérais que se os hiciese. » Tal es la célebre máxima de justicia dada por el Evangelio. — « Amad á vuestro prójimo como á vosotros mismos, y haced á los otros lo que quisiérais que se os hiciese. » Tal es la máxima de la caridad.

La justicia no solamente se abstiene del mal, sino que tambien repara el mal ya hecho, — restituyendo, por ejemplo, lo que había sido tomado injustamente. Los predecesores del rey Luis IX habían quitado por medios injustos várias provincias á los Ingleses. San Luis, llevando hasta el escrúpulo su amor á la justicia, se las restituyó libremente, creyendo que valía más que la Francia respetase la justicia y tuviese una provincia ménos.

Justicia significa: respeto del derecho. Teneis un vecino: respetais su *propiedad* y los frutos que cosecha; respetais *su honra* y no decís de él mal alguno; si estais ligado con él por alguna *promesa* ó por algun *contrato,* observais escrupulosamente todas las condiciones de vuestro empeño. De esa manera estais en la estricta justicia ó respeto del derecho, nada de ménos, nada de más.

La caridad no se contenta con respetar el derecho ó reparar los perjuicios: hace el bien, da y se sacrifica. Cuando

LA LIBERTAD, LA IGUALDAD, LA FRATERNIDAD. 127

San Vicente de Paul tomaba las cadenas de un esclavo para libertarle, nos mostraba lo que puede hacer la caridad. Caridad quiere decir: amor del prójimo y abnegacion.

LXXV. — (*Continuacion*). La *LIBERTAD*, la *IGUALDAD* y la *FRATERNIDAD*, consecuencias de la justicia y de la caridad. — Los crímenes contra la justicia. — Los tribunales.

>LEYES. — El homicidio con premeditacion ó *asesinato*, es castigado con la muerte; el homicidio sin premeditacion, ó *muerte*, es castigado con la muerte ó con trabajos forzados; el *homicidio por imprudencia* es castigado con la prision.
>Los *golpes y heridas* son castigados con multa y con prision de dos á cinco años.
>El *robo* y el *falso testimonio* son castigados con trabajos forzados ó con prision.
>La *difamacion* es castigada con una multa ó con una prision de cinco dias á dos años. (*Código penal.*)

EL SR. EDMUNDO. — Ya hemos visto que ser justo es respetar la vida, la conciencia, la propiedad y la honra de sus semejantes. Por consiguiente, es respetar su *libertad*. ¿Es libre, en efecto, aquel cuya vida, cuya conciencia, cuyos bienes y cuya honra no están en seguridad?

Al mismo tiempo ser justo, es respetar la verdadera *igualdad* que quiere que todos los hombres, teniendo los mismos derechos, sean igualmente protejidos en su vida y en sus bienes.

Ahora, ¿ quereis saber los nombres detestados de los crímenes opuestos á la justicia, es decir, á la libertad y á la igualdad ? — Esos crímenes son: el homicidio, la difamacion, el falso testimonio y el perjurio, la opresion, la tiranía, el robo, y constituyen las plagas más grandes de la humanidad.

Así es que las leyes humanas los castigan: los que han violado la justicia son arrastrados ante los tribunales.

En cuanto á los que no han observado sus deberes particulares de caridad, son dejados al juicio de su conciencia y de Dios.

Pero la caridad no es ménos obligatoria que la justicia ante nuestra conciencia y ante Dios.

¿ Qué gran mérito tendríais si no concediéseis á vuestros semejantes más que lo que tienen derecho de exigir? Cualesquiera que sean nuestro país y nuestra condicion, ricos ó pobres, blancos ó negros, virtuosos ó culpables, somos todos *hermanos*, todos hechos para ayudarnos y amarnos los unos á los otros.

EL TRIBUNAL. — Se llama corte de *assises* el tribunal encargado en Francia de juzgar los crímenes contra la justicia. Funciona temporalmente en la cabecera de cada departamento. Se compone de un *presidente* y de dos *jueces*, asistidos por doce *jurados* designados por la suerte entre los ciudadanos. Los jurados califican el *hecho* y dicen si el acusado es ó nó culpable: los jueces pronuncian despues la *pena* impuesta por la ley para castigar el crímen de que se trata.

En México y demas „Repúblicas hispano-americanas" no hay *corte de assises*. El *jurado* presidido por un juez del ramo criminal decide si el acusado es ó nó culpable, y el juez pronuncia la sentencia.

Decís que no mentís y que no engañais á vuestros semejantes. Pero no basta no difundir injustamente la mentira y el perjurio; la caridad os obliga tambien á difundir la verdad, la luz, la ciencia y la instruccion. Decís que nada tomais de lo que pertenece á vuestros semejantes, pero eso no basta; dadles una parte de lo que poseis, dadles sobre todo lo que escapa á toda compulsion, vuestra adhesion y vuestro amor.

La justicia, ó respeto de la igualdad y de la libertad, no es más que el principio de la virtud; la caridad, la fraternidad la completan. Una nacion donde los ciudadanos fuesen verdaderamente *libres, iguales* y *hermanos,* seria á un tiempo la nacion más virtuosa y la más feliz.

LXXVI. — **Belleza de la** *CARIDAD* **y de la** *FRATERNIDAD*. — **Todos los hombres deben de amarse y de ayudarse mutuamente.**

« La caridad es el amor del género humano. »
CICERON *(Tratado de los deberes).*

« Aun cuando hable yo todas las lenguas, áun cuando posea todas las ciencias, si no tengo la caridad del corazon, no soy nada. »
SAN PABLO *(Epístolas).*

¡Oh! cuán amable y cuán bella es la amante caridad!

Tiene en su corazon tesoros inagotables, y lo que hace su mayor riqueza no es lo que posée, sino lo que da; porque miéntras más da, más rica es, más quiere dar todavía, dar siempre, dar todo!

En efecto, no da solamente los bienes materiales, sino tambien los tesoros de la inteligencia y del corazon, la luz de la ciencia, el calor del amor, que no hacen más que aumentarse al comunicarse á otro.

Tal una vela comunica á otra su luz y al darla no la ha perdido. Esa es la imágen de la caridad.

Amad á todos los hombres, vuestros hermanos, al último como al primero, y no digais: ¿Cómo podría yo amar á los que nada tienen de amable en sí, ó á los que no me aman y me aborrecen, ó á los que no aman el bien? — Porque hay siempre en una criatura de Dios, algo de bueno y de amable. Dios, que ve en el fondo de las almas, descubre en el fondo de las que os parecen más despreciables, un resto de bondad y de grandeza. A Dios toca y no á vosotros juzgar y condenar.

« No juzgueis severamente á vuestros hermanos y no sereis juzgados severamente; no los condeneis y no sereis condenado. » No volvais mal por mal, ni injuria por injuria; al contrario, no os vengueis del mal más que haciendo el bien, tratad de vencer el mal por el bien.

Si supieseis amar bastante á los otros, les haríais amar el bien y os haríais amar de ellos. Que los buenos, ántes de acusar á los malos, se acusen, pues, tambien á sí mismos; porque si no llegan á hacer amar el bien á todos los hombres es á causa de que ellos mismos no le aman todavía con un amor bastante ardiente para abrasar los otros corazones.

Que el amor del bien y de los hombres, que la caridad sea primero en vuestro corazon como un incendio, y su llama se comunicará á lo léjos, sin que nada pueda resistirla.

LXXVII. — El *DERECHO*.

« Donde no hay *justicia*, no hay *derecho*. »
CICERON, citado por SAN AGUSTIN.
« La ley no tiene derecho de impedir más que lo que es dañoso á la sociedad entera. »
(*Principios de la Constitucion francesa.*)

AMADA. — Puesto que la virtud es tan bella, tan necesaria á la ventura de la humanidad, ¿por qué la ley no obliga á todos los hombres á ser virtuosos y felices?

El Sr. Edmundo. — Querida niña, déjeme usted hacerle á mi vez una pregunta. Dios que sería bastante poderoso para compelernos por la fuerza á hacer siempre lo mejor, ¿no nos deja, sin embargo, libres aquí abajo para escoger entre el bien y el mal?

Amada. — Señor, nos deja libres.

El Sr. Edmundo. — La libertad de escoger, la responsabilidad, son cosas muy bellas, Amadita, puesto que Dios no nos obliga á hacer necesariamente el bien.

Amada. — En efecto, señor, ahora lo comprendo; si hiciésemos el bien á pesar nuestro, no podría llamarse bien. No se dice que el sol, al alumbrarnos, hace el bien y tiene mérito, porque nos alumbra sin quererlo, sin ser libre.

El Sr. Edmundo. — Muy bien, hija mia. Lo que hace que la virtud sea tan bella y meritoria, es, pues, su libertad.

Enrique. — Pero, puesto que no se puede obligarnos á ser *buenos*, ¿por qué la ley nos obliga á ser *justos?*

El Sr. Edmundo. — Por una razon muy sencilla, hijo mio. Violar la justicia, por ejemplo, atentar á la vida de otro, no solamente es obrar mal, sino tambien atacar á los otros, atacar su libertad y tratarlos como enemigos. Los otros hombres se hallan entónces en el caso de *legítima defensa;* así es que la ley humana interviene y castiga á los culpables.

Así pues, hijos mios, la ley puede obligar á los hombres á no hacerse mal entre sí, á ser *justos* los unos hácia los otros; pero no puede obligarlos á ser virtuosos, amantes, generosos, buenos, piadosos, cuerdos. Porque la libertad de cada uno es inviolable para todos en tanto que no viola la libertad de otro.

¿Sabeis el nombre que se da á ese carácter inviolable de la libertad humana? El nombre sagrado de *derecho*.

LXXVIII. — El rico y su vecino. – Caridad privada. Fraternidad pública. Instituciones de asistencia pública.

« Ningun hombre puede ser compelido por otro á hacer lo que la ley no ordena. »
(Principios de la Constitucion francesa.)

El Sr. Edmundo. — Un hombre rico tenía un gran jardin lleno de árboles frutales.

Los árboles le daban más frutos de los que necesitaba y despues de haberse saciado él y los suyos, dejaba podrir el resto en los árboles y en el suelo.

Uno de sus vecinos fué á verle un dia y le dijo con indignacion : — Usted deja que se pierdan unos bienes que le son superfluos, cuando tantos hombres carecen de lo necesario ! Usted no hace un buen uso de sus bienes. »

Y le hizo reproches, y animándose cada vez más, le amenazó con el odio y la venganza de los pobres.

Pero el hombre rico, ofendido por esas amenazas, respondió :

— Yo dispongo libremente de mi bien sin tomar el de los otros y sin violar las leyes existentes ; estoy, pues, en mi derecho. Quédese usted en su propiedad como yo estoy en la mia, y ni usted ni nadie toquen á mis bienes porque entónces la injusticia seria vuestra y violaríais la ley.

El vecino, comprendiendo que en efecto la bondad y la caridad privada no pueden obtenerse por la amenaza, volvió á su casa sin decir nada. Pero cuando el rico se quedó solo y ya no oyó la voz de aquel hombre, otra voz se elevó en sí mismo, débil al principio, luego de más en más fuerte é imperiosa : era la voz de su conciencia.

— Sí, sin duda, decía esta voz al rico, estás en tu derecho ; ¿ pero cumples por eso con tu deber ? Cuando tu semejante nada puede exigir de tí á nombre de la estricta justicia y de la ley, ¿ Dios y tu conciencia no te mandan que ejerzas la beneficencia ?

Al dia siguiente el hombre rico fué á ver á su vecino.

— He rechazado ayer los consejos de usted, dijo, porque les daba la forma de una órden y de una amenaza injustas. Pero hoy quiero hacer libremente y por mí mismo lo que usted me quería obligar á hacer. Tome usted todas mis frutas y distribúyalas á los pobres. Asociemos ambos en lo sucesivo nuestros esfuerzos y nuestra inteligencia, y difundamos en torno nuestro los libres beneficios de la caridad.

Ya lo veis, hijos mios, hay cosas que tenemos el *deber* de hacer, sin que otro hombre tenga por eso el *derecho* de exigirlas por la fuerza.

Son desde luego nuestros deberes de *caridad* privada para con nuestros semejantes, despues nuestros deberes para con *nosotros mismos* y en fin nuestros deberes para con *Dios.* Y todos esos deberes, cuyo cumplimiento no puede exigir la ley humana, son tanto más hermosos cuanto que los llenamos libremente por amor del bien, de nuestros semejantes y de Dios.

Enrique. — ¿Cuáles son pues, señor, las cosas que la ley puede exigir?

El Sr. Edmundo. — Recordará usted sin duda que la primera es la *justicia,* la segunda es la *fraternidad* pública.

Supongamos, Enrique, que encuentra usted un niño abandonado. La ley no puede obligarle á que usted solo eduque á ese niño, porque es una obra de caridad *privada,* que debe de hacerse libremente; pero la ley puede hacer contribuir á usted, *por su parte,* á socorrer á los niños abandonados, á educarlos en hospicios sostenidos con el dinero de todos, no solamente con el de usted. Porque la fraternidad pública no es el deber de uno solo en particular, sino el deber de todos hácia los miembros de la patria que están sin apoyo. Las principales instituciones de fraternidad pública son la asistencia de los niños abandonados, de los huérfanos, de los dementes, de los lisiados (ciegos, sordo-mudos, paralíticos, etc.), la de los ancianos sin familia, las oficinas de beneficencia, los montes de piedad, las inclusas, los hospicios y hospitales sostenidos á expensas de las comunas y del Estado.

LXXIX. — Armonia de la *JUSTICIA* y de la *UTILIDAD*. — Camilo en el sitio de Faléries. — La traicion á la patria.

Hoy como en otro tiempo, la ley castiga de muerte la *traicion* á la patria. El traidor, condenado á muerte por *el consejo de guerra*, es fusilado.

EL SR. EDMUNDO. — Un general de la antigua Roma, llamado Camilo, sitiaba hacia mucho tiempo la ciudad de Faléries sin poder lograr tomarla. Uno de los habitantes de aquella ciudad, movido por la codicia más vergonzosa, resolvió traicionar á sus conciudadanos y entregar la ciudad al enemigo, con la esperanza de obtener del vencedor una rica recompensa. Era director de un gimnasio frecuentado por los hijos de los ciudadanos más distinguidos y más influentes de Faléries. Un dia de vacaciones, condujo á sus discípulos á pasear fuera de murallas, de un lado donde el enemigo no era de temer; pero, por rodeos que le eran conocidos, llevó á los niños al campo de los Romanos. Despues, pidiendo ser conducido ante el general, le dijo: « Usted ve en torno mio á los hijos de las familias más nobles de Faléries. Quédese usted con ellos en su campo, y anuncie á los padres que no volverán á ver á sus hijos si la ciudad no se rinde. Aseguro á usted que esos hombres aceptarán todas las condiciones que usted les imponga, y muy pronto será dueño de la ciudad. »

Restos de la Roma antigua. El *foro*, plaza rodeada de templos donde los antiguos se reunian para deliberar y votar.

Un romano de otro tiempo. La *toga* romana.

— ¡Traidor! exclamó Frascuelo.

EL SR. EDMUNDO. — Tienes mucha razon de indignarte, Frascuelo. Advierte, amigo mio, que este malvado atacaba la libertad de los niños y los derechos de sus padres, y ademas traicionaba á su patria: eran todas las injusticias reunidas en un solo crímen. Y ahora, Frascuelo, díme lo que habrías hecho en lugar del general romano. ¿Habrías aceptado las ofertas de ese miserable?

— ¡Oh! jamas, exclamó Frascuelo con indignacion.

— Tienes razon, hijo mio; no era solamente la caridad, sino la más simple justicia la que prohibía á Camilo hacerse cómplice de tal crímen. Y sin embargo, Frascuelo, qué habrías respondido si se te hubiese dicho: « La cosa es injusta sin duda, pero útil; va á hacernos dueños de una ciudad enemiga, y sin batalla, sin efusion de sangre. ¿No se puede cometer una injusticia para que la patria de uno obtenga una grande utilidad? »

FRASCUELO. — Yo preferiría todo á cometer una injusticia. No sé si esa traicion habría sido útil; pero lo que sé bien es que habría sido injusta. ¿No basta eso?

EL SR. EDMUNDO. — Enhorabuena, Frascuelo; hablas con cordura. No olvides jamas lo que acabas de decir: no hay utilidad bastante fuerte para permitir una injusticia. La utilidad de una cosa es siempre más ó ménos contestable; lo que parece útil hoy puede preparar la desgracia de mañana, lo que es útil para los unos puede ser dañoso á los otros. Pero hay una cosa incontestable, cierta para todos, en todo tiempo y en todo lugar, y es que debemos de ser justos. No sacrifiquemos jamas lo cierto á lo incierto, la ley sagrada de nuestra conciencia á intereses pasajeros que no son nada en comparacion del único bien durable: **la justicia.**

La Roma moderna. Plaza de San Pedro.

¿Qué diríais de un médico que para curaros de un mal ligero, pusiera en peligro vuestra vida misma?

¡Pues bien! lo que hace vivir á la humanidad es la justicia, es el respeto del derecho. Quitadle la justicia y dadle todo el resto, y no podrá vivir; porque los hombres se matarán los unos á los otros. Pero dadle la justicia y con ella volverán poco á poco todos los demas bienes.

AMADA. — ¿Qué hizo pues el general romano?

EL SR. EDMUNDO. — El general romano respondió: « Sabe, miserable, que las leyes de la justicia son sagradas, aún para con nuestros enemigos, y que los intereses de la guerra no pueden prevalecer sobre la humanidad. » — Despues tranquilizó á los niños que temblaban, los hizo conducir de nuevo á Faléries, y entregó á los tribunales de aquella ciudad al traidor cargado de cadenas. Cuando los niños volvieron á la ciudad sus familias desoladas estaban ya llorando; los gritos de júbilo sucedieron á la tristeza. Se admiró la conducta de Camilo, bien que no hubiese cumplido más que un deber de estricta justicia. Los habitantes de Faléries, queriendo mejor tener por amigo que por enemigo á un pueblo que había sabido respetar el derecho, abrieron sus puertas á los Romanos é hicieron con ellos un tratado de alianza. Así los Romanos sacaron más ventajas de la justicia que de la injusticia; pero aún cuando no hubiesen obtenido esa ventaja visible, no por eso su conducta habría dejado de ser la única justa y verdaderamente útil para la humanidad.

LXXX. — **Armonia de la justicia y de la utilidad** *(Continuacion).* — **Aristides y Temistocles ante la flota espartana.**

> Una nacion que quiere fundar su poder sobre la injusticia « edifica sobre arena. »

Otro pueblo de la antigüedad, el pueblo ateniense, mostró, en una ocasion semejante, que á sus ojos la justicia estaba identificada con la utilidad cierta y durable.

Los Atenienses tenían por rivales de su poder á los

Espartanos. Un dia uno de los más grandes generales de Aténas, Temístocles, anunció en una asamblea de los Atenienses que había concebido un proyecto de un interes capital para la República, pero que no podia divulgar públicamente. Pidió que el pueblo designase una persona á quien confiarle, y fué designado Arístides, sobrellamado el Justo.

Aténas. Ruinas del Partenon, antiguo templo de Minerva, diosa de la sabiduría.

Temístocles le confió entónces que la flota espartana, que había entrado en los astilleros de un puerto vecino, podria ser incendiada secretamente durante la noche en plena paz, sin que se sospechase la traicion, lo cual arruinaría á Esparta y haría de Aténas la primera ciudad de la Grecia.

Despues de esta revelacion, Arístides volvió á la asamblea, que estaba impaciente de escucharle.

« Atenienses, dijo, el proyecto concebido por Temístocles parece muy útil á nuestro poder; pero es injusto. » Los Atenienses pensaron que lo que no era justo no podia ser útil; no quisieron oir el proyecto y le rechazaron por la sola palabra de Arístides.

Hé ahí grandes ejemplos de justicia, hijos mios, y si la historia no contuviese más que rasgos de ese género, sería muy agradable leerla, y no entristecería como sucede muchas veces. Pero cualesquiera que sean los rasgos que nos ofrece, hay un medio seguro para juzgarlos. — Debemos de preguntarnos: ¿este acto era justo conforme al derecho? Si lo era, poco importa que haya podido parecer á los hombres de entónces inútil ó contrario á sus intereses: era realmente bueno.

« El justo, dice el Evangelio, se parece á un hombre prudente que ha construido su casa sobre la roca.

« Y la lluvia ha caido, y los torrentes se han desbordado y los vientos han soplado viniendo á azotar aquella casa, que no ha caido porque estaba cimentada sobre la roca.

« Pero el hombre injusto se parece á un hombre insensato que ha edificado su casa sobre la arena.

« Y la lluvia ha caido, y los torrentes se han desbordado, y los vientos han soplado y han venido á azotar aquella casa, que se ha desplomado y cuya ruina ha sido grande. »

LXXXI. — ¿Qué cosa es el *CAPITAL?* — **El herrero Julian.**

> El pródigo gasta todo lo que gana. El avaro ahorra, pero entierra sus riquezas inútiles. El hombre industrioso no se contenta con ahorrar: emplea ó hace emplear sus ahorros en útiles trabajos; de esa manera los hace fecundos, los convierte en un *capital* productivo.

Al dia siguiente, cuando Frascuelo llegó á la sala de estudio, encontró al Sr. Edmundo ocupado en dar en el encerado una leccion de aritmética.

Amada, al ver al chicuelo, le gritó:

— Ven pronto, Frascuelo. El Sr. Edmundo te aguardaba para explicarnos lo que son el capital y el interes.

Frascuelo se sentó y el Sr. Edmundo comenzó de esta manera.

— Tomemos un ejemplo, dijo. Supongamos un obrero: se llama Julian; trabaja en la fragua en el arsenal de Tolon para la construccion de los buques, y gana 4 francos diarios. Como Julian es económico, ahorra regularmente 35 céntimos diarios y los deposita en un saco.

Al cabo del año Julian ha trabajado 303 dias porque no ha descansado más que 62 dias por las fiestas y los domingos. Desea entónces saber á cuánto se elevan sus economías. Vacía su saco, cuenta su dinero, y ve que posée 106 fr. 05 c.

Inmediatamente Julian hace esta reflexion : — Si dejo mi dinero en ese saco, dentro de un año no encontraré más que 106 francos, porque el saco no me devolverá más de lo que yo le haya dado. Pero si llevo mis 106 francos á la Caja de ahorros, y los retiro dentro de un año, la Caja de ahorros me devolverá entónces más de 110 francos.

EL ARSENAL DE TOLON. — Tolon (80,000 habitantes) es un gran puerto de guerra en el Mediterráneo. En su arsenal han sido construidos muchos de los buques de guerra franceses.

Mi dinero, en ese caso, habrá sido utilizado, me habrá producido 4 francos de utilidad, justamente un dia de mi trabajo. Será, pues, entónces como si mi dinero hubiese trabajado un dia en mi lugar.

Esta reflexion decide á Julian, y lleva sus 106 francos á la Caja de ahorros.

Hé ahí pues el ahorro de 106 francos, que una vez producido, produce á su vez nuevos beneficios : hé ahí un *capital*.

Se llama capital, hijos mios, una riqueza que engendra nuevas riquezas, una economía que en vez de permanecer estéril, *produce* á su vez utilidades.

Los ahorros improductivos : la alcancía.

Habeis adquirido instruccion y la aprovechais ; teneis dinero, y en vez de ponerle en una alcancía ó de esconderle en un agujero, como lo hacen los avaros, le utilizais en empresas ó le prestais á otros para que le utilicen ; — por ejemplo, le haceis servir á la explotacion de un ferrocarril ó de una fábrica : — hé ahí *capitales*.

EL CAPITAL PRODUCTIVO : *El ferro-carril.* Una alcancía no puede devolveros más que lo que habeis puesto en ella ; pero si prestais vuestro dinero á la industria y al comercio (por ejemplo á las compañías de ferro-carriles que trasportan por dinero viajeros y mercancías) se os volverá más de lo que habeis prestado y tendreis una parte de las utilidades.

Capitalizar es economizar y sacar ventaja de sus economías ; es el mejor uso que se puede hacer de ellas, ¿ no es verdad, hijos mios ? Dejar dormir su ciencia, sus útiles, su dinero sin hacerles producir nada, es parecerse á un hombre que dejase sus campos sin cultura.

LXXXII. — La *CAJA DE AHORROS*. Cajas postales y escolares.

Obrero, si colocas tu modesto capital en la Caja de ahorros, te haces un servicio á tí mismo, porque encontrarás tu capital aumentado el dia que le necesites. Tambien haces un servicio á los demas, porque el dinero que prestas será empleado en alguna empresa útil, y proporcionará trabajo á otros obreros como tú.

FRASCUELO. — Señor, ¿qué cosa es la Caja de ahorros de que nos ha hablado usted, y para la cual mi hermanito lleva nuestros sueldos á la escuela?

EL SR. EDMUNDO. — Amigo mio, las Cajas de ahorros han sido instituidas para ayudar al trabajador á hacer economías. Las Cajas de ahorros reciben en sus oficinas ó en las de correos, y áun en las escuelas, todas las sumas que se les llevan, desde 1 franco hasta 2.000.

LA CAJA DE AHORROS. — Entrega á los depositantes una *libreta* en que están inscritas las sumas depositadas.

Si deja uno en ellas su dinero un año, tiene derecho al cabo de ese tiempo á 3 francos ó 3 francos 50 de más sobre cada suma de cien francos. Eso es lo que se ha convenido en llamar el *interes* del dinero.

AMADA. — ¿Señor, el que no deja su dinero más que seis meses recibe tambien interes?

EL SR. EDMUNDO — Sí, hija mia; pero como seis meses son la mitad de un año, el interes por seis meses es justamente la mitad de 3 francos 50, ó 1 franco 75. Por un mes solamente se recibe seis veces ménos, lo que hace 0 fr.29; y como hay treinta dias en el mes, se gana poco más ó ménos un céntimo diario de interes por un capital de 100 francos.

FRASCUELO. — Señor, veintinueve céntimos no son más que un céntimo ménos de seis sueldos; ¿por qué no se da seis sueldos justos en vez de hacer una diferencia por un pobre céntimo?

El Sr. Edmundo. — Amigo mio, un céntimo es poca cosa en sí mismo; pero repetido 100 veces, 200 veces, 300 veces, hace 1 franco, 2 francos, 3 francos. No hay una suma por pequeña que sea que repetida muchas veces no se convierta en grande. El panadero, nuestro vecino, lo sabe bien; y cuando, por ejemplo, vende su pan á 0 fr., 21 el medio kilógramo se guarda muy bien de perdonar el céntimo vigésimoprimero á sus clientes: porque como vende más de 500 medios kilógramos de pan por dia, ese pobre céntimo vigésimoprimero le causaría más de 5 francos de pérdida al cabo del dia. ¿Qué sería, pues, para la Caja de ahorros, que tiene una suma de mil quinientos millones en depósito, si á cada uno de los depositantes le diera sin contar algunos céntimos de más?

Enrique. — ¡Mil quinientos millones! ¿y todo ese dinero es fruto de las economías de los obreros?

El Sr. Edmundo. — Casi todo, amigo mio; ¿no es verdad que eso es muy consolador?

Amada. — ¡Oh! sí, señor. Pero permítame usted que le haga otra pregunta. Las sumas de cien francos no son las únicas que ganan interes, y el que no puede colocar más que cincuenta francos ¿le gana tambien?

El Sr. Edmundo. — Ciertamente, queridita mia. Se paga interes áun por 1 franco. Sólo que el interes es menor por una suma pequeña que por una grande; pero en la Caja de ahorros se reparte siempre segun esta regla de cerca de 3 fr. 50 por 100 francos : esto es lo que se llama el *tipo* del interes.

LXXXIII. — **El capital del trabajador.** — **Lo que produce una economía de 10 céntimos diarios.**

« Los pequeños arroyos hacen los grandes rios. »

Frascuelo. — Señor, yo quisiera saber el interes que producen 5 francos puestos en la Caja de ahorros durante un año.

— Amigo mio, es muy fácil hacer la cuenta. — El

Sr. Edmundo se acercó al encerado, tomó el jis y escribió:

Por 100 francos se tiene unos 3 francos 50.

Por 1 franco se tendrá 100 veces ménos, ó 3,50 divididos por 100 $\left(\dfrac{3,50}{100}\right)$.

Por 5 francos se tendrá 5 veces más que por 1 franco ó 3,50 divididos por 100 y multiplicados por 5 $\left(\dfrac{3,50}{100}\times 5\right)$

Lo que hace 17 céntimos y medio.

FRASCUELO. — No es mucho; eso no hace cuatro sueldos de interés por todo un año.

EL SR EDMUNDO. — Es verdad, hijo mio; pero nota que el obrero que ha ido á poner 5 francos en la Caja de ahorros ha sacado, ademas de la ventaja de 17 céntimos de interes la de no estar expuesto á malgastar sus 5 francos. Si esos cien sueldos hubiesen quedado en su bolsa, no habría tal vez resistido al deseo de gastarlos. No teniéndolos en su casa no los tocará; al contrario, pensará en aumentar esa débil suma, porque no hay como una primera economía para inspirar el deseo de ahorrar. Poco á poco llevará un franco á la Caja de ahorros, despues otro franco, y así su capital, al aumentarse, aumentará sus intereses.

Se ha hecho un cálculo muy instructivo sobre lo que puede producir una economía de diez céntimos por dia, es decir, de 36 francos por año. El obrero que coloca en la Caja de ahorros 36 francos al año y que deja acumular los intereses de esas sumas para que á su vez produzcan nuevos intereses, podrá retirar al cabo de 40 años una suma de cerca de 4.300 francos.

FRASCUELO. — ¡Es enorme!

EL SR. EDMUNDO. — ¿No hay muchos obreros que gastan inútilmente más de 10 céntimos diarios que podrian poner en la Caja de ahorros? ¡Cuántos no se considerarían dichosos si tuviesen al cabo de 40 años una suma de 4.300 francos que los pusiera al abrigo de la miseria!

El gran fin que debe proponerse el trabajador, es pues el de ahorrar y *capitalizar*; porque, por pequeño que sea el capital, representa en los dias malos una seguridad contra la desventura. El obrero que tiene economías contempla el porvenir con una especie de seguridad; la enfermedad, la falta de trabajo, un accidente fortúito no le reducirán á la miseria, no le forzarán á la mendicidad. Cuenta con el pan de cada dia si no para siempre, al ménos por un tiempo bastante largo, lo que le permitirá conjurar las tristezas del momento.

LXXXIV. — El *INTERES*. La canoa prestada. Contratos de préstamos. — Hipotecas. — Usura. — Los notarios.

> El prestamista que abusa de la necesidad de los que le piden prestado y exige intereses superiores al 6 por ciento es un *usurero*. La usura es castigada con una prision de 6 dias á 6 meses. *(Código penal.)*

— Señor, dijo al dia siguiente Amadita, no comprendo bien cómo la Caja de ahorros puede volver á todo el mundo, al cabo de un año, más dinero del que ha recibido.

El Sr. Edmundo. — Hija mia, porque la Caja de ahorros hace lo mismo que el herrero Julian; no deja dormir el dinero en los sacos; hace, segun el dicho popular, *trabajar el dinero*. En otros términos, le emplea en trabajos que deben de producir utilidades ciertas, y esas utilidades le sirven para pagar el interes.

Para haceros la cosa más familiar, ¿quereis que volvamos á nuestros salvajes?

— Sí, sí, señor, dijeron los niños.

El Sr. Edmundo. — Nuestros dos salvajes Pablo y Pedro poseen una canoa. Como no se sirven de ella siempre, queda desocupada algunos dias, y flota negligentemente entre los juncos que guarnecen el rio.

El gamo.

Un hombre del pueblo vecino va á ver á Pablo y le dice : — Pablo, préstame tu canoa por seis dias; me harás un gran servicio.

— ¿Qué servicio?

—Tengo una existencia considerable de pescado salado,

EL INTERES. LA CANOA PRESTADA.

y no sé qué hacer con ella. Si quieres prestarme tu canoa, iré á ver á los cazadores del bosque para cambiarles mi pescado por caza. A mi regreso, venderé aquí los cuartos de jabalí ó de gamo, y espero sacar muchas ventajas de mi comercio.

Pablo responde: — Amigo mio, te serviré con mucho gusto. Lo haría gratúitamente por un pariente ó amigo en quien tuviera confianza. Pero no te conozco mucho, y tengo derecho para querer una justa indemnizacion por el servicio que me pides. Ademas, la canoa que deseas, es el fruto de mi trabajo; para fabricarla me he privado de descanso, de sueño y algunas veces de alimento. Tengo, pues, mucho interes en no perderla. Si te la presto durante seis dias corro peligros. Hay corrientes rápidas en el

Una corriente rápida.

El Cocodrilo. — En América se llama el cocodrilo caiman.

rio; si no maniobras con habilidad, mi canoa zozobrará, se estrellará contra los escollos ó irá á la deriva sin que puedas recobrarla, y será una fortuna que no te ahogues ó que escapes de los cocodrilos del rio! Todo el fruto de mi trabajo puede pues encontrarse en un solo dia, destruido por tí. ¿Cómo he de exponerme á tan grandes riesgos sin la esperanza de realizar yo mismo una utilidad, y eso en favor de un hombre que no es ni mi pariente ni mi amigo?

—¿Qué ventaja deseas? pregunta el salvaje.

Pablo continúa: — Mi canoa te llevará más pronto que tus piernas, y llevará ademas la carga de tres hombres. Prestándotela, es como si yo te diera tres hombres de buena voluntad. Trasportarás, pues, así en seis dias el cargamento que no podrías llevar solo en ménos de diez y ocho dias, porque tendrías que hacer el viaje tres veces. Pues bien, consiento en prestarte mi canoa; pero me deberás al regreso cuatro dias de tu trabajo en cambio. Como no gastarás más que seis en tu viaje mi canoa te procurará ocho dias de trabajo de utilidad, y ganarás en este *contrato* dos veces más que yo.

—¡Pero es mucho, cuatro dias de trabajo! replica el salvaje. Es abusar de mi miseria hacerme pagar tan caro un servicio que no te cuesta nada.

—¡Nada! responde Pablo. ¿Pues qué, miéntras que te sirves de mi canoa, no tendré que renunciar á usarla? No puedo privarme de ella sin una indemnizacion. Ademas, si te la presto hoy, dentro de ocho dias me la pedirá otro y así cada uno á su vez. Yo he trabajado para hacer esta canoa; si mis condiciones no te convienen, espera á que te hayas construido tú mismo una canoa para ha-

Salvajes labrando piedras y tejiendo cestos.

cer tus cambios con los cazadores. Si te convienen, durante cuatro dias me ayudarás á fabricar hachas de piedra y canastillos de hojas de coco.

El salvaje prefiere entónces alquilar la canoa mediante la obligacion de trabajar cuatro dias para Pablo. Ademas, promete á Pablo que si su canoa se pierde ó se destruye en el viaje le dará como indemnizacion un campito que posée.

Este gaje dado á Pablo, sobre un bien *inmueble* es lo que se llama una *hipoteca*.

Hé ahí, pues, la canoa de Pablo, su *capital*, produciéndole utilidades, es decir, un interes; y esa misma canoa produce al que la toma prestada una utilidad dos veces mayor que la del que la presta.

Si en vez de una canoa se hubiese tratado de una suma de dinero habría pasado lo mismo. Porque en fin el que se desprende del dinero que posée para prestarle á otro le hace evidentemente un servicio; tiene, pues, derecho á una parte de las utilidades. Sin embargo, esa parte no debe ser exagerada, porque degeneraría en *usura*, delito castigado por la ley.

Observad bien esas cosas, hijos mios, porque el *capital* y el *interes* representan un papel inmenso en el comercio.

Frascuelo. — Pero, señor, si el salvaje hubiera sido de mala fe y á la vuelta despues de haber perdido la canoa hubiese dicho á Pablo: « Jamas he prometido mi campo, » el pobre Pablo se habría visto muy embarazado.

El Sr. Edmundo. — Hé ahí, precisamente, amigo mio, el inconveniente de los contratos hechos de viva voz. Así en nuestras sociedades modernas, se hacen por escrito, y cuando se trata de cosas muy importantes, se celebra los contratos *ante un notario*, que los redacta de una manera clara y precisa, y hace que los firmen en su despacho los interesados. Así se está en guardia contra los errores ó la mala fe.

LXXXV. — **Posibilidad para todo trabajador de reunir un pequeño capital. — Del *TABACO* y de las costumbres dispendiosas. — El ensayo desgraciado de Frascuelo.**

« Cuesta más caro alimentar un vicio que dos hijos. »
Franklin.

Frascuelo. — Señor, lo que nos ha dicho usted sobre la economía es muy cierto; pero no es fácil economizar cuando no se tiene siempre lo necesario.

El Sr. Edmundo. — Ya lo sé, amigo mio; sin embargo, no lo olvides, las más pequeñas sumas repetidas todos los dias acaban por hacer grandes cantidades. Un sueldo diario economizado todo el año, hace una suma de 18 fr. 25 c. al cabo del año. Es la semana de un obrero que gana tres francos diarios. ¿Hay seriamente muchos trabajadores que no puedan economizar un sueldo por dia, sea sobre sus gastos, sea no haciendo jamas *san lúnes*, sea no contrayendo malas costumbres tales como la de la taberna ó de la pipa? ¿No es una cosa desoladora ver que todos los muchachos, apénas cumplen quince años se apresuran á tomar la costumbre, si nó de beber por lo ménos de fumar?

Sin embargo, amigos mios, no hay un fumador que no recomiende á los niños que no le imiten cuando sean grandes.

El tabaco es una planta herbácea de la América del Sur. Sus anchas hojas son de un verde oscuro; sus flores son unas veces blanquizcas ó verdosas, y otras veces rojas.

ENRIQUE. — ¡Oh! es muy cierto, señor, porque mi padre grande no fuma jamas sin decirme que es una mala costumbre y que siente mucho no poder corregirse de ella á su edad.

FRASCUELO. — Señor, ¿no puede uno corregirse de fumar?

EL SR. EDMUNDO. — No siempre. Esta costumbre es una verdadera cadena; si el que la ha tomado se encuentra bruscamente privado de tabaco, resiente un sufrimiento que puede convertirse en enfermedad. ¿No es lamentable crearse así sin motivo necesidades nuevas cuando cuesta ya tanto trabajo satisfacer las que exige la conservacion de nuestra vida? Se comprendería que fuese difícil resistir á la tentacion de tomar tal costumbre, si se tuviera desde el principio un gran placer en fumar; pero es todo lo contrario: las primeras veces que los niños tratan de fumar se enferman.

—¡Ah! es muy cierto lo que usted dice, señor, exclamó Frascuelo. Una vez el tio Leon había dejado en un rincon su pipa encendida, esa pipa que ha estado á punto de incendiar la manufactura! He querido aspirar algunas bocanadas de tabaco para probar; y aquello era tan malo y tan amargo, que toda la tarde tuve ganas de vomitar mi almuerzo.

Todo el mundo se puso á reir del ensayo desgraciado de Frascuelo, y el Sr. Edmundo continuó: — Estoy seguro de que si alguno quisiera imponer á los jóvenes un suplicio semejante á título de castigo, se indignarían y tendrían razon. El tabaco, en efecto, contiene uno de los venenos más violentos que existen.

Catarina de Médicis.

Se llama ese veneno *nicotina*, á causa de Juan Nicot que introdujo el tabaco en Francia y ofreció á Catarina de Médicis la primera tabaquera: el tabaco se extendió despues en aquel país bajo el nombre de *yerba de la reina*. Una gota de nicotina pura causa la muerte en algunos minutos. La nicotina como el opio y la belladona, adormece, embrutece y aturde.

LXXXVI. — Peligros materiales y morales del ABUSO DEL TABACO.

El tabaco es un diminutivo del opio fumado por los Chinos y que causa tan grandes estragos.

EL SR. EDMUNDO. — El jóven que adquiere inconsideradamente la costumbre de fumar ¿sabe acaso que no pasará del uso al abuso? Un sabio médico, el Sr. Jolly ha descrito ante la Academia de medicina los funestos efectos, más frecuentes de lo que se cree, producidos sobre la salud por el abuso del tabaco: destruccion de los dientes, enfermedades del estómago y digestiones difíciles; despues, en los casos más graves, enfermedades del pecho, predisposicion á la parálisis y áun á la locura.

Pues bien, hijos mios, los efectos sobre la inteligencia y la moralidad son todavía más desastrosos. Los excesos de tabaco quitan poco á poco á la inteligencia dos de sus facultades más esenciales: la *atencion* y la *memoria*. Los que abusan del tabaco y pasan su vida entera en fumar, viven en una especie de sueño, con la mirada vaga, los párpados medio cerrados, no pensando en nada, incapaces de atencion sostenida, indiferentes y egoistas. « Gran fumador, poca memoria, dice un médico. He conocido á un fumador cuya memoria se había debilitado de tal manera que presentándose un dia á la oficina de correos para reclamar una carta que le estaba dirigida, no pudo más que balbucear cuando se le preguntó su nombre, y se retiró lleno de turbacion sin haber podido recordarle.» Su memoria se restableció cuando dejó de fumar tanto.

En cuanto á los peligros morales que produce el abuso del tabaco, son la pereza, la costumbre de la taberna, la indiferencia por las cosas sérias, por el estudio y por la instruccion. Se ha dicho que cuando el pueblo sea más instruido abusará ménos del tabaco, porque la pipa y el libro son enemigos.

LXXXVII. — Pérdida de dinero causada por el tabaco

¡ Cuántas riquezas se van en humo !

El Sr. Edmundo.— Si el uso del tabaco va creciendo, es á expensas de la bolsa, de la salud de los fumadores.

La adormidera, de donde se saca el opio.

Se consume en Francia más de mil millones de francos de tabaco. ¡Cuántas cosas útiles, hijos mios, se podría hacer con esos mil millones! Puesto que no gastamos para la instruccion pública más que unos cincuenta millones, mirad cuántas ignorancias, cuántas miserias se aliviarían con todos los millones que gracias á nuestra imprevision, se van hoy en humo.

Y no os hablo más que de Francia; pero el número de fumadores de tabaco que existen sobre la tierra se eleva á 800 millones de hombres, y hay poco más ó ménos el mismo número de individuos que fuman el opio ú otras drogas de ese género. Los Romanos, los Griegos y los Franceses de otro tiempo no sabían, sin embargo, lo que era fumar.

¿Dirá usted todavía, Frascuelo, que es muy difícil economizar y reunir un capital, cuando ve usted riquezas enormes literalmente quemadas por la pereza y por la rutina? Suponed que todos los años se ponga fuego á bosques y ciudades y se quemen muchos millares de millones de bienes; esto sería algo análogo á lo que los fumadores hacen sin pensarlo y sin quererlo. Como el incendio no está más que en su pipa ó en su cigarro, no se imaginan que pueden quemar tantas riquezas; pero un gran número de pequeños gastos acumulados no dejan

Fumadores de opio en China.

de formar un gasto enorme, hecho inútilmente por la humanidad.

LXXXVIII. — **Lo que sucedería si se dejara de fumar.** — **El empleo del capital.** — **La manía de la imitacion.**

> El dinero encuentra siempre en qué emplearse, y vale más un empleo útil de los *capitales* que un empleo inútil.

ENRIQUE. — Señor, la cultura del tabaco emplea muchos obreros; si se dejara de fumar, ¿no resultaría una pérdida para la industria?

— Amigo mio, los terrenos, el dinero y los brazos serían empleados poco á poco en otra cosa. ¿Qué se perdería en sembrar trigo en lugar de tabaco, ó en elevar escuelas en lugar de manufacturas, en comprar libros y en instruir á los ignorantes?

ENRIQUE. — Es cierto, señor; comprendo que sería más provechoso cosechar trigo que sustenta á

Manufactura de tabaco.

los hombres, ó elevar escuelas para instruir á los niños, que cultivar una planta inútil.

El Sr. Edmundo. — Eso está muy bien razonado, amigo mio; espero que una vez grande, pondrás tu amor propio, así como Frascuelo, no en hacer como todo el mundo, sino en probar vuestra fuerza de voluntad no tomando una costumbre dispendiosa.

— Señor, dijeron á un tiempo Enrique y Frascuelo, se lo prometemos á usted : resistiremos al deseo de darnos *aires de hombre* habituándonos á fumar.

El Sr. Edmundo. — Amigos mios, esa será la mejor manera de probar que ya no sois niños; porque mucho tiempo ha se ha dicho que los niños tienen, como los monos, la manía de la imitacion. El mono ve hacer un gesto, y como está desprovisto de juicio se apresura á repetirle. El niño, cuyo juicio no está formado, se parece en eso al mono. Un hombre de juicio, al contrario, ántes de imitar lo que ve hacer, examina si la cosa es cuerda y ventajosa; si lo es lo hará; si no lo es, el ejemplo de todos los hombres que le rodean, aunque fuesen 800 millones no será suficiente para decidirle. Una voluntad inteligente y enérgica al mismo tiempo es la gran marca de la virilidad del corazon.

LXXXIX. — **La instruccion obligatoria.** — **La instruccion es un capital moral.**

« La instruccion es obligatoria para todos los niños de los dos sexos, de 6 á 13 años. » (*Ley de* 1882.)

El Sr. Edmundo. — No lo olvideis, hijos mios, la ciencia y la instruccion forman parte de las riquezas de un país. Constituyen en efecto un verdadero *capital*, de un valor muchas veces más elevado que los tesoros materiales. Segun los cuadros del desarrollo de la instruccion en Francia formados en el Ministerio de la instruccion pública, nos falta mucho todavía que adquirir á ese respecto. Felizmente la ley ha hecho la instruccion obligatoria para todos los niños. Así les da un primer capital, una primera riqueza que más tarde tendrán mucho gusto en poseer y que deberán de aumentar cuando sean hombres.

Si el tiempo considerable pasado por ciertos hombres

en la taberna fuese empleado por ellos en instruirse ¡qué, diferencia entre el estado presente en que esos hombres vegetan y la elevacion moral que habrían adquirido!

El trabajador que pasa la noche en la taberna vacía su bolsa muchas veces, y algunas pierde su razon. Lleva á su casa la miseria

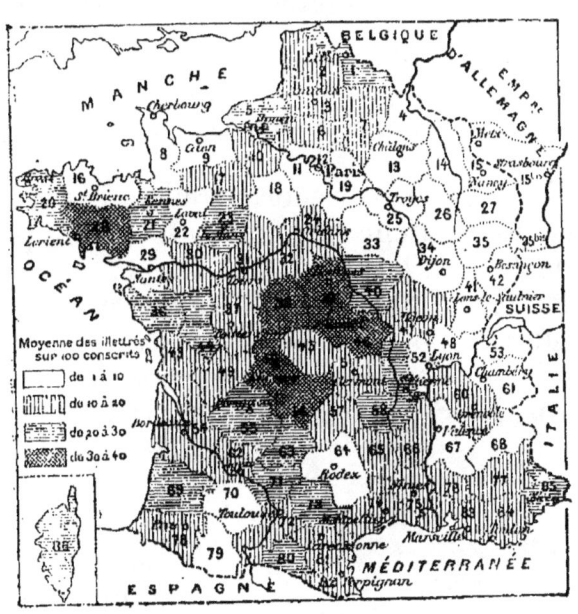

Carta de la instruccion en Francia.

y el mal ejemplo. ¿De qué placer ha disfrutado en la taberna en cambio de tantos males? Ha respirado un aire viciado al mismo tiempo por el aliento repugnante de los bebedores y el humo acre de sus pipas. Ha bebido de una manera desmedida un vino las más veces adulterado y malsano. Las conversaciones que ha podido oir, si no han envilecido su alma, evidentemente que no la han elevado. ¿De qué placer ha podido pues, disfrutar?

Si quiere ser de buena fe, confesará él mismo, regresando á su casa medio ébrio y con la bolsa vacía, que siente el empleo de su domingo, y como única excusa agregará:—¡Me he dejado arrastrar!

¡Oh! ¡qué excusa tan vergonzosa, hijos mios! ¡Ser hombre y confesar que no sabe uno guardar su libertad!

XC. — Bibliotecas populares y escolares.

Cuando entrais en una biblioteca en que están reunidos buenos libros, entrais en un templo elevado por el espíritu humano á la verdad y á la virtud.

FRASCUELO. — Señor, para leer es preciso tener libros. Cuando no tiene uno bastante dinero para comprarlos, ¿qué debe de hacer?

EL SR. EDMUNDO. — Amigo mio, se ha creado hace algun tiempo muchas bibliotecas populares y escolares, donde se puede leer y tomar prestados gratúitamente los libros. En Suiza, cada comuna tiene una biblioteca; todo el mundo lee en Suiza. En Bélgica la cuarta parte de las comunas posée bibliotecas. En Francia, los obreros mismos se han cuotizado algunas veces para comprar libros. Cuando la Alsacia era todavía francesa, — la Alsacia que ya no está representada en Francia más que por el territorio de Belfort, — se comenzó en la comuna de Beblenheim por poner doce volúmenes en una tabla; y ahora la biblioteca popular posée 3.000. Sesenta comunas vecinas han imitado este ejemplo. El número de los volúmenes prestados anualmente en el Alto Rhin, y que circulan de mano en mano, se eleva á 400.000. La biblioteca de Mulhouse cuenta 4.000 volúmenes de artes y de ciencias, y en esa ciudad 1.800 personas han leido en un año 90.000 volúmenes, lo que hace por término medio 50 volúmenes por persona.

BELFORT (10.000 habitantes) se defendió hasta el último instante durante la invasion de la Francia, y gracias á esa defensa pudo seguir siendo ciudad francesa.

Gracias á esas benéficas instituciones, que se han extendido por donde quiera en Francia, el trabajador puede pasar su noche en la biblioteca, en vez de pasarla en la taberna: ó tambien puede pasarla en su casa con el libro que se le ha prestado á él ó á su hijo, y que es leido en medio de la familia.

Entónces, en vez de perder su razon y de gastar su dinero, aumenta los recursos de su inteligencia, hace provision de cosas útiles cuya lectura ó cuya narracion regocija á su familia al mismo tiempo que la instruye.

En fin, á medida que se entrega á esas altas distracciones del pensamiento, siente que se trasforma en otro hombre; es más fuerte

LA BIBLIOTECA POPULAR. SALA DE LECTURA Y DE ESTUDIO. — Todos los pueblos civilizados de la antigüedad han tenido bibliotecas, sea públicas sea privadas. En nuestros dias las bibliotecas, figuran entre las primeras riquezas de una nacion. Paris posée actualmente 40 bibliotecas públicas de las cuales es la más grande la *Biblioteca nacional* donde hay más de un millon de volúmenes impresos, 60.000 manuscritos, 700.000 estampas, etc.

para desempeñar su trabajo de todos los dias porque se ha hecho más inteligente; es mejor, é inspira respeto á su mujer y á sus hijos porque es un noble ejemplo para su familia.

Por último, amigo mio, te ruego que notes que la falta de bibliotecas no ha sido para los obreros valerosos un motivo de no instruirse. ¿Has olvidado ya, Frascuelo, la historia del pobre minero Stephenson que acabado su trabajo pasaba una parte de la noche en remendar zapatos para comprar libros y poder aprender á leer?

FRASCUELO. — Tiene usted razon, señor, y veo que, como usted dice, con una voluntad robusta se llevan á cabo grandes cosas. Así es que me voy á aplicar á adquirir mucha voluntad. Cuando haya yo emprendido alguna cosa justa, por ningun motivo y nunca renunciaré á ella.

EL SR. EDMUNDO. — ¡Muy bien dicho, querido Frascuelito!

Pero sobre todo no olvides, hijo mio, ejercer tambien el vigor de tu voluntad resistiendo á los malos ejemplos que te apartarian del estudio y del trabajo.

XCI. — **Un gran trabajo ejecutado por la Francia.** — **El** *CANAL DE SUEZ.* — **Las Indias y el Asia.** — **Las acciones del canal de Suez; el Sr. Clertan accionista.**

> La *ciencia,* el *trabajo* y el *capital* son las tres grandes potencias que doman á la naturaleza.

Al dia siguiente Amada, Enrique y Frascuelo estaban reunidos en la pieza donde el Sr. Edmundo debía de darles la leccion acostumbrada. Cuando llegó se dirigió á un mapa mundi colgado en la pared.

— Vamos á ver, Amada, dijo designando la carta á la niña, vamos á ver si usted, que es fuerte en geografía, responde á mi pregunta.

La niña se levantó y se acercó á la carta.

EL SR. EDMUNDO. — Trasportémonos primero á Marsella, y enséñenos usted esa ciudad en la carta.

— Aquí está, señor, dijo Amada poniendo su dedo sobre un punto del mapa mundi.

EL SR. EDMUNDO. — Bueno. Ahora, hija mia, admitamos que tiene usted un buque cargado de telas ó de tejidos fabricados por el Sr. Clertan, y vendidos á algun gran negociante de la India : necesitará usted trasportar esas mercancías lo más pronto y más barato posible á la ciudad de Bombay, para traer de allí en seguida los numerosos productos del Asia, plantas ó animales. Dígame usted, Amadita, ¿qué camino tomaría usted con su buque?

Paisaje de las Indias. — El elefante.

Amada, que tenía un dedo en Marsella puso otro en Bombay y reflexionó.

— El camino será muy largo, dijo; tendremos que dejar el Mediterráneo pasando por el estrecho de Gibraltar, despues dar la vuelta del Africa rodeando el cabo de

EL CANAL DE SUEZ.

Buena Esperanza tan fértil en tempestades; y entónces, si no hemos naufragado, acabaremos por llegar á Bombay.

Pantera.   Camello.   Gato de algalia.

Camaleon.   Salamandra.

ANIMALES DE ASIA. — I. La *pantera*, carnicero feroz cuya piel está cubierta de manchas negras. — II. El *camello de Asia*, con dos jibas. — III. El *gato de Algalia* que contiene en su vientre un licor muy odorífero empleado por los perfumeros. — IV. El *camaleon*, especie de lagartija á la cual se atribuía en otro tiempo la propiedad de cambiar de color á voluntad. — V. La *salamandra*, reptil á que se atribuía en otro tiempo la facultad de vivir en el fuego.

Enrique, que miraba tambien la carta interrumpió á Amada:

— ¿ No hay un camino mucho más corto, hermanita?

¿Por qué no descender el Mediterráneo hasta el mar Rojo para llegar despues al mar de las Indias?

AMADA, *riendo* : — Y esta lengüita de tierra, el istmo de Suez, que separa el

El Pavo real.   El Marabú.

ANIMALES DE ASIA. — VI. El *Pavo real*, notable por su plumaje. VII. El *Marabú*, cuyas plumas son muy estimadas.

Mediterráneo del mar Rojo, ¿cómo la atravesarás con tu buque?

— ¡ Es cierto ! dijo Enrique avergonzado de su error; es tan pequeño ese istmo que ni siquiera le veía yo.

El Sr. Edmundo. —¡Tan pequeño!¿ Sabe usted, Enrique, el tamaño que debe de tener un canal que atraviese ese istmo, para llevar el buque de usted, como quiere, por en medio de las tierras, de un mar al otro?

Enrique. — No sé, señor, pero en la carta parece muy pequeño.

El Sr. Edmundo. — Pues bien, hijo mio, el canal debe de tener 160 kilómetros de largo, 100 metros de ancho y 8 metros de profundidad.

Amada. *reflexionando*. — Pero, señor Edmundo, ¿ no se ha abierto precisamente ese istmo? Me parece haberlo oido decir á mi abuelo.

Enrique, *con vivacidad*. —¡Justamente!¿ Dónde teníamos la cabeza los dos para haber olvidado el canal de Suez?

Amada. — Nuestro abuelo nos dijo un dia: — Quiero prestar dos mil francos á la Compañía francesa que construye el canal de Suez.

El Sr. Edmundo. — Entónces, en cambio de su di-

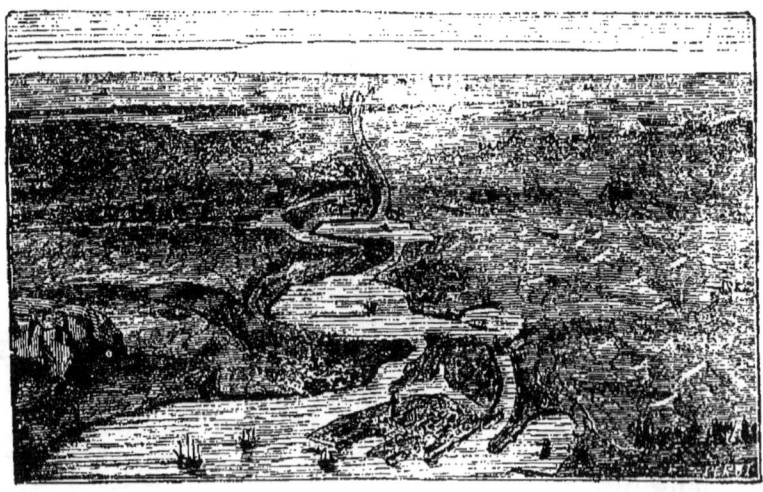

El istmo de Suez. — Adelante, Puerto Said, en el Mediterráneo; en el fondo Suez, en el mar Rojo. A la derecha, méganos de arena. Comenzado en 1859, el canal de Suez se abrió en 1869 á la gran navegacion.

nero han debido de entregarle una especie de título de renta llamado *accion*. El Sr. Clertan es pues *accionista* del canal de Suez. Cada seis meses recibe en casa del banquero una pequeña parte de las utilidades, un *interés* más ó ménos grande, segun que pasan más ó ménos buques por el canal, porque cada buque paga, por pasar, una suma á la Compañía. Y es todavía más ventajoso para los buques pagar de esa manera que dar la vuelta á Africa. El canal de Suez, en efecto, abrevia el camino de las Indias unas 4.000 leguas.

FRASCUELO. — Entónces, señor, ¿ todos los buques que van á las Indias pasan por el mar Mediterráneo? ¡Oh! ¡cuántos buques debe de haber en ese mar!

EL SR. EDMUNDO. — Sí, Frascuelo, y el comercio de nuestros puertos, sobre todo el de Marsella sacan de ello mucha ventaja.

FRASCUELO. — Pero, señor, debe de haber sido muy difícil hacer ese canal; y luego, ¿qué cosa es un canal? No comprendo muy bien.

EL SR. EDMUNDO. — Yo apostaría, sin embargo, Frascuelo, á que los has visto hacer tú mismo más de una vez. Cuando ha llovido mucho ¿no has notado que el agua forma charcos en los paseos ó en el campo, en

UN CANAL DE AGUA DULCE Y SU COMPUERTA. — Los canales están de ordinario provistos de compuertas, especies de puertas colocadas de distancia en distancia, que retienen el agua y no dejan escapar más que el excedente, por cascadas V. — La cámara del medio, S, se llama depósito — Para hacer pasar los buques se abre las hojas de la primera puerta A A. y luego las de la segunda B B.

los sitios en que el terreno es ménos igual y más hueco? ¿No has visto entónces algunas veces á los niños divertirse en hacer comunicar entre sí dos de esos pequeños charcos?

FRASCUELO. — Sí, señor, y yo tambien lo he hecho. Abría una especie de cañito que iba de un charco á otro y que era más bajo que ellos. Entónces el agua corría por ese caño y los dos charcos se comunicaban.

EL SR. EDMUNDO. — Pues bien, hijo mio, no se ha hecho otra cosa en Suez, con la diferencia de que el caño tiene allí 160 kilómetros de largo y de que ha sido necesario quitar 74 millones de métros cúbicos de tierra, de arena ó de fango. Semejantes cifras indican bastante el enorme trabajo que ha tenido que hacerse.

XCII. — (*Continuacion*). **El Egipto y el Africa. — El canal de agua dulce.—El Nilo. — El desierto trasformado.**

Los grandes trabajos de la industria forman parte de las glorias más bellas de una nacion.

EL SR. EDMUNDO. — Pensad, hijos mios, que una compañía francesa, dirigida por el Sr. de Lesseps, ha tenido el valor de ir á establecerse, para ejecutar el gran proyecto del canal de Suez, á 800 leguas de la Francia, en la tierra ardiente del Africa, en medio de un desierto en que no había ni habitaciones ni agua potable.

Hiena. Rinoceronte. Avestruz. Jirafa.

ANIMALES DE AFRICA. — Ademas de los leones, los tigres y las serpientes se encuentra en Africa: I. La *hiena*, carnicero que desentierra los cadáveres para comérselos.— II. El *rinoceronte*, gran cuadrúpedo salvaje que lleva uno ó dos cuernos en la nariz. — III. El *avestruz*, el más grande de los pájaros, en el cual se monta uno para atravesar el desierto. — IV. La *jirafa* de largo cuello que sirve tambien de montura.

Ante todas cosas, en un país donde no llueve, era preciso abastecer de agua á los trabajadores. Se comenzó, pues, por abrir un canal de agua dulce que por medio de esclusas lleva el agua del Nilo hasta Suez. Del lado de Puerto Saide se lleva el agua en tubos de hierro fundido en una extension de 80 kilómetros.

FRASCUELO. —¡Qué caro debe costar eso, señor!

EL SR. EDMUNDO. — Sí, hijo mio; y uno de los beneficios del capital es permitir emprender y continuar durante largos años, trabajos que no podrán producir utilidades sino mucho tiempo despues.

Al mismo tiempo la salud de los trabajadores por la cual, gracias á la abundancia de los capitales prestados, se podía hacer muchos gastos, fué preservada al extremo de que la mortalidad en el istmo era menor que en las guarniciones de Francia. Si quereis pensar que hace cuatro mil años un rey de Egipto emprendió abrir el istmo, y que 120.000 hombres perecieron de fatiga y de miseria sin resultado, comprendereis una vez más los beneficios de la justicia, y su armonía con el interes bien entendido. El rey de Egipto, que no pensaba en la salud de los trabajadores, sacrificó 120.000 hombres, y sin embargo, se vió forzado á abandonar su proyecto. En nuestro

Zebra. Gacela.

Pelícano. Pintada.

ANIMALES DE AFRICA. — V. La *zebra* especie de caballo salvaje con la piel rayada. — VI. La *gacela*, especie de ciervo manso y tímido, que persiguen los leones y los tigres. — VII. El *pelícano*, pájaro acuático de pico ancho provisto de una bolsa. — VIII. La *pintada*, especie de polla aclimatada en nuestros países.

siglo, la apertura del istmo, en lugar de ser un vasto sacrificio de hombres habrá sido una fuente de utilidad para los trabajadores, para el país en que se ejecutaba el trabajo y para los que han prestado sus capitales.

El Nilo. — Hipopótamo y cocodrilos.

Hace algunos años, cuando se viajaba por aquella sierra completamente desierta se necesitaba por lo ménos una caravana de sesenta camellos para llevar las provisiones de agua y de alimento necesarias á la existencia de tres viajeros.

Mezquita.

Hoy encuentra uno por todas partes en el istmo establecimientos servidos por el correo y por el telégrafo, hoteles, hospitales, capillas y mezquitas.

En todos los campamentos de trabajadores, el agua del Nilo está distribuida con tanta abundancia, que cada uno puede tener su jardincito. Y como ese país magnífico no necesita más que de agua para trasformarse, el desierto se ha cubierto así de una multitud de oasis. La apertura del istmo de Suez, muy difícil en sí misma, se ha llevado á cabo en las mejores condiciones posibles, con capitales franceses en su mayor parte y bajo la direccion de ingenieros franceses.

Oasis. Caravana y camellos.

CONSTRUCCION. FABRICACION.

XCIII. — **El istmo de Suez** (*continuacion*). — **Construccion de un muelle en el mar.**—**Fabricacion de las piedras.**—**Las máquinas para levantar los fardos.** — **El trabajo debajo del agua.**

Las inútiles pirámides de Egipto costaron la vida á millares de esclavos. ¡Cuán superiores son las obras de la industria moderna, ejecutadas por hombres *libres*, bajo las solas leyes de la *justicia*, á esos monumentos de la antigua servidumbre!

El Sr. Edmundo. — El canal de Suez comienza en Puerto Said. Ha sido preciso desde luego elevar en medio del mar *muelles* de piedra bastante sólidos para resistir á la fuerza de las olas que levanta la tempestad. Pero para construirlos se necesitaba piedra y no había más que arena. Entónces se pusieron á fabricar con arena y con cal piedras que tenían la consistencia del granito. Fueron instalados en Puerto Said grandes talleres. Doce máquinas de vapor funcionaban continuamente; cada una tenía tres ruedas de hierro que pulverizaban los materiales y los reducían á una pasta que se ponía en moldes de madera de una capacidad de 10 metros cúbicos que formaban trozos de pasta del peso de 20.000 kilógramos. Se trasportaba esos trozos sobre la playa en donde había continuamente 2.000 secándose. Al cabo de dos meses estaban completamente secos. Se alzaban entónces por medio de una *grua* y se les ponía en wagones que los trasportaban á la entrada del puerto.

El trabajo de los puertos. — *Muelle*, ó muralla contra la cual se estrella el mar y que abriga los buques en el puerto. — La fuerza de las olas que chocan contra las rocas es tan grande, que se las ha visto trasportar á muchos metros de distancia piedras que pesaban más de 40.000 kilógramos. Cuando las olas encuentran un obstáculo, al levantarse se elevan algunas veces á una altura de 15 metros.

Buques de vapor los tomaban en seguida y los llevaban al mar. Se descolgaban entónces y caían en el agua á alguna distancia de la costa; esto es lo que se llama *echazon de piedras perdidas*. Los muelles se forman así naturalmente y son indestructibles. El muelle del este en Puerto Said, tiene una extension de 1.800 metros y el del oeste de 2.500.

FRASCUELO. — 2.500 metros y 1.800 metros, esto hace más de una legua de extension. ¡Se ha debido de necesitar muchas de esas grandes piedras!

EL SR. EDMUNDO. — Y eso no era más que uno de los numerosos trabajos preparatorios del puerto. Para el canal mismo ha sido necesario tomarse otros muchos trabajos. Se ha debido luchar con los *méganos* de arena que los vientos llevan como montañas móviles y

EL TRABAJO DE LOS PUERTOS. — I. La *grúa* es una máquina de poleas destinada á levantar los fardos pesados. La enorme grúa de que se hacía uso en el canal de Suez rodaba sobre rieles. Una máquina de vapor ponía en movimiento una larga cadena de hierro y levantaba las grandes piedras destinadas á formar el muelle del puerto. — II. Obreros trabajando debajo del agua, en la *campana de buzo* (1 metro y medio de ancho). Se introduce aire en la campana por medio de una bomba de aire y de un tubo.

que habrían llenado el canal. Ha sido preciso quitar, trabajando debajo del agua en *campanas de buzo*, las capas de fango que reposaban hacía siglos en el fondo de un lago que atraviesa el canal. Despues se encontró una roca de 20.000 metros cúbicos muy dura, que fué necesario hacer saltar con pólvora.

AMADA. — ¡Oh! señor, ¡qué extraordinario me parece todo eso!

EL SR. EDMUNDO. — Sí, hija mia, pero lo que es todavía más admirable que esos trabajos mismos, es que se han llevado á cabo libremente, no por los brazos de infortunados esclavos sucumbiendo en su tarea y maldiciendo á sus dueños, sino por el cuidado de trabajadores libres, orgullosos de su obra, y encontrando en la justa recompensa de ese trabajo el principio de su fortuna.

Mina haciendo saltar una roca.

XCIV. — Otro gran trabajo ejecutado por la Francia: el *TUNEL DEL MONTE CENIS* — Un nuevo túnel: el San Gotardo.

> El dia en que los hombres luchen contra la ignorancia, los odios y las preocupaciones con el ardor que emplean en perforar las montañas, derribarán muy pronto las barreras morales que los separan.

EL SR. EDMUNDO. — Las montañas, cuyo paso es tan difícil, son uno de los mayores obstáculos para la comunicacion de los pueblos. Hé aquí, por ejemplo, los Alpes que separan la Francia de la Italia, y entre los cuales se halla la cima más alta de la Europa, el monte Blanco. Esos Alpes, atravesados en otro tiempo con tanto trabajo por los ejércitos de Aníbal, de Francisco 1º. y de Bonaparte, se pasan ahora en ferro-carril en un cuarto de hora poco más ó ménos.

LA INDUSTRIA DE LOS FERRO-CARRILES. — Un *riaducto*. — Los *riaductos* son especies de puentes en el aire, algunas veces muy elevados que comunican entre sí las colinas y las montañas; sirven para el paso de los ferro-carriles y se parecen á los acueductos que sirven para el trasporte del agua.

La vía pasa primero por en medio de las montañas por viaductos elevados, despues bajo la montaña misma por un túnel de 12 kilómetros de largo.

Frascuelo. — Cómo, señor, ¿tiene uno toda la montaña sobre la cabeza?

El Sr. Edmundo. — Sí, amigo mio, se tiene sobre la cabeza el Monte Cenis. Una compañía francesa y una compañía italiana emprendieron la perforacion de esa montaña, una del lado de Francia y la otra del lado de Italia. Los trabajadores, armados de máquinas enormes que rompen la roca, iban los unos al encuentro de los otros, perforando poco á poco la galería subterránea, hasta el momento en que se encontraron en medio de la montaña.

Enrique. — ¿Cómo podian saber que iban exactamente en la misma direccion?

El Sr. Edmundo. — Amigo mio, lo sabian por un cálculo matemático que era muy difícil de hacer y muy importante; porque un error de un centimetro por metro habria bastado para producir un desvío de unos cien metros en medio de la montaña y habria sido preciso comenzar casi todo de nuevo. Pero las matemáticas han hecho tan grandes progresos que no cabía duda alguna en la exactitud de los cálculos, y esto es una hermosa prueba de lo que pueden la ciencia y el trabajo reunidos!

El ejemplo dado por Francia ha sido seguido despues por Italia y Suiza, que se han entendido para abrir un

LA INDUSTRIA DE LOS FERRO-CARRILES: — *Perforacion del Monte Cenis.* — Se ha atacado la montaña con una especie de arma semejante á una espada de acero. Esta espada sólida, lanzada contra las rocas, las agujereaba poco. Para moverla con fuerza se hizo uso de aire comprimido conducido por medio de tubos. El obrero abría las llaves y el aire comprimido lanzaba la espiga de acero en las rocas de la montaña.

túnel más largo todavía bajo el monte San Gotardo. Las grandes ciudades del norte de Italia, Turin, Milan y Venecia, se comunican de ese modo con Francia y con Suiza.

Luis XIV había logrado colocar á uno de los miembros de su familia en el trono de España, y exclamaba con orgullo esperando una alianza duradera entre España y Francia : « ¡ya no hay Pirineos !» Pero la alianza no fué de larga duracion, y no se realizó la union de los dos pueblos.

El *túnel* del San Gotardo (15 kilómetros).

La ciencia es más poderosa que los reyes y puede hoy decir con certeza: « Ya no hay Alpes ». Y si los pueblos

Milan (250.000 habitantes) y su catedral. La linea del San Gotardo conduce á Milan.

Venecia (130.000 habitantes). Sus lagunas y sus góndolas.

se hallan todos léjos de estar en paz unos con otros, esa paz no dejará de venir tarde ó temprano; porque gracias á la ciencia, á la industria y al comercio, los pueblos acabarán por estar tan cerca unos de otros y en tan frecuente comunicacion como lo están las diversas provincias de Francia, enemigas en otro tiempo y que hoy no piensan en atacarse.

Hay barreras más altas que las montañas que separan todavía los pueblos; son las enemistades insensatas. Pero la ciencia, difundiendo de más en más las ideas de justicia y de fraternidad, trabaja en hacer caer esas barreras como las otras, para que la concordia abrace con sus lazos á todas las naciones.

XCV. — La *MONEDA*. — Los cambios entre los negros de Africa. — Los filones de oro en las rocas.

La moneda hace los cambios más fáciles.

Desde que Frascuelo asistía á las lecciones del Sr. Edmundo, se había vuelto tan razonable, tan servicial, tan cortés y tan trabajador, que todo el mundo en la casa le amaba y estimaba. Así es que se le encargaba frecuentemente y sin inquietud alguna, de comisiones que probaban la gran confianza que se tenía en su inteligencia, su reflexion y su probidad. El Sr. Clertan le confiaba sumas bastante considerables, como si fuera un jóven de quince años, seguro de no tener nada que temer de la ligereza de Frascuelo. El niño estaba muy orgulloso de ello, y se empeñaba cada dia más en merecer esa confianza.

El dia que siguió á la leccion sobre el túnel del Monte Cenis era un sábado, dia de paga para los obreros. El Sr. Clertan envió á Frascuelo á un grande almacen de menudeo vecino de la fábrica para saber si querrían cambiarle 200 francos en billetes por 200 francos en oro.

El cambio en objetos.

Frascuelo partió inmediatamente, deseoso de cumplir lo mejor posible su comision. No encontró desde luego la suma que necesitaba, y miéntras iba de una tienda en otra recordaba la palabra *cambio* que el Sr. Clertan había pronunciado al encargarle de esta comision. Esta palabra le recordaba las lecciones del Sr. Edmundo, y la historia de los cambios entre los salvajes, que tanto le había divertido. De repente le ocurrió que en todos esos cambios el Sr. Edmundo jamas había hablado de dinero. Los pueblos de pescadores cambiaban pescado, caza, redes, trabajo; pero nunca pagaban con dinero. Esta reflexion hizo mella en él y tenía deseos de llegar lo más pronto posible á la leccion para interrogar al preceptor.

— Señor, dijo luego que estuvo sentado en compañía de Amada y Enrique, frente al Sr. Edmundo, usted nos ha hecho ver en su historia de salvajes á Pedro y á Pablo cambiando pescados por caza : ¿ en aquella época no existía la moneda, no es verdad ?

El Sr. Edmundo. — Nó, amigo mio; al principio de la sociedad, los hombres hacían su comercio por medio de cambios semejantes á los de nuestros salvajes, en los cuales se da un objeto por otro, y nó dinero.

Todavía hoy el cambio en objetos ó *trueque* es empleado muchas veces por los salvajes. Los negros que habitan el interior del Africa, sabiendo que muchos de sus compañeros han sido reducidos á la esclavitud, tienen mucho miedo de sufrir la misma suerte. Así es que cuando se quiere comerciar con ellos, tienen buen cuidado de no acercarse, y hacen señas de que se deposite á la orilla de un rio los objetos que se les quiere vender. El mercader los deposita allí, y luego se aleja. Los salvajes llegan entónces de la orilla opuesta en sus rápidas piraguas; colocan al lado de los objetos que quieren

Piragua africana.

adquirir un montoncito de polvos de oro, y despues se retiran á su vez. El mercader vuelve; si la cantidad de polvo de oro le parece suficiente se la lleva; si nó la deja y recobra su mercancía. Hé ahí un ejemplo de comercio bajo su forma más simple.

Amada. — ¡ Cómo! señor, ¿ hay países donde el oro está en polvo ?

El Sr. Edmundo. — Hija mia, el oro existe como

otros muchos metales, en *filones* ó *vetas* en rocas y montañas. Las lluvias tempestuosas arrastran á los rios porciones de esas rocas, guijarros, arena, y al mismo tiempo partículas de oro.

XCVI. — El Oro y sus cualidades. — El laminador y la hilera. — El batido del oro en hojas. — Descubrimiento de las minas de oro en California. — La California y sus habitantes.

Terreno encerrando un gran número de *filones* y de *capas* de diferentes minerales, unos inclinados y otros horizontales.

Los antiguos alquimistas buscaban un medio misterioso para hacer oro y enriquecerse; hay para eso un secreto muy sencillo : *trabajar*.

El Sr. Edmundo. — Las minas de oro más abundantes se encuentran en América, y principalmente en California. Estas últimas han sido descubiertas hace pocos años. Un obrero que trabajaba en un molino vió un dia en el canal una materia amarilla; la tomó, la examinó y la llevó á su patron, que reconoció que era oro.

Frascuelo. —Señor, y ¿ cómo podía saber si era oro ?

El Sr. Edmundo. — En primer lugar, el oro es amarillo, brillante y muy pesado; es el más pesado de los metales, con excepcion de un metal blanco llamado *platina*. El oro es inalterable por el aire y por los *ácidos*, como el vinagre ó el vitriolo. Una mezcla de los ácidos llamada *agua régia*, es la única que tiene la propiedad de atacarle y disolverle.

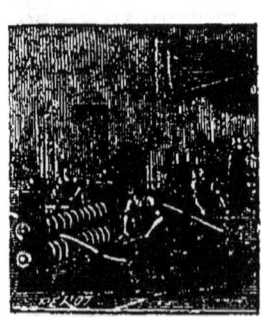

El trabajo de los metales. — El *laminador*. — Se hace pasar una lámina de metal entre dos cilindros. La lámina aprensada se extiende y se convierte en una hoja tan delgada como se quiere.

Ademas, su *tenacidad* es tan grande que un hilo de oro de un milímetro de espesor aguanta sin romperse un peso de 34 kilógramos.

EL ORO Y SUS CUALIDADES. 169

El oro puede reducirse á láminas muy delgadas por medio del *laminador*. Si se bate despues con un martillo esas láminas de oro, se obtiene hojas de ménos de un milésimo de milímetro de espesor. Los encuadernadores ponen con ese oro en hojas el título de las obras en letras de oro. La propiedad de extenderse así bajo el martillo se llama *maleabilidad*.

En fin, la *ductilidad* del oro (ó propiedad de alargarse en hilo) es tan grande, que con un gramo de oro se puede, por medio de la *hilera*, hacer hilos de oro de muchos kilómetros.

ENRIQUE. — Veo que es un metal muy extraordinario. Pero ¿cómo se le retira de la arena?

EL SR. EDMUNDO. — Cuando se sospecha que un terreno contiene oro, se toma algunos puñados de arena; se les pone con agua en un plato, y se agita este inclinándole. El movimiento arrastra poco á poco las mate-

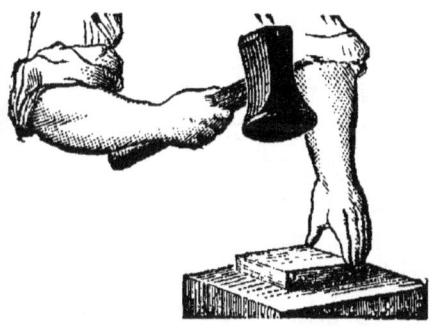

EL TRABAJO DE LOS METALES. — *Obrero batiendo hojas de oro.* — Esas hojas colocadas en cuadernillo las unas sobre las otras, se extienden y se adelgazan poco á poco con el martillo.
EL TRABAJO DE LOS METALES: — *La hilera.* — Para reducir el metal á hilo se hace primero una varita delgada D. Se introduce una extremidad de esta varita en el agujero de la hilera. El tambor B girando, tira el metal que se adelgaza en forma de hilo.

rias más ligeras, es decir, la tierra y la arena; se acaba por ver en el fondo partículas y polvo de oro que la arena ocultaba ántes. Tambien se hace uso de una especie de *molinito* cuyo movimiento arrastra la tierra y la arena, pero deja caer el oro en el fondo.

Luego que el descubrimiento del oro fué conocido en California, hombres de todas las naciones y de todas las partes del mundo, Europeos, Indianos, Chinos, acudieron para recogerle. Se formaron con rapidez ciudades nuevas. Se elevaron como por encanto, iglesias, impren-

10

tas y escuelas. Hubo al principio algunos desórdenes; pero bien pronto, por la virtud del trabajo y de la asociacion, reinó el órden, y la California, que debe toda su fortuna á los trabajadores, es ahora uno de los países más ricos y más prósperos de los Estados Unidos.

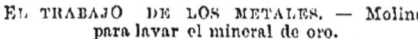
EL TRABAJO DE LOS METALES. — Molino para lavar el mineral de oro.

Chino.

XCVII. — La *MONEDA* (*continuacion*). — **Su utilidad para el comercio. — El zapatero, el sombrerero y el panadero.**

La moneda es una *mercancía portátil* con la cual podemos procurarnos todas las demas.

AMADA. — Señor, ¿por qué se ha imaginado hacer uso de la moneda en lugar de efectuar cambios como los primeros pueblos?

EL SR. EDMUNDO. — Hija mia, á medida que las relaciones de los hombres entre sí se han multiplicado, los cambios se han hecho más difíciles. Sin la moneda, un grande inconveniente se habría producido. Por ejemplo, el zapatero habría hecho más zapatos, el sombrerero más sombreros de los necesarios para pagar el pan que el panadero les hubiese fabricado. Cuando le llevasen el uno un nuevo par de zapatos, el otro un nuevo sombrero, diciendo: — Déme usted siete ú ocho panes en cambio, — el panadero habría podido abrir su armario y mostrarles una existencia de zapatos ó de sombreros nuevos, respondiendo: — Amigos mios, ya no tengo necesidad de vuestros zapatos ni de vuestros sombreros; pero me falta leña para calentar mi horno y no tengo harina para hacer mi pan. Id pues á ver si el mercader de leña y el mercader de trigo necesitan zapatos y sombreros; cambiareis los vuestros por leña y por trigo, y entónces os haré pan.

Vosotros comprendereis, hijos mios, que esas idas y venidas harían perder mucho tiempo, y ademas habría sido muy difícil al zapatero apreciar la cantidad de trigo ó de leña que podían valer sus zapatos.

En fin, se evitó todos esos embarazos buscando un objeto raro y precioso, una mercancía cómoda que todos los hombres estuviesen dispuestos á recibir en cambio de lo que poseían. El oro, la plata y el cobre son la mercancía aceptada de comun acuerdo en las naciones civilizadas para prestar este servicio. Algunos pueblos de Africa se sirven de conchas, otros de sal, otros de bueyes llamados cebús muy numerosos en aquel país.

Conchas-monedas.

Buey jorobado ó *Cebú*.

Enrique. — ¡Cómo! señor, ¿la moneda es una mercancía como los libros y los zapatos?

El Sr. Edmundo. — Ciertamente, hijo mio, puesto que es un producto del trabajo humano que arranca á la tierra los metales preciosos, los trasporta y los amolda.

XCVIII. — La *MONEDA* (*continuacion*). — Ventajas del oro. Los billetes de banco y el banco de Francia.

> Los *monederos falsos* y los que fabrican *billetes de banco falsos* son castigados con trabajos forzados á perpetuidad. (*Código penal.*)

Enrique. — Señor, ¿por qué se ha escogido el oro mejor que el hierro ú otros metales para fabricar la moneda?

El Sr. Edmundo. — Amigo mio, un kilógramo de oro fino vale 3.500 francos; y se puede fácilmente llevar un kilógramo de oro y con semejante suma pagar un gran número de objetos. Si fuese el hierro el que sirviera de moneda, como no es una cosa tan rara, tiene un valor menor; se necesitaría, pues, mucho hierro para un valor de 3.500 francos, y es indudable que tres hombres no podrían levantar una cantidad de hierro de un valor de 3.500 francos, es decir, valiendo un kilógramo de oro. En cuanto á las conchas, son necesarias 2.500 para hacer 5 francos.

Frascuelo. — ¡Oh! si yo hubiera tenido que llevar todo eso en lugar de mis 200 francos en oro, ¿qué habría hecho?

El Sr. Edmundo. — Ademas, el oro y la plata son metales muy duros, que no se alteran fácilmente, que pueden circular continuamente en el comercio sin romperse, sin disminuirse ni deteriorarse, y por consiguiente sin perder su valor. Si por el contrario, la moneda fuese de vidrio, ¡figuráos el número de las pérdidas y de las dificultades que habría!

El Banco de Francia es un grande establecimiento que está bajo la sobrevigilancia del Estado. El sólo tiene derecho para fabricar billetes de banco. Para poder cambiar todos los billetes que se le presentan, conserva una provision enorme de oro acuñado y en barras, encerrada en cuevas inmensas con paredes espesas, á las cuales se baja por una especie de pozo.

Vosotros comprendeis bien, hijos mios, que el oro y la plata convenían más que cualquiera otro objeto para servir de intermediarios en los cambios.

Ahora, decidme, ¿hay para las grandes sumas algo más portátil que la moneda?

Frascuelo. — ¡Oh! sí, señor, los *billetes de banco*, como los que fuí á cambiar. Son muy cómodos esos billetitos, y tienen pintadas lindas figuras de niños y de mujeres.

El Sr. Edmundo. — Son figuras que representan la Industria, el Comercio y la Agricultura á las cuales prestan tantos servicios los billetes de banco. Todo el mundo acepta con confianza esos billetes, porque cuando se los tiene en la mano, es como si se tuviese la misma suma en oro ó en plata, puesto que se está seguro de poder cambiarlos siempre en el Banco de Francia, por oro ó por plata.

XCIX. — El *VALOR* y el *PRECIO* de las mercancías.

> Como el metro sirve de medida para comparar las distancias, la *moneda* sirve de medida para comparar los servicios cambiados y calcular su precio.

El Sr. Edmundo. — Ya sabeis, hijos mios, que el comercio es un cambio continuo de servicios entre los hombres; pues bien, la moneda sirve para *avaluar* esos servicios.

Frascuelo. — ¿De qué manera, señor?

El Sr. Edmundo. — El zapatero que hace un par de zapatos ¿no presta un servicio al que se los pone?

Frascuelo. — Evidentemente, señor.

El Sr. Edmundo. — Pues bien, amigo mio, así sucede en todos los mercados del mundo; se trata siempre entre el vendedor y el comprador de un cambio y de una estimacion de servicios que deben ser del mismo *valor*.

Frascuelo. — Sí, sí, señor, ahora comprendo, y áun me acuerdo que usted nos lo ha dicho.

El Sr. Edmundo. — Entónces, hijo mio, debes de comprender cuánto facilita la moneda los cambios. El valor de cada servicio, estimado en moneda, se llama *precio*.

Pongamos un ejemplo. Necesitas un armario. Vas á casa del carpintero y le dices: « Este armario me conviene; cédamele usted. Pero como no puedo en este momento prestar á usted un servicio en cambio, tome estos veinte francos. »

El carpintero acepta, te llevas el armario y él guarda el dinero diciendo al ponerle en su gaveta: « Estas monedas representan el *valor* del servicio que acabo de prestar, y son su *precio*. Con

La carpintería y la ebanistería.

ellas puedo, cuando quiera, comprar los servicios que me sean necesarios.

Por tu parte, puedes decir : « He pagado el servicio del carpintero con otro servicio que mis padres ó yo habíamos prestado á otros hombres, y por el cual habíamos recibido esos 20 francos. »

Así, gracias á la moneda, los hombres pueden servirse más fácil y prontamente los unos á los otros, y la sociedad entera está más unida.

C. — La variacion de los precios. *OFERTA* de los vendedores y *DEMANDA* de los compradores. — Los ramos de cerezas.

Los precios suben y bajan como el nivel del agua.

Frascuelo. — Ahora comprendo bien el papel de la moneda en los cambios ; pero ¿ qué es lo que fija el *precio* de las cosas? Hay tiempos, por ejemplo, en que mamá dice : « La grasa está muy cara, Frascuelo, es preciso economizarla » Entónces pone ménos en la sopa, y esta no sabe tan bien como otras ocasiones. A veces la he oido decir : « Las telas de Laval ó de Rennes han bajado de precio ; nos aprovecharemos de esta baja para comprar ropa. » ¿ De dónde viene que el precio de las cosas baje y aumente de esa manera?

Rennes (55,000 habitantes), cabecera de academia. Comercio de telas.

El Sr. Edmundo. — Con un poco de reflexion vas á comprenderlo. Por ejemplo, Frascuelo, cuando llega el mes de mayo ¿ no has notado en los aparadores de las fruterías, unos ramitos compuestos de tres ó cuatro cerezas?

Frascuelo. — Sí, señor ; y esos ramos son muy caros; piden por ellos uno y hasta dos sueldos! Pero yo sé bien

LA VARIACION DE LOS PRECIOS. 175

por qué las cerezas son tan caras entónces; es porque la bella estacion está muy poco avanzada, y porque hay muy pocas cerezas maduras. A medida que la estacion avanza, las cerezas se enrojecen todas, y entónces hay grandes cestos en las tiendas, y por dos sueldos dan un plato lleno.

EL SR. EDMUNDO.—Frascuelo, ¿piensas que las cerezas son tan caras al principio de la estacion solamente porque son raras? Si así fuese, cuando pasa la estacion de las cerezas y quedan apénas en los árboles, ¿por qué las fruteras no exponen nuevos ramos de tres ó cuatro cerezas formados con las últimas del año?

FRASCUELO. — Pero, señor, en ese momento, todo el mundo está harto de cerezas. Y despues, hay otras frutas que están maduras; llegan las grosellas, las frambuesas y tambien las peritas de San Juan. Nadie se cuida, pues, de las cerezas; miéntras que al fin de mayo todo el mundo tiene muchas ganas de probarlas, porque ellas y las fresas son las primeras frutas de la primavera.

EL SR. EDMUNDO.—Muy bien, amigo mio. Tú ves que no basta que una cosa sea *rara* para tener un precio elevado: es tambien necesario que sea deseada y *pedida* por mucha gente. Como dice muy bien Frascuelo, cuando comienza la estacion de las frutas, todo el mundo desea comer cerezas. La demanda de cerezas es entónces muy grande; la consecuencia es que las cerezas son caras. Cuando todo el mundo se ha hartado de cerezas, ya no son los compradores los que acuden á las tiendas para *pedir*; sino que los vendedores á quienes quedan cerezas son los que llaman á los compradores para *ofrecerles* la mercancía. En este caso, amigos mios, la mercancía baja siempre. En efecto, ya no es el comprador quien necesita comprar; es el vendedor quien necesita vender; ahora bien, en todo trato, el que tiene mayor necesidad ó mayor deseo de hacerle, está obligado á sufrir las condiciones que se le imponen.

El nivel del agua.

Ya habeis visto, hijos mios, el nivel del agua que tan pronto sube como baja en el rio segun que llueve ó que el tiempo está seco: ese nivel está marcado en el puente por una escala; así el precio de las cosas sube ó baja segun la *oferta* de los unos y la *demanda* de los otros.

Sucede lo mismo con el salario de los trabajadores y con las utilidades de los mercaderes.

CI. — La eleccion de una profesion.

Escoger una buena profesion es ponerse entre las manos un buen instrumento.

El Sr. Edmundo. — La conclusion práctica de lo que acabamos de decir, es que todo hombre que tiene que ser obrero ó mercader no debe de tomar al azar su profesion. Antes de escoger un oficio y de abrir una tienda debe de decirse: « ¿ No hay ya muchas gentes que *ofrecen* hacer lo que yo quiero hacer? » En ese caso es preciso volver los ojos á otra parte, y preferir un oficio en que la concurrencia sea ménos grande, áun cuando ese oficio sea más difícil de aprender.

Ya lo veis, hijos mios, nada exige más cálculo que el escoger una ocupacion.

Estamos en la época de las vendimias, por ejemplo, en Dijon ó en Mâcon. Si no hay bastantes vendimiadores, los propietarios burguiñones que tienen muchas viñas irán á *solicitar* trabajadores por todas partes. En ese caso habrá más brazos *solicitados* que *ofrecidos*. Los propietarios se verán, pues, obligados á pagar más caro á los vendimiadores.

Dijon (45.000 habitantes), gran comercio de vinos.

Al contrario, si hay muchos obreros que ofrezcan sus brazos para la vendimia y pocos propietarios que tengan necesidad de trabajo, los vendimiadores serán evidentemente pagados ménos caro.

Buscad pues, siempre, la profesion en que tengais ménos competidores y para la cual seais aptos.

CII. — **El cumple años de Enrique y el arco de Estéban.**

> Los niños hacen en sus juegos el aprendizaje de la vida.

Hacía ya tres meses que Frascuelo asistía á las lecciones del Sr. Edmundo. Habían comenzado los calurosos dias de junio y el 25 era el aniversario del nacimiento de Enrique. El Sr. Clertan, para festejar aquel dia y dar gusto á su nieto, resolvió llevarle al campo con varios de sus camaradas.

Frascuelo había sido invitado á la fiesta y se había puesto ese dia su mejor traje de los domingos.

Un gran charaban condujo desde muy temprano á la alegre caravana, y muy pronto los niños pudieron ponerse á jugar en el patio de la quinta. El hijo más pequeño del arrendador, Juan, un robusto muchacho, hermano de leche de Enrique, no se hizo de rogar para unirse á nuestros amigos.

Los chicuelos corrían á quien más y mejor; Amada venía tranquilamente detras, en compañía del preceptor y de Juanita, su hermana de leche.

Esta, ya laboriosa y razonable, se había provisto de un cesto y de un cuchillo.

— Señorita, había dicho á Amada, buscaré ensalada durante el paseo, y la que corte será un adelanto para el mercado de mañana.

— Yo te ayudaré, le había contestado Amada, y cuando hayamos acabado jugaremos.

Margarita.

Las dos niñas, pues, saltando en los fosos, explorando con atencion los sitios sombríos, comenzaron su cosecha. Amada, sin descuidar la ensalada, no resistía á la tentacion de coger las lindas margaritas de San Juan, los pipirigallos bermejos y las aterciopeladas escabiosas ; así es que había un desórden magnífico de flores y de legumbres en el cesto de la querida niña.

Una vez concluida la cosecha fué preciso hacer la clasificacion, limpiar la ensalada y componer los ramos.

Juana y Amada volvieron entónces á sentarse al lado del Sr. Edmundo para hacer esa tarea. Este seguia atentamente con la vista los ruidosos juegos de los niños, y de repente se volvió hácia Amada.

— Interrumpa usted un momento su trabajo, querida niña, le dijo, y fíjese un poco en lo que pasa en la pequeña sociedad de que forma parte su hermano.

Amada levantó la cabeza: — ¡ Bueno ! dijo, ¡ ya comenzó la desunion entre esos señores! Juana, hermanita mia, hemos hecho muy bien en rehusarnos á jugar con ellos.

— ¡ Oh ! sí, replicó la labradorcita; yo sospechaba que habría querellas. Ahí está un amigo del Sr. Enrique que está muy orgulloso porque ha traido un arco grande y bello con flechas. Como él sólo tiene arco, quiere imponer la ley á todos sus camaradas. ¿ Ve usted, señorita Amada, esa vara que está allí con un gran papel blanco? Es un blanco que esos señores han arreglado para saber quién tira mejor de todos. Cada cual tiene tres tiros para tocar el blanco. Pues bien, cada uno tira regularmente sus tres tiros en buena justicia; pero ese grande Estéban á quien pertenece el arco hace trampas siempre que juega. En este momento quiere lanzar cuatro flechas seguidas ; hace un rato se ponía más cerca del blanco que los demas. Cuando usted estaba en la zanja cogiendo margaritas, impidió á Frascuelo tirar sus tres veces, pretendiendo que hacía trampas, lo cual no era verdad. Frascuelo ya no juega. Vea usted, ya mi hermano Juan no quiere jugar tampoco y habla con Frascuelo.

Los arcos y las flechas eran las armas principales de nuestros antecesores. Los *arqueros* estaban cubiertos de cascos y de corazas que los protegían.

— Hace muy bien, dijo Amada; ese Estéban es malo.

Si yo estuviese en lugar de mi hermano y de sus amigos, le dejaría solo con su arco.

— ¡Ah! ¡ese es precisamente el gran negocio! El arco de Estéban es muy divertido; y como tienen mucho gusto en jugar con él, se resignan á soportar las vejaciones de su dueño.

En esto, la labradorcita se volvió al preceptor.—Señor, le dijo, ese Estéban es un malo; si usted le obligase á prestar su arco á los otros sin molestarlos, ¿no sería justo?

— Chiquilla, dijo el Sr. Edmundo, las contestaciones de juegos son negocios de niños; mientras no degeneren en luchas y en violencias, es justo dejar que se arreglen libremente. Así hacen los niños el aprendizaje de la vida. Por otra parte, el arco de Estéban le pertenece; no puedo, sin injusticia, impedirle que disponga de él á su antojo.

En el momento en que el Sr. Edmundo acababa estas palabras, Juan y Frascuelo, que acababan sin duda de concertarse, se lanzaron rápidamente hácia un mimbreral plantado á la orilla de un arroyo, abajo de la pradera donde cantaban las ranas. Juan había tomado su cuchillo; cortó una fuerte rama de mimbre. Frascuelo había sacado de la bolsa la cuerda con que

Mimbreral.

lanzaba su trompo; ajustó sólidamente la cuerda á la rama de mimbre, y doblándola con destreza, hizo muy pronto un arco. Por otra parte, Juan cortaba nuevas ramas á los árboles vecinos, más duros que el mimbre, y en poco tiempo hizo una provision de flechas.

—¡Victoria! exclamaron luego nuestros dos muchachos, corriendo á donde estaban sus camaradas. Señores, ¡aquí hay otro arco y flechas!

Rana.

Flechas y arco fueron ensayados, y el entusiasmo fué general cuando se descubrió que se podía apuntar con tanta precision y á tan gran distancia con el arco de mimbre que con el de Estéban.

Las partidas se reorganizaron con alegría. Estéban, descontento de no ser ya el amo, se enfurruñó al principio y trató de jugar solo con su arco y las flechas emplumadas de su carcaj; pero se fastidió muy pronto de su aislamiento. Tuvo entónces que aceptar las condiciones en lugar de dictarlas; se decidió á ello bravamente, y la buena armonía se restableció de ese modo por sí misma.

Carcaj.

Las dos niñas habían seguido con los ojos toda esta escena. Amada pensaba en lo que acababa de decir el Sr. Edmundo y en sus lecciones, y exclamó:

— ¡Ah! señor Edmundo, Juan y Frascuelo han hecho mejor en recurrir á su industria para dar una leccion á Estéban que en venir á quejarse con usted y á rogarle que los protegiese.

— Sea enhorabuena, hija mia, y pues sabe usted tan bien deducir una enseñanza de las cosas que ve, quiero que mañana dé parte de su cuerda reflexion á su hermano y á Frascuelo. Voy á dar á usted explicaciones muy cortas con cuyo auxilio podrá usted dar una leccioncita en lugar mio

— ¡Oh! señor, dijo la niña, no se burle usted.

— No me burlo, queridita mia, y ya verá usted que eso es más fácil de lo que cree. Solamente no olvide usted nada de lo que ha pasado hoy entre nuestros turbulentos chicuelos. Será ese el ejemplo en que se apoyará su leccion de mañana.

CIII. — **Una leccion dada por Amada. — El zapatero exigente. — La *LIBERTAD DEL TRABAJO*.**

Las cosas más simples contienen enseñanzas de que nos aprovecharíamos si fuésemos atentos.

Al dia siguiente, cuando los tres niños se reunieron para trabajar, el Sr. Edmundo encargó á Amada que diese la leccion en su lugar. La niña, con grande asombro de Enrique y de Frascuelo, no pareció muy espantada de una tarea tan ruda. Se volvió gravemente frente á los chicuelos, y como una persona que ha reflexionado de antemano en su exordio, comenzó inmediatamente:

— Señores, dijo, ¿ no es verdad que vosotros dos amais mucho la justicia ?

— Ciertamente, mi señorita hermana, respondió Enrique riendo, porque el tono serio de Amada le divertía mucho.

— Pues bien, dijo Amada, voy á plantearte una cuestion, Enrique; vamos á ver si encuentras la manera más justa de resolverla. Supongamos que no hay en nuestra ciudad más que un zapatero. No piensas, Enrique, que ese zapatero podría decir: « Puesto que sólo yo hago zapatos, los venderé tan caro como yo quiera, porque ¿ no tengo que temer que se los procuren más baratos? » En este caso, hermano mio, ¿ qué recurso quedará á los que no sean bastante ricos para pagar los zapatos al precio del exigente zapatero, si no es el de andar descalzos ?

— Pero, hermana, dijo Enrique con vivacidad, tu zapatero no sería razonable, y no habría más que hacer una cosa: impedirle que vendiera sus zapatos más caros de lo que valen.

— Sea, ¿ pero por qué medio ? dijo Amada.

— Dios mio, dijo Enrique, no lo sé muy bien; pero hay autoridades en una ciudad y se podría ordenar vender los zapatos á un precio conveniente, de manera que el vendedor no perdiese y que, sin embargo, los pobres no anduviesen descalzos.

— Te prevengo, señor hermano, dijo Amada, riendo á su vez de la respuesta de Enrique, que si empleas tu fuerza para obligar á un trabajador á ceder su trabajo contra su voluntad, violas el *derecho* que tiene todo hombre de trabajar y de vender su trabajo como le parezca. Quieres pues cometer una injusticia en perjuicio de un trabajador, so pretexto de hacer una caridad á los que andan descalzos.

— Pero, señorita Amada, dijo Frascuelo, embarazado tambien, ¿ qué hacer entónces ? ¿ No vale más que haya una sola víctima que muchas ?

— No, Frascuelo, dijo gravemente Amadita. **Hacer**

una víctima en vez de muchas es siempre cometer una injusticia. ¿ Has olvidado acaso las lecciones del Sr. Edmundo sobre la justicia y la utilidad? La verdadera ley, la buena, es la que á nadie oprime. Ayer has tenido más talento que hoy, Frascuelo, para arreglar una cuestion casi semejante.

Frascuelo y Enrique no comprendían nada.

— ¿ Qué cuestion? exclamaron. Ayer fué juéves; no hubo leccion y jugamos todo el dia.

— ¡Justamente! dijo Amada. Miéntras que jugabais, el Sr. Edmundo y yo os mirábamos. Había entre vosotros un tal Estéban, cuyos procederes tenían mucha analogía con los del zapatero en cuestion; él sólo tenía un arco con el cual todo el mundo deseaba jugar, y se aprovechaba de esta circunstancia para imponer á los demas las condiciones más duras. Era, pues, preciso, sujetarse á los caprichos de Estéban ó privarse de jugar. Juana, mi hermanita de leche, estaba muy indignada y quería que el Sr. Edmundo fuese á imponer su autoridad en medio de vosotros y obligase á Estéban á prestar su arco de mejor voluntad. Pero el Sr. Edmundo desechó su idea, diciendo que era preciso dejar que el debate se arreglase libremente. Pues bien, Frascuelo, acaba en mi lugar y saca la conclusion.

— Ya caigo, exclamó Frascuelo. Nadie puede, sin injusticia, obligar al zapatero á dar su trabajo, que es su propiedad, á un precio que no le acomode, como nosotros no teníamos ayer el derecho de arrancar á Estéban su arco á puñetazos. Pero al mismo tiempo el zapatero no puede, sin cometer una injusticia, impedir que sus vecinos se pongan á hacer y á vender zapatos ellos mismos, como Estéban no podía impedirnos que hiciéramos un arco. Juan y yo hemos dicho ayer, para el arco de Estéban: — Puesto que el zapatero abusa de que sólo él posée zapatos, tomémonos el trabajo de hacerlos nosotros mismos, para no estar bajo su dependencia.

— ¡ Bravo! Frascuelo, dijo el Sr. Edmundo; al fin has encontrado la mejor ley: la libertad del trabajo para tódos. Con ella nadie tiene razon para quejarse: el zapatero nada tiene que decir, puesto que es libre de trabajar y de vender como quiera ; los demas, por su parte nada tienen que decir, puesto que pueden trabajar tambien como quieran, y comprar los zapatos que se les ofrecen, ó hacerlos ellos mismos por los procedimientos que les agraden, á la mano ó á la mecánica. Así la justicia está respetada en todo.

Ahora, Amadita, continúe usted esta leccion que ha dado tan bien hasta ahora.

Zapatería mecánica.

— Señores, continuó alegremente Amada, ¿ sabeis con qué nombre se designa en el comercio los casos muy raros en que un hombre es el sólo que fabrica y vende un objeto como el zapatero de hace un momento ?

— No, dijeron los dos hombrecitos; pero la señorita Amada nos lo dirá, puesto que es tan sábia.

— Pues bien, replicó la niña ; es lo que se llama un *monopolio*. Se le evita lo más posible en el comercio, pero no haciendo leyes injustas como pedía Enrique, ni obligando á los que tienen un monopolio á bajar sus precios, sino dejando simplemente á cada uno la libertad de hacerles concurrencia.

CIV. — **Utilidad de la *CONCURRENCIA* para el comercio.** — **Quejas de la frutera.** — **Jardinero y viñador.**

El provecho de cada uno es el provecho de todos.

FRASCUELO. — Veo, segun lo que ha dicho la Srta. Amada, que la concurrencia de los vendedores entre sí es una cosa muy buena para los compradores ; pero los vendedores se quejan de ella y la acusan de todas sus miserias. La frutera de la esquina, por ejemplo, dice casi todos los dias : « *La pobre gente es muy desgraciada en nuestro tiempo; la concurrencia mata el comercio, no hay modo de hacer negocio.* » ¿ Por qué, señorita Amada ?

— ¡Ah! dijo Amada, no puedo responder á eso; he dicho todo lo que sabía; vuelvo la palabra al Sr. Edmundo.

El Sr. Edmundo sonrió y respondió: — Frascuelo, ¿no oyes todos los dias á las gentes quejarse de que hace mucho calor ó mucho frio? Pero, miéntras que al jardinero le parece que un poco de lluvia convendría mejor á su jardin, el viñador, que ve desaparecer sus rodrigones bajo un hermoso follaje y racimos dorados, ¿no afirma que ese tiempo caliente es por el contrario favorable á su viña?

Viña baja en rodrigones.

FRASCUELO. — Es cierto, señor.

EL SR. EDMUNDO. — Lo que tambien es cierto, hijo mio, es que nadie se inquieta de esos dichos opuestos, porque todo el mundo sabe que no pueden hacer caer una sola gota de lluvia de más ó de ménos. El mismo que se queja de la sequía, sabiendo que sus quejas no bastan para refrescar su jardin, tomará su regadera; y lamentándose del trabajo que se da, reparará lo mejor posible el mal que un sol demasiado caliente hace á los chícharos de su jardin. Al mismo tiempo, si es un hombre justo, reflexionará, y no dirá: « El provecho que el sol causa á las viñas de mi vecino es una pérdida para mí. » Hé aquí, al contrario, lo que pensará: « Con actividad puedo reparar regando el perjuicio que me causa el exceso del calor. Por otra parte, si las viñas de mis vecinos van bien, habrá uvas en abundancia; si hay muchas uvas el vino será ménos caro y yo seré el primero en aprovecharme de ello. No nos quejemos pues: el provecho de mi vecino lo será para mí y para todos. »

Viña alta ó erguida.

Pues bien, Frascuelo, la concurrencia es como el tiempo, de que todo el mundo se queja y de que todo el mundo se aprovecha. Se queja uno un poco más alto de la concurrencia que del tiempo, porque hay gentes que tienen siempre la preocupacion de que se podría impedir la concurrencia por la fuerza, miéntras que se sabe muy bien que no se puede inventar, por fortuna, ninguna ley para arreglar la lluvia ó el sol.

Pero, amigo mio, cuando todo el mundo haya acabado por comprender cuán favorable es la concurrencia á la prosperidad de todos, se hará por ella lo que se hace por el tiempo. En lugar de perder los instantes en murmurar se reparará con actividad el perjuicio de la concurrencia, y entónces se podrá decir más que nunca : el provecho de cada uno es el provecho de todos.

Es cierto que á la frutera le parecería más agradable ser la única que vendiese coles, manzanas y ensalada; es probable igualmente que se aprovecharía de ello para vender muy caro esos efectos ; y miéntras que los compradores se quejarían de sus exigencias, ella exclamaría : « ¡ Qué bien van los negocios, y cuánto prospera el comercio ! » Pero dime, Frascuelo, ¿ no cambiaría de lenguaje si el zapatero, su vecino, solo á su vez en la ciudad, quisiera venderle sus zapatos á un precio exagerado ? No es claro que exclamaría entónces : « ¡ El zapatero arruina á la pobre gente ! ¿ Cómo no hay alguno que le haga concurrencia ?

FRASCUELO. — Tiene usted razon, señor. Veo que los vendedores no aman la concurrencia cuando se les hace ; pero les encanta que exista desde el momento en que ellos mismos tienen algo que comprar.

EL SR. EDMUNDO. — Justamente, amigo mio, y como no hay nadie, comerciante ú obrero, que no tenga que hacer compras, la concurrencia es al fin y al cabo un beneficio para todos, hasta para la frutera de la esquina.

Esto os prueba una vez más que la única cosa verdaderamente útil para todos es el *respeto de la justicia,* y que por el contrario, las injusticias que se comete so pretexto de *utilidad* engendran las consecuencias más perniciosas.

CV. — **La concurrencia favorece el progreso.** — **El arco fabricado por Frascuelo.**

La concurrencia es libre entre todos los ciudadanos para todas las profesiones. (*Principios de la Constitucion francesa.*)

El Sr. Edmundo. — La justa concurrencia tiene tambien otra ventaja : se parece á la emulacion que nos excita sin cesar á mejorar ; favorece nuestro progreso intelectual. Porque para luchar con ventaja cuando se tiene rivales inteligentes, ¿ no es preciso, Frascuelo, tratar de hacer las cosas tan bien ó mejor que ellos? Mirad, por ejemplo, los esfuerzos del Sr. Clertan para sostener la concurrencia que le hacen para las cotonadas, Lille, Rouen, Amiens, y sobre todo San Quintin.

San Quintin (40.000 habitantes.) — Monumento elevado « á la gloria de los habitantes de San Quintin que en 1870, rechazaron heróicamente á las tropas alemanas». Representa la ciudad de San Quintin sobre la cual se apoya uno de sus hijos armado para la defensa de la patria.

Y vosotros, ayer, cuando habeis resuelto arreglar un arco que pudiese rivalizar con el de Estéban, ¿ no habeis hecho esfuerzos de destreza para lograrlo? Vuestro arco estaba verdaderamente muy bien fabricado. Y Estéban á su vez, luego que la partida fué igual, ¿ no se vió precisado á reflexionar, á reconocer lo malo de sus procederes, á corregirse en fin y á ser mejor camarada so pena de quedarse solo?

Enrique. — Es cierto, señor, y mucho me admira que nuestros juegos de niños tengan tan grande analogía con los graves negocios de los hombres.

El Sr. Edmundo.— Amigo mio, en vez de asombrarte piensa al contrario que la época de la infancia y de la adolescencia es un aprendizaje de la vida. Y lo mismo que el aprendiz atento, que desea llegar á ser más tarde un buen obrero, se aplica á las menores cosas que se le hacen ejecutar, vosotros, amigos mios, debeis desde la infancia de aplicaros á adquirir las virtudes que harán de vosotros ciudadanos honrados y justos.

Con este motivo quiero felicitar á Frascuelo por su conducta de ayer. Puesto fuera del juego por la injusticia de un camarada no ha respondido ni con injurias ni con golpes. En vez de la fuerza brutal ha llamado en su auxilio á la inteligencia. Gracias á su dulzura y á su espíritu ingenioso, en lugar de una querella y de una riña, la buena union ha reinado entre todos. El injusto Estéban ha confesado libremente sus culpas y se ha corregido solo. Has obrado bien, Frascuelo; obra siempre lo mismo. Respeta en las cosas más pequeñas el *derecho* y la *libertad* de los otros.

CVI. — El respeto de la *LIBERTAD*. — La envidia produce la injusticia. — El pobre no debe envidiar al rico.

<blockquote>Todos los hombres nacen libres y deben permanecer libres, con la sola condicion de respetar la libertad ajena.» *(Principios de la Constitucion francesa.)*</blockquote>

— Amadita, dijo el Sr. Edmundo presentando un libro á la niña, léanos usted estos dos capítulos.

La niña tomó el libro, y comenzó con una voz clara:

Cuando un niño ve á un camarada más rico que él, dueño de un objeto que le agrada, y concibe en el acto un deseo vehemente de procurárselo, ese niño está en el límite que separa el *derecho* de la *injusticia*: segun lo que haga se mostrará justo ó injusto, respetará ó violará la *libertad* de otro.

No hay para ese niño más que un medio legítimo de hacerse dueño de la pelota ó de la navaja que envidia, y es decir francamente á su camarada: « José, yo desearía tener tu pelota de cautchuc ó tu navaja; ¿consientes en cambiármela por este juguete que me pertenece ó por tal servicio que te haré? »

Supongamos que José, usando de su libertad sin perjudicar á

nadie, le responda : « Alfonso, yo no quiero ceder mi pelota ni mi navaja á ningun precio ; » y que inmediatamente, lleno de cólera, Alfonso llene á su camarada de injurias ó de amenazas, alimentando contra él un sentimiento de odio ó de venganza; Alfonso ha violado la justicia : no ha respetado el derecho y la libertad de su semejante, ha cometido una falta enorme. Porque el niño que no sabe respetar en la escuela el derecho y la libertad de sus camaradas, una vez hombre y ciudadano, no respetará tampoco el derecho, la libertad, la propiedad de sus semejantes. Se habitúa uno á la injusticia desde la infancia, lo mismo que al respeto del derecho y de la libertad.

El árbol de cautchuc, de donde se extrae la goma elástica.

¿Qué diferencia hay entre el niño que aborrece ó injuria á su camarada porque este posée de más que él una pelota ó una navaja, y el hombre que aborrece ó injuria á su vecino, porque ese vecino posée de más que él un hermoso caballo y un carruaje elegante? La única diferencia consiste en los años que separan al hombre del niño ; en el distinto valor de un caballo y una pelota, de una navaja y un carruaje ; pero son absolutamente iguales la injusticia del niño y la del hombre.

Hé aquí, por el contrario, otro camarada de José, que despues de haber deseado y pedido inútilmente su pelota ó su navaja, en vez de injuriarle y de aborrecerle se dice :

« Ciertamente, siento mucho no tener ni pelota ni navaja. Sin embargo, José, al rehusármelas, ha hecho lo que yo podría haber hecho en su lugar : ha usado de su libertad como yo uso de la mia. Sus juguetes son una recompensa que ha recibido de su padre; tiene el derecho de hacer con ellos lo que quiera, de rehusármelos y yo no le tengo para quejarme. En vez de recriminarle pensemos más bien en trabajar y en obtener un buen lugar en las composiciones, para que mi padre me dé, á mí tambien, una recompensa. »

El niño que ha hablado así ha respetado la libertad de su camarada; ha tenido un sentimiento de justa emulacion y tomado una resolucion noble en lugar de abandonarse á la envidia. Es casi seguro que ese niño llegará á ser un hombre honrado y un buen ciudadano.

¿Qué diferencia hay entre ese niño que piensa en imitar la actividad laboriosa de José á fin de poseer como él una pelota y una navaja, recompensa de su aplicacion, y el hombre que habiendo admirado y deseado el hermoso caballo ó el rico carruaje que su vecino es libre de poseer, no piensa más que en trabajar de todo corazon para procurarse más tarde un caballo y un carruaje semejantes?

Evidentemente hay diferencia en la distancia de las edades, pero nó entre la justicia del niño y la del hombre, entre su respeto comun por la libertad ajena. Uno y otro poséen almas rectas y valerosas que no quieren deber su prosperidad más que á su trabajo y nó á la injusticia.

La *envidia* envilece los corazones, la *emulacion* los eleva.

Aquí nuestra Amadita se detuvo un instante: el primer capítulo estaba concluido. El Sr. Edmundo felicitó á la niña, porque había leido con mucho gusto, dejando caer la voz al terminar las frases, y haciendo sentir cada coma por un corto tiempo de detencion.

Amada, muy contenta de la aprobacion del profesor siguió leyendo el capítulo siguiente, aplicándose más todavía á leer bien.

CVII. — *LA VERDADERA IGUALDAD.* — **El orgullo produce la injusticia. El rico no debe despreciar al pobre.**

> « Todos los franceses son *iguales ante la ley*. Son igualmente admisibles á todos los empleos públicos, sin otra distincion que las de sus talentos y de sus virtudes. » (*Constitucion francesa*.)

Ricos ó pobres tened siempre el sentimiento de la verdadera *igualdad* que debe reinar entre los hombres.

Si á un niño rico, en la escuela, le ocurre admirar su hermoso traje y mirar con desden la blusa de su camarada, diciéndose: « Ese pobre Santiago no es más que hijo de un jornalero, lleva zuecos que no están siquiera barnizados; hay entre nosotros dos una gran diferencia, y cuando yo consienta en jugar con él, Santiago obedecerá y yo mandaré; » ese niño ha violado ya con el pensamiento la justicia y el sentimiento de la verdadera igualdad.

Ricos ó pobres son iguales en derecho ante Dios, y deben de serlo en la humanidad. Las desigualdades de la *fortuna,* de la *inteligencia* y áun del *mérito*, no impiden entre los hombres la igualdad de los *derechos* y de los deberes de justicia. Esa es la verdadera igualdad.

El niño que desde su tierna edad, desconociendo la igualdad verdadera, establece una diferencia entre los derechos de sus camaradas por la simple inspeccion de sus vestidos, será más tarde un ciudadano injusto en sus relaciones con sus semejantes; porque las costumbres tomadas desde la infancia no hacen más que exagerarse con la edad.

Qué diferencia hay entre el niño de que acabamos de hablar, y el hombre rico que se diría: « Santiago, mi vecino, no tiene un centavo de existencia en su gaveta; yo poseo bienes inmensos; evidentemente hay entre nosotros una diferencia muy grande. Santiago debe de hablarme con humildad y respeto; yo no le debo nada; y cuando me salude al paso yo permaneceré con mi sombrero en la cabeza, orgulloso de mi superioridad.»

Evidentemente no hay diferencia entre el necio niño de que hemos hablado y el rico injusto que pintamos aquí. Se podría decir al uno como al otro:

Amigo mio, hace usted mal en enorgullecerse de su hermoso traje y de su sombrero de seda; porque si el traje es rico, el corazon que cubre es muy pobre; si el sombrero es elegante, el cerebro que abriga está muy vacío! ¿No sabe usted á su edad, que lo único que hace á un hombre más digno de respeto que otro es su virtud, su cordura, su justicia? La virtud no consiste, á Dios gracias, ni en el traje ni en el sombrero y no se va á comprarla al mercado con dinero.

Si quiere usted obtener más respeto que sus semejantes trate de ser mejor. Y en este momento mismo deje que los demas sean jueces del valor de usted, porque nadie puede sin orgullo, estimarse más virtuoso, más justo ó más cuerdo que otro.

Nunca diga usted: «Valgo más que mi vecino.» ¿Ha sondeado usted, como Dios, el corazon de su vecino, para saber si no reina en él la justicia, y tiene usted el derecho de decir que la caridad hace palpitar el corazon de usted con más violencia que el de los demas?»

— He ahí reflexiones muy bellas, dijo Frascuelo. Este libro explica tan bien las cosas que ya no me sentiré humillado en lo sucesivo cuando alguno, á causa de mi pobreza, me trate con desprecio. Me consolaré inmediatamente, porque me diré: ese orgulloso no perjudica á nadie más que á sí mismo, y el único que tiene motivo para avergonzarse es él porque es injusto, y yo no lo soy.

— Y tendrás tanta más razon, Frascuelo, dijo el Sr. Edmundo, cuanto que verdaderamente los necios y los ignorantes son los únicos capaces de envanecerse por su traje ó por sus escudos. A tales gentes no se debe de oponer la cólera ni la indignacion: no merecen más que la piedad.

CVIII.—*HISTORIA DE LA INDUSTRIA EN FRANCIA.*
— **Las corporaciones, el aprendizaje y el maestrazgo.**
— **La obra maestra.** — **Los asadores.**

> Las *asociaciones* están hoy autorizadas por la ley á condicion de que no opriman á nadie y de que respeten los derechos de todos. (*Código.*)

Llegó el 14 de julio; era el dia de san Buenaventura,

fiesta de los fabricantes de tejidos. Hubo huelga para todo el mundo en la manufactura del Sr. Clertan, y los obreros estaban tanto más satisfechos cuanto que se les pagaba el jornal del dia aun cuando no trabajaban.

Frascuelo, por la primera vez de su vida, asistió á las ceremonias con que se festejaba el dia de San Buenaventura. Tenía un gran ramillete en la mano. Tuvo su parte, en la iglesia, del pan bendito repartido entre todos. Al fin del oficio el órgano resonó con alegres armonías. Al mismo tiempo, el portaestandarte, uno de los obreros más antiguos del país, subido en una silla, se puso á hacer ondear en los aires, en señal de alegría la gran bandera de los fabricantes. Los largos pliegues del estandarte tejido en Lyon eran de rica tela de seda, blanca de un lado, púrpura del otro, y sembrada de abejas de oro, emblemas del trabajo. Abajo estaban bordadas, igualmente en oro, la *naveta* del tejedor, el *huso* y la *rueca* de las hilanderas. Estos humildes atributos de la fábrica reposaban sobre haces de espigas, para marcar la fecundidad de la industria.

Lyon (340.000 habitantes). — Plaza de los Cordeleros. Los cuarteles obreros de Lyon están habitados sobre todo por artesanos en sederías y pasamanerías.

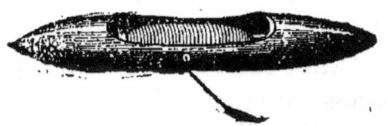

La *naveta* del tejedor. — La palabra *naveta* significa pequeña navaja y en efecto, la naveta es como una barquita; atraviesa la *cadena* de las piezas dejando á su paso el hilo enredado en la bobina que contiene en el interior. Este hilo formará la *trama* del tejido.

Cuando el órgano se calló cuatro tambores reclutados entre los obreros, ejecutaron un redoble de marcha magnífico, y el cortejo se retiró.

Frascuelo, maravillado, había observado todo con atencion. Al dia siguiente interrogó al Sr. Edmundo sobre la ceremonia. — Señor, le dijo con vivacidad, muy alegre todavía del dia de la víspera, ¡ era muy hermosa la fiesta de ayer! El tio Santiago me ha dicho que había otra el dia de san Mauricio, patron de los tintoreros. Parece que cada oficio tiene su fiesta, y que en otro tiempo esas fiestas eran mucho más bellas todavía. Era segun parece la época de los cuerpos de oficios y de las corporaciones. Pero ¿qué cosa eran, señor, esas corporaciones de que hablan algunas veces los viejos obreros?

El Sr. Edmundo. — Amigo mio, los cuerpos de oficios ó *corporaciones* eran sociedades formadas de todos los artesanos de la misma profesion y habitando en una misma ciudad. La reunion de ayer, por ejemplo, compuesta de notables fabricantes y de los obreros más antiguos de las fábricas, recuerda de léjos esas corporaciones y es uno de sus últimos vestigios. Solamente que en otro tiempo habría habido por lo ménos cinco ó seis corporaciones en la sola reunion de ayer: — fabricantes de géneros de lana, por ejemplo, fabricantes de telas, de cotonadas, de pañuelos, etc., etc.

Huso y rueca. — La hilandera estira la hilaza con sus dedos, y hace girar la rueca con su pié.

Frascuelo. — Entónces habría habido cinco ó seis fiestas, y la cosa habría sido todavía más agradable.

El Sr. Edmundo. — Pero no habrías podido asistir más que á una sola, amigo mio, la que hubiese concernido á tu oficio. Ya ves que no por eso habrías estado más avanzado. Por otra parte, es una niñería juzgar una institucion por los placeres y las fiestas que puede procurar una vez al año.

Frascuelo. — Señor, ¿crée usted que las corporaciones no eran una cosa buena?

El Sr. Edmundo. — Amigo mio, las corporaciones se habían formado al principio con una intencion excelente. Los artesanos de un mismo oficio querían defenderse, protegerse mutuamente y entenderse para sostener sus derechos. Pero en vez de ser siempre *asociaciones libres* y de respetar la libertad de los demas, las corporaciones obtuvieron del gobierno de entónces mediante una suma que le pagaban cada año, el *privilegio* de ejercer solas el oficio y de prohibirlo á todos los que no estaban admitidos en su seno, lo que como ustedes ven era una injusticia.

Por ejemplo, había una corporacion de asadores; nadie, en ninguna ciudad de Francia, podía ejercer el oficio de asador sin haber sido admitido en esa corporacion, y amigos mios, no entraba todo el que quería en un cuerpo de oficio: había leyes y reglamentos á que era preciso someterse previamente. Así, para entrar en la corporacion de los asadores era preciso comenzar por voltear el asadero durante muchos años, y como era ya un favor que se os hacía era preciso pagarle ántes que todo.

Amada, *riendo*. — ¡Cómo, señor, se pagaba por tener el derecho de voltear el asadero!

El Sr. Edmundo. — Ciertamente, queridita mia, y se pagaba bien caro. Despues de eso se era recibido *compañero* asador y se pagaba tambien por ese título. En fin, si quería uno ser *maestro* asador era preciso pagar de nuevo, dar una gran comida á los principales personajes de la cofradía y hacer lo que se llamaba una *obra maestra*.

Amada. — ¿Qué obra maestra?

El Sr. Edmundo. — Un asado magnífico, cocido á punto, dorado, tierno y suculento.

Los niños se echaron á reir. — Esto os sorprende, amigos mios, dijo el Sr. Edmundo. ¡Pues bien! vais á sorprenderos todavía más cuando sepais que para llegar á ser maestro asador, eran necesarios por lo ménos diez años.

Amada. — ¡Ah! ¡Dios mio, no creía yo que fuese tan difícil hacer un buen asado!

El Sr. Edmundo. — En el fondo no era muy difícil; pero los maestros asadores ya establecidos en la ciudad eran los únicos jueces de la obra maestra. Sabian muy bien que recibiendo un nuevo maestro se darían un rival cuya concurrencia disminuiría el número de sus parroquianos. Así es que no se apresuraban, y cuidaban de manifestarse descontentos ante todos los asados que les presentaban á título de obras maestras para el *maestrazgo*: uno estaba demasiado cocido, el otro no lo estaba bastante; el uno estaba demasiado blanco, el otro demasiado rojo. En una palabra, había siempre mil pretextos para alejar á los concurrentes. De esa manera los maestros asadores guardaban para ellos solos sus privilegios.

CIX. — Los privilegios. — Zapateros y zapatilleros.

Frascuelo. — Señor, los pobres de otro tiempo no debían de enriquecerse, y ademas debían de fastidiarse mucho. ¿Cómo eran tan nécios para querer entrar en las corporaciones?

En su lugar yo habría preferido otra cosa. Me gustaría más ser zapatero remendon y libre en una barraca, que trabajar como esclavo para llegar á ser maestro asador en una hermosa tienda.

El Sr. Edmundo. — Frascuelo, amigo mio, no sabes lo que dices. Nadie podía elegir entre el trabajo libre y la corporacion. Cada industria, la de los zapateros remendones lo mismo que las otras tenía un privilegio protegido por las leyes de entónces. Para ejercer un oficio cualquiera, para trabajar en la más mínima de las industrias, era preciso plegarse á todas las exigencias de la cofradía de que se formaba parte, y ademas pagar, siempre pagar, pagar por ser obrero, pagar por ser maestro.

Enrique. — ¿Pero una vez recibido maestro, señor, era uno libre sin duda?

El Sr. Edmundo. — Es un error querido niño. Los reglamentos concernientes á los maestros eran tan tirá-

Lille (200.000 habitantes). — Gran comercio de telas.

nicos como los que concernían á los compañeros. Por ejemplo, no era uno recibido maestro más que para un oficio y para una sola ciudad. El tejedor flamenco recibido maestro en Lille no podía, bajo penas severas, ir á tejer á Douai. No podía tampoco cambiar de ocupacion en los momentos en que faltaba el trabajo. Por ejemplo, los *zapatilleros* tenían el privilegio de hacer calzados ligeros para el verano; pero no podían hacer gruesos calzados para el invierno, libertad que no pertenecía más que á los zapateros. Llegado el invierno, los zapatilleros carecían de trabajo y morían muchas veces de hambre y de miseria, como les había sucedido durante el verano á sus rivales los zapateros. Al mismo tiempo estos se hallaban tan recargados de obra en invierno que les faltaban brazos. Pues bien, no podían emplear entónces á los zapatilleros que,

Douai (35.000 habitantes). — Comercio de encajes, de hilos y de telas. — Cabecera de Academia.

sin embargo, lo hubieran considerado como una buena fortuna. Los reglamentos se oponían á que el mismo hombre hiciera calzados pesados y calzados ligeros.

AMADA. — ¡Ay, Dios mio! ¡qué reglamentos tan absurdos!

EL SR. EDMUNDO. — Y tan crueles, querida hija mia; porque casi todos los obreros se hallaban en la miseria y las más veces les era imposible llegar á ser maestros, porque para ello necesitaban muchos años y mucho dinero.

FRASCUELO. — Me parece que esto era contrario á la justicia; ¿no es verdad, señor Edmundo?

EL SR. EDMUNDO. — Amigo mio, cada hombre tiene el derecho de trabajar libremente miéntras no perjudica al derecho de otro; las corporaciones eran, pues, contrarias á la justicia. Así es que en lugar de perfeccionar la industria y de enriquecerla, la estorbaban y la empobrecian.

CX. — (*Continuacion*). Los antiguos reglamentos. — Las galeras.

Los reglamentos de otro tiempo eran tan pueriles como tiránicos. Por ejemplo, los mercaderes que vendían salchichas no podían vender morcillas. Los taberneros vendían vino; pero no podían venderle en botellas. Estaba prohibido á los sastres forrar los jubones con borra vieja y mezclar lo viejo con lo nuevo. Los carpinteros no podían dar color á los armarios ántes de haberlos vendido. Los vendedores de velas no podían mezclar más que en una proporcion determinada el sebo de buey y el sebo de carnero.

Jubones y trajes antiguos.

En tiempo de Luis XIV, Colbert, que es, sin embargo, uno de los ministros más grandes que ha tenido la Francia, multiplicó todavía más los reglamentos de la industria. Uno de esos reglamentos prescribía el número de hilos que el tejedor debía de emplear en la *cadena* que servía para formar el tejido. Si ponía un hilo ménos y lo advertía el inspector real, su tela era cortada en el telar ó embargada en el mercado y quemada. El reglamento decía tambien que en caso de reincidencia, el mercader podía ser atado durante dos horas en la plaza pública, como un criminal, con un collar de hierro al cuello. Un platero podía igualmente, segun los reglamentos, ser condenado á tres años de galeras por contravencion á las ordenanzas.

Enrique. — Señor, ¿qué cosa eran esas galeras?

El Sr. Edmundo. — Buques de vela y de remos. Los forzados, encadenados sobre los bancos estaban condenados á remar, lo cual causaba una fatiga enorme.

Frascuelo. — Así es, señor, que por una desobediencia á los reglamentos de las corporaciones era uno considerado como criminal. ¿No era muy duro?

El Sr. Edmundo. —Sí, hijo mio; así es que esos juicios y esos reglamentos inicuos no solamente entorpecían el trabajo sino que tambien turbaban y alteraban la conciencia pública. Como se castigaba los actos indiferentes y áun los útiles con las mismas penas con que se habría castigado las malas acciones, muchas gentes acababan por no saber ya distinguir lo justo de lo injusto, y la moralidad pública se encontraba corrompida.

Las *galeras de remos* eran los antiguos buques de guerra. Para ponerlas en movimiento, se empleaba los brazos de los galeotes.

Esa es otra consecuencia, y una de las más tristes de toda violacion del derecho y de la justicia.

CXI. — Los *PROCESOS* en Francia antiguamente. — Los sastres y los ropavejeros. — Los polleros y los asadores. — Los farsantes de la féria.

Evitad las envidias de oficio.

Enrique. — Señor ¡debía de haber muchos procesos para juzgar las contravenciones de los cuerpos de oficios!

El Sr. Edmundo. — Evidentemente, amigo mio; los privilegios y las rivalidades de las corporaciones engendraban procesos interminables, no ménos ruinosos que absurdos. La cofradía de los ropavejeros, por ejemplo, tuvo con la de los sastres un proceso que comenzó bajo el reinado de Luis XI, y no acabó sino bajo Luis XIV.

Los ropavejeros acusaban á los sastres de vender vestidos viejos, miéntras que los sastres acusaban á los ropavejeros de venderlos nuevos.

Como es bastante difícil distinguir un traje completamente nuevo de otro de poco uso, el tribunal estaba muy embarazado; de manera que el proceso duró trescientos años.

Luis XI reinó de 1461 á 1483.

Luis XIV reinó de 1643 á 1715.

Otra cofradía, la de los zapateros remendones, tenía el derecho de hacer reparaciones á los zapatos viejos; pero no tenía el derecho de hacerlos nuevos. Un dia los remendones quisieron permitirse hacer sus propios zapatos, los de sus hijos y de sus mujeres.

— «¡Cómo! ¡os atreveis á hacer zapatos nuevos!» exclamaron inmediatamente los zapateros.

Se siguió un largo proceso que perdieron los remendones despues de haber gastado mucho dinero, y tuvieron que sujetarse á remendar solamente sus calzados.

Ana de Austria, madre de Luis XIV fué regenta de 1643 á 1661.

Los vendedores de gallinas intentaron un proceso á los asadores porque se atrevían á asar gallinas, en vez de limitarse solamente á la carne de buey y de carnero. Despues de largos procesos se prohibió á los asadores, bajo la regencia de Ana de Austria, que asasen volatería.

Los farsantes de la feria tenían tambien sus procesos. Un dia trataron de representar pequeñas comedias para divertir á los niños y á las personas grandes. Los comediantes del Teatro Frances, que eran los únicos que tenían el permiso de representar piezas habladas, se apresuraron á intentarles un proceso.

Los farsantes, renunciando éntonces á hablar, pensaron en cantar sus piezas. Pero los cantores de la Opera declararon que se usurpaba sus privilegios, y los desventurados farsantes se vieron hacer un nuevo proceso. Obligados entónces á no hablar ni cantar en su teatro, tuvieron que expresarse por gestos, y hacer lo que se llama *pantomimas*. Desgraciadamente, los gestos son muchas veces impotentes para explicar al público los acontecimientos de una pieza; los asistentes no comprendían siempre. Los farsantes, embarazados, inventaron, para salir del paso, un raro expediente. Distribuyeron á la puerta pequeños libretos á los espectadores para explicarles la pieza. El público, por embromar, y acaso tambien por burlarse de las reglas, se entregó bien pronto á una diversion muy singular. Miéntras que los actores hacían sus gestos en la escena sin decir nada, los espectadores, provistos del libreto, cantaban ellos mismos la letra. Se eludía así la ley y se evitaba un proceso.

Plaza del Teatro Frances y avenida de la Nueva Opera (Paris).

ENRIQUE. — ¿ Pero todos esos procesos debían de costar mucho dinero?

EL SR. EDMUNDO. — ¡ Ya lo creo! Los procesos de las corporaciones celosas unas de otras devoraban todos los años, en la sola ciudad de Paris, más de 800.000 francos.

CXII. — Los *PROCESOS* hoy. — Los jueces de paz. — Los tribunales de comercio.

> Hay más honor y provecho en vivir en buen acuerdo con sus vecinos, que en ganar cincuenta procesos.

FRASCUELO. — Señor, ¿hay todavía muchos procesos, ahora que las corporaciones ya no existen?

EL SR. EDMUNDO. — Muchos ménos, hijo mio; sin embargo, es un hecho que hay todavía demasiados. Hay gentes, lo mismo en el campo que en las ciudades, que tienen la manía de estar continuamente en procesos con los unos ó con los otros. Algunas veces, por pequeños perjuicios que les han hecho, gastan en litigar mucho más dinero del que reclaman.

Un hombre cuerdo y moderado encuentra casi siempre medio de vivir en buena inteligencia con sus vecinos, y si se ofrece alguna discusion, sabe arreglar las cosas amistosamente. ¿No vale más tener amigos que enemigos? y un proceso, ganado ó perdido, ¿no os hace las más veces un enemigo de vuestro adversario?

Por fortuna, aunque los procesos son todavía numerosos, disminuyen cada dia más, y por consiguiente aumentan el espíritu de paz y el sentimiento de lo justo. Por ejemplo, de 1858 á 1862, el número de los procesos ante los *tribunales de primera instancia* que funcionaban en las cabeceras de distrito tuvo una disminucion de 3.200. Los *jueces de paz* de los cantones tienen sobre todo funciones de conciliadores. Pues bien, los jueces de paz han conciliado 1.500.000 negocios, es decir, que han logrado poner á las gentes de acuerdo y evitar 1.500.000 procesos.

Los *tribunales de comercio* pronuncian únicamente sobre las contestaciones en materia comercial.

Los *jueces de paz* juzgan sin apelacion por las sumas que no pasan de 100 francos.

Tienen tambien muchos ménos negocios que juzgar

que antiguamente, áun cuando el comercio es más activo. Es un gran progreso, que prueba que la justa libertad, léjos de producir la turbacion y la discordia, trae consigo la concordia y la paz.

CXIII. — **Las corporaciones impedian los progresos de la industria.** — **Los cordones y los calzones.** — **Botones de nácar y botones de tela.** — **Indianas ó telas pintadas.** — **Leprévost y los sombreros de seda.**

> Si los objetos de que nos servimos nos contaran su historia, nos sorprendería saber cuánto trabajo han tenido sus inventores para hacer adoptar las cosas más sencillas y más útiles.

El Sr. Edmundo. — Ya os he dicho, amigos mios, que las corporaciones hacían casi imposibles los progresos de la industria, porque impedían las invenciones nuevas y ahogaban el genio. Estaba prohibido, en efecto, apartarse de los procedimientos antiguos. Toda mejora y todo descubrimiento eran perseguidos inmediatamente, porque se les consideraba como una concurrencia perjudicial á los que se servían de los viejos procedimientos. Estaba pues prohibido á cada uno hacer de otro modo y mejor que los otros; estaba prohibido al genio elevarse más alto que el vulgo; se le cortaba las alas y se le impedía emprender su vuelo; era considerado como un enemigo del bien general.

Las menores mejoras originaban persecuciones sin cuento. Un fabricante de calzones inventó un dia reemplazar los cordones con que se ataban los calzones, por lacitos con hierro en las dos puntas, llamados *agujetas*. El público encontró las agujetas más cómodas que los antiguos cordones, y quiso servirse de ellas; de ahí un proceso que duró quince años. Costó mucho trabajo al público obtener el permiso de atarse los calzones como le diese la gana.

Amada. — ¡Qué! ¿hasta en eso se mezclaban?

El Sr. Edmundo. — Se mezclaban en todo, y todo estaba reglamentado, áun el traje y el peinado. El sastre no tenía licencia de llevar más que un bucle en su peluca, el platero podía permitirse dos, y el boticario hasta tres!

Las corporaciones privilegiadas no retrocedían ante ninguna injusticia para conservar sus privilegios. Frascuelo, mira en tu chaqueta esos botones cubiertos de tela. No se conocía en otro tiempo más que los botones de oro y de nácar que eran mucho más caros porque el nácar es una materia análoga á la de las perlas y que, como las perlas, se encuentra en ciertas ostras raras llamadas *perleras*. Para reemplazar el nácar, un fabricante inventó los botones de tela, que son muy económicos. Los jueces prohibieron inmediatamente fabricar y usar esos botones, y ordenaron á los guardas que los cortaran de los trajes de quienes los llevaban por la calle. Así, Frascuelo, amigo mio, si hubieras salido con esa chaqueta, habrías corrido riesgo de volver á tu casa sin botones.

La peluca.

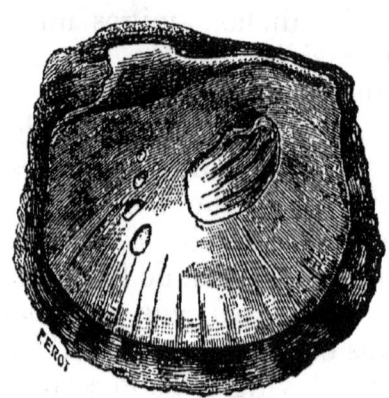
OSTRA DE PERLAS Y DE NÁCAR. — El nácar y las perlas son una sustancia dura, brillante, de reflejos cambiantes, secretada por ciertas ostras bajo la forma de pequeñas lágrimas ó de bolitas.

FRASCUELO. — Sin embargo, señor, no hago mal ni perjudico á nadie llevando botones de tela.

EL SR. EDMUNDO. — Es cierto; pero en aquella época se creía que las novedades y el mejoramiento de los procedimientos eran muy perjudiciales á la industria, y por proteger esta se cometía tanta injusticia.

Mira en tu derredor, Frascuelo; casi no hay un solo objeto que no haya dado lugar á procesos y á rivalidades injustas entre las corporaciones.

Tu hermana, por ejemplo, cuando se pone los domingos su vestido de indiana de Rouen, de flores color de rosa, lleva un vestido de tela pintada. Pues bien, las telas pintadas, de tan variados colores, fueron inventadas en el último siglo. Eran mucho más económicas para la clase media ó para las mujeres del pueblo que las telas

LAS CORPORACIONES.

de seda y de lana. Esta invencion útil no escapó á la persecucion de las corporaciones. El fabricante fué condenado á galeras; se permitió á los guardabarreras arrancar los vestidos de indiana á las mujeres que se atreviesen á llevarlos.

Hé aquí, sobre una mesa, mi sombrero de seda. En otro tiempo, no se empleaba más que la lana para la fabricacion de los sombreros. Leprévost, sombrerero en Paris, tuvo la feliz idea de mezclar seda á la lana, lo cual hacía los sombreros mucho más brillantes. Tuvo bien pronto numerosa clientela; pero la corporacion de los sombrereros, envidiosa de su fortuna, mandó algunos vigilantes á hacer una visita á su casa, y estos pisotearon tres mil doscientos sombreros. Se pidió al tribunal la condenacion de Leprévost, so pretexto de que sus sombreros no podían ser sólidos.

— « Pero ensayadlos primero, replicaba Leprévost. Consultad á quienes me los compran, y que están contentos. Yo á nadie obligá venir ó á volver á mi tienda, y

Cómo se fabrican las *indianas* y las *telas persas*. — Si se quiere pintar en la tela ramos de flores en que entren, por ejemplo, seis colores diversos, se hace pasar la tela sucesivamente por seis cilindros de los cuales cada uno deposita en los lugares convenientes un color particular. El grabado representa esos seis cilindros que hace girar la gran rueda dentada; es una *máquina para seis colores.*

Rouen (115,000 habitantes). Gran comercio de telas de algodon, llamadas *Rouenerías.*

si los compradores prefieren mis sombreros á los vuestros, son libres.»

Leprévost no obtuvo por fin la autorizacion de continuar su comercio sino despues de haber litigado durante cuatro años. En cuanto á los tres mil sombreros pisoteados, no le fueron pagados.

CXIV. — (*Continuacion*). **Argand y el perfeccionamiento del alumbrado. — Las lámparas antiguamente y hoy. Las lámparas de los faros. — Réveillon y los papeles pintados.**

La libertad de la industria asegura sus progresos.

El Sr. Edmundo. — Allí veo, en la chimenea, la lámpara con moderador de que nos servimos por la noche.

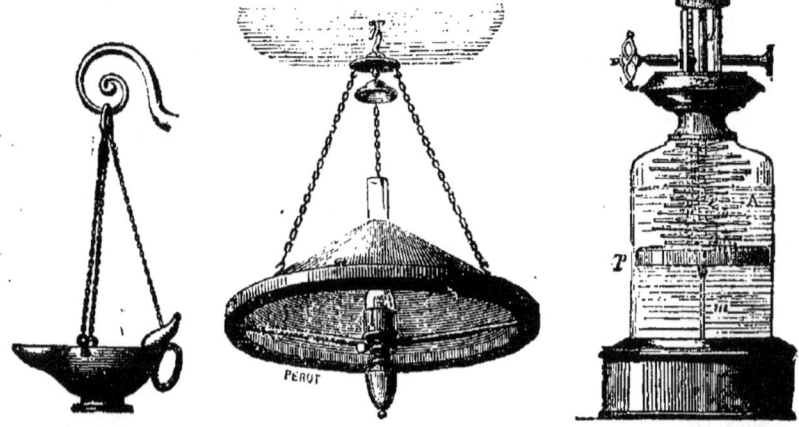

Lámpara antigua.   Lámpara inventada por Argand.   Lámpara con moderador.

INDUSTRIA DEL ALUMBRADO. — I. *Lámpara antigua.* — II. *Lámpara de Argand.* — En esta lámpara la mecha es circular y la chimenea de vidrio, estableciendo una corriente de aire en derredor de la llama aumenta su claridad. — III. La *Lámpara con moderador* es una lámpara de Argand perfeccionada. Un simple resorte hace bajar poco á poco un piston P al cuerpo de la lámpara y subir el aceite de la mecha por un tubo hueco md.

Antes del año de 1780 no se empleaba, como en la antigüedad, más que lámparas formadas de una mecha de algodon empapada en aceite, sin vidrio alrededor, lámparas humeantes y sin claridad, que exhalan hasta muy léjos un mal olor.

Amada. — Todavía hay de esas lámparas en la cocina.
El Sr. Edmundo. — En 1780, un hábil físico de

Ginebra, llamado Argand, inventó la chimenea de vidrio que da á la llama tanto brillo. De ahí envidias, cóleras, procesos innumerables, intentados por todos los antiguos fabricantes de lámparas. Para concluir, Argand se dirigió al rey directamente, y le pidió un privilegio que le permitiese entregarse á esa nueva fabricacion. Eso era remediar un privilegio con otro, una injusticia con un acto arbitrario del rey. Pero Argand no tenía más que ese medio para escapar á las condenaciones, y así pudo extender su descubrimiento. Más tarde, le aplicó al alumbrado de los faros, é hizo posibles perfeccionamientos que han evitado más de un naufragio á los navegantes (1).

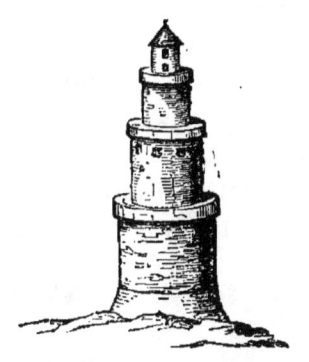

Faro antiguo.

La tapicería del cuarto en que estamos es de papel pintado. Antiguamente, las paredes estaban simplemente blanqueadas con cal, ó cubiertas de tinturas muy costosas de cuero, de terciopelo, de lana, de seda, de tapicerías bordadas de los Gobelinos ó de Beauvais, que sólo podían procurarse las gentes muy ricas. Réveillon quiso introducir la industria tan económica de los papeles pintados, que son fabricados por medio de procedimientos análogos á los de las telas pintadas; pero encontró á su vez la oposicion de todas las corporaciones. No sabiendo cómo resistir á tantos odios, Réveillon se aprovechó de

Lámpara de un faro moderno.

su influencia y de su fortuna para obtener del rey un privi-

(1). Los antiguos alumbraban sus faros con fuegos de leña ó de antorchas, que se confundian muchas veces con los fuegos encendidos en la costa; tambien se confundian los diversos faros entre

legio, pero se vengaron de esto sus enemigos, pues en vísperas de la revolucion de 89, durante los desórdenes que tuvieron lugar, los obreros saquearon su manufactura, tanto así había desagradado la innovacion á los mismos á quienes debía de ser más útil.

Ya veis, hijos mios, que una injusticia produce otra y que importa mucho en la industria habituarse á respetar siempre el derecho ajeno.

AMADA. — Señor, lo que usted nos ha dicho hoy me hace pensar una cosa · si las corporaciones existiesen todavía, si la libertad del trabajo no fuese un derecho reconocido por todos, Stephenson y Lincoln de quienes usted nos ha hablado, no habrían podido hacer sin duda todo el bien que han hecho.

Obreros de la manufactura de los *Gobelinos* fabricando tapicerías (en París).

EL SR. EDMUNDO. — Tiene usted razon, Amadita; y se puede afirmar que las sociedades pasadas, quitando la libertad al mayor número de sus miembros, se han privado de los servicios de muchos hombres de genio ahogados bajo la iniquidad de las leyes de aquel tiempo.

sí. Las lámparas de los faros modernos están rodeadas de vidrios de colores que proyectan sobre el mar una viva luz blanca ó roja. Ademas, el aparato puede girar sobre sí mismo, y presentar sucesivamente luces diferentes seguidas de oscuridad. De ahí los nombres de faros *fijos,* faros *giratorios* y de *eclipses.* Gracias á esas combinaciones, los faros indican inmediatamente á los navegantes el nombre de la costa en que se encuentran.

CXV. — **Las miserias de la antigua Francia. — Las hambres periódicas. — Las víctimas del hambre.**

> En la tierra en que estamos, ¡ cuántos hombres han sufrido ántes que nosotros! Nuestros antecesores han regado con sus sudores y sus lágrimas el suelo de la patria. Que sus sufrimientos nos sean útiles por lo ménos ; que nos recuerden sin cesar que la humanidad no viola jamas impunemente la justicia y el derecho.

El Sr. Edmundo. — Jamas puede la injusticia tener consecuencias felices, y cuando la humanidad viola un derecho, es castigada siempre por los mismos resultados de su accion. So pretexto de proteger la industria y el comercio, se había multiplicado en otro tiempo los reglamentos inicuos y quitado á los trabajadores la *libertad del trabajo*. El resultado que se obtuvo fué una miseria espantosa.

Un gran general del rey Luis XIV, Vauban, declaraba en una de sus obras que por cada diez Franceses había uno que carecía absolutamente de pan, cinco que no tenían bastante para vivir, y tres que no podían vivir más que en la miseria. Sólo el décimo tenía una cantidad suficiente de pan.

En 1740, el marqués de Argenson, ministro del rey Luis XV, decía : « En el momento en que escribo, en plena paz, con las apariencias de una cosecha pasadera, los hombres mueren en gran número á nuestro derredor comiendo yerba. Muchos comen pan de helecho. Han muerto más franceses de miseria hace dos años que los matados por todas las guerras de Luis XIV. Esto da lástima hoy, áun á los verdugos. »

Uno de los grandes escritores del siglo diez y siete, La Bruyère, describe en estos términos elocuentes la miseria de entónces : « Se ve ciertos animales feroces extendidos en el campo, negros, lívidos y tostados por el sol, adheridos á la tierra que registran y remueven con una tenacidad inconcebible. Tienen una voz articulada, y cuando se ponen en pié muestran un semblante humano. Y en efecto, son hombres. Durante las hambres se les veía vagar por bandadas, como los lobos que la nieve y el hambre echan el invierno de los grandes bosques; y se los encontraba muertos en los caminos, con la boca llena todavía de la yerba con que habían tratado de alimentarse.»

—¡Oh! señor, exclamó Amada muy conmovida, ¿no es verdad que esas hambres eran muy raras?

— Error, hija mia; eran, al contrario, muy frecuentes. Repito que todas las trabas impuestas á la industria y al comercio tenían por objeto *proteger* el trabajo é impedir las hambres. Pues bien, ya veis el bello resultado que se alcanzaba, y que alcanzarán siempre los que en lugar de contar con ellos mismos, con la santa fecundidad del trabajo libre y de la justicia, busquen remedios á sus miserias en los privilegios y las *protecciones* de toda suerte. ¿Sabeis, al salir de un hambre, á los cuántos años se estaba seguro de ver volver otra hambre? A los cuatro ó cinco años. Sí, cada cuatro ó cinco años el hambre reaparecía como una plaga periódica. Aquello era inevitable y seguro, como la marea ó como el curso de las estaciones.

Pues bien, en lugar de comprender la verdadera causa de tantos males, se buscaba por el contrario su remedio en nuevas reglamentaciones y protecciones. Parecía que miéntras más desgraciados eran los hombres, mayor miedo tenían del único remedio que podía curarlos: la libertad del trabajo acompañada de la justicia.

Ademas de las hambres que se llevaban ya á tantos desventurados, se estaba seguro de ver á cada instante comenzar de nuevo las guerras que se llevaban más todavía; ó mejor dicho, las guerras eran permanentes: cuando no tenían lugar en un punto, tenían lugar en otro.

La Bruyère, nacido en Paris en 1645, muerto en 1696, ha escrito los *Caractères*.

— ¡Qué triste tiempo! dijo Amada. ¿Ya no es hoy como entónces, verdad, señor?

EL SR. EDMUNDO. — Hija mia, las guerras son por desgracia muy frecuentes todavía; pero las hambres han desaparecido de nuestros países, y hay que esperar que á la larga suceda lo mismo con la guerra. Desde que la legislacion insensata que quitaba toda libertad al trabajo y al comercio fué destruida y reemplazada por leyes más equitativas, la agricultura francesa ha cuadruplicado en ménos de un siglo sus productos y sus rentas; el comercio, libre por todas partes de sus trabas, ha multiplicado la riqueza y hecho imposible la repeticion de esas hambres que se llevaban periódicamente millares de hombres. En 1862, tuvimos una cosecha muy mala : faltaban quince millones de hectólitros á la cantidad de trigo necesaria para alimentar el país. Hace un siglo, habría sido la muerte para muchos, y para todos una gran miseria; pues bien, apénas lo hemos advertido.

CXVI. — (*Continuacion*). **Duracion media de la vida en Francia, antiguamente y hoy.**

En los países en que hay más instruccion la duracion de la vida es más larga.

EL SR. EDMUNDO. — No solamente el trabajo de las poblaciones les procura ahora con qué alimentarse, sino que con los progresos del bienestar la vida se ha alargado, y, por decirlo así, hemos hecho retroceder la muerte. Un niño nacido en el otro siglo no podía contar, por término medio, más que 27 ó 28 años de existencia. Unos vivían más y otros ménos, pero poniendo, como se dice, uno con otro, la vida era de 27 ó 28 años. Hoy los hombres viven, por término medio, de 43 á 46 años, y esta duracion va creciendo en los otros países como en Francia.

FRASCUELO. — Señor, ¿podrán los hombres llegar á no morir, á fuerza de progreso?

EL SR. EDMUNDO. — No, hijo mio; se puede retardar la hora de la muerte, pero esa hora sonará siempre, porque esta tierra no es para nosotros la verdadera y última patria. Nuestra alma no está hecha para permanecer siempre encadenada á órganos que hoy son necesarios, pero que no tienen la perfeccion bastante para merecer durar eternamente. La inmortalidad sobre la tierra no sería deseable; Dios se muestra sabio y bueno llamándonos á una existencia mejor y á una celeste inmortalidad. Pero, si la existencia de aquí abajo no debe de hacernos olvidar nuestra vida venidera, no debe de hacernos indiferentes á las cosas de la tierra, á nuestra familia, á nuestra patria y á la humanidad. Miéntras vivimos, debemos trabajar en mejorar nuestra condicion y la de nuestros semejantes en el mundo; porque Dios nos ha puesto en él para trabajar y cumplir nuestros deberes.

CXVII. — **Un grande hombre de Estado frances:** *TURGOT*. — **Un rasgo de su infancia. — El dinero bien empleado.**

> Lo mismo que al salir el sol un cielo puro anuncia un hermoso dia, en el niño la generosidad del corazon y el respeto de la justicia anuncian una noble existencia.

FRASCUELO. — ¿Cómo, pues, señor, fueron abolidos todos los privilegios de las corporaciones, que ya no existen hoy?

EL SR. EDMUNDO. — Fueron abolidos, por primera vez, en 1776, por el rey Luis XVI, segun los consejos de uno de los más grandes ministros que ha tenido la Francia.

AMADA. — ¡Oh! señor, ¡qué gusto nos daría conocer la vida de ese ministro!

EL SR. EDMUNDO. — Voy á contárosla de muy buena voluntad, Amadita. El ministro que abolió las corporaciones es Turgot. Nació en Paris. Era un niño de una gran dulzura, muy reflexivo, modesto y tímido al exceso. Se le reprochaba el ser un poco salvaje y taciturno. Huía de la sociedad de las gentes que iban á casa de su madre, y se escondía algunas veces detras de un canapé ó un biombo miéntras duraba la visita.

Turgot hizo sus estudios en un gran colegio de Paris, llamado colegio Luis el Grande, que todavía existe. Bajo su exterior demasiado salvaje, ocultaba un corazon excelente y una razon precoz.

Turgot (1727-1781).

Se cita de él durante su permanencia en el colegio, un rasgo que anunciaba ya un hombre en el niño. Su familia advirtió que el dinero que recibía de ella desaparecía muy pronto y sin que se pudiese adivinar en qué le empleaba. Esto causó inquietud y sorpresa; se sabía que era muy estudioso, que estaba siempre con sus libros, que no le agradaba el juego ni el gasto; ¿qué podía, pues, hacer con su dinero? Se le sobrevigiló, y se descubrió que distribuía su dinero á pobres alumnos para comprarles libros. Así, ese generoso niño comprendía ya todo el valor de la ciencia, y en lugar de satisfacer su buen corazon con limosnas vulgares, daba á los pobres lo que consideraba como el mayor de los tesoros: un libro.

Liceo Luis el Grande.

Despues de haber terminado sus estudios, Turgot compuso él mismo varios libros ya muy notables, principalmente su *Discurso sobre los progresos del espíritu humano.*

CXVIII. — *(Continuacion.)* **Turgot magistrado.** — **Un acto de justicia.** — **Turgot economista.** — La *ECONOMÍA POLÍTICA.*

El pensamiento de haber causado el menor perjuicio á otro es un tormento para un hombre honrado.

Turgot se había dedicado á la magistratura. Su austera probidad y su desinteres le merecieron la consideracion general. Se cita de él un rasgo de rara justicia que tuvo siendo magistrado.

Había sido encargado de examinar un negocio muy grave en el cual un empleado era perseguido por un crímen. Persuadido de que el acusado era culpable, y de que el deber que tendría que cumplir en esta circunstancia sería un deber de rigor, el jóven magistrado no se apresuró á ocuparse en el asunto. Sin embargo, despues de largos retardos, se impuso de los documentos, y adquirió en fin, con gran sorpresa suya, la prueba de que el acusado era inocente. Turgot se hizo entónces á sí mismo grandes reproches. Otro se hubiera contentado con esa pena y se habría dicho cobardemente que el acusado podía darse por muy satisfecho con que se reconociese su inocencia despues de tanto tiempo; pero tales no fueron las reflexiones de Turgot.

« Hace muchos meses, se dijo, que el honor de este hombre está bajo el peso de una acusacion odiosa. ¡Cuántos hombres han hecho como yo y le han condenado de antemano, sin oirle! Ademas, desde que está preso, su trabajo está suspendido, y ya no saca de su empleo el provecho acostumbrado. Tal estado de cosas ha durado largo tiempo por culpa mia, y yo debo á este hombre una reparacion. »

Limoges (60.000 habitantes). Fábricas importantes de porcelana y de telas.

Turgot se informó entónces de la suma de sueldos de que el acusado había estado privado durante su proceso y se la hizo entregar de su propia fortuna declarando que aquel no era un acto de generosidad sino de pura justicia. Así, el que había practicado tan bien la generosidad con los niños de su edad no supo practicar ménos bien la justicia con los hombres.

Más tarde, Turgot administró la provincia de Limoges. En aquella época había ya publicado libros de una gran profundidad sobre la *Economía política*. ¿Te acuerdas de lo que se entiende por eso, Frascuelo?

Frascuelo. — No muy bien, señor.

El Sr. Edmundo. — Sin embargo, hemos tratado de ella en nuestras conversaciones. La economía política, hecha obligatoria por la ley para los niños franceses, es la ciencia que estudia las *fuentes de la riqueza* y su mejor *empleo* para los individuos y las naciones. ¿No hemos visto primero cómo, en la *industria*, los hombres trabajan, dividen entre sí las tareas, inventan perfeccionamientos y máquinas, cómo, en fin, se arreglan para *producir* todas las riquezas? Hemos tratado entónces de la *economía industrial*, que es la primera parte de la economía política. ¿No hemos visto tambien cómo se arreglan los hombres en el *comercio* para *cambiar* sus riquezas? Eso es la *economía comercial*, segunda parte de la economía política. Os hablaré más tarde de las fuentes de la riqueza en la *agricultura* ó de la *economía agrícola*, tercera parte de la economía política.

Pues bien, en la época de Turgot la ciencia económica era todavía muy nueva; hacía muy poco tiempo que se cuidaban de ella. Turgot la hizo progresar rápidamente, y cuidó de aplicar, en la provincia que gobernaba, todas las reglas de justicia y de economía que tan bien había estudiado. Aligeró lo más posible el peso de los impuestos pagados por el pueblo. Suprimió la *servidumbre*, es decir, la obligacion que existía entónces, para el paisano solamente, de trabajar con sus manos en la conservacion de los caminos y en otras cosas tales como el trasporte de los equipajes militares. « Es muy frecuente, » escribía Turgot al rey, « que durante el camino los soldados se arrojen sobre los carros de los paisanos ya cargados de sus equipajes, lo cual hace una carga muy pesada; otras veces, impacientados por la lentitud de los bueyes, los pican con sus espadas, y si el paisano quiere hacer algunas observaciones, ya puede su Majestad figurarse que la disputa termina siempre con desventaja suya, y que regresa á su hogar molido á golpes. » Turgot remedió cuanto pudo todos los abusos de aquel tiempo.

CXIX. — *TURGOT. (Continuacion).* **El hambre de 1770. Parmentier y la patata.** — **Una astucia de Luis XVI.**

> No rechaceis una cosa nueva porque es nueva, una cosa antigua porque es antigua; haced uso de vuestro juicio: aceptad una cosa buena porque es buena, y rechazad una cosa mala porque es mala.

El Sr. Edmundo. — Durante los años de 1770 y 1771, Turgot tuvo que luchar contra una de esas hambres espantosas de que os he hablado. Varios cantones de su provincia no habían sido siquiera sembrados por falta de dinero para comprar granos. A fin de combatir la miseria, Turgot tomó una serie de medidas inspiradas por el sentimiento de la justicia y de la humanidad. Recordad, hijos mios, que él fué quien introdujo en su provincia la cultura de las patatas tan útiles para suplir al pan.

Enrique. — ¿No se las cultivaba entónces?

El Sr. Edmundo. — Nó, hijo mio; la patata es una legumbre de América, que hace sólo cien años que se cultiva en Francia. Parmentier la dió á conocer, é hizo participar de su conviccion al rey Luis XVI, que le concedió para sus experiencias vastos terrenos, y que para poner la patata á la moda llevaba sus flores en el hojal. La rutina y la ignorancia eran tan grandes en el pueblo, que nadie quería esa legumbre, que ha llegado á ser más tarde el pan del pobre. El pueblo imaginaba que se tenía la intencion de envenenarle.

Parmentier, nacido en 1737 en Montdidier, donde se le ha erigido una estatua.

Frascuelo. — ¡Dios mio, cuánto trabajo costaba en aquella época hacer aceptar las cosas más simples!

El Sr. Edmundo. — ¿Sabes por qué, Frascuelo? Porque no hay cosa más fácil que engañar á los ignorantes. Incapaces de juzgar por sí mismos si una cosa puede ó no puede ser cierta, se atienen á lo que oyen ecir. De manera que miéntras más ignorante es un pueblo, es más fácil de engañar, y más obstinado en sus juicios falsos.

Luis XVI, desesperando de persuadir á los paisanos con buenas razones, los trató como se trata á los niños. Inventó una estratagema: en vez de seguir ofreciendo la

Solanáceas alimenticias.
Patata. Tomate.

Solanáceas venenosas.
Estramonio, Belladona. Beleño.

patata á los aficionados, imaginó, al contrario, colocar guardas en derredor de los campos para cuidar la nueva legumbre como si fuese un efecto de un precio inestimable. Los niños y la gente del pueblo, viendo que se guardaba esta legumbre con tanto cuidado, cambiaron inmediatamente de opinion, y pensaron que debía de ser muy preciosa, puesto que el rey pensaba reservarla sólo para sí. Luego que este pensamiento les ocurrió no tuvieron más deseo que el de probar esas famosas patatas y de plantarlas para poseerlas ellos mismos. Imaginaron mil astucias para burlar la sobrevigilancia de los guardas. Estos, segun la consigna que se les había dado, fingieron no ver nada; dejaron pillar los campos á hurtadillas, y muy pronto hubo patatas en casa de todos los cultivadores.

A Turgot le costó mucho trabajo hacer adoptar en su provincia esta legumbre, tan preciosa en el momento de las escaseces. Para ponerla á la moda se la hacía servir continuamente en su mesa, é invitaba á todos los señores del lugar á ir á comer con él patatas, *parmentieras*, como se las llamaba entónces con el nombre de **Parmentier**.

CXX. — **Turgot ministro de Luis XVI. — Las corporaciones abolidas. — El bienhechor calumniado.**

¡Cuán difícil es hacer aceptar las reformas más justas!

En 1774, Luis XVI llamó á Turgot á formar parte de su ministerio.

Luis XVI era un rey de un corazon excelente y descoso de hacer el bien; pero carecía de genio, y sus predecesores le habían dejado los negocios del Estado en una situacion muy difícil. Turgot, sabiendo que el rey le había escogido para ministro, le escribió una carta admirable, de la cual voy á leer un fragmento.

«Preveo, Señor, que seré el único que combata los abusos de todo género, los esfuerzos de los que ganan en esos abusos, la multitud de preocupaciones que se oponen á toda reforma. Seré temido y aborrecido de la mayor parte de la corte y de todos los que solicitan favores porque habré representado á Vuestra Majestad que no debe de enriquecer á nadie, ni áun á los que ama, á expensas de la subsistencia de su pueblo. Ese pueblo, por el cual me sacrificaré, es tan fácil de engañar, que acaso incurriré en su odio á causa de las mismas medidas que tome yo para defenderle: y tal vez seré calumniado con bastante verosimilitud para quitarme la confianza de Vuestra Majestad. Pero no sentiré perder un puesto que jamas me había yo esperado...»

AMADA. — Veo que Turgot pensaba del pueblo lo que usted mismo acaba de decir, señor Edmundo.

EL SR. EDMUNDO. — Sí, hija mia; pero vea usted tambien que Turgot no se ha desanimado por eso. Veía de antemano todo lo que debía de sucederle; pero como procuraba el interes del pueblo ántes que el suyo propio, aceptó valerosamente la pesada tarea de ministro.

FRASCUELO. — ¡Pesada! yo habría creido que ser ministro debía de ser una cosa muy divertida y digna de envidia.

EL SR. EDMUNDO. — Te engañas, amigo mio. Se necesita un trabajo excesivo y un valor á toda prueba para ocuparse seriamente en los intereses de la nacion. Tal fué Turgot; trabajaba de la mañana á la noche, y muchas veces velaba toda la noche para buscar los medios de mejorar la condicion del pueblo. Durante su ministerio, llevó á cabo reformas muy importantes. La más célebre de esas reformas fué la supresion de los privilegios concedidos á las corporaciones.

Los mercaderes, viéndose arrebatar sus privilegios, se pusieron furiosos. Se amotinó el pueblo; se le hizo creer que Turgot era su enemigo. Durante una escasez que tuvo lugar, se acusó á Turgot de ser la causa del hambre. Sus adversarios promovieron sublevaciones en el pueblo. Los cortesanos, furiosos de las economías que Turgot aconsejaba al rey, le calumniaron con este último.

Luis XVI resistió al principio, y áun pronunció delante de toda su corte estas palabras que se han hecho célebres:

« Sólo Turgot y yo amamos al pueblo. »

Tranquilizó á Turgot, y le dijo: — « No tema usted nada; yo le sostendré siempre. »

Pero desgraciadamente ese buen rey tenía un carácter demasiado débil para resistir largo tiempo á todos los enemigos de Turgot. Acabó por dejarse persuadir, y despidió á su ministro.

Inmediatamente despues de la partida de Turgot se restableció todos los privilegios de las corporaciones, y volvieron las cosas al mismo estado que guardaban ántes. Turgot volvió á la vida privada, y murió en 1781, á la edad de 54 años.

Pero su derrota aparente era una verdadera victoria, porque muy pronto debían de triunfar sus ideas. Ya conoceis, hijos mios, la grande y terrible revolucion excitada por los abusos diversos de que la nacion era víctima; ya sabeis que el desventurado Luis XVI murió en el cadalso. Muchos crímenes fueron cometidos durante aquella revolucion; pero, al mismo tiempo fueron hechas ó preparadas muchas leyes justas; y entre esas leyes equitativas, que todavía existen, se encuentran la abolicion de los privilegios y la libertad de la industria, gracias á la cual se han llevado á cabo tantos progresos. Hoy todo el mundo tiene derecho de escoger su profesion y de trabajar como le parece, siempre que no viole la justicia. Turgot fué el primero que tuvo el honor de reclamar esa legítima libertad del trabajo.

CXXI. — Los principios de la *TELEGRAFÍA*. — Las señales de los Galos. — Los fuegos de los castillos en la edad media. — Las palomas viajeras. — Los despachos por globos durante la guerra.

> El tiempo y el espacio son para los hombres dos grandes adversarios porque los separan unos de otros, é impiden ó retardan la comunicacion de sus pensamientos. Así es que la industria humana se ha ingeniado siempre en vencer el espacio y el tiempo.

Al dia siguiente, cuando el Sr. Edmundo entró en la sala de estudio, encontró á los tres niños hablando con animacion.

— Sí, querido amigo, decía Enrique á Frascuelo, la carta que has visto entregar á mi abuelo era un despacho telegráfico de los Estados Unidos. No ha tardado más que unas cuantas horas en llegar desde tan léjos, y cuesta 300 francos.

Frascuelo, *poniendo un dedo en el mapamundi y mostrando el Océano que separa Europa de América*: — Pero, señor Enrique, ¿cómo es posible?

Amada. — Aquí está el Sr. Edmundo; vamos á rogarle que nos explique eso. — Y la niña corrió al encuentro del preceptor, para pedirle que les enseñara lo concerniente á la telegrafía.

El Sr. Edmundo. — Con mucho gusto, hijos mios; ese es uno de los conocimientos usuales que hoy es indispensable tener. Díme, Frascuelo, ¿no te ha sucedido más de una vez desear trasportarte de un lugar á otro tan pronto como tu pensamiento?

Frascuelo. — Sí, señor, y áun muchas veces he soñado por la noche que tenía yo alas como los pájaros; cuando despertaba, me daba mucha tristeza que no fuese verdad.

Amada y Enrique *á un tiempo*. — ¡A mí tambien me ha sucedido lo mismo, Frascuelo!

El Sr. Edmundo. — Hijos mios, los hombres han

LOS PRINCIPIOS DE LA TELEGRAFÍA.

tenido siempre el mismo deseo que vosotros, y para realizarle en lo posible, han buscado siempre las vías más rápidas, no solamente para el trasporte de las personas y de las cosas sino tambien para la trasmision lejana del pensamiento y del lenguaje.

Se pensó primero en trasportar rápidamente las noticias que interesan á la seguridad de un pueblo, tales como las que advierten la proximidad del enemigo, una derrota ó una victoria.

Los Galos, nuestros antecesores, se trasmitían las noticias por medio de gritos que daban en los campos. Esos gritos, repetidos de

En la edad media, cuando los *castillos* se coronaban de fuegos, los paisanos se armaban, dejando su familia y sus tierras para ir á combatir adonde su señor los enviaba.

pueblo en pueblo, atravesaban el espacio, y extendían en poco tiempo en el país entero la noticia alegre ó siniestra, la esperanza ó el terror.

En la edad media se anunciaba que se acercaba el enemigo con grandes fuegos encendidos sobre las torres y sobre las montañas. Este telégrafo no tenía más que una señal, la señal de alarma; no trasmitía más que una noticia, la guerra. Porque en aquellos tiempos todavía bárbaros, la guerra era casi continua. Sin cesar se tenía que temer algun enemigo Una provincia no estaba en seguridad contra la provincia vecina, ni una ciudad contra la ciudad vecina, ni un castillo contra el castillo vecino En lugar de la seguridad de que gozamos hoy gracias al progreso de la justicia y de la civilizacion, la desconfianza y el miedo reinaban por todas partes, y se veía brillar con demasiada frecuencia en la cima de las colinas ó en la parte más alta de las torres, el fuego mensajero de la guerra.

Para trasmitir á lo léjos las noticias, los árabes se servían de palomas viajeras. Tambien se ha hecho uso de ellas en Francia. ¿Quién no conoce el papel de los pichones viajeros durante nuestra desgraciada guerra con Alemania?

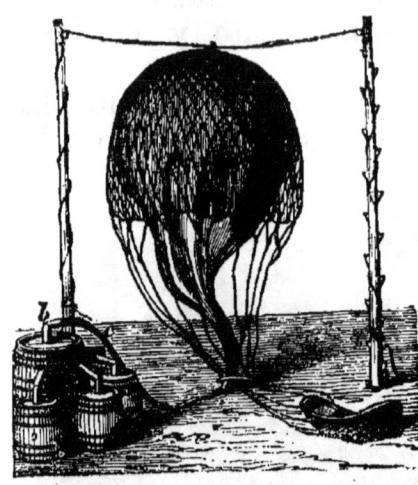

Los globos que se usan en nuestros días son de tafetan. Se inflan con el gas de alumbrado ó con gas hidrógeno que se fabrica en los barriles b. c. A medida que el globo se llena, se infla, se vuelve más ligero que el aire y se eleva llevando consigo la barquilla suspendida con cuerdas.

AMADA. — ¿Cómo podían esas palomas trasmitir las noticias?

EL SR. EDMUNDO. — Hija mia, habían sido hábilmente adiestradas para este servicio y estaban habituadas á volar de un palomar á otro. Se las ataba al cuello el despacho escrito que se deseaba trasmitir y despues se las dejaba en libertad. Volvían entónces á su palomar, y con tal rapidez, que una de esas palomas recorrió una vez 120 kilómetros en 4 horas, más de 7 leguas por hora.

Paloma.

Durante la misma guerra, miéntras que Paris estaba sitiado, se hizo uso tambien para trasmitir las cartas, de globos en que se hallaban valerosos aeronautas; esos globos, que llevaban cartas y despachos, se elevaban muy alto en los aires arriba de los ejércitos prusianos, y afrontando mil peligros, iban adonde los llevaba el viento hasta encontrar un país amigo.

CXXII. — **Los hermanos Chappe.** — Las invenciones de tres escolares. — El telégrafo aéreo. — Primer despacho trasmitido por el telégrafo aéreo.

« Buscad y encontrareis. »

Al fin del siglo último, los hermanos Chappe, hijos de un astrónomo, inventaron el *telégrafo aéreo de señales*.

Claudio, el mayor, estaba en un seminario; sus tres hermanos estudiaban en un pensionado situado enfrente, á unos dos kilómetros de distancia. Muy apesadumbrados de hallarse separados, nuestros escolares se calentaron la cabeza para inventar un medio de corresponder á traves del espacio.

La brújula.

Su padre les había dejado instrumentos de astronomía, globos terrestres, brújulas, sextantes, y sobre todo, buenos anteojos de larga vista ó *anteojos marinos* que les permitían verse de una ventana á otra. El mayor imaginó hacer señales á sus hermanos con tres reglas largas y anchas; una ocupaba el centro y las otras dos formaban en las extremidades dos brazos móviles.

Las diversas posiciones de las tres reglas podían formar doscientos signos diferentes.

El sextante sirve para medir el grado de latitud en que se encuentra un buque.

AMADA. — Pero hay mucho más de 200 palabras en la lengua.

EL SR. EDMUNDO. — Seguramente, querida mia. Hay en nuestra lengua 40.000 palabras, de las cuales 20.000 son de un uso diario.

AMADA. — ¡Cómo pues! ¿yo sé 20.000 palabras? ¡Ay, Dios mio, no me creía tan sábia!

EL SR. EDMUNDO. — No solamente conoceis esas 20.000 palabras, hijos mios, sino tambien los millares de ideas que se las puede hacer expresar. Esto no sería, sin embargo, un motivo suficiente para enorgullecerse;

porque lo que sabeis es infinitamente poco junto á lo que no sabeis.

Combinando los 200 signos del telégrafo de Chappe se les puede hacer trasmitir rápidamente una multitud de palabras. El gobierno francés á quien Chappe había comunicado y ofrecido su feliz invencion, estableció en 1792 señales de campanario en campanario desde Paris hasta la frontera del norte. En aquel tiempo la Europa coaligada quería invadir la Francia. El primer despacho trasmitido por el telégrafo anunciaba la victoria del ejército del Norte sobre los Austriacos; y á la media hora, esta respuesta del gobierno frances llegó al general del ejército victorioso: « El ejército del Norte ha merecido bien de la patria. »

El *anteojo marino* se llama así porque sirve sobre todo á los marinos para ver desde el mar en que se encuentran, los otros buques, las costas de la tierra, los faros, etc. Se compone principalmente de un tubo A lleno de vidrios que tienen la propiedad de agrandar y de hacer que parezcan estar cerca los objetos distantes.

El telégrafo aéreo no podía funcionar de noche, y las neblinas, haciendo invisibles las señales, detenían muchas veces en el camino las noticias trasmitidas. Estos inconvenientes no existen para el telégrafo eléctrico.

CXXIII. — La *ELECTRICIDAD*. La velocidad de la electricidad y la rapidez del pensamiento.

Hay algo más bello todavía que todas las maravillas de la ciencia, y es el pensamiento que las descubre.

TELÉGRAFO DE SEÑALES. — En Paris se recibía noticias de Lille (220 kilómetros) en 2 minutos, de Brest (600 kilómetros) en 6 minutos, y de Tolon (814 kilómetros) en 13 minutos.

EL SR. EDMUNDO. — Habeis oido hablar, hijos mios, de la electricidad, una de las fuerzas más poderosas de la natura que se manifiesta con el rayo, las auroras boreales, los fuegos de Santelmo, y de que ciertos animales como el gimnoto y el torpedo están provistos para su defensa. El hombre ha encontrado medio de someter esa fuerza á su voluntad. La electricidad es una cosa que no se puede ver ni tocar, como no se ve el aire ó el calor; pero se reconoce en sus efectos. Se mueve con una rapidez inconcebible. En un abrir y cerrar de ojos, es decir, en ménos de un segundo, la electricidad recorre unas 40.000 leguas. El tiempo de contar : *una, dos*, le basta para dar ocho veces la vuelta á la tierra, ó para hacer cien veces el viaje de Europa á América.

El *fuego de Santelmo* es una llama eléctrica que en los días de tempestad se deja ver en las puntas de los mástiles ó de las espadas.

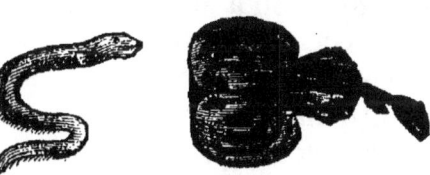

El gimnota.   El torpedo.

El GIMNOTO es una especie de pescado de América, de cerca de 2 metros de largo, que puede atontar y aun matar á un hombre con descargas eléctricas.
El *torpedo* es un pescado que cuando se le quiere coger se defiende con descargas eléctricas.

AMADA. — ¡Qué prodigiosa velocidad!

EL SR. EDMUNDO. — Sin duda, hija mia, pero esa velocidad que asombra á usted es ménos prodigiosa todavía que la del pensamiento.

¿No atraviesa el pensamiento en un instante el espacio de la tierra á las estrellas? ¿no abraza en un instante el mundo entero? Aun más, no solamente abraza un espacio finito y limitado, sino que concibe el espacio sin límites, la inmensidad, el infinito. Para hacer ese viaje de la inmensidad nuestro pensamiento no necesita pasar realmente, como un cuerpo, de un lugar á otro; su movimiento no se parece en nada al de la materia, porque el pensamiento es inmaterial como Dios.

Vosotros admirais, hijos mios, las maravillas de la electricidad y de la luz; pero es preciso admirar todavía más las maravillas del pensamiento que Dios ha hecho á su imágen.

CXXIV. — Los imanes. — Los cisnes de Enrique. — El telégrafo eléctrico.

Apénas hace un siglo que las propiedades de la electricidad son conocidas, y ¡cuántas aplicaciones se ha hecho ya de este descubrimiento! La ciencia camina muy de prisa en nuestros dias.

El Sr. Edmundo. — Una de las propiedades más notables de la electricidad, es hacer que ciertos cuerpos se atraigan unos á otros. Hé aquí un ejemplo.

El Sr. Edmundo tomó una barra de lacre, la frotó durante algunos minutos con un pedazo de paño, y la acercó despues á varios pedacitos de papel que había encima de la mesa. Estos pedacitos se precipitaron inmediatamente hácia la barra de lacre, y como atraidos por ella, se adhirieron á su extremidad.

El Sr. Edmundo. — Esta potencia de atraccion que posée ahora la barra de lacre, viene de que el frotamiento ha desarrollado en ella, al mismo tiempo que el calor, una *corriente eléctrica*.

Se llama *imanes* los cuerpos que atraen el hierro, como la barra de lacre atrae los fragmentos de papel.

— Sí, dijo Enrique. Tengo entre mis juguetes un iman, voy á enseñártele, Frascuelo.

Los cisnes imantados.

Enrique fué á buscar un juguete de niño bien conocido : era una vasija llena de agua y conteniendo pequeños cisnes de porcelana. Estos cisnes contienen en el interior un pedazo de hierro. Enrique les presentó la extremidad de una barrita imantada, y los cisnes acudieron, siguiendo todos los movimientos de la barrita, y paseándose en el agua como si hubiesen estado vivos.

LOS IMANES.

Frascuelo encontraba eso completamente maravilloso.

— Ya veis, dijo el Sr. Edmundo, lo que se llama *imantacion ó magnetismo*. ¡Pues bien! se puede producir imanes artificiales muy poderosos por medio de la electricidad; y lo que hay de más notable es que se les puede comunicar ó quitar repentinamente la potencia de atraer el hierro. Basta para eso, abrir ó cerrar bruscamente la corriente eléctrica, como se abre ó se cierra las compuertas de un canal.

¿Habeis notado en los caminos reales y en los ferrocarriles esos alambres sostenidos por postes colocados de distancia en distancia? son hilos telegráficos. En la superficie de estos hilos circulan las corrientes invisibles de electricidad.

Se abre y se suspende sucesivamente esas corrientes que recorren los hilos de un extremo á otro con la rapidez del relámpago; de esa manera se puede imantar siempre que se quiera y desde muy léjos, un resortito de hierro, y obligarle á moverse como yo forcé hace un momento á moverse á los papelitos. El resorte, puesto en movimiento, empuja una aguja, y la hace girar sobre un cuadrante en que están marcadas las letras del alfabeto. Hé ahí, en su más simple expresion, el telégrafo eléctrico.

IMAN ELÉCTRICO. — Tiene la forma de una herradura en la que se enrollan los hilos eléctricos atravesados por una corriente invisible de electricidad. El plato, conteniendo enormes pesos está colgado de un sustentáculo c. Se eleva y se adhiere á la herradura luego que la corriente eléctrica la convierte en iman. Si se interrumpe la corriente eléctrica, los pesos y su sustentáculo caen inmediatamente.

Suponed que estando en Paris, quiero trasmitiros á Brest este despacho: « Venid » eso no costará al empleado del telégrafo más que el tiempo de dirigir sobre Brest la corriente eléctrica. Así en un instante habrá hecho girar la aguja en el cuadrante colocado en Brest; la hará detenerse en las diversas letras de la palabra « Venid, » que se encontrarán así designadas como con el dedo. Y mi despacho todo entero atravesará con una rapidez prodigiosa esa distancia de Paris á Brest tan pequeña para la electricidad, que la recorrería más de mil veces en un abrir y cerrar de ojos.

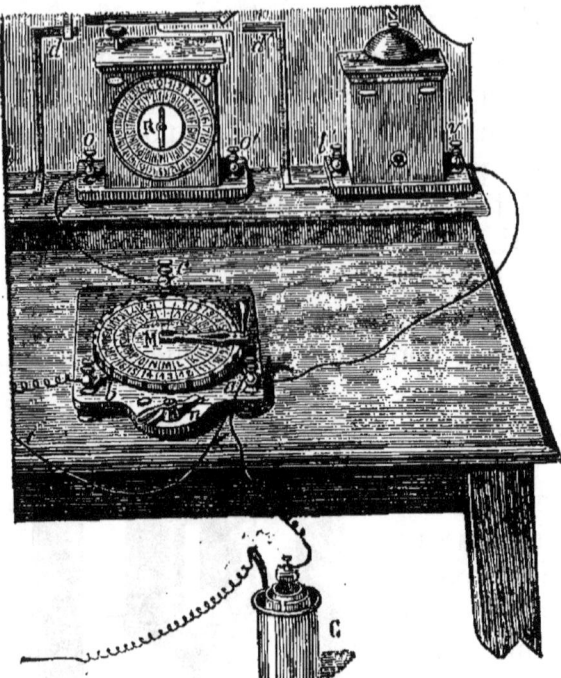

OFICINA TELEGRÁFICA. — Por delante se ve una especie de vaso de donde parten hilos telegráficos: es un aparato llamado *pila eléctrica*, que produce la electricidad como el fuego del hogar produce el calor y la luz. — Sobre la mesa está delante el cuadrante de que se hace uso para enviar un despacho. En el fondo se encuentra un segundo cuadrante R semejante á una péndula en el cual se leen los despachos que se reciben. A la derecha hay un timbre S que previene se fije la atencion cuando va á llegar un despacho.

Los hilos telegráficos están sostenidos en los caminos por postes de madera. Pequeños sustentáculos de porcelana sirven para fijar los hilos á los postes é impiden que la electricidad que atraviesa incesantemente los hilos vaya á perderse en la madera de los postes.

Brest (80,000 habitantes).

CXXV. — Los *CABLES SUBMARINOS* entre Francia y Argel, entre Europa y América. — Historia del cable trasatlántico. — Encuentro de una ballena.

Los pueblos no pueden ya vivir como antiguamente, extranjeros los unos á los otros, puesto que un minuto les basta ahora para trasmitirse sus pensamientos.

EL SR. EDMUNDO. — Se ha establecido entre todos los pueblos de la Europa comunicaciones telegráficas:

el mar mismo no ha sido un obstáculo: cables submarinos ponen en comunicacion, no solamente á Inglaterra

Ajaccio (Córcega) 20,000 habitantes.

Argel (80,000 habitantes).

con Francia bajo la Mancha, sino á Francia con Córcega y con Argel. Ademas, se ha emprendido establecer una comunicacion entre el antiguo mundo y el nuevo, entre Europa y América. Se ha echado al fondo del Océano un cable que contiene un hilo telegráfico bastante largo para poner en comunicacion los dos mundos.

CABLE TRASATLANTICO — Contiene hilos telegráficos envueltos en cautchuc y en gutta-percha.

AMADA. — ¡Qué largo debe de ser, señor!

EL SR. EDMUNDO. — Su longitud total es de 1.000 leguas y su peso total de unos 5 millones de kilógramos. Para trasportar en un ferro-carril ese cable enorme, se necesitaría un tren de 450 wagones tirado por 10 locomotivas de las más poderosas.

FRASCUELO. — ¡Oh! ¡sería muy largo verle desfilar!... Pero entónces ¿cómo hicieron para trasportar el cable de Europa á América? ¿Hay para eso buques bastante grandes?

EL SR. EDMUNDO. — Amigo mio, se hizo uso al principio de dos de los buques más grandes de la época que se encargaron cada uno de la mitad del cable.

Hubo en el camino muchos accidentes dramáticos. Por ejemplo, una enorme ballena intrigada por el cable que colgaba á la popa del buque fué á jugar en derredor suyo. Batía el agua con su cola, hacía saltar á lo léjos la espuma, ó lanzaba por sus narices chorros de agua de muchos metros de altura. Se temió que rompiese el cable de un colazo. Felizmente, al cabo de algun tiempo, se zambulló y desapareció.

Otra vez el cable estuvo á punto de ser cortado por un

La ballena es un enorme *cetáceo* cuyo cuerpo tiene 20 ó 25 metros de largo, por 10 ó 15 de circunferencia. Su boca tiene dos ó tres metros de ancho por 4 ó 5 de altura. Su cola enorme le sirve para dirigirse en el agua, para zambullirse y para volver rápidamente á la superficie.

buque americano que pasaba rápidamente. Advertido á cañonazos, este buque se detuvo á tiempo.

Por fin se llegó al término del viaje y se envió un primer despacho á traves del Océano.

El contento fué universal, pero de corta duracion; se advirtió muy pronto que el cable estaba por decirlo así enfermo. Perdía sin duda en el camino por alguna herida una parte de su electricidad; porque enmudeció al cabo de un mes de servicio.

Esta desgracia, despues de tantas esperanzas hizo vacilar la confianza pública. Los que habían emprendido llevar á cabo ese gran trabajo eran simples particulares que habían asociado sus inteligencias y sus esfuerzos, y el dinero que habían prestado estaba hundido en el fondo del Océano.

A pesar de eso, los jefes de la empresa no se desanimaron, y preguntaron al público si quería prestarles nuevos capitales para una nueva empresa. Hubo en efecto, hombres bastante confiados en la ciencia para emplear su dinero en nuevos ensayos; sólo que fueron necesarios siete años para reunir el número preciso de millones.

En fin, en 1865, estuvo listo un cable nuevo. Esta vez, en lugar de servirse de dos buques para el trasporte se hizo uso de uno solo, el más grande de los de vapor que se ha construido: el *Leviathan*.

CXXVI. — **Primer** viaje del *LEVIATHAN*. — Una ciudad flotante.

El secreto del triunfo es la perseverancia.

El Sr. Edmundo. — El *Leviathan* tiene medio kilómetro de largo y 25 metros de ancho. Puede llevar al mismo tiempo el cargamento de 20 trenes de mercancías y de 10 trenes de pasajeros, es decir, 6.000 personas.

Enrique. — ¡6.000 personas! Pero es toda una ciudad.

El Sr. Edmundo. — Sí, amigo mio, una ciudad flotante, que sin embargo no es más que un juguete para el Océano.

El dia 23 de julio de 1865, el *Leviathan*, cargado de su cable, que debía de dejar caer en el mar poco á poco, emprendió su viaje. Durante veinticuatro horas todo fué bien; pero se advirtió súbitamente que ese nuevo cable perdía tambien su electricidad por alguna herida.

Se le volvió á levantar y se descubrió una punta de hierro encajada en el cordaje por una mano enemiga. Tres veces se renovó el mismo accidente. Había á bordo un hombre bastante perverso para querer hacer fracasar la empresa.

Enrique. — ¿Quién era?

El Sr. Edmundo. — Se ignora. Sin duda un enemigo de la civilizacion y del progreso, tal vez un hombre ignorante, cegado por las preocupaciones contra las invenciones de la industria moderna. Ya sabeis, hijos mios, que todas las grandes empresas han encontrado así incrédulos ó enemigos, y muchas veces entre los mismos á quienes más debían de aprovechar.

Se reparó el cable, y continuó el viaje; pero un dia, al mediodía, se levió al romperse y desaparecer en el mar. Se trató de volverle á pescar por medio de una sonda de muchos kilómetros de largo y de un garfio.

El Leviathan. — Es todo de hierro y tiene 4 *puentes*, es decir, cuatro pisos. Rueda sobre dos ruedas enormes que tienen veinte metros de ancho y que hace mover un conjunto de máquinas de vapor de la fuerza de 200 locomotivas. Para hacer maniobrar el buque se necesita una tripulacion de 500 personas, mecánicos, fogoneros, marineros. El capitan recibe los informes y trasmite las órdenes por un telégrafo eléctrico de un extremo al otro del buque. Hay á bordo una imprenta y un periódico.

Se le enganchó várias veces pero en cada una de ellas su peso rompió la sonda. Despues de haber permanecido diez dias inmóvil en medio del Océano, el buque volvió á Inglaterra sin haber podido encontrar el cable.

CXXVII. — **Nuevo viaje del *LEVIATHAN*.** — **Reflexiones de Frascuelo.** — **Los tesoros de los particulares y los de los gobiernos.**

> Simples particulares, formando *sociedades* industriales pueden ejecutar las mayores empresas.

FRASCUELO. — Me parece que me habría desanimado mucho al ver que á pesar de tantas precauciones la empresa fracasaba una vez más.

EL SR. EDMUNDO. — Es preciso no desanimarse jamas, hijo mio. Los administradores de la compañía de Lóndres, léjos de perder confianza, dieron pruebas de una firmeza y de una perseverancia verdaderamente asombrosas.

Los que habían prestado sus capitales no los retiraron, y nuevos millones fueron encontrados! Esta perseverancia sería ya asombrosa en un solo hombre; y lo es todavía más en esa multitud de asociados, que lograron ponerse de acuerdo libremente para llevar á buen fin la más difícil de las empresas y reunir las sumas necesarias para su conclusion.

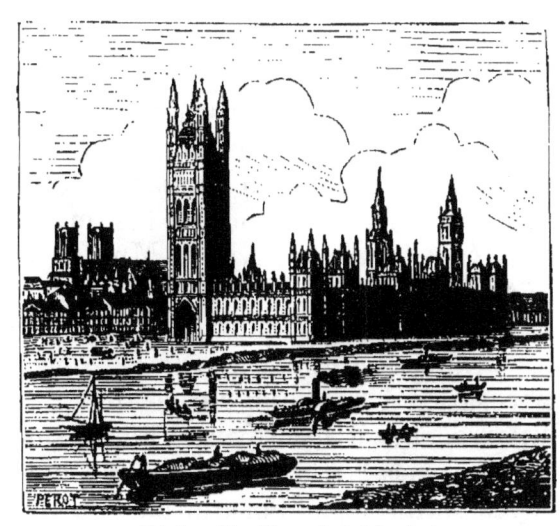
Lóndres (4 millones de habitantes).

FRASCUELO. — Pero, señor, ¿por qué el gobierno no daba inmediatamente el dinero que se necesitaba? Yo, si hubiera sido el gobierno inglés, le habría dado en el acto.

EL SR. EDMUNDO. — ¡Hola! ¿y de dónde habrías tomado ese dinero?

FRASCUELO. — ¿Acaso los gobiernos no tienen tesoros?

EL SR. EDMUNDO. — Frascuelo, un gobierno sólo tiene los tesoros que todos le dan pagando las contribuciones y los impuestos. Como el dinero que tiene es de la nacion, no puede ni debe emplearle en lo que le agrada. El uso de ese dinero debe de ser arreglado y aprobado por la nacion misma á la cual pertenece.

FRASCUELO. — Pero ¿cómo se puede saber lo que quiere la nacion?

EL SR. EDMUNDO. — Consultando á los diputados que nombra; mañana explicaré á ustedes esto detenidamente. Si, como dices, hubieras sido el gobierno, no habrías podido dar más que el dinero de todo el mundo; y puesto que todo el mundo no quería lanzarse en una empresa tan aventurada, ¿no valía más dejar á aquellos á quienes les agradaba asociarse libremente para ejecutarla ellos mismos? De esta manera nadie tenía que quejarse.

Frascuelo. — Es cierto, señor, veo que así es mucho más justo; pero es tambien mucho más largo.

El Sr. Edmundo. — Ese es otro error, amigo mio. La prueba de que no es más largo, es que hoy se hace mucho más grandes empresas y grandes progresos que antiguamente; y sin embargo son los simples particulares quienes asociándose las ejecutan. Cuando Colon partió en busca del Nuevo Mundo, hacía ya más de diez años que despues de haber dejado á Génova, su patria, donde no había podido encontrar auxilios, solicitaba de los principales gobiernos de Europa la suma y los buques necesarios á su viaje. No se dirigia á los simples particulares, sino á los reyes. ¿Las cosas marchaban por eso más á prisa? Al contrario. Y si por desgracia todos los reyes hubiesen rehusado su autorizacion y su concurso, Colon se habría visto obligado á renunciar á su proyecto, y no se habría descubierto la América. Acuérdate, amigo mio, de que lo mejor es hacer sus negocios uno mismo ó con la ayuda de los que son del mismo parecer que nosotros, y que quieren prestarnos el concurso de su inteligencia ó de su dinero. Este es uno de los principios de la industria moderna.

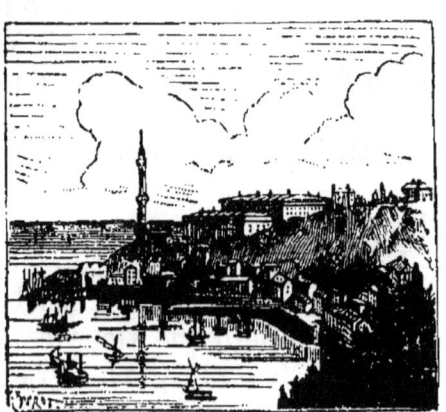

Génova (Italia). Gran puerto (130.000 habitantes).

Frascuelo. — Es cierto, señor; he hablado como un aturdido.

CXXVIII. — **El primer despacho de América á Europa. La supersticion. Los viérnes de Cristóbal Colon.**

« Gloria á Dios en lo más alto de los cielos, y paz en la tierra á los hombres de buena voluntad. »

El Sr. Edmundo. — Al cabo de un año, como lo había prometido la Compañía Trasatlántica, el *Leviathan*, cargado de un nuevo cable, estaba listo para partir de nuevo. Dejó el puerto el viérnes 13 de julio.

Frascuelo. — ¡Oh! ¡Dios mio! ¡un viérnes, y el 13! Si el tio Santiago hubiese estado allí, habría dicho que era muy mala señal, y de seguro que no habría consentido en partir ese dia.

El Sr. Edmundo. — Amigo mio, habría hecho muy mal en mostrarse supersticioso; porque la supersticion es una injuria que se hace á Dios. ¿No es, en efecto, injuriar á Dios creerle bastante perverso para enviarnos alguna gran desgracia, porque el acaso nos hace partir el 13 ó el viérnes, ó tambien, segun una preocupacion no ménos nécia, porque se ha volteado una salera ó se ha roto un espejo? La verdadera piedad es legítima, Frascuelo, pero la supersticion es mala y peligrosa.

Tambien era viérnes, el 3 de agosto de 1492, cuando Cristóbal Colon partió en busca de tierras desconocidas; y fué asimismo un viérnes cuando descubrió el Nuevo Mundo; y como lo sabeis, ya era tiempo, porque los marineros ignorantes y supersticiosos que acompañaban á Colon se habían sublevado contra él, y querían darle la muerte. En el *Leviathan*, al contrario, á pesar de los descalabros sufridos precedentemente, todo el mundo esperaba y tenía fe en el triunfo de la ciencia y de la industria. El viérnes 27 de julio (otro viérnes), 14 dias despues de la partida, los marineros del *Leviathan* vieron entre las brumas del horizonte las rocas de la sierra americana. Algun tiempo despues el nuevo cable estaba atado á la playa. Un mes más tarde, se encontró el antiguo cable perdido en el mar hacía un año á una legua de profundidad.

Extendidos uno al lado de otro en el fondo del Oceano,

los dos cables que unen la Europa á la América están incesantemente atravesados por una corriente de electricidad rápida é invisible. Lo mismo que en el cuerpo del hombre las redes imperceptibles de los nervios trasmiten de la mano al cerebro y del cerebro á la mano nuestras sensaciones y nuestras voluntades, esos dos cables sumergidos en el mar trasmiten de la Europa á la América y de la América á la Europa, palabras, pensamientos y voluntades. Es como si tuviéramos en lo sucesivo un brazo bastante largo para extenderse de un extremo al otro del Océano. Ahora el inmenso intervalo que separaba los dos mundos está casi reducido á la nada por esa victoria del pensamiento humano sobre el espacio. Todo lo que pasa de importante en América, Europa lo sabe el mismo dia; y América está inmediatamente informada de todo lo que hace Europa. En otro tiempo eran dos desconocidas: una ignoraba la existencia de la otra, y ahora son dos hermanas y no hay secretos entre ellas.

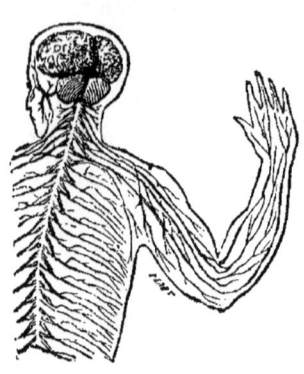

El cerebro y los nervios.

Así es que los progresos de la ciencia son los progresos de la concordia. La verdad, que viene de Dios, haciéndose conocer más cada dia gracias á los esfuerzos de la ciencia, difundirá de más en más la paz. Los Americanos lo han comprendido bien. ¿Sabeis, hijos mios, cuál fué el primero de todos los despachos enviados por la América á la Europa despues de puesto el cable trasatlántico? No fué, como en el último siglo despues del establecimiento del telégrafo aéreo, el anuncio de una victoria comprada por una sangrienta batalla: fueron estas palabras de amor hácia Dios y de fraternidad hácia los hombres:

»¡Gloria á Dios en lo más alto de los cielos, y paz en la tierra á los hombres de buena voluntad!

» Este noble monumento de la ciencia y de la industria será sagrado para todos los pueblos áun en el curso de la guerra más cruel; ó mejor dicho, anunciando el fin de la guerra en un porvenir más ó ménos próximo, será desde ahora un lazo de amistad y de paz entre los dos mundos; servirá para difundir en el universo entero, la fraternidad, la justicia, la civilizacion.»

CXXIX. — El *ESTADO* y el *GOBIERNO*. — Las leyes y el respeto que les es debido.

«Las leyes escritas son *reglas de justicia* consentidas por *todos*.» (San Agustin, *Ciudad de Dios.*)

El Sr. Edmundo. — Frascuelo nos hablaba ayer del gobierno y del Estado sin saber lo que son; voy á explicároslo: escuchadme bien para comprender.

Si los hombres viviesen errantes ó aislados, como esos salvajes cuya historia os contaba yo recientemente, no formarían Estados. Pero supongamos que todos los salvajes de que hemos hablado, en vez de permanecer solitarios y abandonados cada uno á sus propias fuerzas, se reunen un dia y se dicen:

— « Convengamos en defendernos unos á otros contra los asesinos, los ladrones y todos los hombres injustos. Comenzaremos por establecer en comun reglas de justicia que cada uno se comprometerá á observar y que llamaremos *leyes*.

» Despues, si alguno de nosotros, faltando á sus compromisos, viola esas leyes, los otros se reunirán para juzgarle y castigarle.»

Conviniendo así en vivir todos bajo leyes comunes, nuestros salvajes habrían formado un Estado. Ya veis, pues, que un Estado es una gran reunion de hombres que han convenido en protegerse mutuamente y en vivir bajo leyes comunes. Por ejemplo, los *Estados Europeos* designan las diversas naciones de Europa, como Francia, Inglaterra, Alemania, Rusia.

Ya comprendeis al mismo tiempo, hijos mios, lo que se llama leyes y lo que estas deben de ser.

Deben de ser en primer lugar *la expresion de la justicia*, es decir, de lo que cada uno tiene derecho á exigir de los demas: por ejemplo, el respeto de su vida y de sus bienes.

En segundo lugar, las leyes deben de ser *consentidas*

por todos, puesto que todos se comprometen voluntariamente á respetarlas; y ese respeto á las leyes es el primero de nuestros deberes cívicos hácia la patria.

FRASCUELO. — Pero, señor, ¿cómo pueden ser las leyes consentidas por todos? Cuando una nacion es muy grande y ocupa un gran país, los hombres no pueden reunirse todos en un mismo sitio para hacer leyes ó para juzgar á los que las hayan violado. Así es que todos los Franceses no pueden reunirse en el mismo lugar como los salvajes de que nos hablaba usted hace un momento.

EL SR. EDMUNDO. — Evidentemente, amigo mio; pero entónces eligen cierto número de hombres en quienes tienen confianza y les dicen: « Haced en nuestro lugar lo que no podemos hacer todos á un tiempo. Sed nuestros representantes, nuestros diputados, nuestros magistrados. Miéntras que nosotros nos ocupemos en nuestros negocios particulares, vosotros, diputados, os ocupareis en buscar á nuestro nombre las mejores leyes; vosotros, magistrados, en dispensar la justicia, y en hacernos defender en caso de necesidad por la fuerza pública. » El conjunto de esos hombres que hacen los negocios de todos se llama el *gobierno*.

CXXX. — Los *IMPUESTOS* y el tesoro público. — Impuestos directos é indirectos.

> Cada ciudadano debe de llevar al tesoro público una parte *proporcional* á su fortuna. (*Constitucion.*)

FRASCUELO. — Segun lo que ha dicho usted, señor, ¿los que gobiernan trabajan por todo el mundo?

EL SR. EDMUNDO. — Precisamente, amigo mio. Así es que el dinero que necesitan ellos y todos los individuos á quienes emplean, es suministrado por todo el mundo. Ese dinero dado por todos para proteger los derechos de todos, es ese *tesoro público* de que hablabas ayer, es el tesoro de la nacion.

FRASCUELO. — ¿Es mucho dinero, señor?

EL SR. EDMUNDO. — Sin duda, amigo mio; pero jamas lo olvides, eres tú, ó mejor dicho es tu madre, es el abuelo de Amada, son sus obreros, soy yo mismo, somos

IMPUESTOS DIRECTOS É INDIRECTOS.

en una palabra, todos los franceses, quienes producimos la fortuna del Estado dando una parte de nuestro propio dinero. Porque el Estado no es una persona que goza de una fortuna particular : el Estado, es todo el mundo, es la patria. Cuando oigas á las gentes exclamar como lo hacías ayer tú mismo : « ¿No debería el gobierno, á quien se ha confiado el tesoro del Estado, de consagrar un millon ó dos á tal empresa? »—es preciso recordarles siempre que el gobierno por sí mismo no posée nada ; si se le quiere ver aumentar los gastos para tal ó cual empresa, es como si se quisiera ver aumentar el impuesto suministrado por cada ciudadano del Estado. Y el gobierno no puede aumentar así el impuesto sin el consentimiento de la nacion.

FRASCUELO. — Entónces, señor, los impuestos son el dinero que da todo el mundo al gobierno para que proteja los derechos de todo el mundo.

EL SR. EDMUNDO. — Eso es. Hay dos clases de contribuciones ó impuestos : los impuestos *directos*, que cada particular paga directamente y en persona al Estado ; y los impuestos *indirectos* que gravan diferentes mercancías, tales como la sal, el vino, los tabacos, el azúcar.

¿Quereis un ejemplo que os haga comprender los impuestos indirectos? El vendedor de vino en Paris, que va al mercado de vinos á comprar su provision, paga unos 20 céntimos de impuesto por cada litro. Si el vino le costaba ya 25 centavos, el impuesto se le pone inmediatamente á 45 céntimos. No podrá, pues, venderle á ménos de 45 céntimos si no quiere perder ; y como todo comerciante tiene que ganar algo, le venderá á más de 45 céntimos. Y á fin de cuentas los que beben vino en Paris serán los que paguen los 20 céntimos reclamados

El mercado de los vinos, en Paris.

primero al vendedor. ¿Comprendeis, hijos mios, que de esa manera el impuesto se paga *indirectamente*, pero no por eso deja de pagarse?

CXXXI. — **Manera de establecer los impuestos. — Deberes de los electores para con la Patria. — La instruccion cívica.**

> No seais indiferentes á los negocios públicos, que son vuestros negocios como lo son de todos.

Enrique.—Señor, ¿no hay peligro de que el gobierno pida á todo el mundo más dinero del necesario?

El Sr. Edmundo. — Amigo mio, los impuestos son votados cada año en Francia por los representantes de la nacion. De manera que la nacion es la que se impone voluntariamente á sí misma las contribuciones que paga, porque es la que escoge sus representantes. Desde el momento que una nacion tiene el deber y el derecho de examinar los gastos públicos, y vota los impuestos por el intermediario de sus diputados, ella es la causa del estado en que se halla su hacienda.

Frascuelo. — Pero señor, hay muchas gentes que no comprenden nada de todo eso. ¿Cómo pueden tener que ver en ellos?

El Sr. Edmundo. — Amigo mio, eso es por desgracia muy cierto; y lo es tambien que esas gentes son las que muchas veces gritan más alto contra lo que no comprenden. El único remedio sería instruirse en vez de gritar á tontas y á locas. Adquirir la *instruccion cívica* no es más difícil que otras muchas cosas. ¡Cuántas gentes se dan un trabajo muy grande para aprender á jugar juegos muy difíciles, tales como el whist ó el ajedrez! ¿y no tendrían valor de tomarse el mismo trabajo para instruirse en cosas útiles que les conciernen y que ignoran? Parece más cómodo á esas gentes abandonar sus negocios á las reflexiones de los demas y gritar despues muy alto que todo va de traves.

Los hombres sensatos tendrían derecho para responderles: «Amigo mio, ántes de criticar lo que se hace reflexione usted si no tiene la culpa. Usted es elector, y tiene por lo mismo voz en los negocios públicos. Pues bien, ruego á usted me diga ¿ qué trabajo se ha tomado desde que está en el mundo, para comprender una palabra de los negocios que critica? ¿ Basta, pues, escuchar el parecer del primero que se presenta para darse cuenta de una cuestion difícil? Lo que usted critica en este momento lo aprobará tal vez mañana; porque es usted demasiado ignorante para poder juzgar por sí mismo. En vez de acusar á todo el mundo examínese y empiece por convenir en que no ha cumplido su deber para con la Patria. En seguida resuélvase usted á instruirse; estudie seriamente todo lo que debe de saber un buen ciudadano, y podrá entónces dar su parecer con conocimiento de causa. »

CXXXII. — La *CONSTITUCION*. — La Cámara de diputados. El Senado. El presidente. Los ministros.

Un buen ciudadano debe respetar la Constitucion que su país se ha dado libremente.

FRASCUELO. — Señor, nos ha hablado usted de ser elector; ¿ quisiera usted explicarnos en qué consiste eso?

EL SR. EDMUNDO. — Amigo mio, hay una reunion de hombres llamada *Cámara de diputados*, encargada de hacer las leyes ó reglas de justicia consentidas por todos. Participa esta tarea

Una sesion en la *Cámara de diputados*.

con otra Cámara que se llama el *Senado*.

Los electores de más de 21 años de edad, son los que nombran los miembros de las dos Cámaras.

Pero no basta hacer leyes; es preciso tambien que haya hombres que aseguren su ejecucion. El *Presidente de la República*, nombrado por las dos Cámaras (1) por siete años, es quien vela por la ejecucion de las leyes con ayuda de los *ministros* que escoge.

Esos ministros consultan á la Cámara de diputados y al Senado sobre los negocios de Francia, sobre los

Palacio del *Senado* (ó Luxemburgo).

Palacio del *Elíseo*, en donde reside el Presidente de la República y se reune el consejo de ministros para deliberar sobre las proposiciones que se debe de hacer á las Cámaras.

impuestos que se debe de establecer, sobre las cuestiones de paz y de guerra, sobre el número de hombres que conviene llamar sobre las armas, sobre las medidas á propósito para la instruccion del pueblo frances y sobre otras muchas cosas de que ignorais hasta la existencia.

Hay ministros de Justicia, de Instruccion pública, de Cultos, del Interior, de Comercio, de Trabajos públicos, de Agricultura, de Hacienda, de Negocios extranjeros, de Marina, de Guerra, de Correos y telégrafos.

El gobierno comprende así dos grandes clases de hombres que hacen las *leyes* (diputados y senadores), y otros que aseguran la *ejecucion* de las leyes (presidente de la República y ministros).

(1). En México y en casi todas las Repúblicas hispano-americanas, el Presidente es elegido por los electores, y el Congreso revisa la eleccion y declara quién ha obtenido el número de votos necesario para serlo; su encargo dura cuatro años.

CXXXIII. — **El *VOTO*.** — **Superioridad de la lucha electoral sobre las revoluciones.** — **Necesidad de la instrucción cívica.** — **El deber militar y la disciplina.**

El *derecho* de votar impone el *deber* de instruirse.

FRASCUELO. — Cuando tenga yo 21 años iré á votar.

EL SR. EDMUNDO. — Ciertamente, amigo mio, y Enrique tambien.

FRASCUELO. — ¿Pero en qué consiste votar?

EL SR. EDMUNDO. — Hijo mio, hé aquí en qué consiste el voto. Cuando seas elector, irás, como los demas electores de tu comuna, á llevar á la alcaldía el dia designado, un billete en el cual esté inscrito el nombre del diputado que hayas escogido. El diputado que haya tenido más votos, es decir, más boletines que lleven su nombre, será elegido. Enrique hará lo mismo.

El *voto*. — Una vez terminado el voto se cuenta todos los boletines. Esta cuenta se llama *escrutinio.*

Pero, hijos mios, para encargar á alguno de defender los derechos de todos, es preciso saber tambien cuáles son esos derechos, qué cosas son justas y por lo mismo verdaderamente útiles á la patria. Para eso es preciso tener al ménos algunas nociones de *moral cívica* y de *derecho* elemental. Sin eso escogeríais vuestros diputados como ciegos; el último que os hablara tendría siempre razon porque seríais incapaces de encontrar el punto débil de un razonamiento. En tales condiciones, vuestro voto, en lugar de ser útil á la prosperidad del país, no haría más que suscitarle obstáculos.

Frascuelo había escuchado todo eso con una grande atencion. Como era un niño inteligente, y las cuestiones que estaban en juego le interesaban particularmente á pesar de su corta edad, hizo inmediatamente una reflexion muy razonable : — Señor, dijo, puesto que los obreros y los pobres escogen sus diputados como los ricos, ¿trabajan, pues, ellos tambien, en las leyes de justicia de que depende el porvenir de la sociedad?

El Sr. Edmundo. — Incontestablemente, hijo mio.

Frascuelo. — ¿No hay tambien, señor, más pobres y trabajadores que ricos?

El Sr. Edmundo. — Sí, amigo mio, eso tambien es evidente.

Frascuelo. — Entónces, señor, ¿por qué hay gentes que querrían trastornar la sociedad con revoluciones so pretexto de trasformarla, puesto que es fácil cambiar las leyes votando bien?

El Sr. Edmundo. — ¡Bravo, Frascuelo! esa es una reflexion de hombre mejor que de niño. Sí, amigo mio, no te equivocas. El llamamiento hecho á todos los trabajadores para emitir sus opiniones con sus votos es para el porvenir una promesa de progreso rápido en el seno de la paz y de la seguridad. La batalla de las calles, hermano contra hermano, es reemplazada por la lucha electoral, lucha pacífica en que se triunfa por la persuasion y no por la fuerza.

Solamente, no lo olvides, amigo mio, todo derecho aquí abajo produce un deber. Aceptando el *derecho* de votar, aceptas el *deber* de instruirte sobre las grandes cuestiones que conciernen á la sociedad. Ya no debes de ser una cera blanda que cualquiera puede amoldar segun sus pasiones. Acuérdate de las cóleras del pueblo contra Turgot, su mejor amigo; acuérdate de las violencias ejercidas contra los inventores de los objetos más útiles. Esos eran resultados de la ignorancia, ¡y muy tristes resultados! En vez de dejarte arrastrar, como una máquina, por el primero que te hable, debes de ser una conciencia inflexible que por nada transija. Debes, si es preciso, de sacrificar tus intereses del cuarto de hora presente á la verdad, á la justicia, que triunfarán en el porvenir. El ciudadano que en otro tiempo, en medio de las revoluciones, daba su vida por asegurar á la patria dias mejores, ejecutaba tal vez un acto más heróico, pero no más útil que el que serio, incorruptible, lleva al escrutinio su boletin de voto, libre expresion de su conciencia y de los derechos de todos sus conciudadanos.

Frascuelo. — ¡Oh! señor, comprendo bien eso, y el deber de instruirse me parece completamente agradable.

El Sr. Edmundo. — Ademas de tus obligaciones de elector, Frascuelo, y tú tambien, Enrique, tendreis que cumplir otras obligaciones con la patria: las de soldado.

Enrique. — Es cierto, seré soldado cuando tenga veinte años. Ahora todos los Franceses son soldados.

El Sr. Edmundo. — Pues bien, la primera virtud del soldado, despues del amor á la patria y del respeto á las leyes, es el amor á la disciplina. Un ejército indisciplinado puede causar la ruina de la patria. Así, hijos mios, no todo consiste en concurrir como elector al establecimiento de las leyes, es preciso, una vez las leyes hechas, respetarlas como ciudadanos; es preciso tambien observarlas como soldados y someteros con abnegacion á todos los reglamentos militares. Saber obedecer es muchas veces tan bello y tan difícil como saber mandar.

CXXXIV. — La *HIGIENE*. — **El aire del campo y el aire de la ciudad. — La respiracion en el hombre. — El aseo. — Los vestidos. — La asfixia. — Cuidados á los asfixiados. — Frascuelo hace provision de buen aire.**

>Los cuidados á los asfixiados consisten en ponerlos al aire libre, en irritar las ventanas de su nariz con una pluma, en oprimir suavemente su pecho para restablecer la respiracion, y en soplarles aire en la boca.

El mes de Julio tocaba á su fin. Era el momento en que los dias son los más hermosos del año. El Sr. Edmundo, muy contento de la aplicacion de nuestros amiguitos, pensó en procurarles una agradable sorpresa.

Una mañana temprano les anunció que los llevaba á los tres al campo. Amada, muy alegre, corrió á ponerse su sombrero, Enrique sus zapatos limpios, y Frascuelo su traje de los domingos.

Amada volvió muy pronto, y se puso juiciosamente al lado del Sr. Edmundo, miéntras que Enrique y Frascuelo ban algunos pasos adelante y hablaban cuanto podían.

Pronto dejaron las calles de la ciudad para ir del lado del campo. El Sr. Edmundo había escogido un lindo camino sombreado de sauces; el sol no lanzaba sus rayos más que á través de la verdura, y daba gusto caminar así á la sombra, cerca de los setos llenos de florecillas que exhalaban un buen olor.

—¡Cuánto me gusta el campo! exclamó Frascuelo encantado del paseo. ¡Cuánto mejor es el aire que aquí se respira que el de la manufactura!

El Sr. Edmundo.—Sí, amigo mio, mejor y más sano; porque donde quiera que hay un gran número de hombres reunidos, el aire está viciado y produce una especie de asfixia lenta.

Frascuelo.—¿En qué consiste eso, señor?

El Sr. Edmundo.—Es algo difícil que lo comprendas; sin embargo, voy á tratar de explicártelo.

El aire es una mezcla de cuerpos gaseosos; uno de los gases que forman esa mezcla se llama *oxígeno,* y el oxígeno es necesario á la respiracion. Tambien alimenta el oxígeno el fuego y la llama, y donde falta, la llama se apaga. Pues bien, amigo mio, nuestros pulmones son absolutamente como un hogar que para calentar y quemar necesita de oxígeno. Nuestro cuerpo y nuestra sangre contienen una especie de carbon ó *carbono,* que necesita ser renovado y consumido poco á poco. Cuando respiramos, el oxígeno del aire se introduce en nuestros pulmones, penetra en nuestra sangre y quema allí esa especie de carbon, produciendo un calor sin llama que sostiene la vida.

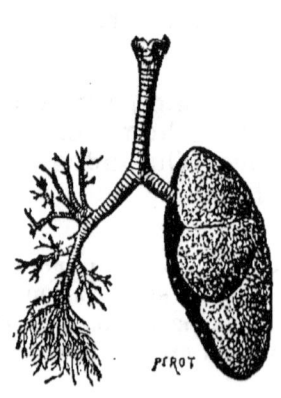
Los pulmones.

El oxígeno se introduce tambien en nuestra sangre por los innumerables agujeritos de la piel llamados poros. Por eso la *higiene,* ó arte de conservar la salud, prescribe ante todas cosas el *aseo,* que impide que se cierren los poros de la piel y conserva la pureza de la sangre. La higiene recomienda tambien que los vestidos, sobre todo los de las mujeres, sean bastante anchos para no estorbar la respiracion. En fin, esos vestidos deben de ser bastante calientes para evitar los *enfriamientos* súbitos que pueden producir una inflamacion de los pulmones, y bastante gruesos para garantizar de la *humedad*, una de las causas que vician el aire y exponen á las enfermedades de pecho.

Cuando despues de haber respirado el aire para hacerle entrar, le dejamos salir por la boca, ya no es el mismo que al entrar. Lleva consigo un gas nuevo, llamado gas *ácido carbónico*, que no es propio á la respiracion ni á la conservacion de la vida.

Ese mismo gas, ese ácido carbónico, es el que se produce cuando fermentan las cubas de vino; y si entra uno sin precaucion en una cueva llena de cubas de vino, donde el aire respirable haya sido reemplazado poco á poco por el ácido carbónico, corre peligro de ser asfixiado, como

Se hace uso de la *blusa de seguridad contra la asfixia* para bajar á las cuevas y pozos profundos de donde el incendio ó cualquiera otra causa ha hecho desaparecer el aire respirable. Esta blusa de cuero ha sido inventada por un zapador bombero. Al capuchon está adaptado por delante un grueso vidrio á traves del cual puede ver el bombero. Un tubo, fijado por detras á la cintura, introduce constantemente el aire exterior debajo de la blusa; esta se infla y envuelve de una atmósfera respirable al bombero cuyas dos manos tienen el tubo de la bomba de incendio.

cuando se baja sin precaucion y sin aparato de seguridad á una cueva de donde el incendio ha hecho desaparecer el aire respirable.

Y ahora, Frascuelo, acuérdate de que las grandes ciudades se parecen mucho á esas cuevas cuyo aire está viciado. Un gran número de hombres respirando á un tiempo en un mismo lugar, absorben poco á poco, por la respiracion, el oxígeno del aire, y no exhalan más que ácido carbónico; de manera que el aire se hace cada vez ménos respirable. Es todavía peor en las tabernas y en los cafés, llenos ademas del humo tan poco higiénico del tabaco y de los vapores del vino.

FRASCUELO. — En cuanto á mí, me pregunto siempre cómo se puede preferir el aire de la taberna á ese buen aire del campo, y el placer de beber ó de fumar al de un paseíto por la campaña.

EL SR. EDMUNDO.—Tienes mucha razon; si se quiere hacer provision de aire puro es preciso venir al campo.

— ¡Oh! señor, dijo Frascuelo riendo, ¡voy á hacer hoy una buena provision!

Y para hacer ver que había comprendido bien la explicacion del Sr. Edmundo, Frascuelo se detuvo, abrió la boca y aspiró el aire con todas sus fuerzas.

— Mirad, dijo, aspiro el oxígeno que va á purificar mi sangre. Y ahora exhalo el aire y le dejo volver á salir; está todo cargado de ácido carbónico.

Amada y Enrique se echaron á reir, imitando á su vez á Frascuelo.

CXXXV. — **Higiene.** (*Continuacion*). — **Respiracion en las plantas.** — **Utilidad higiénica de los árboles.** — **Cómo las plantas salubrifican el aire viciado por los animales.**

La naturaleza está llena de armonías que revelan la sabiduría del Creador.

El Sr. Edmundo continuó : — ¿Sabeis, hijos mios, lo que va á suceder con ese ácido carbónico que acabais de exhalar?

Los niños se miraron sorprendidos.

EL SR. EDMUNDO. — Pues bien, el ácido carbónico, irrespirable para el hombre, es indispensable á las plantas y á los árboles que os rodean.

FRASCUELO. — ¿Cómo, señor?

EL SR. EDMUNDO. — Las plantas, amigo mio, necesitan precisamente de ácido carbónico para vivir.

FRASCUELO. — ¡Vaya una cosa singular! ¿Entónces las plantas se nutren de aquello que nos molestaría?

EL SR. EDMUNDO. — Precisamente. Las plantas tienen, ellas tambien, una especie de respiracion, y sus hojas les sirven de pulmones. Estas hojas aspiran poco á poco el ácido carbónico que hay en el aire, y vuelven al oxígeno su pureza. Las plantas, siempre que estén al aire libre, y nó en las habitaciones, salubrifican la atmósfera. Así hacen exactamente lo contrario del hombre y de los animales. Ya ves que al desembarazarte de tu ácido carbónico, das á las plantas lo que les es útil y te libras de lo que te sería nocivo. Os prestais mutuamente un servicio.

Frascuelo. — ¡Oh! señor, ¡qué admirablemente arreglado está todo eso!

El Sr. Edmundo. — Sí, hijo mio, y sucede lo mismo con todas las leyes de la naturaleza. Miéntras más las estudia uno, más advierte la sabiduría maravillosa que ha presidido á su arreglo. Así es que la verdadera ciencia eleva nuestros corazones y los dirige naturalmente hácia Dios.

Amada. — Es muy cierto, señor. En cuanto á mí, ¡jamas había amado tanto á Dios y á mi prójimo como á medida que soy ménos ignorante!

Enrique. — Yo tambien, hermanita, y al mismo tiempo amo más todo lo que me rodea. Por ejemplo, las flores que en otro tiempo veía yo solamente con gusto á causa de su belleza, me interesan mucho más ahora que sé su manera de vivir y el papel que representan en la naturaleza.

CXXXVI. — **Utilidad de los árboles para la agricultura y la industria. — La repoblacion de los montes. — Productos de nuestros bosques. Leña, carbon, resina, corteza y corcho.**

Los árboles son nuestros amigos.

El Sr. Edmundo. — Ya comprendeis ahora que es una manía lamentable la de las gentes que en la ciudad ó en los campos parecen hacer la guerra á los árboles, como si el lugar que ocupa un árbol fuese lugar perdido. Los árboles son amigos nuestros; nos prestan una multitud de servicios ademas del de purificar el aire : concurren á la fertilidad del país atrayendo las nieblas de la atmósfera que son útiles á la vegetacion, conservando y distribuyendo con mesura la humedad de la tierra.

Ademas, la madera de los árboles es muy preciosa para

INDUSTRIA SELVÍCOLA : *la cosecha del corcho.* — Se hace durante el verano. Un hombre, subido en una escalera, practica en la corteza del alcornoque cortaduras en forma de anillos. Otros rajan esta corteza de arriba para abajo y la desprenden. — El corcho sirve especialmente para la fabricacion de los tapones. El taponero corta cuadraditos de corcho, y despues, presentando esos cuadraditos á un cuchillo bien amolado, los redondea con destreza. Un taponero hábil puede hacer algunos millares de tapones por dia.

calentarse, para todas las construcciones y todos los muebles ; es preciso, pues, tener cuidado de no desperdiciarla. Ademas de esa madera, que es su producto principal, los árboles producen cortezas, resinas, carbon. La corteza del encino, del castaño, del abedul, sirve para adobar los cueros. Con la corteza del tilo y del olmo se fabrica esteras, tapices, cuerdas. ¿Sabeis de dónde viene el corcho, que nos es tan útil? No es otra cosa que la corteza de una especie de encino que crece en el mediodía de la Francia y en Argelia : el alcornoque. Las resinas, con que se fabrica velas, la trementina, que sirve á los pintores, vienen de los pinos y de los abetos.

Ya veis que el árbol es como un capital fecundo que es preciso economizar para emplearle en multitud de cosas. Así es que á medida que se desmonta los bosques se debería de repoblarlos.

CXXXVII. — La mutilacion de los árboles. — El merodeo.

« El que mutile, corte ó pele un árbol de manera que le haga perecer, será castigado con prision de 6 dias á 6 meses por cada árbol. »

« El merodeo se castiga con una multa y prision de 1 á 5 dias. » (*Código penal.*)

Los árboles de los particulares y los de los bosques que el Estado conserva con cuidado para la utilidad pública, son propiedades preciosas que la ley prohibe atacar, bajo penas severas.

ENRIQUE. — Y yo, que muchas veces, paseándome por los bosques, ¡he hecho incisiones en los árboles con mi navaja, y cortado gruesas ramas! Me acuerdo tambien de que me colgaba yo de los árboles muy nuevos, recientemente plantados. Era muy divertido ; pero muchos de ellos se han roto. Se me ha regañado mucho por eso.

EL SR. EDMUNDO. — Muy bien hecho ; porque los niños que se divierten perjudicando á otro son egoistas é injustos al mismo tiempo. Hacer perecer un árbol nuevo, es destruir en gérmen una riqueza ; es un verdadero robo.

ENRIQUE. — Pero, señor, yo no pensaba absolutamente en ello al divertirme.

EL SR. EDMUNDO. — No por eso eras más excusable,

hijo mio; es siempre una falta obrar sin reflexion, aunque sea jugando; y los niños, lo mismo que los hombres, deben de habituarse á pensar en las consecuencias de sus acciones.

Frascuelo. — Yo he tomado muchas veces en los campos manzanas caidas de los árboles; y algunas ocasiones hemos sacudido el árbol para hacerlas caer.

El Sr. Edmundo. — Amigo mio, ese tambien es un verdadero robo, y la ley castiga el merodeo. Habituémonos desde la niñez á respetar en las cosas más pequeñas el derecho y la propiedad de los otros, porque se comienza por las faltas pequeñas y se acaba por las grandes.

Frascuelo. — ¡Oh!. una vez fuí bien castigado, porque acudió el labrador y nos tiró de las orejas á mí y á mis camaradas.

El Sr. Edmundo. — Estaba en el caso de legítima defensa: sin duda habría hecho mal y habría extralimitado su derecho si os hubiese causado realmente mal; pero en cuanto á tiraros un poco de las orejas, yo habría hecho otro tanto en su lugar. Solamente que yo habría tratado ademas de haceros comprender por qué es muy malo habituarse á tomar el bien ajeno. Vamos á ver, ¿qué dirías tú, Frascuelo, si uno de tus camaradas quisiera quitarte tu navaja, que no cuesta más que una docena de manzanas, y que vale cien veces ménos que un árbol frutal?

Frascuelo bajó la cabeza avergonzado.

El Sr. Edmundo. — Ya lo ves, Frascuelo, eso era injusto: hacias á otro lo que no quisieras que se te hiciese.

Frascuelo. — Señor, era solamente por hacer lo mismo que los demas.

El Sr. Edmundo. — ¡Detestable excusa! ahora lo comprendes, ¿no es verdad, hijo mio? Hacer lo mismo que los demas es mostrar un carácter débil, sin voluntad y sin inteligencia; es parecerse á los borregos, que limitándose á seguir ciegamente á su jefe de fila, siguen sus huellas sin ver si el camino que ha tomado es bueno ó malo. No te preguntes jamas, amigo mio, *lo que hacen los demas,* sino lo que tú *debes* de hacer.

PÁJAROS É INSECTOS. 251

Frascuelo. — ¡Oh! señor, prometo á usted obrar así en lo sucesivo.

CXXXVIII. — **Pájaros é insectos.** — Nuestra *AGRICULTURA*. — **Tierras incultas.** — **El desagüe.** — **Los desiertos de Africa; pozos artesianos y oasis artificiales.**

> La ley autoriza á los prefectos á prohibir por decretos la destruccion de los pájaros y de los animales útiles.

Conversando se había caminado un gran trecho en el sendero lleno de sombra en que revoloteaban y gorjeaban ruiseñores, alondras, abubillas y abejarucos.

Abejaruco.   Abubilla.   Buho.

Los pájaros destructores de los insectos.

—Hé ahí, decía el Sr. Edmundo, á los amigos del cultivador, cuyo pico hace una guerra encarnizada á los insectos y á los roedores, destructores de las cosechas.

Al sendero siguió bien pronto un camino descubierto

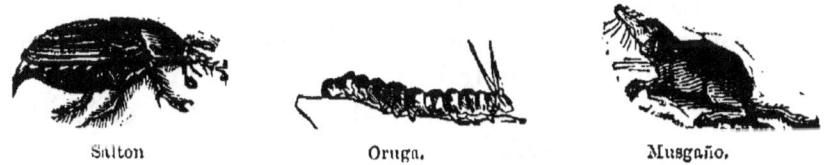

Salton.   Oruga.   Musgaño.

Insectos y roedores destructores de las cosechas.

y se veía, á derecha é izquierda, los campos llenos de trigo, de avena ó de trébol. El Sr. Edmundo hizo notar á los niños lo bien cuidadas que estaban esas culturas, y lo abundantes que parecían las cosechas: no había un solo rincon de terreno perdido.

— Señor, preguntó Enrique, ¿está la Francia entera tan bien cultivada como el país en que nos hallamos?

El Sr. Edmundo. — Nó, amigo mio, y estamos todavía léjos de haber alcanzado la perfeccion. Hay en Francia de 9 á 10 millones de hectáreas incultas ó de pantanos, es decir, el equivalente de diez departamentos enteros. La agricultura y la salud ganarían mucho con el desecamiento de esos pantanos. Hay ademas muchos terrenos húmedos en que se pudren las raíces de las plantas, y bastaría para fertilizarlos, atravesarlos por tubos de *desagüe* que colocados debajo de la tierra permiten al exceso de agua escurrirse poco á poco.

En fin, todavía hay en Francia muchos bienes *comunales*: ¿sabes, Enrique, lo que se llama así?

Enrique. — Los bienes que pertenecen á las comunas y no á los particulares.

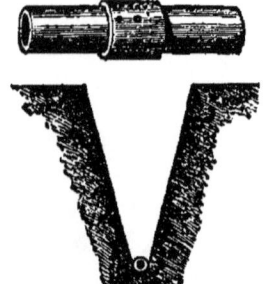

Tubos de desagüe. — Para desecar la tierra se coloca á una profundidad de cosa de un metro tubos de barro, entre los cuales se deja un espacio suficiente para que el agua pueda correr sin arrastrar la tierra.

El Sr Edmundo. — Sí, hijos mios, esos bienes están muy mal cultivados. Para alimentar á un hombre se necesitaría diez y hasta cien veces más tierras comunes que tierras pertenecientes á particulares.

Frascuelo. — ¿Pero por qué?

El Sr. Edmundo. — Amigo mio, todo el mundo debería de trabajar en los bienes comunales; pero cada uno cuenta con su vecino, y cuando se cuenta así con todo el mundo para hacer el trabajo no se hace.

Una gran parte de la tierra, y no solamente de la Francia, está inculta todavía. ¿Habeis oido hablar, por ejemplo, de los desiertos del Sahara que llenan el Africa? ¡Cuánto terreno perdido!

Enrique. — Es cierto, señor; pero eso no es culpa de los hombres: nunca se podrá cultivar esos terrenos.

El Sr. Edmundo. — Es un error, amigo mio. Hay bajo las arenas del desierto numerosas corrientes de agua y casi un mar subterráneo. Por medio de pozos profundos que se sabe hoy practicar y que se llama *pozos artesianos*, se puede hacer brotar el agua á la superficie como una fuente abundante, producir verdaderos rios, plantar árboles que esa agua riegue, obtener verdura poco á poco y reemplazar en fin la arena muerta con los vegetales, con la vida, con oasis artificiales.

FRASCUELO. — Entónces, señor, ¿por qué no se hace eso lo más pronto posible?

Pozo artesiano y oasis artificial.

EL SR. EDMUNDO. — Amigo mio, fertilizar el desierto demandaría sumas enormes y largos años. Sería más fácil y no ménos importante cultivar mejor las tierras en nuestro país y hacerlas producir más.

Este mejoramiento de la cultura podrá doblar, cuadruplicar el valor de la tierra en Francia. Una de nuestras

Interior de la *Exposicion universal* de 1878. Máquinas agrícolas.

grandes escuelas de agricultura, la de Grignon, que ha brillado en el primer rango en las exposiciones universales, había inscrito en la sala en que estaban expuestos sus productos la máxima siguiente: — *La tierra es la patria; mejorar la una es servir á la otra.*

CXXXIX. — La *LABRANZA*. — Los arados, el rastrillo y el rodillo. — El tiesto de flores de Amada. — Cómo se promete Frascuelo cultivar su pequeño jardin.

« Doblar la profundidad de la tierra es doblar su potencia productora. » (*Escuela de Grignon.*)

Nuestros paseantes se acercaban á la quinta del Sr. Clertan. A cada instante veían á algunos campesinos ocupados en sus trabajos, y á Frascuelo le llamaba la atencion la actividad que reinaba entre ellos. — Veo, exclamó, que los campesinos son como los obreros, tienen mucho que trabajar.

El *arado antiguo* de que se servían los Galos, los Romanos y los Griegos, era un simple gancho arrastrado por dos bueyes.

Enrique. — Eso mismo oigo decir siempre al arrendatario de mi padre grande; pero, señor Edmundo, ¿cuáles son todos esos trabajos que exige la tierra y que ocupan sin cesar á los campesinos?

El Sr. Edmundo. — Los primeros trabajos de los agricultores consisten en preparar la tierra ántes de sembrarla.

El *arado* de Dombasle comprende una *reja* que desprende la banda de tierra por debajo y la levanta; un *cuchillo* que hiende la tierra, una *orejera* que la echa á un lado.

Es preciso labrar la tierra con el arado de Dombasle, prepararla y revolverla para exponerla á la buena influencia del aire y del sol. Si se quita así las piedras á una gran profundidad, si se permite de ese modo á los abonos que se extiendan á lo léjos y á lo ancho, se dobla la potencia y la fertilidad de la tierra. Es como si se doblara el alimento de las plantas. Así es que se ha establecido con razon esta regla general: «¿Quieres doblar la extension de tus campos? lábralos,

LA LABRANZA.

si es posible, á doble profundidad y equivaldrá á lo mismo.»

AMADA. — Lo comprendo bien, señor, porque pienso que con la agricultura debe de suceder lo mismo que con las flores que yo planto en mis tiestos. Cuando el tiesto es demasiado pequeño y la planta no tiene donde extender sus raíces, no llega á la mitad de su tamaño. Sus flores son mucho ménos bellas que si estuviesen en un gran tiesto con mucha tierra buena.

El *rastrillo*. — Despues de haber arado la tierra se raspa la superficie pasando el rastrillo que hace en los campos lo mismo que el rastrillo pequeño en los jardines.

EL SR. EDMUNDO. — No se equivoca usted, hija mia; lo mismo sucede con la agricultura: se aumenta, por decirlo así, el vaso en que están contenidas las plantas, arando más profundamente la tierra. Es como si se pusiera á las plantas una mesa doblemente mejor servida y pudiendo alimentar doble número de individuos.

El *rodillo*. — Para romper los terrones ó para macizar las tierras ligeras se les pasa por encima rodillos de piedra ó de hierro, algunas veces armados de dientes.

FRASCUELO. — Me alegro mucho de saber eso, y no dejaré de aprovecharlo.

AMADA, *riendo*. — ¿Cómo, Frascuelo, te vas á hacer cultivador?

FRASCUELO, *riendo tambien*. — Sí, señorita. El dia de Todos Santos, nuestro propietario va á darnos un pedacito de jardin, muy pequeño. Mamá ha dicho que le cultivaríamos en los ratos de ocio, y sembraríamos en él ensalada, ejotes y acelgas. Yo que sé que se necesita cavar profundamente la tierra, la removeré con todo mi corazon, no tenga usted cuidado.

EL SR. EDMUNDO. — Muy bien pensado, amigo mio. Conocerás entónces el placer que se experimenta cuando la tierra recompensa de los cuidados que se tiene por ella.

CXL. — Los *BARBECHOS* y los *AMELGAMIENTOS*. — Plantas agotantes y mejorantes. Olivier de Serres.

> « Comprendo todos los dias cuánto más satisfactoria es la tarea de cultivar y de fecundar la tierra, que la vanagloria de asolarla con las conquistas. »
> (WASHINGTON.)

El Sr. Edmundo. — El grande arte del cultivador consiste en hacer que se sucedan en una misma tierra culturas diversas.

Frascuelo. — ¿Cómo, señor? ¿no se cultiva siempre la misma planta en la misma tierra?

El Sr. Edmundo. — Nó, amigo mio, y la razon es muy sencilla. Díme, Frascuelo, ¿no sabes que los diversos animales se nutren con alimentos diferentes?

Frascuelo, *sonriendo*. — ¡Ya lo creo! no se mantiene á los caballos con carne ni á los gatos con avena. Eso no les convendría en manera alguna.

El Sr. Edmundo. — Pues bien, amigo mio, se ha observado que las plantas son como los animales: cada una tiene alimentos diversos, de los cuales contienen cierta provision la tierra y el aire. Así hay muchas plantas que se nutren sobre todo por las raíces, que toman mucho á la tierra, como el trigo y el centeno; tú comprendes que la cultura continua de esas plantas habría agotado muy pronto la tierra: así es que se las llama plantas *agotantes*. Hay otras plantas que toman mucho al aire y se nutren sobre todo por las hojas, como el trébol y la alfalfa: se las llama plantas *mejorantes*. Si se pusiera siempre las mismas plantas en la misma tierra, la provision de alimentos que les conviene se agotaría muy pronto y ya no podrían prosperar. Pero cuando una especie se ha nutrido de lo que la conviene, se la reemplaza por otra que no tiene los mismos gustos, y que gasta alimentos de otro género. Cuando esta, por decirlo así, ha terminado su comida, se la reemplaza tambien por otras. Esta sucesion de culturas bien escogidas se llama *amelgamiento*.

La primera regla consiste, pues, en hacer que se succedan las plantas *mejorantes* y las plantas *agotantes*.

La segunda regla de los amelgamientos, es *hacer que se sucedan las plantas que limpian y las plantas que ensucian.*

Las plantas que limpian son aquellas cuya cultura limpia la tierra de las malas yerbas porque se *escarda* esas plantas : maíz, patatas, betaragas.

Amada. — Toma, es verdad; Juana mi hermanita de leche me ha hablado muchas veces de ir á escardar las patatas.

El Sr. Edmundo. — Justamente, hija mia. Hay, por el contrario, plantas que *ensucian* como el trigo y el centeno. ¿Adivina usted, Amada, por qué se llaman así?

Amada. — Porque no se las puede escardar.

El Sr. Edmundo. — Justamente. Hay necesidad de dejar crecer con ellas las malas yerbas, que derramando sus granos ántes de la cosecha, ensucian la tierra y toman posesion de ella de antemano para el año siguiente.

Frascuelo. — ¡Oh! señor, hé ahí justamente un campo de trigo á la orilla del camino, y veo en él muchas malas yerbas que es imposible arrancar ántes de la cosecha.

Amada. — ¡Hay tambien florecillas muy lindas! Mire usted, señor, ¡qué magníficas amapolas encarnadas!

El Sr. Edmundo. — Sí, hija mia. Desgraciadamente esas florecillas no convienen al cultivador. Son yerbas locas que impedirían las culturas útiles si no se las hiciera desaparecer.

Frascuelo. — Señor ¿la tierra no acaba por agotarse á fuerza de producir, como una mesa cuyos platos han sido comidos todos uno tras de otro?

El Sr. Edmundo. — Ciertamente, amigo mio; pero lo mismo que se sirve de nuevo la mesa, se vuelve á poner en la tierra alimentos de todas clases.

Frascuelo. — ¿De qué manera, señor?

El Sr. Edmundo. — Con los abonos de todo género, que vuelven á la tierra lo que se le había quitado, y guarnecen de nuevo la mesa de manjares variados.

Frascuelo. — ¿Cómo así, señor? ¿la tierra no necesita descansar?

El Sr. Edmundo. — Nó, amigo mio, si se sabe *variar las culturas* y con los abonos volver á la tierra los elementos de fertilidad que se la había quitado.

Enrique. — ¡ Toma! yo siempre había oido decir que la tierra necesitaba descansar. El vecino de mi padre, que tiene una quinta al lado de la nuestra, deja sus tierras incultas durante un año y algunas veces dos años para comenzar de nuevo á sembrarlas.

El Sr. Edmundo. — Esta interrupcion de cultura se llama *barbecho*. Es un recurso á que no se debe de apelar sino cuando la tierra no vale caro y no se tiene mucho dinero para cultivarla y abonarla.

Olivier de Serres, nacido en el Ardèche, sobrellamado el Padre de la agricultura francesa, fué amigo de Enrique IV.

Frascuelo. — En efecto, debe de ser muy fastidioso tener una tierra que nada produce durante uno ó dos años.

El Sr. Edmundo. — Ciertamente; así es que los progresos de la agricultura conducen á reemplazar en lo posible el barbecho con los *amelgamientos*. « El verdadero reposo de la tierra es la variedad de las culturas » decía Olivier de Serres, que introdujo en Francia la práctica del amelgamiento.

CXLI. — El *GANADO*. — *ABONOS* y *ESTERCOLADURAS*. — El guano y las aves marinas del océano Pacífico.

« La labranza y la cria de ganados son las dos tetas de la Francia, » decía Sully, ministro de Enrique IV.

El Sr. Edmundo y los tres niños llegaron á la quinta. Era el momento en que se llevaba el ganado del abrevadero al establo, á causa del calor y de las moscas. Frascuelo, á quien gustaban mucho los animales, miraba el ganado con mucha atencion, y hasta se divirtió en contar los bueyes.

— ¡Oh! ¡oh! señor Edmundo, exclamó, ¡cuánto forraje se ha de necesitar para alimentar tantos animales!

EL. SR. EDMUNDO. — Es verdad; pero, como el ganado es muy útil, el labrador no siente los sacrificios que es necesario hacer para mantenerle. El ganado es, en efecto, el principal productor de estiércol y es quien mejora la tierra, porque para devolver á esta

ECONOMIA AGRICOLA : El *Ganado*. — El *Ganado mayor* (bueyes, vacas, caballos, asnos, mulas) y el *ganado menor* (carneros, cabras, cerdos) constituyen una de las principales riquezas agrícolas. Mucho tiempo se ha descuidado en Francia la cría del ganado y de ahí provenia la inferioridad de nuestra agricultura respecto de varios países extranjeros, inferioridad que se va borrando de día en día.

más de lo que se la ha tomado, es preciso *abonarla* y *estercolarla*.

FRASCUELO. — Señor, ¿qué cosa es abonar la tierra?

EL SR. EDMUNDO. — Es mejorarla, poniendo en ella materias *minerales* que no contiene en bastante gran cantidad, tales como cal, marga y yeso. Franklin, de quien ya os he hablado, fué quien introdujo en su país el uso del yeso, no sin tener que combatir grandes preocupaciones. Se dice que hizo poner yeso en un vasto campo de trébol de manera que formara esta palabra escrita con grandes letras en el terreno : ENYESADO. El trébol, sobre el cual produce el yeso los mejores efectos, creció mucho más en aquel lugar y las letras se dibujaron en el campo á los ojos de todos.

ENRIQUE. — ¿Estercolar la tierra, no es, pues, la misma cosa que abonarla?

EL SR. EDMUNDO. — Nó, *estercolar* la tierra es mezclarla con materias *vegetales ó animales*.

Mirad esa fosa de estiércol en que se depositan las camas de los animales, y que recibe por canales los *ori-*

nes; es el más precioso de los abonos de tierras. El comercio procura ademas numerosos abonos: el negro animal, la polvorilla, y sobre todo el *guano*, que es el más poderoso de todos. ¿ Sabeis, hijos mios, hasta dónde se le va á buscar? Hasta las islas del océano Pacifico, habitadas por millares de millones de aves marinas. Bajo ese clima seco donde se pasa algunas veces treinta años sin lluvia, los excrementos de las aves se han acumulado hace muchos siglos, hasta formar verdaderas montañas.

Islas de guano.

FRASCUELO. — Pero, señor, ese abono debe de ser muy caro, puesto que viene de tan léjos.

EL SR. EDMUNDO. — Sin duda, amigo mio; pero cuando se tiene bastante dinero para procurársele, la belleza de las cosechas compensa muy pronto el gasto que se ha hecho.

Cuando los agricultores están léjos de las grandes ciudades ó carecen de capitales, se ven obligados á hacer ellos mismos estiércol alimentando ganado como el que acabais de ver, y es la manera más productiva de emplear su dinero.

CXLII. — **Necesidad del dinero y de una buena contabilidad para la agricultura.**

No se debe de comprar tierras sin prudencia.

FRASCUELO. — Señor, veo que para la cultura perfeccionada que es preciso hacer ahora se necesita no solamente buenos brazos y buena voluntad, sino tambien mucho dinero é inteligencia.

EL SR. EDMUNDO. — Tienes mucha razon, amigo mio; esa es una verdad desconocida con demasiada frecuencia. Muchos hombres compran tierras sin preguntarse si tendrán bastante dinero para explotarlas bien. Nuestro

NECESIDAD DEL DINERO.

grande agricultor, Mathieu Dombasle, á quien Nancy, su ciudad natal, ha elevado una estatua, establecía esta regla, olvidada con mucha frecuencia: « Tened más dinero que tierra; tened, por lo ménos, tres ó cuatro veces más. » Porque no es todo tener la tierra, ¿ no es preciso tambien, Frascuelo, tener otra cosa para cultivarla?

Nancy. — (80.000 habitantes.)

FRASCUELO. — Se necesita buenos instrumentos, señor; buen ganado, buenos abonos.

EL SR. EDMUNDO. — Pues bien, amigo mio, todo eso, para ser bueno, cuesta en general dos, tres ó cuatro veces más que la tierra misma. Jamas se debe de comprar sin prudencia, y sin haberse consagrado previamente á la contabilidad más rigorosa. ¿Qué dirás ahora, Frascuelo, de esos imprevisores que compran tierras á crédito? Esos carecen del dinero necesario, no solamente para cultivar la tierra, sino áun para pagarla! ¿A qué se exponen casi ciertamente?

FRASCUELO. — A la ruina.

EL SR. EDMUNDO. — Sí, porque bastará que falte una cosecha para que todo se pierda. En fin, los que poseen ya un pequeño dominio son igualmente imprudentes y calculan mal cuando no piensan más que en redondearse. « Un solo campo bien estercolado, produce más utilidad neta que dos campos mal estercolados, decía Mathieu Dombasle, porque el efecto del estiércol se pierde en una extension demasiado vasta. » Valdría, pues, mucho más, en lugar de pensar en aumentar la extension de sus campos, pensar en aumentar el monton de estiércol, y reunir todos sus esfuerzos sobre el terreno que se posée para hacerle producir lo más posible.

CXLIII. — Necesidad de la inteligencia y de la instrucción para la agricultura. — Las escuelas de agricultura.

La instruccion hace para la inteligencia lo que hace para la tierra la cultura que la cubre de cosechas.

FRASCUELO. — ¿Pero, señor, es pues muy útil hacer producir lo más posible á la tierra?

EL SR. EDMUNDO. — ¡Vaya una pregunta, Frascuelo! ¿No ves desde luego cuán útil es al agricultor por la utilidad que de ello saca? ¿No es tambien útil á los demas hombres, que teniendo más trigo á su disposicion tendrán ménos que temer la escasez y el hambre? Ademas, Frascuelo, si no sabemos producir mucho y barato, ¿que harán otros paises más avanzados en agricultura, como Inglaterra?

FRASCUELO. — Nos harán concurrencia, vendiendo sus productos más baratos que los nuestros.

EL SR. EDMUNDO. — Eso es. Agreguemos que si se encuentra medio de producir en un campo lo que no podía ántes ser producido más que por dos, el segundo campo queda disponible; se puede hacer de él una *pradera artificial* y emplearle, por ejemplo, en la cría de borregos. La industria de la lana es la principal industria francesa; los merinos de Reims y de Rubaix, los paños de Sedan y de Elbeuf son los más estimados en el mundo entero, y sin embargo, no tenemos en Francia una cantidad suficiente de ganado lanar: tenemos necesidad de comprar cada año 300 millones de lana en el extranjero. Seríamos, pues, más ricos si nuestra agricultura estuviese más perfeccionada y sobre todo, ménos desprovista de dinero y de capitales.

ECONOMIA AGRÍCOLA: el *borrego merino*. — Esta bella raza originaria de España es notable por su lana espesa, un poco rizada y suave.

Sin embargo, Frascuelo, no debemos concluir de ahí que los pequeños propietarios deban de lanzarse en grandes gastos de abonos, de máquinas de trillar y otras.

Tienen que guardar una justa medida entre la rutina y la temeridad.

ENRIQUE. —¿ Pero qué es lo que indicará esa justa medida?

EL. SR EDMUNDO. — Esa es la parte de la inteligencia que no es ménos grande en la agricultura que en el comercio y en la industria. Si los agricultores comprendiesen, pues, sus verdaderos in-

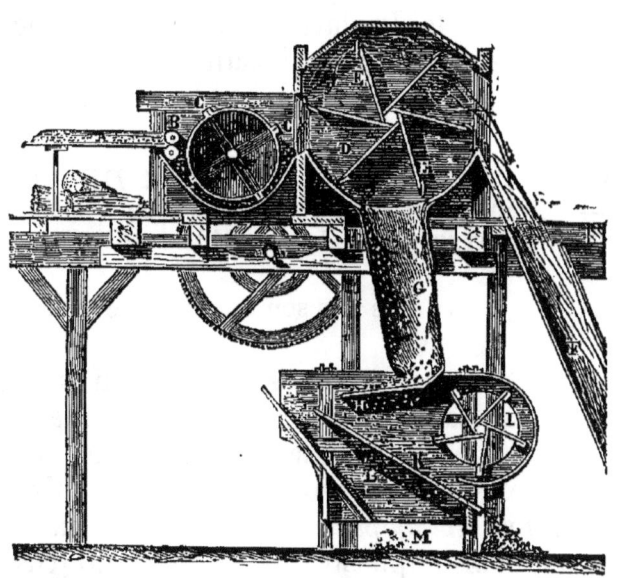

ECONOMIA AGRICOLA: la *máquina de trillar* hace ella sola en algunos minutos todo el trabajo de los trilladores de trigo. Se echa los manojos en el tablero (A). Entónces son cogidos por una especie de tambor armado de batientes (C, C) que muele la paja y la espiga. Este tambor reemplaza á los trilladores y su mazorcador. La paja y el trigo pasan al interior de un segundo tambor más grande, provisto de rastrillos (D, E), que reemplaza el rastrillo de los labradores. Los rastrillos dejan pasar el grano, pero cogen la paja y la echan fuera. El grano desciende por otro conducto (G) y llega á una reja en movimiento (H) que le sacude y reemplaza los harneros de los aechadores. Un pequeño ventilador giratorio (I) echa las balas más ligeras que se vuelan por la embocadura (O). El grano depurado baja á lo largo de la reja (K), donde se le recoge.

tereses, tratarían de instruirse por todos los medios posibles, y se apresurarían sobre todo en hacer instruir á sus hijos y á sus hijas. En Inglaterra, donde la agricultura es muy próspera, casi todos los campesinos saben leer, escribir y contar. La Inglaterra tiene grandes y ricas escuelas de agricultura en las que profesores que reciben 10.000 francos de sueldo, enseñan á los agricultores los mejores métodos. Ademas, aparecen en toda la Inglaterra innumerables periódicos consagrados á la agricultura que son leidos y estudiados por los agricultores.

En Francia tenemos tambien grandes escuelas de agricultura, aunque solamente en número de tres: en Grignon, en Grand-Jouan (Loire-Inférieure) y en Montpellier. Cada vez se comprende más la necesidad de la instruccion para el agricultor. Aumentando la riqueza intelectual de sus poblaciones agrícolas, la Francia podrá como la Inglaterra, doblar ó triplicar el valor de sustierras, y mostrar así cuán cierto era este pensamiento de Dombasle : « La tierra vale lo que vale el hombre. »

CXLIV. — Utilidad de las *VÍAS DE COMUNICACION*. — El mar y los rios navegables. — Buques y barcas. Los pizarrales. — Las salidas del comercio.

« Los rios son caminos que andan. » (PASCAL.)

Nuestros paseantes se dirigieron todos juntos á la hacienda. La arrendataria, la buena Madelon, que había sido nodriza de Amada y de Enrique, amaba á los dos niños como á los suyos propios. Les hizo muchas caricias y les sirvió para desayunarse una taza de leche, y frutas. Por supuesto que Frascuelo tuvo su parte de amistades y de buenas cosas.

Despues del desayuno, los niños se dirigieron á la casita, donde un hermoso perro de Terranova, que la guardaba, los acogió con saltos amistosos. Los niños jugaron algun tiempo con él, así como tambien con su vecino y compañero el gato angora. Despues el Sr. Edmundo anunció que era preciso regresar á la ciudad para tener tiempo de hacer sus temas. Madelon llenó de fruta los bolsillos de Frascuelo ; puso en la mano de Amada un gran ramo. Enrique, por su parte, se había provisto de una linda varita de bejuco. Se dijeron adios alegremente y se separaron.

Perro de Terranova.

Como era el momento del calor, se tomó la orilla del rio para tener más fresco. Enrique y Frascuelo se aprovecharon para hacer rebotes en el agua, lo cual les divertía mucho. Pero en un momento fué imposible continuar el juego : el rio estaba casi cubierto de maderos flotantes atados sólidamente unos con otros. Algunas cuerdas ataban esa especie de balsas á un gran barco, cargado

UTILIDAD DE LAS VIAS DE COMUNICACION.

de pizarras de las canteras de Angers. Este barco se adelantaba majestuosamente. Algunos marineros le hacían maniobrar con actividad, porque el barco subía la corriente y tenía que luchar contra las olas. Cuatro fuertes caballos seguían el sendero á orillas del rio arrastrando por medio de cables el barco pesadamente cargado en que se veía relucir las pizarras azules.

Gato angora.

Los tres niños se detuvieron para mirar toda esta escena con atencion.

Hé ahí un barco, exclamó Amada, que me recuerda la canoa de nuestro salvaje el industrioso Pablo.

— Sí, dijo Frascuelo; pero hay mucha diferencia entre una canoa hecha con un tronco de árbol, y ese barco grande y elegante tan cargado de mercancías.

— Frascuelo, replicó Enrique, si vieras uno de esos buques de vapor que me ha enseñado el Sr. Edmundo en nuestro viaje, te parecería que hay una diferencia más grande. ¡Esos sí que caminan á prisa!

Barco cargado de pizarras.

— Señor, dijo Frascuelo volviéndose al Sr. Edmundo, ¿por qué no se sirven aquí de esos buques de vapor puesto que van tan á prisa?

— Amigo mio, porque no todos los rios son igualmente *navegables*. Es preciso que el agua sea por todas partes bastante profunda para que los buques de vapor puedan circular fácilmente sin temor de tocar la tierra. Así es que los rios que pueden contener buques de vapor son demasiado poco profundos para recibir los pesados buques que viajan por el mar. El mar es la gran vía de comunicacion. Está surcada en todos sentidos por innumerables embarcaciones de todos tamaños, desde la barquita del pescador hasta los buques más grandes. Ciertas partes del Océano, encerradas entre costas muy frecuentadas, son recorridas por un número tan grande de buques, que se puede temer en ellas encuentros y choques, ó *colisiones*, como entre los carruajes de una calle en que hay mucho movimiento. Tal es la Mancha, cuyas bellas costas de rocas están sembradas de puertos muy comerciales de la Inglaterra y de la Francia.

PIZARRALES DE ANGERS.—Las pizarras de que se hace uso para cubrir los techos de las casas y para hacer tablitas para escribir se encuentran en ciertos terrenos, donde forman vastas hojas sobrepuestas. Para arrancarlas se abren canteras, muchas veces muy profundas, llamadas *pizarrales*. Los principales pizarrales de Francia son los de Ardennes, de Maine-et-Loire, de l'Isère, de la Dordogne, de la Mancha.

—¡Oh! ¡cuánto deseo ver el mar! exclamó Frascuelo.

—Si supieses, dijo Enrique, ¡qué bella es de lo alto de los peñascos de la Mancha! Sus grandes olas golpean y roen las rocas. A lo léjos se ve las barcas de pescadores con sus velitas blancas, los buques con sus grandes velas tendidas á lo largo de los mástiles, y los buques de vapor.

—Señor, dijo Amada, en los países donde los rios permiten servirse de buques de vapor, los barcos arrastrados por los caballos, como el que acabamos de ver ¿deben de ser enteramente desconocidos?

UTILIDAD DE LAS VIAS DE COMUNICACION.

El Sr. Edmundo. — Se equivoca usted, hija mia. El sistema de trasporte que aquí veis, aunque lento, ofrece una ventaja: es fácil y de poco costo. Un solo caballo puede arrastrar sobre el agua una carga de 60.000 kilógramos, miéntras que no puede arrastrar más que mil sobre ruedas. Las vías de comunicacion baratas son de grande importancia para el comercio, la agricultura y la industria, que tienen necesidad de numerosos *mercados consumidores*.

Colision de buques en el mar.

Los tres niños se habian acercado al Sr. Edmundo.

— Señor, háganos usted el favor de decirnos ¿qué cosa es un *mercado consumidor* y para qué sirve?

El Sr. Edmundo.

El mar visto desde un peñasco de la Mancha. — Las costas de la Mancha, en Francia y en Inglaterra, están rodeadas de soberbios peñascos que el mar no cesa de roer y que hace retroceder poco á poco. La iglesia de Reculver representada por el grabado, estaba en 1781 á 1700 metros del mar. El mar en 1834, bañaba el pié de la iglesia. Habia, pues, recorrido 1700 metros en 53 años, roido la costa y destruido el pueblo. Para impedir que se trague la iglesia misma, hoy abandonada, pero cuyas torres sirven de faros, se ha hecho trabajos análogos á los que se hace para proteger los puertos.

— Amadita, la arrendataria del Sr. Clertan, la gran

Madelon, ¿no lleva todas las mañanas á la ciudad, leche, mantequilla, frutas y legumbres?

AMADA. — Sí, señor, y me da mucho gusto beber todas las mañanas mi tasa de leche acabada de ordeñar.

EL SR. EDMUNDO. — Pues bien, queridita mia, la ciudad que habitamos es para la arrendataria del abuelo de usted, lo que se ha convenido en llamar en términos comerciales un *mercado consumidor*, es decir, un lugar donde se encuentra compradores para los productos de la agricultura ó de la industria. Si por casualidad no hubiese un camino conveniente para ir de la quinta á la villa, ¿en qué emplearía esa pobre Madelon la leche que le dan sus vacas, las legumbres que arregla con tanto cuidado en sus cestos, y las frutas que coge en la huerta?

AMADA. — Tiene usted razon, señor, y comprendo muy bien ahora: las ciudades son *mercados consumidores* para el campo, y los caminos que conducen á ellas son *vías de comunicacion*, como usted dice.

EL SR. EDMUNDO. — Justamente, queridita mia. En el estado civilizado en que vivimos lo que aumenta el bienestar general es la facilidad de las comunicaciones que nos trae á bajo precio todas las cosas de que tenemos necesidad.

CXLV. — Los viajes en tiempo de Luis XIV. — Los peajes.

Las provincias de la antigua Francia se conocían casi tan poco como las diversas naciones de nuestros dias.

EL SR. EDMUNDO. — Antiguamente las trabas opuestas al comercio y á la libre circulacion de las mercancías no eran ménos grandes que las opuestas á la industria por las corporaciones. Los gastos de trasporte eran enormes á causa de la rareza de los caminos practicables. Ademas, en esas vías se detenía á cada momento las mercancías, se las visitaba, y era preciso pagar para obtener el derecho de pasar. Por ejemplo, si se quería hacer descender algunas mercancías por el Saone y el Rhône, desde el Jura hasta Marsella, eran detenidas cuarenta

LOS VIAJES EN TIEMPO DE LUIS XIV.

veces por los *peajeros*. Cuando se llegaba al lugar de su destino, el precio de los objetos trasportados se había duplicado con esos impuestos ¿ Quereis formaros una idea de la dificultad de las comunicaciones y de los viajes hace doscientos años? Cuando el rey Luis XIV dejaba su palacio suntuoso de Versalles para ir á Moulins y á las aguas minerales de Bourbon-l'Archambault, trayecto que se puede recorrer ahora en diez horas, no se tardaba

Moulins (25.000 habitantes.)

ménos de diez dias. Y sin embargo, se preparaba los caminos con tres meses de anticipacion para que el rey pudiese viajar más pronto : se llenaban los hoyancos con madera y guijarros, y cuando esto parecía demasiado largo, se pasaba por en medio de los campos y de las propiedades, despues de haber derribado las cercas y cegado los fosos para el servicio del rey, todo para mayor perjuicio de los cultivadores.

Enrique. — ¡ El rey Luis XIV se asombraría mucho si viese nuestros ferro-carriles y nuestros buques de vapor!

Frascuelo. — Señor, ¿ fué acaso Stephenson quien encontró la máquina para los buques, como había perfeccionado la de los carruajes ?

El Sr. Edmundo. — No, hijo mio, los buques de vapor fueron inventados ántes que la locomotiva ; los inventores fueron, primero, dos franceses, Denis Papin y de Jouffroy, y luego Fulton, un célebre Americano.

Frascuelo. — ¿ Fulton era tambien obrero ?

El Sr. Edmundo. — Sí, hijo mio. Si quereis, os contaré mañana su historia.

CXLVI. — **Historia de** *FULTON*. — **El buque de vapor.**

Hay muy pocas invenciones que no hayan sido tratadas al principio de locuras por los espíritus rutineros.

El Sr. Edmundo. — Fulton nació en 1765 en los Estados Unidos, de padres muy pobres. Despues de haber aprendido solamente á leer y á escribir en una pequeña escuela de pueblo, fué colocado como aprendiz en casa de un platero de la ciudad. Más tarde se embarcó para Inglaterra y allí estudió la mecánica. A partir de ese momento se le vió inventar, inventar sin descanso. El público y el gobierno inglés no hicieron caso de sus descubrimientos. Esperando encontrar más benevolencia y estímulo en Francia, atravesó el estrecho y llegó á Paris en 1796.

Allí obtuvo algunos auxilios del gobierno, que le abandonó á poco, y Fulton, exhausto de recursos, iba á partir de nuevo para Inglaterra, cuando encontró á uno de sus compatriotas que le prestó fondos.

Gracias á este auxilio, Fulton pudo ejecutar una grande idea que, más de cien años ántes que él, había Papin tratado en vano de hacer adoptar: construyó un buque de vapor cuya prueba se hizo con buen éxito en 1803. Pero era el momento en que Napoleon obtenía una larga serie de victorias; toda la Francia no tenía puestos los ojos más que en el Emperador. Los mismos que habían visto la experiencia no tardaron en olvidarla, tan viva así era la preocupacion que inspiraban nuestras luchas en el extranjero.

En vista de esta indiferencia Fulton regresó á América. Luego que llegó á New-York, construyó un nuevo buque, que bautizó con el nombre de *Clermont*. Pero en vez del estímulo que esperaba encontrar en sus compatriotas no halló más que la incredulidad y la malevolencia. Todo el mundo en New-York no designaba su buque de otro modo que con el nombre de la *Locura-Fulton.*

Al fin llegó el dia fijado para la prueba. El *Clermont*

fué lanzado al agua, y el valeroso mecánico subió á él en medio de las risas y de las zumbas de una muchedumbre ignorante.

Apénas el agua de la caldera estuvo caliente, el buque remontó sin esfuerzo la rápida corriente del rio.

Al ver aquello, los zumbones y los incrédulos se callaron.

Otra cosa fué cuando una vez completamente caliente la caldera, el buque se puso á marchar con una velocidad de cerca de dos leguas por hora. Todos los espectadores aplaudieron.

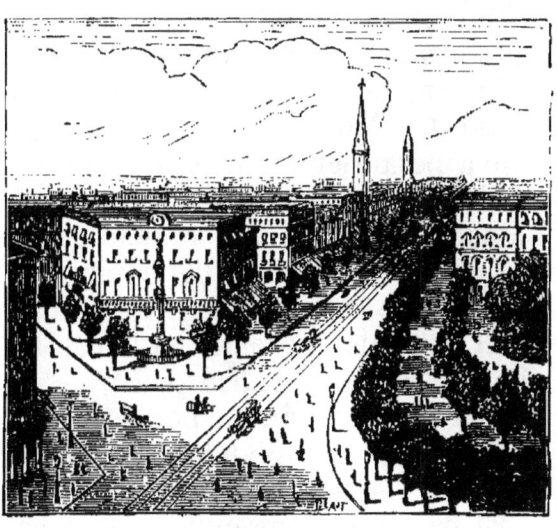
Nueva-York (2 millones de habitantes) gran puerto de mar.

Ya veis, hijos mios, cuán ridículo es hacer burla de cosas que se ignoran. Por otra parte, eso es obrar mal: jamas se debe desalentar al hombre que trata de hacerse útil á sus semejantes y de que la humanidad lleve á cabo un nuevo progreso.

CXLVII. — **Historia de Fulton** (*continuacion*). — **El primer viaje del buque de vapor.** — **El primer salario.**

Pocos dias despues de la experiencia del primer buque de vapor, los periódicos de New-York anunciaban que el *Clermont* haría en lo sucesivo un servicio regular entre New-York y Albany.

El primer viaje estuvo lleno de incidentes. Todos los bateleros que estacionaban á la orilla del rio, viendo avanzar durante la noche una enorme máquina cuya chimenea vomitaba en los aires el fuego y el humo, fueron sobrecogidos de terror. Unos se ocultan para escapar á la espantosa aparicion que se adelanta con una velocidad increible, los otros se arrodillan é invocan á Dios con todo su corazon. Durante ese tiempo la máquina seguía su curso, y despues de 32 horas de marcha llegó á Albany.

Enrique. — Debía de haber muchos pasajeros á bordo del *Clermont*, ¿no es verdad, señor?

El Sr. Edmundo. — Nó, hijo mio; cuando el buque partió de New-York ningun pasajero se había presentado á pesar del anuncio insertado en los periódicos.

Al regreso, una persona, una sola (era un frances llamado Andrieux), se ofreció como pasajero.

Entra en la cámara del capitan, y le pregunta cuál es el precio de la travesía. — Seis duros, responde Fulton.

El extranjero cuenta entónces los seis duros y los pone en la mano de Fulton.

Este último, sin responderle, permanece inmóvil y silencioso, contemplando, como absorto por sus pensamientos, el dinero depositado en su mano.

El pasajero, sorprendido, teme haber cometido algun error. — ¿No es ese el precio de mi pasaje? pregunta.

A estas palabras Fulton vuelve la cabeza y deja ver una gruesa lágrima rodando en sus ojos.

— «Excúseme usted, dijo con una voz alterada, pensaba que esos seis duros son el primer salario obtenido por mis largos trabajos.» — Tomando despues las manos del pasajero: — «Yo quisiera consagrar el recuerdo de este momento suplicando á usted como amigo que bebiese conmigo una botella de vino; pero soy demasiado pobre para ofrecérsela. Espero que no será así la próxima vez que nos encontremos.» — Se encontraron, en efecto, cuatro años despues, y Fulton no faltó á su promesa.

En fin, despues de cuarenta años de fatigas y de contratiempos, Fulton tuvo la recompensa de ser comprendido y apreciado. Fué en poco tiempo objeto de la estimacion y de la admiracion de todos. Construyó un gran número de buques de vapor que fueron la fuente de una inmensa riqueza para los Estados Unidos y para Fulton mismo. Ya sabeis, hijos mios, que los Estados Unidos son ellos solos tan grandes como la Europa, aunque ménos poblados. Era muy difícil establecer comunicaciones entre las diversas ciudades de aquel inmenso Estado. El buque de vapor, disminuyendo enormemente la lentitud y la duracion de los trasportes, contribuyó en gran parte á los progresos y al aumento de la poblacion de los Estados Unidos.

Si la América debe mucho á Fulton, la Europa no le debe ménos; porque el establecimiento de los buques de vapor aumentó considerablemente nuestro comercio.

Fulton murió en 1815 y su muerte fué para su patria un duelo general. Jamas la muerte de un simple ciudadano dió lugar en los Estados Unidos á un pesar tan universal.

FRASCUELO. — Es muy singular que todos los grandes hombres hayan tenido tanto trabajo para alcanzar su objeto.

EL SR. EDMUNDO. — Hijo mio, esto es lo que ha hecho decir que el genio no es muchas veces más que la perseverancia.

Un hombre que tiene una idea excelente, pero que la abandona á la primera dificultad, no puede crear nada. Esforcémonos, pues, en adquirir la perseverancia si queremos obtener un buen éxito áun en las cosas más modestas.

CXLVIII. — Las *MÁQUINAS*. — El buque de Papin.

<blockquote>Destruir una máquina es un verdadero robo que se hace al inventor y á la humanidad entera.</blockquote>

AMADA. — Señor, nos ha dicho usted que ya se habían ocupado en los buques de vapor cien años ántes de Fulton. ¿Cómo es que la navegacion por vapor no estaba ya establecida?

EL SR. EDMUNDO. — Hija mia, las preocupaciones de otro tiempo contra las máquinas impidieron el establecimiento de esos medios de comunicacion tan rápidos.

ENRIQUE. — ¿Cómo estuvo eso, señor?

EL SR. EDMUNDO. — Vas á comprenderlo.

Un frances ilustre, Papin, nacido en Blois, construyó el primero, más de cien años ántes que Fulton, un buque de vapor. Los bateleros del país al saber esta noticia, concibieron una grande irritacion contra Papin. « ¿Qué va á ser de nuestro comercio, decian, si se hace uso de semejantes máquinas? Ya no habrá necesidad de bateleros. Todas esas máquinas, inutilizando nuestros brazos nos arrebatarán el pan. »

Château de Blois (20.000 habitantes).

Se consultaron entónces en secreto, y resolvieron impedir por la fuerza el empleo de una invencion contraria á sus intereses, y durante la noche hicieron pedazos el buque de Papin, su propiedad legítima.

Papin arruinado, sin asilo, pasó el resto de su vida en

INDUSTRIA DE LA NAVEGACION. — El buque de Papin encerraba una maquinita de vapor que comunicaba su movimiento á una rueda de paletas que reemplazaba los remos. « Esta fuerza, decia Papin, será muy superior á la de los galeotos para caminar rápidamente por el mar. »

la miseria y el abandono. Se ignora hasta la ciudad y el año en que murió.

¿Díme, Enrique, la violencia de esos bateleros era justa y conforme á derecho?

ENRIQUE. — De seguro que nó, señor.

EL SR. EDMUNDO. — En efecto, no se tiene el derecho de impedir por la fuerza á los demas hombres que usen de su libertad, áun cuando el uso que hagan de ella sea contrario á nuestros *intereses* ó á los suyos. No podemos impedírselo sino cuando obran contra la justicia, es decir, contra nuestros *derechos*. No solamente los bateleros causaron un perjuicio irreparable á Papin, sino que tambien la humanidad habría perdido por su violencia las ventajas de la navegacion por vapor, si otros genios no hubieran logrado vencer más tarde las resistencias y las preocupaciones.

CXLIX. — Las *MÁQUINAS* (continuacion). — La instruccion nos hace á propósito para varios oficios. — El torrente de la montaña. — Las crisis y las huelgas en la industria.

« Tened várias cuerdas en vuestro arco. »

FRASCUELO. — Bien veo, señor, que los bateleros hacian muy mal, y que fueron muy injustos con Papin. Pero tambien es muy triste verse quitar de repente el medio de ganar su vida.

EL SR. EDMUNDO. — ¡De repente, Frascuelo! ¿Cómo puedes imaginarte que las máquinas se multipliquen y se extiendan con bastante rapidez para que los obreros no tengan tiempo de volverse y de hacer frente á los acontecimientos?

FRASCUELO. — ¿Pero de qué manera pueden hacerles frente?

EL SR. EDMUNDO. — Aprendiendo á servirse de las máquinas ó cambiando de oficio. Amigo mio, un obrero que tiene cierta instruccion jamas permanece mucho tiempo embarazado. Acuérdate de Lincoln, que tuvo lo ménos una docena de profesiones. Tenía, como se dice, várias cuerdas en su arco. Jamas le cogieron desprevenido las crísis y las faltas de trabajo que sobrevienen en la industria.

Escucha á este propósito una comparacion, Frascuelo. Hay grandes torrentes que bajan de las montañas y que son una fuente de fertilidad para todo el país. Sin embargo, despues de una tempestad ó de la fundicion de las nieves puede suceder que un torrente desborde bramando, dispuesto á arrebatar todo lo que se oponga á su paso. Los hombres obligados á habitar en las cercanías se guardan de construir sus casas sin reflexion á la orilla del agua de manera que sean sumergidas cada vez que esto suceda, y toman sus medidas para que el torrente pueda hincharse ó calmarse sin que corra peligro su vida.

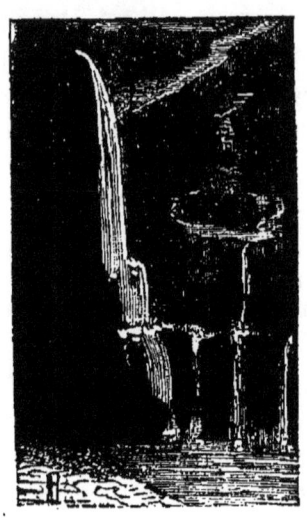
El *torrente de la montaña*.

Pues bien, como el torrente de la montaña, la industria tiene altas y bajas; la fecundidad que produce es algunas veces originada por crísis contra las cuales deben de tomar sus precauciones los obreros prudentes. Frascuelo, un obrero que se ha instruido, y á quien sus conocimientos generales hacen apto para más de un trabajo, es como si se encontrase en una altura, dominando la situacion. Se puede decir otro tanto del obrero económico que ha reunido desde temprano un capitalito en vez de vivir con el dia. En fin, los obreros despedidos por sus patrones, asociándose y poniendo en comun su inteligencia y sus capitales, pueden socorrerse mutuamente y hacer empresas en comun.

No son pues las máquinas, sino la falta de instruccion y de economía las que perjudican á los obreros. Las máquinas les han prestado siempre servicios, y han acabado siempre por mejorar su condicion.

En efecto, las máquinas no se hacen ni se mueven solas; si por una parte suprimen algunos obreros, emplean otros. Se necesita de obreros para hacerlas, para cuidarlas, para extraer de las minas el carbon que consumen, para hacer los carruajes que le conducen y los caminos por donde pasan esos carruajes.

En fin, como las máquinas producen más barato, se vende mayor número de mercancías; es preciso, pues, confeccionar más, y para eso emplear mayor número de obreros.

CL. — **Las máquinas de hoy y los esclavos de otro tiempo. — Las primeras máquinas y los primeros instrumentos de los hombres. — La infancia de la industria humana. — La edad de piedra y la edad de bronce.**

Un sabio de la antigüedad decía hace dos mil años hablando de la esclavitud:

« Cuando la rueca y el huso se muevan solos, ya no habrá esclavos. » Ahora la rueca y la naveta se mueven casi solas. Las máquinas han contribuido á destruir la esclavitud.

El Sr. Edmundo. — ¿Se acuerda usted, Amada, de los esclavos que antiguamente desempeñaban los trabajos más duros?

Amada. — ¡Oh, señor! jamas olvidaré lo que usted nos ha dicho de aquel triste tiempo.

El Sr. Edmundo. — Pues bien, hija mia, las máqui-

La infancia de la industria humana: *la caverna d'Aurignac* (Haute-Garonne). — Cerca de este pueblo existía un agujero abierto en las rocas, donde se refugiaban los conejos perseguidos por los perros. Un obrero, habiendo pasado la mano por ese agujero, sacó un hueso de pierna humana. Su curiosidad fué excitada, cavó al derredor del agujero y descubrió una losa formando sin duda la entrada de una gruta. Quitó la losa y vió abrirse ante él una caverna. Armado de una antorcha bajó á ella y vió en el interior esqueletos humanos amontonados. Todo el pueblo se conmovió, creyendo en algun gran crímen. El alcalde hizo juntar y enterrar los huesos en un rincon del cementerio. Se había encontrado en derredor de los esqueletos objetos de piedra y de concha que llamaron la atencion de los sabios. Estos registraron la gruta y descubrieron en ella restos de animales antiguos, instrumentos de piedra y los indicios de un hogar antiguo. La caverna d'Aurignac había servido de habitacion, y luego de sepultura á los hombres primitivos.

nas de nuestros dias han reemplazado á los esclavos; ellas son las que hacen los trabajos más duros. No por eso disminuyen el número de trabajadores, como ciertos obreros imaginan; pero no les dejan por hacer más que trabajos ménos groseros, que exigen más inteligencia y ménos fatiga física.

Miéntras más progresa la industria, más se multiplican las máquinas y los útiles de todas clases. La época más miserable para el hombre fué aquella en que no tenía todavía máquinas ni instrumentos. La invencion de la primera máquina fué para él como una prenda de emancipacion.

Ya recordareis que en aquella época remota los hombres no podían, por falta de herramientas, construirse habitaciones, y se ocultaban en cavernas disputadas á los osos.

Más tarde se fabricaron instrumentos de piedra.

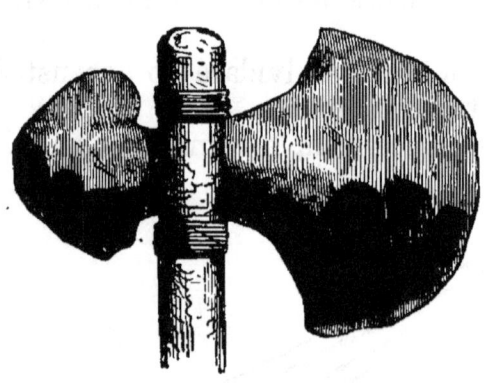

LA INFANCIA DE LA INDUSTRIA HUMANA: *hacha de silex*, pulida y con mango. — Los primeros hombres, despues de haber cortado y aguzado en forma de hacha una piedra dura ó *silex*, hacían una abertura en el tronco de un árbol, metian allí hasta la mitad su piedra, y esperaban con paciencia que el árbol, curando su herida hubiese cubierto esa parte con su corteza, y fabricado así él mismo un mango sólido. Se necesitaba, pues, muchos años para hacer un instrumento tan sencillo. Más tarde los hombres supieron *pulir* la piedra y ponerle mango con cierto arte.

FRASCUELO. — Pero, señor, ¿ por qué los primeros hombres no se servían más que de piedras?

EL SR. EDMUNDO. — Porque no conocian todavía los metales ni la manera de forjarlos. Esa primera edad de la humanidad se llama por esa razon la *edad de piedra*.

Más tarde los hombres descubrieron el bronce y se sirvieron de él para sus instrumentos: esa nueva época, ya ménos miserable y más industriosa, se llama la *edad de bronce*.

En aquella época los hombres, aprovechándose de esos instrumentos de metal y de esas máquinas primitivas, se construyeron habitaciones. ¿Pero qué hacer para poner esas moradas todavía mal cerradas al abrigo de los animales feroces que vagaban por las cercanías? Pensaron en construir sus casas en medio de las aguas, sea en las islas, sea sobre troncos de árboles encajados

LA INFANCIA DE LA INDUSTRIA HUMANA: *anzuelo de cuerno de reno*, encontrado en una caverna.

en el cieno de los lagos. Esas *habitaciones lacustres* comunicaban con la orilla por medio de puentes de madera que se quitaba por la noche para guardarse de los enemigos y de las bestias feroces.

Al mismo tiempo que los hombres se construían así moradas más seguras, edificaban para sus muertos vastos sepulcros llamados *dolmanes* que se parecían á las cavernas de los primeros tiempos y eran como un recuerdo suyo.

¡Qué desventurados nos consideraríamos, si estuviésemos reducidos á la condicion de esos hombres de las primeras edades, si no tuviéramos otras habitaciones ni otros instrumentos!

Frascuelo, alguna vez oirás á los obreros quejarse de que en nuestra época las máquinas y los instrumentos de todas clases son cada dia más numerosos. Pero ahora debes de comprender que querer suprimir las máquinas y los útiles sería querer hacernos retroceder á la barbarie, á la edad de piedra ó de bronce. O más bien sería querer reducir al hombre á sus manos

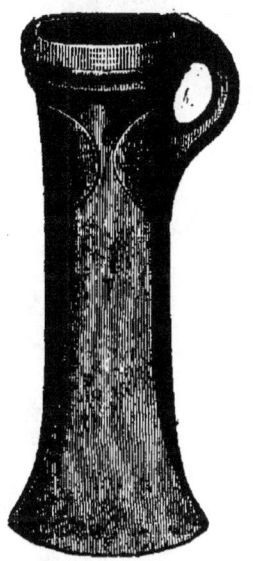

LA INFANCIA DE LA INDUSTRIA HUMANA: *hacha de bronce*.

y á sus uñas por todo instrumento; porque todos los instrumentos y útiles, áun los de simple silex, son máquinas inventadas por la inteligencia humana, y para nosotros como órganos nuevos. El martillo es un puño duro é invencible; el fuelle, un pulmon infatigable; las tenazas, dedos sólidos; la cuchara reemplaza el hueco de la mano; el cuchillo corta mejor que los dientes. La escritura es una palabra fijada que retiene el pensamiento durante largo tiempo. La imprenta es un medio de hacer la palabra y el pensamiento imperecederos.

La infancia de la industria humana era la época de la mayor miseria para la humanidad; los perfeccionamientos de la industria moderna hacen esperar la disminucion del

LA INFANCIA DE LA INDUSTRIA HUMANA: los *dolmanes* eran cámaras sepulcrales formadas de losas clavadas en tierra y sosteniendo una especie de mesa de piedra.

LA INFANCIA DE LA INDUSTRIA HUMANA: *habitacion lacustre.* — En 1855, la sequedad había disminuido los torrentes de los Alpes, y los lagos de la Suiza bajaron mucho. Se descubrió entónces á la orilla y debajo del agua, huellas de construcciones cuyo orígen era desconocido. Se llegó más tarde á reconocer los restos de un pueblo construido sobre el lago por los hombres primitivos. Se encontró allí instrumentos de piedra, tejidos de lino y frutas.

sufrimiento y de la ignorancia entre los hombres.

CLI.—La más bella de las máquinas.—La *IMPRENTA*.

« Un buen libro es una cosa sagrada. » (MILTON.)

EL SR. EDMUNDO. — ¿Sabeis, hijos mios, cuál es la más bella de todas nuestras máquinas, el más admirable de los útiles y de los instrumentos? Es el libro, sobre todo, despues de la invencion de la imprenta.

En otro tiempo, los copistas copiaban á la mano los manuscritos, como vosotros cuando poneis en limpio vuestros temas; ¡ya sabeis lo largo que es eso! Había gentes que consagraban su vida entera á hacer lo que á veces os parece tan fastidioso. Y ya comprendereis que se hacían pagar en proporcion del trabajo y de sus dificultades. Se ha encontrado muchos de esos preciosos manuscritos en las ruinas de Pompeya. En la edad media, lo mismo que en la antigüedad, un libro era un objeto excesivamente caro y no le tenía todo el que quería. Muchos libros valían más de 600 francos. Los que sabían leer tenían tal respeto por sus libros que apénas si se atrevían á tocarlos una ó dos veces al año. Se les guardaba en armarios ó en cofres ricamente esculpidos, en donde estaban al abrigo del polvo pero tambien de la lectura.

Ruinas de Pompeya, ciudad romana sepultada por una erupcion del Vesubio, y cuyos restos han sido descubiertos en nuestros dias.

¿Qué sucedía? Ningun campesino, ningun obrero sabía leer; la mayor parte de la gente de la clase media y de los señores lo ignoraba igualmente. Ya comprendereis que los progresos debían de ser muy lentos en medio de esa ignorancia general.

Se puede decir que la invencion de la imprenta es el descubrimiento más útil que se ha hecho en la industria; y es la invencion de una máquina. Esta máquina, ayudada solamente de algunos hombres, puede imprimir de cinco á veinte mil pliegos por hora. ¡Cuántos copistas se necesitarían para hacerlo tan pronto y tan bien!

Enrique, ¿recuerdas el nombre del grande hombre que descubrió la imprenta?

ENRIQUE. — ¡Oh! sí, señor; es Gutenberg.

CLII. — Historia de la invencion de la imprenta. — Gutenberg lapidario y grabador.

Un arte conduce á otro.

Juan Gutenberg nació en 1409, en Mayencia, de una familia noble, pero pobre. La historia de sus trabajos tan variados, os mostrará, una vez más, que todas las artes están en relacion unas con otras, que una de ellas es el aprendizaje de otra para un trabajador inteligente, y que es útil conocer más de un oficio.

Echado de su país por los disturbios civiles, Gutenberg se dirigió á Estrasburgo. Allí le vemos primero ejercer el arte difícil del *lapidario*.

FRASCUELO. — ¿Qué cosa es un lapidario, señor?

EL SR. EDMUNDO. — Se llama así al que talla los diamantes. El diamante no adquiere todo su brillo más que por la talla y el pulido: si tuvieseis entre las manos un diamante bruto, tal como

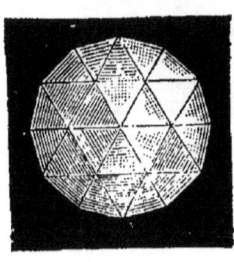
TALLA DE DIAMANTES.
Diamante tallado en rosa.

LA TALLA DE LOS DIAMANTES. — I. Obrero frotando un diamante contra otro para pulirle. — II. Obrero tallando un diamante por medio de un cuchillo de acero sobre el cual da un golpe seco. Así produce facetas dispuestas con arte para despedir la luz y dar brillo á la piedra preciosa.

se le encuentra en la naturaleza, no podríais figuraros que es una piedra preciosa. Sin embargo, no se logró tallar los diamantes más que á partir del siglo quince.

Esta talla exige mucho gusto y conocimientos matemáticos. Gutenberg se ocupó en ese trabajo delicado en la ciudad de Estrasburgo.

Pero el pensamiento de una obra más importante ger-

EL GRABADOR Y LAS ESTAMPAS : el *grabador*. — En una placa de cobre extiende una capita de cera; despues, con una punta de acero escribe ó dibuja sobre la cera. La cera desaparece así en el lugar de los rasgos, y el cobre queda descubierto. Derrama despues sobre la placa un líquido llamado *agua fuerte* que tiene la propiedad de roer los metales. El agua fuerte no toca el cobre más que en el lugar de los dibujos, los deja allí en hueco sobre la placa. — El grabador en madera por otros procedimientos, abre dibujos sobre tablas.

minaba hacía muchos años en su espíritu. Quería reemplazar la escritura por algun procedimiento más rápido, que buscó durante largo tiempo.

Pensó primero, para realizar su proyecto, en servirse de un arte que no le era ménos familiar que el del lapidario : el arte del grabador.

Frascuelo. — ¿En qué consiste ese otro arte, señor?

El Sr. Edmundo. — El grabador abre en la madera ó el metal dibujos que se imprime despues en el papel : así es como se hacen los lindos grabados de vuestros libros. Gutenberg quería grabar lo mismo todas las páginas de los libros para reproducirlas en el papel cuantas veces se quisiera.

CLIII. — (*Continuacion*). — Gutenberg impresor.

« La imprenta es una cosa más divina que humana. »
(El rey Luis XII.)

Despues de muchos trabajos é investigaciones, ocurrió á Gutenberg una idea. En vez de caractéres inmóviles grabados en madera, pensó en hacer caractéres móviles en metal, representando cada uno una letra del alfabeto. Pondría esos caractéres juntos en una tabla de manera que formasen palabras, líneas y páginas; despues los cubriría con una tinta espesa, y en fin, con el auxilio de una máquina llamada *prensa*, aprensaría fuertemente los pliegos de papel sobre esos caractéres. Así las palabras podrían ser reproducidas sobre un gran número de pliegos. Era la primera idea de la imprenta, á la cual Gutenberg había llegado despues de tantos rodeos.

LA IMPRENTA. — I. *Los caractéres de imprenta inventados por Gutenberg son espiguitas de metal, y cada una lleva en relieve una de las letras del alfabeto.*

Durante diez años enteros, Gutenberg trabajó con un valor infatigable en realizar esta idea.

No siendo rico, se asoció con tres hombres inteligentes que dieron para la empresa su dinero, sus joyas, sus muebles y hasta su patrimonio. Pero sus tres asociados murieron arruinados sin haber podido ver el éxito de la obra. Gutenberg fué perseguido por sus acreedores, y áun detenido durante algun tiempo. Despues dejó Estrasburgo y volvió á Mayencia, donde encontró dos nuevos asociados : Fausto y Schœffer.

Pero sus nuevos asociados no se parecían á los tres primeros. Prestaron al principio su dinero complacientemente para todos los ensayos; pero luego que se hizo el descubrimiento reclamaron su dinero y se aprovecharon de la pobreza de Gutenberg para echarle de su casa. Despues explotaron en provecho suyo el descubrimiento, ocultándose en las cuevas para tenerle secreto. Su perfidia no les aprovechó mucho tiempo : Faust pereció en una peste, y Schœffer fué matado en la toma y el pillaje de Mayencia durante una guerra.

AMADA.—¿Y qué sucedió con Gutenberg?

EL SR. EDMUNDO.— Hija mia, vagó durante diez años presa de una gran miseria. No pudo gozar de un poco de bienestar sino en sus últimos años. Ejemplo de trabajo y de perseverancia, no se aprovechó de ese bienestar tardío para descansar : fundó una pequeña imprenta, y consagró los últimos años de su vida á perfec-

LA IMPRENTA. — II. *Compositor de imprenta.* — El compositor tiene al frente el *manuscrito* del autor que se trata de imprimir. Toma con la mano derecha los caractéres en los cajetines, y los reune en una planchita con borde que tiene en la mano izquierda : así forma *líneas*. En seguida reune esas líneas en una tablita cuadrada colocada á la derecha. Con esos paquetes de líneas se hará *páginas*, que la prensa imprimirá en los pliegos de papel.

LA IMPRENTA. — III. La *prensa de imprenta* inventada por Gutenberg, ha sido perfeccionada á tal punto, que ciertas prensas de periódicos, movidas por el vapor, tiran hasta 20 mil pliegos por hora. Basta con algunos obreros para presentar rápidamente á la máquina los grandes pliegos de periódicos, que inmediatamente vuelven á salir impresos.

cionar los procedimientos de impresion. Murió en 1468.

CLIV. —**Gutenberg** *(continuacion)*. — **Consecuencias de la imprenta.** — **¿Deben los trabajadores quejarse de las invenciones nuevas y de las nuevas máquinas?**

« Nada me resiste. »

La casa de Gutenberg estaba adornada exteriormente con figuras y ornamentos, y sobre la puerta de entrada se veia un toro negro, con esta inscripcion: — *Nada me resiste.* — Esta divisa es la de la imprenta: ante ella la ignorancia cede cada dia más, y con ella desaparecen todas las preocupaciones, todos los errores. Por ella se suavizan las costumbres; por ella el nivel de la inteligencia se eleva en el pobre lo mismo que en el rico. Gracias á la instruccion, y por consiguiente á la imprenta, los crímenes disminuyen de dia en dia, y la guerra misma, demasiado frecuente aún, acabará por desaparecer tarde ó temprano. Gutenberg ha hecho así al mundo un beneficio de un valor inestimable.

Estatua de Gutenberg en Estrasburgo. — Esta estatua es debida al cincel de un escultor célebre de nuestro siglo, David d'Angers.

Sin embargo, hijos mios, ha debido de haber obreros copistas que al saber este descubrimiento maldijeron la invencion que los privaba de su ganapan presente. Muchos de ellos, si hubieran podido, habrían destruido de buena gana la obra de Gutenberg, y privado así á los hombres de la imprenta. ¡Ya veis qué actos injustos puede hacer cometer la ignorancia!

Es evidente que si los copistas hubieran querido continuar copiando á pesar de todo, jamas habrían podido vivir. Pero no pudiendo ya copiar se pusieron á imprimir; y entónces la invencion, léjos de perjudicar á los obreros les aprovechó enormemente : porque los libros se vendían más baratos y todo el mundo compró. Se vendió mil veces, diez mil veces más; se necesitó pues diez mil veces más obreros para imprimirlos.

Así, Frascuelo, guárdate bien de acusar las máquinas como lo hacen ciertos obreros; porque acusarlas, es acusar la inteligencia humana, de la cual son las creaciones más maravillosas, y que es ella misma la más bella obra de Dios. Si las máquinas no debieran de ser más que instrumentos de opresion para la clase obrera, la inteligencia del hombre sería por lo mismo condenada. Y nota la consecuencia : el pueblo más embrutecido, el que estuviese más al nivel del animal, que nunca hubiese inventado algo, ese pueblo sería el mejor, el más justo! ¡Dios habría pues faltado de cordura dándonos una inteligencia capaz de progreso!

Estrasburgo (85.000 habitantes). (La catedral).

AMADA. — ¡Oh! ¡eso no es posible, señor!

EL SR. EDMUNDO. — Tiene usted razon, hija mia, no es posible; cuando creemos encontrar en las obras de Dios algo que nos parece, como una blasfemia viva, acusar su sabiduría, debemos de decirnos : « Eso no es posible; la verdad se nos escapa; busquémosla, busquémosla sin cesar aunque debamos de perecer en la demanda. ¡Moriremos, si es preciso, pero acusando nuestra ignorancia, jamas dudando de la sabiduría del Creador!

— Gracias, señor, dijo Frascuelo; esa leccion me parece bella y conmovedora, no quiero olvidarla. Al escuchar á usted he pensado en mi madre que me ama tanto, que trabaja por mí de la mañana á la noche, y he pensado : si alguno me dijese : « ¡Tu madre ha partido, Frascuelo, te ha abandonado en medio de la calle; no la volverás á ver! » ¿podría yo creerlo? Nó, nó, jamas. Aun cuando en efecto ya no la volviese á ver, pasaría toda mi vida en buscar lo que puede haber sido de ella; pero no creeré jamas que haya querido desembarazarse de mí. ¡Cómo, pues, podría yo dudar más de la bondad de Dios!

— ¡Oh! ¡qué bien hablas en este momento, mi buen Frascuelito! dijo Amada, tendiéndole la mano. Sí, sí, yo tambien tomo mi parte de la leccion, y quiero acordarme toda mi vida de que nada hay en el mundo que no sea obra de la bondad de Dios. Cuando esa bondad no nos deslumbra con su luz, es porque estamos ciegos, y se acabó.

CLV. — **El *CRÉDITO*. — Frascuelo haciendo crédito al Sr. Clertan.**

<blockquote>La confianza en la lealtad de nuestros semejantes nos es necesaria: el engaño y la mentira se parecen á la noche en medio de la cual no se atreve uno á dar un paso.</blockquote>

El Sr. Edmundo. — ¿Habeis notado, hijos mios, un punto sobre el cual la historia de Papin y la de Fulton ofrecen una gran diferencia? Papin, despues de haber visto despedazado su barco, no encuentra dinero ni crédito para poder construir otro; muere miserable. Fulton, arruinado por várias experiencias infructuosas, encuentra, sin embargo, amigos y compatriotas que tienen confianza en su genio inventivo, y que le prestan dinero para comenzar nuevos ensayos; muere en medio de la gloria y de la fortuna.

Amada. — Es cierto, señor, pero yo no lo había notado.

El Sr. Edmundo. — Es un ejemplo de los felices resultados que puede producir el crédito, siempre que se conceda á hombres verdaderamente dignos. ¿Sabeis, hijos mios, lo que se llama *crédito?*

Frascuelo. — Yo, señor, lo sé bien, y mamá se ha alegrado más de una vez de que el panadero le hiciese crédito.

El Sr. Edmundo. — ¿Qué sucedía entónces? Explícanos eso, Frascuelo.

FRASCUELO. — Pues bien, señor, en lugar de quedarnos sin cenar cuando no teníamos con qué pagar el pan, se me enviaba siempre á buscarle, y yo decía al panadero: « Señor, mamá le pagará á usted el sábado, cuando reciba su quincena en casa del Sr. Clertan.» El panadero me respondía: « Con mucho gusto os hago crédito, pero no por más de una quincena; dí á tu madre que no me olvide el dia de la paga.» Yo me iba con mi pan, y se pagaba el dia de la quincena.

EL SR. EDMUNDO. — Esto prueba, amigo mio, que el panadero tenía confianza en tu mamá. Por su parte, tu mamá mostraba la misma confianza al Sr. Clertan y le concedía el mismo crédito.

FRASCUELO, *asombrado*. — ¿ Qué crédito, señor?

EL SR. EDMUNDO. — ¿ Tu mamá no trabaja durante quince dias para el Sr. Clertan sin que la paguen? Le hace pues un anticipo de quince dias de trabajo en vez de hacerse pagar dia por dia. Y áun haciéndose pagar al fin del dia, habría hecho todavía un anticipo de doce horas de trabajo.

FRASCUELO. — Toma, es muy singular eso, y jamas había yo pensado en ello.

—¡ Ni yo! exclamó Enrique.

AMADA. — De esta manera, Frascuelo, tú tambien haces crédito á papá grande.

Nantes (140.000 habitantes), gran puerto de comercio

FRASCUELO, *riendo*. — Es igual, señorita Amada, no por eso estaré más ufano ahora, porque no soy más rico.

EL SR. EDMUNDO. — Este hecho del crédito se produce continuamente en el comercio. No hay nadie, rico ó pobre, que no esté obligado á hacer ó á recibir crédito. El mismo Sr. Clertan, como veis, por rico que sea, no paga á sus obreros y á sus domésticos hora por hora, ni minuto por minuto; recibe, pues, de ellos, trabajo á crédito, como recibe á crédito sus índigos del armador de Nantes.

Crédito quiere decir *confianza* ; es una prueba de confianza que se concede á alguno, puesto que el pago á que se tendría derecho en el acto no se exige sino en el porvenir. La sociedad sería imposible sin la confianza. ¿Qué sería de nosotros si estuviésemos rodeados de hombres sin fe que contrajesen compromisos sin cumplirlos?

CLVI. — **Los contratos y promesas.** — **Habituaos á la lealtad.** — **Las palabras del trapacero son moneda falsa.** — **El abuso de confianza.**

« Los que engañen al comprador sobre la *naturaleza* ó la *cantidad* de las mercancías, los que falsifiquen los efectos alimenticios ó los medicamentos, ó se sirvan de *medidas* ó de *pesos falsos*, serán encarcelados durante tres meses ó un año, y pagarán una multa que no podrá ser menor de 50 francos.» (*Código penal.*)

« Cuando se cometa un robo ó un crímen cualquiera por un doméstico, obrero ó individuo que trabaja habitualmente en la habitacion, la pena se aumenta porque el doméstico ó el obrero desleal *ha abusado de la confianza* del amo ó del patron. »

(*Código penal.*)

El Sr. Edmundo. — No lo olvideis jamas, hijos mios, la lealtad en las promesas, en las convenciones, en los contratos, es la base de toda sociedad. Todos tenemos el derecho de no ser engañados por falsas palabras, falsos juramentos ó falsos compromisos. Habituaos, pues, desde la infancia, á la lealtad más escrupulosa.

El niño que se ha acostumbrado á mentir en las cosas pequeñas, mentirá y engañará muy pronto en las cosas más grandes.

El hombre de mala fe se cree muy hábil porque logró por primera vez engañar á alguno. Hijos mios, el embustero no ha engañado más que á sí mismo. Cree, mintiendo, haber encontrado un uso ventajoso de la palabra, y os aseguro que habituarse á no decir la verdad, es una desgracia semejante á la de volverse sordo-mudo. El embustero, en efecto, no puede engañar largo tiempo sin que advierta uno sus mentiras. Sus palabras no tienen entónces más valor que el silencio de un mudo ; se apresura

LOS CONTRATOS Y PROMESAS.

uno á huir del embustero, y no le confía nada, como si fuese sordo. Así queda segregado de la sociedad de las gentes honradas, y no por un infortunio digno de piedad como el del sordo-mudo, sino por el desprecio que merecen los que engañan.

Díme, Frascuelo, cuando recibes una moneda, ¿no miras, ántes de aceptarla, si es buena y cuál es su valor?

FRASCUELO. — Evidentemente, señor.

EL SR. EDMUNDO. — Y si en lugar de oro, se te ofreciera un pedazo de cobre hecho como las monedas de oro, ¿le aceptarías?

FRASCUELO. — ¿Cómo podría yo hacerlo, señor, á ménos de ser ciego?

EL SR. EDMUNDO. — Pues bien, amigo mio, las palabras del trapacero, sus promesas, sus empeños son como los pedazos de cobre que te ofrecería alguno como de oro. Todo el mundo los rechaza con desprecio.

Verificador de pesos y medidas marcando los pesos de un comerciante.

Lo mismo el que engaña en un *contrato*, en un cambio, el que engaña á un comprador sobre la *calidad* ó el *peso* de la mercancía, el que pide prestado y no paga, el que *abusa de la confianza*, será castigado al mismo tiempo por la ley y por la opinion pública. Perderá su honor y su crédito. Ya no encontrará gentes que quieran hacer cambios con él ó prestarle, á no ser los que se le parezcan y cuenten desquitarse con otras trapacerías. ¿Qué será entónces, por vida vuestra, tal comercio, sino un cambio entre ladrones, siempre inquietos los unos de los otros, siempre temblando por ellos mismos, como gentes rodeadas de enemigos y de redes?

CLVII. — **Las deudas y el abuso del crédito.** — **Ventas por embargo.** — **Sauvage en su prision.** — **Los buques de hélice.**

« El acreedor puede, segun los casos, *embargar* y hacer vender los bienes muebles que pertenecen á su deudor, poner *oposicion* al pago de las sumas que le sean debidas ú obtener la *expropiacion* de sus bienes inmuebles. » *(Código.)*

Frascuelo. — Señor, ahora comprendo muy bien cuán útil es que los hombres tengan confianza los unos en los otros. Sería muy fastidioso tener que decir, á cada servicio que se presta, despues de cada hora de trabajo: « Págueme usted inmediatamente. »

El Sr. Edmundo, *riendo*. — Sí, amigo mio, el crédito tiene grandes ventajas en el comercio. Pero tiene tambien, por poco que de él se abuse, muy grandes inconvenientes. Apelar con demasiada frecuencia al crédito, es *adeudarse*.

Frascuelo. — ¡Oh! mamá lo sabe, señor. Así es que le disgusta mucho mandar pedir alguna cosa á crédito. Lo hace por el pan cuando es absolutamente necesario, para que no nos quedemos sin cenar, y porque está segura de poder pagar al cabo de quince dias. Pero si se trata, por ejemplo, de mi blusa que está rota, la remienda lo mejor que puede y me dice: « Cuídala bien, ó andarás sin blusa, porque no he de ir á comprar otra á crédito. »

LA INDUSTRIA DE LA NAVEGACION: *ruedas de los buques antiguos*. — Los antiguos habian tenido la idea de reemplazar los remos por medio de paletas que hacían mover esclavos ó bestias de carga.

El Sr. Edmundo. — Amigo mio, tu madre te da en eso una excelente leccion de economía. Si el obrero se habitúa á pagar al contado, puede ya mirar el porvenir sin inquietud; si se acostumbra á gastar el dinero que todavía no ha ganado, y á hacer deudas, compromete el porvenir, se forja cadenas y se

LAS DEUDAS Y EL ABUSO DEL CRÉDITO.

hace esclavo: ya no es dueño de sí mismo ni de su trabajo, puesto que los demas tendrán derecho á lo que haga y gane. Segun que un obrero tome uno ú otro de esos dos caminos, se puede decir de antemano lo que le sucederá.

Hay en la historia más de un ejemplo de las consecuencias deplorables que puede traer un abuso imprudente del crédito. Me acuerdo de un inventor célebre, que por haber faltado de prudencia y comprometido su porvenir con deudas, se preparó muy amargas pesadumbres. Quiero hablar del inventor de la hélice de los buques de vapor, de Sauvage, nacido en Boulogne-sur-Mer.

LA INDUSTRIA DE LA NAVEGACION. *Hélice* de los buques modernos. — La hélice, movida por el vapor, se mete en el agua como un tornillo en la madera, y arrastra el buque con una rapidez que puede llegar á 10 ó 12 millas por hora.

FRASCUELO. — ¿Qué cosa es la hélice, señor?

EL SR. EDMUNDO. — Es una especie de tornillo que puede girar siempre y que reemplaza muy ventajosamente las ruedas en la navegacion marítima.

Para hacer sus experiencias, Sauvage había pedido dinero prestado. Sus deudas acabaron por ser demasiado fuertes. En nuestros dias, despues de las leyes de 1867 y 1871, el *acreedor* ya no tiene derecho de hacer encarcelar á su *deudor* y mucho ménos todavía de hacerle su esclavo, como sucedía en tiempo de los Romanos; no puede más que hacer *embargar* y vender sus bienes en *almoneda*. En la época de Sauvage, la ley era ménos benigna. Sus acreedores le hicieron poner en la cárcel, en el puerto del Havre.

Venta en *almoneda* hecha por el *alguacil* en virtud de un *embargo judicial*.

Durante aquel tiempo, otros se habían apoderado de la idea de Sauvage y continuado sus experiencias. Un dia, desde una ventana de su prision del Havre, vió al comandante del buque inglés el *Ruttler*, ensayar en el

El Havre (110,000 habitantes. Gran puerto de comercio.

puerto con el mejor éxito el sistema de la hélice que Sauvage mismo había inventado. La gloria de este último iba tambien á serle arrebatada.

Esa vista de un triunfo obtenido por ideas que eran las suyas, pero que no había podido poner en ejecucion, turbó de tal manera su espíritu, que perdió la razon. Murió en Paris en 1857, en una casa de locos.

Hé ahí un ejemplo muy triste, hijos mios; sin embargo, Sauvage tenía una excusa en su genio y en los estudios serios á que consagró toda su vida; no había comprometido el porvenir á causa de entretenimientos inútiles; y con mayor razon debemos condenar á los que abusan del crédito sin tener la misma excusa.

CLVIII. — **Los gastos útiles y el** *CONSUMO PRODUC-TIVO*. — **La merienda de Amada.** — **Las simientes del agricultor.** — **El gasto de carbon en la industria.** — **Los gastos de instruccion de Enrique.**

El arte de gastar útilmente no es ménos difícil que el arte de trabajar bien.

El Sr. Edmundo. — Hemos estudiado juntos, queridos niños, cómo trabaja el hombre en la industria, en la agricultura y en el comercio. Pero si trabaja así es para satisfacer sus necesidades, para bastar á su *consumo* diario.

Hé aquí un bizcocho y una naranja de Nápoles destinados á la merienda de Amada; ántes de esta noche, la naranja que el árbol ha tardado un año en producir por los cuidados del hombre, y que un buque ha debido traer á Marsella, el bizcocho compuesto de huevos, de sal, de mantequilla, de harina, de leche, todo eso habrá desaparecido, todo eso estará consumido.

Hay dos grandes especies de *consumo.* Unos son útiles y *productivos;* otros no producen ventaja alguna y se les llama *improductivos.*

Dígame usted, Amada, cuando por ejemplo el arrendatario del Sr. Clertan deposita en tierra las simientes de trigo y gasta así á un tiempo muchos hectólitros de granos, ¿ cómo se debe de llamar esa especie de consumo que hace? ¿ Es un gasto sin provecho?

AMADA. — Nó, señor, porque los granos de trigo sembrados en tierra producirán la cosecha próxima.

EL SR. EDMUNDO. — Muy bien, hija mia. Otro ejemplo. Uno de los mayores gastos de la industria, es el carbon. Con él se mueven todas nuestras máquinas; con su auxilio se hacen casi todos nuestros instrumentos. ¡Cuánto carbon se necesita consumir para fundir el hierro ó el acero en los vastos hornos de las fábricas! ¡ Qué gasto de carbon sólo para fabricar las simples agujas de usted, Amada, esas agujas tan útiles manejadas por dedos laboriosos! Pero todo esos gastos de la industria son infinitamente *productivos;* dan más de lo que han costado.

A tu vez, Enrique, ¿con qué nombre designarás un gasto de una naturaleza muy diferente, el que hace tu padre grande cuando compra libros para instruirte, y paga profesores para hacerte trabajar?

— Señor, dijo Enrique reflexionando, creo que eso debe de ser lo mismo que el consumo fructuoso hecho por el agricultor ó el industrial; con la única diferencia de que las riquezas que mi padre grande espera que yo produzca por medio de la instruccion, son riquezas *morales.*

EL SR. EDMUNDO. — Muy bien respondido, mi querido amigo. La ciencia es, en efecto, una riqueza moral, y ademas es la fuente de las demas riquezas; ¿no le debemos todos nuestros progresos, no es ella la que debe de emancipar poco á poco á la humanidad de la miseria, bajo sus dos formas desoladoras : la pobreza y la ignorancia?

El arte de emplear bien lo que se posée es de los más difíciles, hijos mios. Siempre propendemos á gastar locamente nuestras riquezas. Así es que siempre que empleamos nuestro trabajo, nuestro dinero ó nuestro tiempo, debemos de preguntarnos si ese gasto será fructuoso bajo el punto de vista material y moral.

El hombre previsor debe de ser como el buen sembrador que jamas arroja sus granos al acaso y que tampoco los deja pudrir inútilmente, sino que los confía á una buena tierra para que se los devuelva centuplicados.

CLIX. — **Gastos infructuosos y** *CONSUMO IMPRODUCTIVO.* — **Granizo.** — **Incendio.** — **Objetos quebrados.**

« El incendio de lugares de habitacion es castigado con la pena de *muerte.* » « El incendio de bosques y cosechas es castigado con *trabajos forzados* perpetuos ó temporales. — Todo individuo requerido para prestar auxilio en caso de incendio es castigado, si rehusa, con una multa de 5 á 10 francos. »

(Código penal.)

El Sr. Edmundo. — Amadita, ¿recuerda usted que la prevision de Frascuelo impidió que se declarase el fuego en casa del abuelo de usted?

— ¡Oh! señor, dijo la niña sonriendo á Frascuelo, ¿cómo podré olvidarlo?

El Sr. Edmundo. — ¿Te acuerdas, Enrique, de que el fuego consumió unos 25 kilógramos de algodon?

Enrique. — Ciertamente, señor, y mi padre grande dijo que era una pérdida de 150 francos.

El Sr. Edmundo. — ¿Puedes decirme el nombre que te parece conveniente para ese nuevo género de consumo?

Enrique. — Debe de ser justamente lo opuesto del consumo productivo; porque el fuego, destruyendo por casualidad cierta cantidad de trabajo ó de riqueza no ha producido más que pérdida.

El Sr. Edmundo. — ¡Sea enhorabuena, Enrique! Tú no caes en una preocupacion, que está, sin embargo, muy extendida. Despues de un incendio ó de algun accidente de otra naturalza, como vidrios rotos por el granizo, ú objetos quebrados por torpeza, no has oido decir muy frecuentemente: « Es sensible para el pobre Pedro: el fuego ha destruido su casa; es lamentable para Estéban: el huracan y el granizo han roto el techo de cristales de su fábrica; pero al mismo tiempo es una dicha para el comercio. La desgracia de los unos produce la utilidad de los otros. La pérdida de Pedro y de Estéban va á dar trabajo á los albañiles, que reedificarán la casa quemada; trabajo á los fabricantes de vidrios y á los vidrieros que reemplazarán el techo roto por el granizo.»

Fabricacion del vidrio por el vidriero.

Enrique. — Sí, señor, he oido decir eso muchas veces. Nunca rompo un vaso ó una garrafa sin que mi criada exclame: « ¿Qué quiere usted, señor Enrique? eso hace andar el comercio y su abuelo de usted tiene con qué pagarlo. »

El Sr. Edmundo. — Hijos mios, ese razonamiento es tan falso como general. Si fuese cierto, resultaria que el que incendia una casa por malevolencia, — crímen severamente castigado por la ley, — prestaría en definitiva un servicio á la sociedad. Veamos, Frascuelo, responde á mi pregunta. ¿Por qué los espíritus irreflexivos creen ver un provecho para la sociedad en los estragos de un incendio, ó en la destruccion de los objetos quebrados?

Frascuelo, *despues de un instante de silencio.* — Señor, sin duda porque se dicen: Hé ahí trabajo que será preciso reponer; y como el trabajo es el ganapan del obrero, hé ahí pan asegurado para el obrero.

El Sr. Edmundo. — Eso es, amigo mio; ¿pero con qué se paga el trabajo del obrero?

Frascuelo. — Señor, con dinero.

El Sr. Edmundo. — ¿Y cuando se tiene ménos dinero, se puede hacer trabajar tanto á los obreros, ó pagarles tan caro su trabajo?

Frascuelo. — Seguro que nó, señor.

El Sr. Edmundo. — Luego, hijo mio, todos los accidentes que hacen perder dinero á alguno, hacen al mismo tiempo perder dinero á los obreros. Supongamos, Frascuelo, que rompes un vidrio...

Frascuelo. — ¡Oh! señor, eso es justamente lo que me ha sucedido el otro dia. ¡ Ya puede usted suponer si me regañaron! Se ha reemplazado primero el vidrio con un pedazo de papel. Despues me dijo mamá : « Frascuelo, sabes muy bien que no tenemos mucho dinero ; yo quería, el dia de la paga, comprarte un par de zuecos nuevos ; pero puesto que nos será preciso reponer ese vidrio, tanto peor para tí : cuida los zuecos que tienes, porque el dinero que quería emplear en tus zuecos servirá para pagar tu torpeza. »

El Sr. Edmundo. — Ya ves bien, Frascuelo, que rompiendo un vidrio, has hecho perder simplemente al fabricante de zuecos el dinero que has dado á ganar al fabricante de vidrios y al vidriero, y ademas te has privado de zuecos. Pues bien, así sucede siempre y las cosas pasan en la gran sociedad humana como en la casa de tu madre. Miéntras más dinero ó *capital* hay en una sociedad, más hace la sociedad *trabajar* á los obreros, y más caro puede pagarlos tambien. El capital es como una bolsa donde se toma con qué pagar y pagar bien el trabajo.

Frascuelo. — Justamente, señor.

El Sr. Edmundo. — Y si por causa de un accidente, se llega á poseer la mitad ménos de dinero, se está obligado á hacer trabajar la mitad ménos á los obreros, ó á pagarles su trabajo á la mitad ménos. Disminuyendo las rentas, disminuyen al mismo tiempo los gastos. Miéntras más baja el agua en el pozo ménos hay que beber. Así es que los obreros hacen muy mal en maldecir el capital.

Amada. — ¿Entónces, señor, cuando sucede una desgracia á un individuo ó á un país, todo el mundo debería de afligirse, no solamente por *caridad*, sino tambien por *interes bien entendido?*

El Sr. Edmundo. — Justamente, hija mia, y esto es lo que sucederá cuando todos los hombres tengan una idea más exacta de los lazos estrechos que Dios ha querido establecer entre ellos. El provecho del uno es el provecho de todos. El Evangelio, hace mucho tiempo, ha dicho á los hombres que eran hermanos, y les ha prohibido regocijarse del mal ajeno.

No miremos jamas una *destruccion* como un *provecho,* y guardémonos de destruir algo inútilmente nosotros mismos. Porque lo que se ha perdido se queda perdido, y el trabajo que se hace para reemplazarle se emplearía mucho más útilmente en hacer cosas nuevas, que aumentarían la riqueza general y por consiguiente el bienestar general.

CLX. — **El consumo del alcohol y de los licores fuertes. — La embriaguez es ruinosa para la bolsa.**

Si leyérais estas palabras sobre la puerta de una casa : « Cualquiera que entre en ese lugar perderá su salud y su bolsa, abreviará su vida muchos dias, muchos meses, tal vez muchos años, todavía más, será cambiado en bestia, y áun tal vez en bestia feroz capaz de golpear mujer, hijos, amigos como enemigos;» — ¿quién de vosotros, trabajadores, querría entrar en ese lugar? Y sin embargo, se podría inscribir esas palabras sobre la puerta de todas las tabernas.

— Señor, dijo al dia siguiente Frascuelo, que había reflexionado en la leccion precedente, el tabaco, de que nos habló usted hace algun tiempo, ¿no es tambien un consumo sin provecho ó *improductivo?*

El Sr. Edmundo. — Ciertamente, amigo mio ; por desgracia hay otros muchos y peores todavía. Vamos á ver, Frascuelo, si me encuentras un ejemplo.

Frascuelo, *despues de haber reflexionado.* — Creo, señor, que hay algo peor que fumar, y es beber.

El Sr. Edmundo. — Tienes mucha razon. Desgraciadamente el abuso de las bebidas alcohólicas va creciendo.

FRASCUELO. — ¿ Señor, qué cosa es el *alcohol?* Yo sé que se hace el vino con la uva; pero el alcohol, ¿con qué se hace?

EL SR. EDMUNDO. — Con el vino. Se hace hervir el vino en una caldera. El primer vapor que se escapa entónces del vino es el alcohol, vapor muy ligero. Se le hace subir y circular en un largo tubo, en que se enfria : al enfriarse, se vuelve líquido y vuelve á caer en gotitas. Díme, Frascuelo, ¿ no has observado algo de análogo cuando tu madre echa el pan en el caldo para vuestra comida y coloca la tapadera en la sopera humeante? Vamos á ver, reflexiona, ¿ qué pasa?

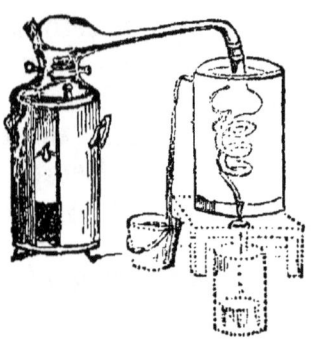

Destilacion del alcohol. — El *alambique* se compone de una caldera de cobre donde se hace hervir el vino para separar el alcohol, y de un tubo metido en una cuba de agua fria en que los vapores de alcohol van á enfriarse.

FRASCUELO. — Toma, es cierto señor; luego que se cubre la sopera, el vapor se deposita en gotitas sobre la tapadera.

EL SR. EDMUNDO. — Pues bien, ese vapor es agua *destilada*. En cuanto al alcohol, es el producto del vino destilado.

El alcohol tiene una grande utilidad en el comercio, pero el abuso que de él hacen los bebedores es un gasto funesto para la bolsa, para la salud, para la moralidad. Y por desgracia, ese mal parece no querer disminuir. Los grandes centros de la poblacion obrera están particularmente expuestos á sufrirle. En la sola ciudad de Amiens, donde la fabricacion de los tejidos de lana y de lino es tan activa, se calcula en 80.000 vasos de aguardiente el consumo diario.

AMADA. — ¡ Es enorme ! porque Amiens tiene apénas 80.000 almas.

EL SR. EDMUNDO. — Muy bien, Amada, sostiene usted su reputacion en geografía. Esto hace por dia para una sola ciudad, 4.000 francos gastados en alcohol.

ENRIQUE. — ¡ Cuántas cosas podría uno procurarse con esos 4.000 francos!

EL SR. EDMUNDO. — Ha habido quien piense en ello

EL CONSUMO DEL ALCOHOL.

ántes que tú, Enrique, y está hecho el cálculo. Con esos 4.000 francos se podría comprar 3.500 kilógramos de carne, ó 12.121 kilógramos de pan. Al cabo del año esto hace un millon y medio de francos gastados en alcohol por los obreros de una sola ciudad de los cuales algunos carecen de pan con mucha frecuencia.

En Rouen, el consumo no es ménos espantoso y ha doblado en 20 años. En Paris, cada habitante, en lugar de consumir por término medio 9 litros de alcohol por año como en 1825, consume hoy 17 litros. Paris bebe por año 40 millones de litros de alcohol.

En Lóndres se gasta unos 60 millones de francos por año en licores fuertes. Agregad esas sumas enormes á las que ya os he indicado para el tabaco y ved lo que los hombres gastan para hacerse mal.

Amiens (95.000 habitantes).

CLXI. — **La higiene y los licores fuertes.** — **La embriaguez es ruinosa para la salud.** — **Degrada al hombre y le expone al crimen.** — **Tabernas y cafés.** — **La promesa de Frascuelo y de Enrique.**

Serán castigados con una multa de 1 á 5 francos los que sean encontrados en estado de *embriaguez* manifiesta en las calles, tabernas ú otros lugares públicos. Si hay reincidencia sufrirán una prision de 3 dias. La tercera vez podrán sufrir una prision de 6 dias á un mes y una multa de 16 francos á 200 francos. » *(Código penal.)*

El Sr. Edmundo. — Segun los informes de todos los médicos é higienistas, el alcohol mata más hombres que la guerra y el cólera. El ebrio que abusa de ese licor fuerte, desconocido de la antigüedad, y que los salvajes llaman *agua de fuego*, se quema poco á poco el estómago, pierde el apetito y el sueño, sufre *vértigos*, temblores en las manos y en las piernas que vacilan. Despues vienen la *tísis* ó la *parálisis*, las *convulsiones*, un enflaquecimiento considerable, una alteracion profunda de la inteligencia, el *delirio* y la *melancolía*, el deseo del *suicidio*. El borracho llega á hacerse del alcohol una necesidad tal, que si de repente se encuentra privado de él, corre peligro su vida. Así es que se ha colocado entre dos males: si continúa bebiendo, será víctima de su intemperancia, y lo será tambien si cesa bruscamente de beber. Está obligado á deshabituarse lentamente; y muy pocos hombres tienen bastante energía para hacerlo, aunque jamas se debe desesperar de lograrlo.

Alteracion de las facciones en el delirio alcohólico, segun los libros de medicina.

Los licores fuertes producen en el estómago un efecto desastroso, sobre todo por la mañana en ayunas.

Frascuelo. — Sin embargo, señor, yo oigo decir á los obreros que eso « mata el gusano »

El Sr. Edmundo. — Amigo mio, eso no mata el

gusano, porque no le tienen; pero eso «mata al borracho.»

FRASCUELO. — Señor, por eso mamá hace siempre una buena sopa por la mañana ántes de ir á su trabajo. Papá la había acostumbrado á eso. Decía que una buena sopa vale más que una copita.

EL SR. EDMUNDO. — Bien pensado, hijo mio, el consejo es bueno y conforme á la higiene.

Y todavía ¡si la salud sola sufriese con la embriaguez! Pero ya conoceis los tristes efectos de ese vicio sobre la inteligencia y la moralidad. El número de *crímenes cometidos durante la embriaguez* es enorme.

Si por la mañana se dijera á un hombre en ayunas: «Amigo mio, esta noche habrá usted matado á uno de sus semejantes y cuando mañana salga el sol alumbrará la prision en que llorará usted su crímen,» ¿ese hombre no se espantaría, y no preguntaría por qué medio podría conjurar una suerte tan terrible? Pues bien, hijos mios, el que entra en la taberna se expone á dejar allí su razon y á cometer todos los crímenes. Se ve cada año borrachos que matan á su padre, á su madre, y otros á su mujer y á sus hijos. ¿Cómo, despues de tales ejemplos, puede haber todavía hombres atacados de semejante vicio?

FRASCUELO. — Señor, ¿acaso los borrachos acaban todos por cometer semejantes crímenes?

EL SR. EDMUNDO. — Felizmente nó, hijo mio; pero si no siempre cometen crímenes tan odiosos como el asesinato, no por eso dejan de gastar en la taberna el dinero destinado al sustento de su familia. La miseria entra en su casa por culpa suya. Y lo que hay de más desgraciado es que dan á sus hijos el mal ejemplo, así como á los jóvenes obreros que son sus compañeros de trabajo. Ya veis, hijos mios, las funestas consecuencias de la embriaguez.

AMADA. — ¡Oh! yo estoy segura de que Frascuelo no irá jamas á la taberna cuando sea grande.

FRASCUELO. — Se lo prometo á usted, señorita Amada.

ENRIQUE. — Yo respondo de su promesa; porque Frascuelo es un muchacho demasiado inteligente para no cumplirla.

EL SR. EDMUNDO. — Y tú, Enrique, supongo que tampoco tomarás la costumbre de ir á los cafés que son los dignos compañeros de las tabernas : lugares de pereza, de prodigalidad y de embrutecimiento.

ENRIQUE. — Nó, nó, señor. En primer lugar mi padre grande no lo consentiría.

AMADA. — Ni yo tampoco lo consentiría, mi señor hermano.

CLXII. — La *LOTERÍA*. — La sopera ganada por Frascuelo.

> Contad con vos mismo y nó con el azar, con el trabajo, y nó con el juego.

EL. SR. EDMUNDO. — Entre los *gastos infructuosos* y áun funestos, es preciso tambien colocar el juego y la lotería.

FRASCUELO. — ¡Cómo, señor, infructuosos! Pero ¿y si se gana? Yo, por ejemplo, en una lotería de la feria, gané una bella sopera adornada de flores, que segun parece es de loza de Nevers ; mamá hace en ella la sopa todas las mañanas y todas las noches.

Sopera de loza.

Los niños se echaron á reir.

EL SR. EDMUNDO. — Amigo mio, esa vez ganaste, está muy bien ; pero, díme, ¿ has jugado de nuevo á la lotería despues?

FRASCUELO. — Ya lo creo, señor ; esto nos había animado de tal manera á mamá y á mí que en todas las ferias mamá me daba algunos sueldos que había economizado, y me decía : « Vamos á ver, Frascuelo, tú que eres tan afortunado, da vuelta á la rueda. » Entónces volteaba yo la rueda, y me divertía mucho.

EL. SR. EDMUNDO. — Y díme, ¿qué has ganado despues de la última sopera ?

FRASCUELO. — Señor, ¡no me hable usted de eso! Despues no he ganado un solo objeto : ¡Se necesita no tener suerte!

EL SR. EDMUNDO. — ¿ Apuesto, Frascuelo, á que tu

madre con todo ese dinero puesto á la lotería, ha pagado su sopera más cara que en la tienda?

FRASCUELO. — Justamente, señor. Mamá lo ha comprendido muy bien ella misma y en la última feria se ha incomodado: « Ya no quiero que juegues á la lotería, me ha dicho. Para uno que gana hay mil que pierden, y los mercaderes que tienen es s tiendas ganan su dinero á nuestras expensas. Por otra parte, si no ganaran, puedes estar seguro de que no harían ese comercio. »

Nevers (20,000 habitantes).

EL SR. EDMUNDO. — Eso era razonar muy bien.

FRASCUELO. — Sin embargo, señor, una vez en que se gana basta para desquitarlo todo.

EL SR. EDMUNDO. — Amigo mio, eso no es más que una rara excepcion; y los mercaderes lo saben bien, puesto que su utilidad está precisamente fundada en eso. Contar con esta excepcion es contar con el azar en lugar de contar consigo mismo. Apelar al azar es una cosa poco moral, porque es abdicar su inteligencia y su voluntad, es renunciar á su dignidad de hombre. Ademas es hacer el más necio de los cálculos, porque la regla general es perder, y ganar es la excepcion.

CLXIII. — El *JUEGO*. — Historia de un jugador.

> El jugador, como el ladron, es un hombre que quiere enriquecerse sin trabajar y á expensas de otro.

EL SR. EDMUNDO. — Se puede decir de todos los juegos, tales como las cartas, lo que hemos dicho de la lotería. Hace mucho tiempo que se ha considerado la pasion del juego como de las más peligrosas. Esto os sorprende tal vez, niños; pero comprendereis por qué, con un poco de reflexion.

El que pasa todo su tiempo en jugar, esperando siempre que hará fortuna, da pruebas de *pereza* y de *inmoralidad*: de pereza, porque quiere en un minuto ó en un dia realizar una ganancia que exigiría al hombre honrado meses de trabajo; de inmoralidad porque esa ganancia será dinero quitado á otro. Cuando el jugador se ha arruinado á sí mismo y ha arruinado á su mujer y á sus hijos, ¿qué otra cosa le queda que hacer, sino robar, ó matarse, ó llorar sus faltas y buscar en el trabajo una tardía reparacion?

Uno de los hombres políticos más célebres de Inglaterra, — y uno de los primeros que pidieron abolir *la trata de los negros*, es decir, la venta y la compra de los esclavos, — se había dejado arrastrar á jugar en su juventud. En ese primer ensayo de juego, el azar le favoreció de tal manera, que ganó toda la fortuna de su adversario. Testigo de esta ruina tan rápida y de la profunda desesperacion del que perdía, se espantó de su mismo triunfo: comprendiendo lo que hay de odioso en semejante ganancia, volvió todo á su adversario, haciéndose á sí mismo el juramento de no volver á jugar ni una sola vez.

Fué fiel á este juramento toda su vida.

Advertid, hijos mios, que contar con el azar es contar precisamente con uno de los mayores enemigos del hombre que tiene ya demasiado poder sobre nosotros; porque dígame usted, Amada, lo que más tenemos que temer ¿no son precisamente los accidentes del azar y los males imprevistos que nos hieren en el momento en que ménos lo esperábamos?

Amada. — Sí, señor.

El Sr. Edmundo. — ¿Podría usted dar ejemplos?

Amada, *despues de haber reflexionado*. — Las enfermedades, sin duda, la muerte, y las desgracias de todo género, como los naufragios, los incendios, el granizo y tantas otras.

El Sr. Edmundo. — Sí, y esos males son temibles sobre todo por su instantaneidad. El enemigo os

DEL SEGURO. 307

hieré por detras, sin haberos dicho: ¡en guardia!

Sin embargo, hijos mios, hay medios de estar siempre en guardia y áun al abrigo contra nuestro grande adversario el azar. Puede uno ponerse, para muchas cosas, fuera del alcance de sus golpes.

ENRIQUE. — ¿Cómo es posible eso, señor?

EL SR. EDMUNDO. — Los medios que se emplea para eso son justamente lo opuesto de los juegos y de las loterías, cosas de azar, sin certidumbre y sin seguridad; esos medios, por el contrario, *aseguran* al hombre el estar al abrigo, y por eso se les llama *seguros*.

CLXIV. — Del *SEGURO*. — Cómo el hombre llega á prever los accidentes futuros.

El *seguro* es una asociacion de caridad y de interes á un mismo tiempo, por la cual los hombres se ponen mutuamente en seguridad contra los golpes de la fortuna.

ENRIQUE. — Señor, nos ha dicho usted que los hombres pueden ponerse en seguridad ó *asegurarse* contra las desgracias futuras. Pero ¿cómo se puede saber si esas desgracias sucederán ó no sucederán? Por ejemplo, no se podría saber si un incendio tendría ó nó lugar en la casa de papá grande.

EL SR. EDMUNDO. — En efecto, amigo mio, no se puede saber lo que sucederá á un individuo considerado aisladamente. Pero si se considera

Un incendio en el mar.

cien, mil, diez mil individuos á un tiempo, ya no es la misma cosa. Así se ha notado que de diez mil casas, hay casi siempre una incendiada por año; que de cien buques hay casi siempre uno que naufraga por año; y miéntras mayores son los números que se considera, más cierto es el cálculo. Se llama *estadística* la ciencia que hace la suma y el cálculo de las cosas que se reproducen constantemente cada año en una nacion: por ejemplo, el número de incendios, de naufragios, de defunciones, de nacimientos, de matrimonios, etc.

Ese cálculo ha sido causa de grandes progresos y de instituciones muy benéficas tales como los *seguros*.

Supongo que somos diez mil propietarios, cada uno con una casa. Entre nosotros habrá uno cuya casa se quemará este año, eso es lo casi cierto. Pero ¿cuál será de entre nosotros? Hé ahí lo incierto. Puede ser usted, puedo ser yo.

Pues bien, hay un medio de ponernos todos al abrigo. Que los diez mil propietarios se comprometan á reembolsar el valor de la casa quemada á su dueño. La pérdida dividida entre diez mil será casi insensible, miéntras que habría sido una ruina completa para el propietario herido por la suerte.

« Pero, decís, tal vez no seré yo. » — No lo sabeis. Por otra parte, si no sois vosotros, habreis hecho á poca costa una obra de caridad y de fraternidad muy inteligente, al mismo tiempo que os librareis de una inquietud.

Si sois vos, habreis hecho un excelente cálculo, puesto que en cambio de una suma muy débil os dan una grande.

AMADA. — ¡Es cierto eso! y hé ahí una cosa muy ingeniosa.

EL SR. EDMUNDO. — Es tambien una cosa muy moral y muy bella; porque el seguro es una obra de verdadera *fraternidad* al mismo tiempo que de *interes bien entendido*. Asegurándoos, haceis de antemano la caridad á un desgraciado, desconocido todavía, y que tal vez no será otro que vos mismo. Esto prueba una vez más, hijos mios, que la union hace la fuerza, y que uniéndose para hacer frente á una desgracia, los hombres pueden aligerar el golpe.

FRASCUELO. — Pero, señor, ¿cómo se sabe, en los seguros, la suma que cada uno debe de dar?

El Sr. Edmundo. — Nada más sencillo en el caso que nos ocupa. Puesto que se quema una casa sobre diez mil, cada propietario deberá de dar poco más ó ménos la diez milésima parte del precio de su casa. De esta manera habrá la seguridad de tener en comun bastante dinero para pagar la casa quemada. Por ejemplo, si vuestra casa vale 20.000 francos, dais unos dos francos por año, y de esa manera estais seguros de evitar vuestra ruina ó la de otro.

Sin embargo, como puede haber años más desgraciados que otros, las sociedades de seguros, para no exponerse ellas mismas á alguna ruina, se aseguran entre sí como lo harían los individuos.

Las sociedades de diversos países se entienden unas con otras; así hay sociedades francesas que están aseguradas por sociedades inglesas y recíprocamente.

Es un ejemplo más que prueba que las naciones van acercándose poco á poco, y confundiendo sus intereses.

Frascuelo. — Verdaderamente, señor, son una cosa muy bella esos seguros. Se necesitaría ser muy imprevisor para no comprar una seguridad que cuesta tan poco caro, y que es al mismo tiempo la seguridad de los demas.

CLV. — *SOCIEDADES DE SOCORROS MÚTUOS.* — Cómo habría debido emplear Frascuelo el dinero que puso á la lotería.

> Si los hombres supiesen entenderse y poner en comun sus esfuerzos, se pondrían al abrigo de una multitud de males.

El Sr. Edmundo. — ¿No es verdad, Frascuelo, que habrías hecho mejor en colocar tu dinero en algun seguro que en gastarle en la lotería?

Frascuelo. — Pero, señor, bien sabe usted que ni mamá ni yo tenemos casa propia.

El Sr. Edmundo. — Amigo mio, no sólo existen seguros contra el incendio. Hay sociedades de *seguros mutuos* ó de *socorros mutuos* que por 1 franco 50 céntimos cada mes, os aseguran en caso de enfermedad un salario de 1 á 2 francos, la asistencia de un médico, los remedios de un farmacéutico, y en caso de muerte, los gastos de entierro.

Frascuelo. — ¡Todo eso asegurado por tan corta suma!

El Sr. Edmundo. — Sí, amigo mio; ¿no es verdad que eso vale más que la sopera ganada á la lotería de que estabas tan orgulloso? Todos los obreros sin excepcion deberían de formar parte de alguna sociedad de socorros mutuos.

Por desgracia, la imprevision y la ignorancia son tan grandes, que esas sociedades no cuentan más de dos millones de socios en toda la Francia, lo cual es muy poco; y sin embargo, eso valdría más y costaría cien veces ménos caro que fumar, beber y jugar.

No digais que gozais de buena salud y que no os enfermareis, porque no podeis saberlo. Por término medio, de cien hombres hay 27 enfermos en el año, más de la cuarta parte, y cada uno se queda por término medio cinco dias sin poder trabajar. Si no estais enfermo este año lo estareis tal vez el año próximo ó el siguiente.

En fin, aunque debieseis de no estar enfermo, no sería esa una desgracia, al contrario; y ademas vuestro dinero no habría dejado de estar bien empleado; porque en lugar de serviros á vosotros, habría servido á otros.

CLXVI. — **Seguros contra los accidentes.** — Caja de retiros. — Seguros sobre la vida. — Lo que debería de hacer todo obrero.

Los seguros se multiplicarán cada dia más, y se puede decir que el porvenir les pertenece.

El Sr. Edmundo. — Sucede lo mismo con los *seguros contra los accidentes.* Por 18 francos entregados cada año, un obrero está seguro de tener 2 francos 50 céntimos por dia en caso de abstencion momentánea de trabajo por accidente, sin contar lo que la sociedad de socorros mutuos puede darle por otra parte. Si está herido de manera que ya no pueda trabajar, tiene derecho á una pension de 300 francos por año.

AMADA. — Pero, señor, el obrero tiene que temer no solamente la enfermedad y los accidentes, sino tambien la falta de trabajo. ¿No hay, pues, medio de preservarle de ella?

EL SR. EDMUNDO. — Hija mia, no conozco sociedad de seguros que se comprometa á dar trabajo cuando falte, probablemente porque habría perezosos que pretenderían no encontrar qué hacer, y sería bastante difícil averiguar si es culpa suya ó de las circunstancias. Pero hay un medio muy sencillo de ponerse al abrigo contra la falta de trabajo, y es colocar un poco de dinero en la *Caja de ahorros* para encontrarle aumentado en caso de necesidad.

ENRIQUE. — Pero, señor, cuando el obrero se hace viejo, ya no puede trabajar y está obligado á descansar; entónces queda forzosamente á cargo de su familia.

EL SR. EDMUNDO. — Amigo mio, la sociedad de seguros contra los accidentes garantiza una pension de 300 francos por año para el momento en que ya no se puede trabajar. Ademas, el obrero puede asegurarse tambien contra la vejez, él y su mujer, por medio de la *Caja de retiros* cuya administracion central, la misma de las Cajas de ahorros, está en Paris bajo la sobrevigilancia del ministerio de hacienda.

El ministerio de hacienda en Paris.

Entregando todos los años, desde la edad de 30, una suma de 102 francos en la *Caja de retiros*, el obrero tendrá derecho á la edad de 60 años á una renta anual de 600 francos. Despues de su muerte, su mujer tendrá 460 francos de renta; y despues de la muerte de la mujer, los hijos ú otros herederos recibirán todavía un capital de 1.530 francos.

En fin, hay *seguros sobre la muerte*. En este caso 50 francos por año dados desde la edad de 30 años, aseguran, en caso de muerte del marido, un capital de 2.000 francos á la viuda y á los hijos.

Reuniendo todos esos seguros, el obrero, su mujer y sus hijos están en seguridad contra las consecuencias de la enfermedad, de los accidentes, de la falta de trabajo y de la muerte.

FRASCUELO. — ¿Y reuniendo todo, señor, cuánto hay que dar por año?

EL SR. EDMUNDO. — 205 francos poco más ó ménos; es decir, 80 céntimos por dia. Si un obrero no pudiera tomar esta suma entera de su salario y del de su mujer, podría ciertamente tomar una parte. El tabaco hace ya 2 ó 3 sueldos diarios; una ó dos copitas hacen 2 ó 4 sueldos. Si el obrero hace el lúnes, puede perder 3, 4, 5 francos, es decir, 8 ó 12 sueldos por dia de la semana. Esto hace ya casi la suma necesaria para todos los seguros reunidos. ¡Y los gastos inútiles, y el juego, y la lotería, sin contar los intereses de todas esas sumas gastadas, y los intereses de los intereses!

Si el obrero comenzara desde el principio á capitalizar, se formaría muy pronto un capital bastante redondo, no solamente para pagar todos sus seguros, sino tambien para tener de sobra. En todo caso hay dos seguros de que no debe de dispensarse, y que son de una baratura excesiva: los *socorros mutuos* y *los seguros contra los accidentes* ó la incapacidad de trabajar.

CLXVII. — **Historia de los equitativos trabajadores de Rochdale. — Las huelgas. — La asociacion.**

Las *huelgas y coaliciones*, es decir, el acuerdo de los obreros entre sí ó de los patrones para hacer alzar ó bajar el salario, están permitidas en Francia como en Inglaterra, siempre que el acuerdo sea libre y pacífico.

« Serán castigados con prision de 6 dias á 3 años y una multa de 16 á 3.000 francos los obreros ó los patrones que hayan hecho uso de violencias ó de amenazas en las huelgas y coaliciones. »

(*Ley de 1864.*)

El Sr. Edmundo. — Las sociedades de seguros y de socorros mutuos son ejemplos propios para haceros comprender, hijos mios, el poder de la *asociacion*. Ya conoceis otros ejemplos ; ¿ los recordais ?

Amada. — ¿ Quereis hablar del cable trasatlántico, no es verdad, señor ?

Enrique. — ¡ Y de la apertura del istmo de Suez !

Frascuelo. — Y del túnel del monte Cenis.

El Sr. Edmundo. — Precisamente. Con sumas libremente ministradas por las grandes, y sobre todo por las pequeñas fortunas, esas empresas gigantescas han podido ser llevadas á buen fin.

No creais, hijos mios, que sean solamente las grandes fortunas las que asociándose han producido grandes efectos. Hay empresas que han sido hechas y dirigidas únicamente por pobres obreros, y en las cuales la asociacion ha hecho verdaderos prodigios. Es bueno conocer la más célebre, la de Rochdale.

Amada. — ¿ Qué cosa es Rochdale, señor ?

El Sr. Edmundo. — Es una ciudad manufacturera de Inglaterra. Su industria consiste principalmente en fábricas de hilos y tejidos de algodon como la del Sr. Clertan, y en otras de paño, de franelas y de tejidos de lana. Figuraos una multitud de fábricas por el estilo de esta en que nos hallamos, con altas chimeneas de donde se escapan nubes de humo negro, calles y caminos sembrados de carbon, y casas de obreros aglomeradas en derredor de las fábricas, y tendreis una idea de las grandes ciudades industriales que abundan en Inglaterra y de que forma parte Rochdale.

En 1844 hubo una larga huelga de tejedores de lana. Despues de haber luchado y sufrido mucho inútilmente sin obtener un aumento suficiente de salario, veintiocho obreros, más valerosos y más inteligentes que sus camaradas, resolvieron poner en comun sus esfuerzos. Querían salir de la miseria, por un medio ménos aventurado que las *huelgas* y sus luchas siempre renacientes; porque, hijos mios, si las huelgas han sido algunas veces útiles, muchas veces tambien han sido desastrosas y han degenerado en violencia.

Una aglomeracion de fábricas en las ciudades industriales.

« La union hace la fuerza, se dicen los obreros. No somos muy numerosos; pero si permanecemos siempre unidos y si respetamos siempre la justicia, llegaremos á ser fuertes. En vez de coaligarnos contra los patrones, asociémonos para no necesitar de ellos. Uniéndonos podremos ayudarnos unos á otros, y respetando siempre los derechos ajenos no tendremos que temer la venganza y la cólera. Amistad entre nosotros y equidad para todos, hé ahí nuestra divisa. Iremos adelante, mostrando á los otros el camino, como los trabajadores de América. Nos llamaremos : la *Asociacion amistosa de los equitativos trabajadores de Rochdale* »

AMADA. — Era un bello título, y que anunciaba muy buenos sentimientos.

EL SR. EDMUNDO. — Sí, querida niña, porque la justicia y la amistad son las dos grandes virtudes que deben presidir siempre á nuestras relaciones con nuestros semejantes.

Nuestros *equitativos trabajadores* eran muy pobres, algunos hasta miserables ; á pesar de eso se comprometieron á dar cada uno primero 4 sueldos por semana, despues 6 sueldos, y al cabo de diez y ocho meses pudieron poseer en comun una suma de 700 francos poco más ó ménos.

ENRIQUE. — ¿Qué querían hacer de esta suma?

EL SR. EDMUNDO. —Amigo mio, resolvieron emplearla en comprar por mayor los objetos necesarios á sus familias y á las familias que quisieran ser sus parroquianas. Su intencion era comprar excelentes efectos lo más barato posible, y revenderlos con una mínima utilidad. No pudieron comprar más que especias, harina, manteca, arroz, mijo; una carreta pequeña habría bastado para trasportar todas sus mercancías. La tienda, situada en una callejuela, no estaba abierta más que el sábado por la noche.

Vendían siempre *al contado*. Era para ellos una seguridad, puesto que no tenían que temer no ser pagados, y prestaban así un verdadero servicio á sus compradores, porque les impedian adeudarse, y los obligaban á economizar ántes de gastar.

Por otra parte, nadie estaba obligado á ir á su casa, y todos iban á ella, porque comprando allí se obtenía una ventaja real: las mercancías eran mejores y más baratas. Se habían impuesto por regla no comprar más que buenos efectos y servir siempre á sus clientes con la mayor conciencia.

Esa es, hijos mios, la mejor regla del comercio. Allí, como en todas partes, el verdadero interes no se separa de la honradez. El mercader concienzudo ve volver á los compradores; el mercader desleal puede engañarlos una vez, pero despues tienen cuidado de no dejarse atrapar.

CLXVIII. — **Los equitativos trabajadores** (*continuacion*).— Sociedades cooperativas de Roubaix, Paris, Lyon, Grenoble.

> No basta asociarse para tener buen éxito; es preciso ver con quién se asocia uno.

Bien pronto se aumentó el número de trabajadores, y con ellos la riqueza de la sociedad cooperativa. Las utilidades eran cada dia más grandes.

Al principio, esas utilidades se repartían solamente entre los *asociados*, es decir, entre los que pagaban la cuotizacion de 6 sueldos por semana. Uno de los socios tuvo una idea luminosa, que propuso á sus compañeros.

« Hagamos participar, les dijo, á todos los *compradores* de las utilidades de la empresa; de esta manera, será una ventaja para nuestros compradores sernos fieles y traernos otros clientes; porque el interes suyo se confundirá con el nuestro. » Esta ingeniosa proposicion fué aceptada.

Desde entónces, cada comprador recibe un boletin indicando lo que ha pagado. Cada tres meses se hace las cuentas, y se ve cuánto hay de utilidades. Se comienza por apartar 2 por 100 en provecho de la biblioteca y de las escuelas; porque los fundadores de la empresa, en el programa que habían publicado, habían inscrito estas juiciosas palabras: « Nos comprometemos á emplear una parte de las utilidades en la fundacion de escuelas, de salas de lectura y de bibliotecas, porque la instruccion es el resorte de la civilizacion y del verdadero progreso. »

Se comienza, pues, por tomar de las utilidades 2 por 100 destinados á las escuelas. El exceso constituye la suma divisible entre todos. Se divide primero una parte entre los *socios*, y despues otra entre los compradores mismos. Y esa utilidad de los *compradores* ha llegado hasta el 12 por 100; es decir, que los que habían comprado por 100 francos de mercancías en tres meses, recibieron un interes de 12 francos por esos tres meses.

ENRIQUE. — ¿Esa sociedad hace siempre muchos negocios, señor?

EL SR. EDMUNDO. — ¡Ya lo creo! Cuenta con diez mil miembros; su capital es de 4 millones, y hace negocios por valor de 12 millones cada año.

FRASCUELO. — ¡Oh! ¡cuántos millones!

EL SR. EDMUNDO. — Sí. Ya estamos muy léjos de los 700 francos con que comenzaron los socios. Cada año se utiliza medio millon. Se toma 24.000 francos para la biblioteca y las escuelas; y se distribuye á los socios 50 por 100 al año. Ya veis que ese dinero no puede estar mejor colocado.

La sociedad de Rochdale ha tenido buen éxito, gracias

á las cualidades morales é intelectuales de los que estaban al frente de la empresa. No se debe de creer que basta dar seis sueldos por semana para hacer una segunda sociedad de Rochdale. Los veinte *trabajadores* eran obreros de una inteligencia y de una moralidad excepcionales, de una energía, de una perseverancia, de una probidad á toda prueba y esa es la razon de su triunfo.

Comprendieron que su asociacion debía de ser ante todo una escuela de perfeccionamiento moral; hemos visto que fundaron bibliotecas, escuelas, salas de lectura y de conversacion destinadas á reemplazar las tabernas Comprendieron que destruir la miseria no es nada si no se destruye sus causas más ordinarias : la *ignorancia* y el *vicio*.

Otras sociedades del mismo género se fundaron en Inglaterra. En Francia los ejemplos son ménos numerosos. Sin embargo, muchos han tenido buen éxito. En Roubaix (Norte), en Lyon, várias sociedades han fundado almacenes como los de Rochdale, donde se vende mercancías de buena calidad, sin engañar jamas, y se distribuye la utilidad entre los socios y los compradores. La sociedad de Roubaix, en 1880, ha distribuido 16 por 100 á sus miembros sobre sus compras. En Paris, el éxito es más difícil : como la ciudad es muy grande, la clientela de obreros está muy diseminada, y se necesita un número muy grande de almacenes, lo cual aumenta los gastos. Sin embargo, la dificultad está léjos de ser insuperable.

Tambien se ha fundado en Francia sociedades *alimenticias*, que venden manjares preparados con mucho cuidado y muy baratos. Tales son las sociedades de Grenoble y de Viena (Isère) que tienen muy buen éxito.

Todas esas sociedades tienen ante ellas un bello porvenir á condicion de no formarse á la ligera, y de que se observe siempre las reglas más estrictas de la justicia y de la confraternidad. Cuando no está uno seguro ni de su propia inteligencia ni de la de los compañeros con quienes querría asociarse, vale más para el obrero no correr todos los riesgos de una empresa industrial y comercial.

CLXIX. — La influencia de las madres y el papel de la mujer en la familia. — Blanca de Castilla.

« Vale más morir que cometer una mala accion. »
BLANCA DE CASTILLA.

FRASCUELO. — Señor, ¡qué contento estoy de saber leer bien corrientemente! la Srta. Amada me ha prestado un libro en el cual había una bella historia; la he leido ayer á mamá y á mi hermana y les ha dado mucho gusto.

EL SR. EDMUNDO. — ¿Qué historia es esa, Frascuelo?

FRASCUELO. — La de Juana Darc, señor. A mamá le ha parecido muy bella; mi hermana, al escuchar la muerte de esa pobre Juana tenía ganas de llorar, y me ha dicho que estaba muy ufana de saber que la Francia había sido salvada en otro tiempo por una jóven.

EL SR. EDMUNDO. — Tiene razon de estarlo, hija mia. Juana Darc es una de nuestras glorias más puras.

FRASCUELO. — Señor, esa lectura me ha hecho pensar en una cosa, y es que en todas las historias que usted nos ha contado, los hombres son siempre los que han inventado todo y jamas las mujeres. ¿Por qué? Las niñas tienen sin embargo tanto talento como los niños, puesto que la Srta. Amada responde mucho mejor que yo, y comprende muchas veces más pronto que el Sr. Enrique.

Juana Darc, hija de un paisano de Domremy (Vosges), obtuvo ser puesta á la cabeza de nuestros ejércitos para echar de Francia á los Ingleses. Hizo levantar el sitio de Orleans (1429) y escoltó á Cárlos VII á Reims, donde fué consagrado rey. Hecha prisionera en Compiegne, fué condenada á muerte como herética y hechicera, y quemada en Rouen en 1431. Murió heróicamente á la edad de 21 años.

ENRIQUE. — ¡Oh! eso es verdad. Amada comprende en seguida, y no por eso es orgullosa. Así es que yo amo mucho mi hermanita.

EL SR. EDMUNDO. — ¡Pues bien! Amada, pruebe usted una vez más vuestra rapidez para comprender, y

LA INFLUENCIA DE LAS MADRES.

explíquenos por qué hay tan pocas mujeres en el número de los inventores.

AMADA, *muy embarazada.* — Señor, me parece que para inventar muchas cosas sería preciso ocuparse en ellas. No sé si las mujeres habrían podido inventar la locomotiva, como Stephenson; pero sé bien que nunca han tenido la oportunidad de hacerlo; porque no se las ha encargado jamas de cuidar las máquinas y sería muy original verlas aprender la mecánica ó las matemáticas.

EL SR. EDMUNDO. — Eso está muy bien razonado, Amadita. El papel de la mujer en la sociedad no es el mismo que el del hombre. La vida de la mujer es toda interior y su influencia sobre la sociedad se ejerce de una manera casi invisible. Esto no quiere decir que su papel sea menor y su influencia más pequeña; está más oculta, y eso es todo.

Las mujeres ejercen su influencia primero sobre los niños, y es notable que muchos hombres ilustres han debido las cualidades que los distinguían al ejemplo y á las lecciones de su madre. Os acordais de san Luis. Pues bien, había tenido por madre una mujer de una energía muy grande, Blanca de Castilla. Todo el mundo conoce sus palabras á su hijo niño: — « Ya sabeis, Luis, cuánto os amo; sin embargo, preferiría mil veces veros morir que veros cometer voluntariamente una mala accion. Juzgad por eso cuán gran mal es la injusticia y qué repugnancia debe inspiraros. » Esas nobles palabras produjeron sus frutos, y el jóven príncipe que se había educado de una manera tan notable fué uno de los más nobles caractéres de nuestra historia de Francia.

Luis IX nació en Poissy, en 1226. Reinó primero bajo la tutela de su madre. Cuando fué rey hizo todo el bien que pudo, reformó la justicia, favoreció el comercio por ordenanzas. Emprendió dos cruzadas desgraciadas, y murió durante la segunda, en Túnez.

Aunque las mujeres, como usted lo ha dicho muy bien, Amada, aprenden muy rara vez las matemáticas y las ciencias, ha habido algunas excepciones á esa regla; y ciertas mujeres que han estado en posicion de conocer esas ciencias se han hecho ilustres. ¿Quereis que os cite algunos ejemplos?

— ¡Oh, señor! exclamaron los tres niños, nos dará mucho gusto.

CLXX. — **Dos mujeres célebres de Francia. I. Sofía Germain. — La Escuela politécnica; la Escuela normal.**

« Nada es comparable al alma de una mujer bien instruida. » *(Eclesiástico.)*

El Sr. Edmundo. — La Francia cuenta entre sus más ilustres matemáticos á Lagrange, que vivía al fin del último siglo y al principio de este. Era profesor en la Escuela politécnica y en la Escuela normal superior.

Lagrange daba en la primera un curso que sus alumnos redactaban despues por escrito. Para ejercer su juicio y picar su emulacion, el célebre profesor invitaba á sus discípulos á dirigirle por escrito todas las objeciones ó reflexiones que su curso les podría sugerir.

LAS GRANDES ESCUELAS DEL GOBIERNO. — I. La Escuela normal superior, donde se forman los profesores de los liceos.

Cuenta él que un dia recibió una carta conteniendo observaciones tan profundas que le llamó la atencion. La carta no estaba firmada. Cuando llegó á hacer su curso, preguntó á sus discípulos quién de entre ellos le había dirigido reflexiones tan sábias. Todos los jóvenes se callaron y ninguno se declaró autor de la carta.

Despues de la leccion siguiente, el profesor recibió nuevas reflexiones sobre las cosas que había dicho, acompañadas de cálculos más admirables todavía, y de invenciones enteramente nuevas que le abismaron en una verdadera admiracion. Llegado á su curso, dirigió felicitaciones al autor desconocido de la carta, y le suplicó que se diera á conocer. Pero todos los discípulos protestaron que no eran ellos los autores, y pidieron ver la carta para reconocer la letra. Esta letra les era desconocida.

En fin, despues de la clase, uno de los discípulos se acercó al profesor, y le reveló que el autor era una jóven de diez y ocho años llamada Sofía Germain.

Lagrange fué inmediatamente á ver al padre de la jóven Sofía, y le expresó su admiracion.

—¡Qué niña tan terrible! exclamó el padre. ¡Hemos hecho todo lo que hemos podido para impedirla que se entregue á esos estudios de un carácter demasiado serio y hé ahí el resultado de nuestros esfuerzos! A la edad de doce años le cayó por acaso entre las manos una *Historia de las matemáticas*, y en ella leyó la historia del matemático Arquímedes, de los servicios que había prestado con su ciencia á su patria sitiada, de los buques romanos que incendiaba de léjos por medio de lentes y de espejos. Héla ahí llena de entusiasmo por las matemáticas. Le hemos quitado várias veces los libros que tratan de esa ciencia de que ella había podido apoderarse;

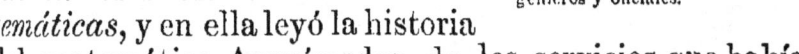

LAS GRANDES ESCUELAS DEL GOBIERNO. — II. La Escuela politécnica, donde se forman los ingenieros y oficiales.

Arquímedes incendiando la flota romana.

pero siempre ha encontrado medio de recobrarlos ó de procurarse otros. Había acabado por imaginar dividir un libro de matemáticas en un gran número de pequeños fragmentos de tres ó cuatro páginas, y había ocultado cada uno de esos fragmentos en un escondite particular. Cuando su madre ó yo nos apoderábamos de uno de esos fragmentos, todos los demas le quedaban, y se la pasaba sin los pliegos que se le había tomado, adivinando todo lo que podían contener. Hemos advertido que se pasaba las noches trabajando, con la regla y el compas en la mano y le hemos quitado todas las luces. ¡Pues bien, señor! ha encontrado medio de hacer una provision de cabos de vela, y últimamente la hemos sorprendido estudiando en un armario donde se encerraba para que no se notase la claridad. Se lo repito á usted, señor, es una niña terrible y de una invencible obstinacion.

— No os quejeis, le dijo Lagrange; no hay miedo de que haya muchos niños tan amantes del estudio, y cuando los otros desobedecen á sus padres, es más bien para entregarse á la pereza que al trabajo.

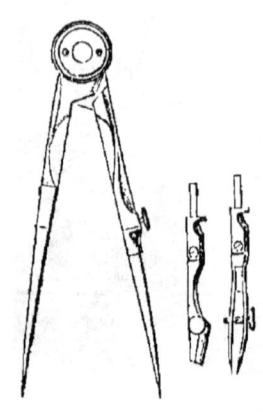

Instrumentos de matemáticas. — Los principales son la regla y el compas, que sirven para trazar las figuras cuyas propiedades estudia el matemático (líneas, círculos, etc.) La invencion del compas ordinario remonta á los tiempos mas antiguos. El *compas de agrimensor* se emplea para practicar en el terreno las operaciones que el compas ordinario ejecuta en el papel. Es de madera, y su dimension es de cerca de 2 metros.

El nombre de Sofía Germain no tardó en ser célebre en toda la Europa. Se hizo conocer por sus descubrimientos en matemáticas, y por libros en que la elevacion moral y religiosa no es ménos notable que la ciencia.

— Señor, dijo Amada, agradezco á usted mucho que nos haya contado esa interesante historia. Estoy orgullosa de que haya habido una jóven tan inteligente y tan sábia. No pensaba que las mujeres fuesen capaces de comprender algo de las matemáticas. Esto me hacia el efecto del griego y del latin.

— Querida niña, lo que usted me dice del latin y del griego me recuerda otra historia que tambien tiene por heroína á una niña. Voy á contárosla.

CLXXI. — Historia de dos mujeres célebres de Francia.
II. Madama Dacier.

La aplicacion conduce á la ciencia.

El Sr. Edmundo. — Un profesor muy sabio del siglo diez y siete llamado Lefèvre tenía un hijo y una hija. Ordinariamente el hermano recibía sus lecciones y hacía sus temas á la vista de su padre en la misma sala donde la hermana bordaba y cosía. Era distraido y perezoso. El padre le reñía con frecuencia, pero de nada servía.

Un dia, sin embargo, el jóven discípulo pareció cambiar de repente. Sentado á una mesa al lado de su hermana, traducia del latin, es decir, le ponía en frances, y traducía cien veces mejor que de costumbre.

El padre, maravillado, se puso á observar á su hijo con desconfianza, y advirtió que en un pasaje difícil vacilaba y miraba á su hermana. Esta se hallaba inclinada sobre su trabajo; pero sus labios se movían.

El padre, más sorprendido aún que ántes y muy conmovido, tomó el libro de manos del jóven perezoso y colocándole entre las de la niña:

— Traduce, hija mia, le dijo; porque veo bien que mis lecciones han sido provechosas para tí y no para tu hermano.

La niña, que se creía un poco culpable por haber aprendido latin, se puso á llorar y á pedir perdon, diciendo que aquello le interesaba mucho. El padre la tranquilizó y le permitió estudiar.

Al cabo de tres años la niña leía y comprendía el latin y el griego con la misma facilidad que el frances.

Su reputacion se extendió muy pronto hasta la corte del rey Luis XIV, que la encargó de traducir, para la instruccion de su hijo, los libros más célebres de la antigüedad.

Más tarde se casó con un jóven sabio, el Sr. Dacier, y publicó bajo el nombre de madama Dacier, muy bellas traducciones de obras antiguas griegas y latinas.

Esto no quiere decir, hijos mios, que todas las niñas deban de aprender el latin y el griego ó de ocuparse en las altas matemáticas. He querido solamente haceros ver que son capaces de aprender áun las cosas muy difíciles. Con mayor razon pueden aprender, y deben de hacerlo, las cosas más fáciles y muy útiles que se les enseña.

En cuanto á eso, nuestra Amadita es un ejemplo de buena voluntad y de inteligencia, y me aprovecho de esta ocasion para darle con placer este testimonio.

— Señor, dijo Amada ruborizándose, usted es demasiado bueno para mí.

CLXXII. — **Superioridad de las reformas pacíficas** sobre **las revoluciones violentas.** — **La crisálida.**

> Querer conservar todo, ó quererlo cambiar en un dia es igualmente quimérico.

— Vamos, Frascuelo, dijo al dia siguiente el Sr. Edmundo, haznos una lectura. Ten mucho cuidado de detenerte en los puntos y en las comas, y pon atencion en el sentido.

Frascuelo se ruborizó, puso el libro sobre sus rodillas, y con una voz clara comenzó así:

EL NIÑO Y EL GUSANO DE SEDA.

Un niño tenía un gusano de seda encerrado en su capullo, y sabía que el gusanito debia de convertirse en mariposa.—¡ Qué lenta es tu trasformacion! gusanito, le dijo un dia. ¿ Por qué permaneces tanto tiempo encerrado en esa piel muerta que se llama crisálida y en esa prision de seda que te cubre ? Espera, voy á ponerte en libertad. — Toma entónces tijeras, abre el capullo y arranca violentamente la envoltura seca de la crisálida.

Pero el gusano todavía no tenía alas bastante fuertes ni todos los órganos necesarios para su nueva vida de mariposa.

El gusano de seda murió por haber sido despojado demasiado pronto de sus envolturas protectoras, y precipitado por la fuerza en su desarrollo.

Hay en la sociedad espíritus violentos que se parecen á ese niño impaciente y lleno de ignorancia.

Quieren trastornar todo de la noche á la mañana, cambiar de un golpe y por fuerza todas las instituciones, todas las leyes de la patria, todos los órganos protectores de la sociedad.

Bajo el pretexto de darnos alas para volar quieren cortarnos por fuerza los piés con que andamos.

PENSAD EN VUESTRAS ACCIONES. 325

Nó, comencemos por hacer el mejor uso posible de lo que tenemos y por reformarlo todos los dias pacíficamente; eso será más seguro. Las ideas, áun las mejores y más justas, necesitan madurar y crecer, deben de triunfar por la persuasion y no por la violencia. ¡Esperad á que tengan sus alas!

Se necesita tiempo y paciencia para que la crisálida se haga mariposa y la sociedad humana llegue á la perfeccion.

Evitemos al mismo tiempo el espíritu de *rutina* que no quiere reformar nada, y el espíritu de *violencia* que quiere cambiar todo en un dia; tengamos el espíritu de *progreso*.

FRASCUELO. — Hé ahí reflexiones muy justas y muy útiles, señor, yo me acordaré de ellas cuando sea obrero.

CLXXIII. — **Pensad en las consecuencias de vuestras acciones. — El cambiador de los ferro-carriles. — El homicida por imprudencia. — El elector. — El futuro médico. — Las gotas de agua y la voz del mar.**

> Hagamos siempre nuestro deber para que jamas tengamos que reprocharnos las consecuencias de nuestras acciones.

EL SR. EDMUNDO. — Frascuelo ha leido muy bien y le felicito; pero quisiera yo saber si puede leer con la misma facilidad en un cuaderno manuscrito.

FRASCUELO. — Me parece que sí, señor.

EL SR. EDMUNDO. — Pues bien, amigo mio, vamos á verlo. Hé aquí un cuaderno en que he escrito algunas reflexiones que podrán sernos provechosas.

Frascuelo abrió el cuaderno y comenzó:

Hay en las vias férreas hombres llamados *cambiadores* que con el auxilio de un mecanismo, imprimen un movimiento á los rieles de hierro sobre los cuales rueda el tren. Segun el movimiento que hacen, el tren toma su direccion á la derecha ó á la izquierda. Que uno de esos hombres se ausente y olvide hacer su tarea, ó que la haga mal por distraccion y por negligencia, ¿sabeis lo que va á suceder? El tren que debia ir á la derecha va á la izquierda, gracias á la insensible desviacion de los rieles; y si sobre la via de la izquierda se encuentra otro tren que llega frente al primero, tiene lugar un choque espantoso: hay una multitud de hombres muertos ó heridos. Así es como se producen casi todos los accidentes del ferro-carril.

Es, sin embargo, muy poca cosa ese movimiento de la mano que hace girar la *aguja* y desviar los rieles! es poca cosa, y sin

19

embargo de ahí depende la vida de una multitud de hombres. Así es que cuando sucede una desgracia de ese género, el cambiador negligente es llevado ante los tribunales como culpable de *homicidio por imprudencia* y castigado con una justa severidad por el mal que ha producido su pereza ó su distraccion.

LOS FERRO-CARRILES. : *El cambiador.* — Se llama *agujas* en los ferro-carriles á las porciones de rieles que pueden cambiar de lugar. El cambiador mueve esas agujas por medio de una palanca, y segun que la mueve á la derecha ó á la izquierda, los trenes que llegan pasan por una vía ó por otra.

Pues bien, niño, nosotros tambien, por un momento de pereza ó de negligencia, por una falta razonada y reflexionada, por un voto mal dado, ó solamente por una falsa opinion difundida en la sociedad, podemos hacer desviar á la derecha ó á la izquierda la marcha de las cosas; podemos producir en nuestra familia y en nuestra patria consecuencias de que nos espantaríamos si nos fuese dado preverlas!

Pensemos, pues, bien, en todas las consecuencias de nuestros actos y de nuestros discursos, sobre todo cuando se trata de los actos de la vida cívica y de las opiniones sobre los negocios generales. El elector armado de su boletin de voto que puede traer la guerra ó la paz, la prosperidad ó la miseria, es como el cambiador que puede decidir de la suerte de una multitud de hombres.

Descarrilamiento de un tren de ferro-carril.

Otro ejemplo más. El jóven estudiante en medicina que por su pereza ó por su ligereza no aprovecha las lecciones de sus profesores, se imagina tal vez que sólo se perjudica á sí mismo. Pero un dia será médico, un dia puede ser consultado para enfermedades graves ó poco conocidas. ¿Quién sabe si la enfermedad que tenga que combatir no sea de aquellas cuyo estudio ha descuidado? ¿Quién sabe si esa negligencia no costará la vida al enfermo mal cuidado por un ignorante? ¡ Consecuencia terrible, que por desgracia es demasiado frecuente!

Y creedlo, todos somos como ese médico. Todos podemos de una multitud de maneras, en la vida privada y cívica hacer á los otros hombres víctimas de nuestra ignorancia y hacernos víctimas de ella á nosotros mismos. Todas nuestras acciones tienen consecuencias infinitas, pueden ser nocivas ó útiles á la patria ó á la humanidad durante millares de siglos.

El que por el trabajo de su inteligencia ha descubierto una idea útil, bien puede morir; su idea queda, y la humanidad la aprovecha siempre.

El que ha hecho el mal, bien puede morir; su accion tiene consecuencias á traves de los siglos.

No seais pues jamas negligentes ni perezosos, niños, y no digais: « Soy demasiado jóven para que mis acciones tengan importancia en el mundo. » Porque cada cosa ejerce una influencia sobre las demas, y nuestras menores acciones dan lugar á toda una serie de consecuencias que se desarrollará á lo léjos en el porvenir, como la ola empujada por la ola se desarrolla en el inmenso océano.

Niños, escuchad el ruido del mar; cada gotita de agua tiene su parte en ese concierto de las olas. Sin embargo, si estuviese sola, no se la oiría; pero todas esas gotas de agua agregadas una á otra producen por su movimiento la gran voz del mar.

Hijos mios, cada una de vuestras acciones es como la gota de agua, y ejerce en el universo una influencia tan pronto dichosa como desgraciada. Pero como somos inteligentes y libres miéntras que la gota de agua no lo es, nuestra influencia puede ser mucho más grande en bien y en mal. Será para nosotros una dicha hacer el bien y ser útiles á nuestros conciudadanos y una desgracia hacer el mal y ser nocivos á nuestra patria.

El capítulo estaba terminado, y Frascuelo, levantándose, devolvió el cuaderno al Sr. Edmundo. Se había aplicado tanto, que había leido de una manera verdaderamente digna de elogios.

— ¡Bravo! Frascuelo, exclamaron los dos niños palmoteando.

El Sr. Edmundo felicitó tambien á Frascuelo, y dándole un golpecito en la mejilla: — Vamos á ver, querido hijo, le dijo, ¿has puesto cuidado en lo que has leido?

FRASCUELO. — ¡Oh, sí, señor!

EL SR. EDMUNDO. — ¡Pues bien! tú mismo has dado en otro tiempo un bello ejemplo de reflexion y de prevision, el dia en que el incendio iba á devorar la casa del Sr. Clertan; y una de las felices consecuencias de esa accion ha sido la de llamarte á recibir una instruccion mejor, de que espero te aprovecharás algun dia, mi querido Frascuelito, cuando seas hombre y ciudadano.

CLXXIV. — Armonía de los verdaderos intereses entre las naciones.— El amor de nuestra Patria y de la Humanidad.

> Los deberes y los derechos de las naciones respecto unas de otras son los mismos que los de los individuos.

El mes de Agosto tocaba á su fin. Se acercaba el momento de las vacaciones para Enrique y Amada : su abuelo, un poco fatigado por el tráfago del comercio, había recibido la órden del médico de ir á pasar un mes en las montañas de los Pirineos, cerca de Pau. Los dos niños debían de ser del viaje, y el Sr. Edmundo había prometido al Sr. Clertan reemplazarle en la vigilancia de la manufactura, todo el tiempo que durase su ausencia. La partida debía tener lugar ocho dias despues, y la vieja Catarina comenzaba ya á preparar las maletas.

Los Pirineos vistos desde *Pau*, (30.000 habitantes.)

Enrique y Amada, preocupados por la mala salud de su querido abuelo, se habían puesto casi serios ; Frascuelo, por su parte, no estaba ménos triste.

El Sr. Edmundo aprovechaba los últimos dias para dar á los niños algunas lecciones y consejos.

Se complacía en insistir sobre la grande idea de que todos los verdaderos intereses de los hombres están de acuerdo entre sí y con la justicia, y que el interes durable de los unos jamas se opone al interes durable de los otros.

Extendía esta verdad á las naciones mismas, y mostraba que el amor ardiente de la Patria y el amor de la

AMOR A LA PATRIA Y A LA HUMANIDAD.

Humanidad deben de ser inseparables en nuestros corazones. Nuestros jóvenes amigos le escuchaban con un recogimiento mayor que de ordinario.

— Hijos mios, decía, las naciones son unas respecto de otras como grandes individuos; están sometidas á las propias leyes de justicia que los individuos mismos. Una injusticia, porque es hecha ó aceptada por millones de hombres no se vuelve por eso una cosa justa: es una injusticia más grande, y se acabó. Así es que San Agustin daba á las guerras injustas hechas por los Romanos el nombre de «bandidaje en grande.»

Las leyes de la caridad y de la fraternidad son tambien las mismas para los pueblos y para los individuos. Un pueblo ilustrado sobre sus deberes y sobre sus verdaderos intereses no debe de regocijarse de la desgracia que le sucede á otro pueblo, como el vecino del Sr. Clertan no había debido de regocijarse si el incendio hubiese destruido la manufactura.

Los *Pirineos* separan la Francia de la España. Esas altas montañas contienen ventisqueros y nieves eternas, vastos circos de rocas donde corren cascadas, valles estrechos entre cimas coronadas de abetos. Las fuentes calientes de *aguas minerales* brotan allí en abundancia y son renombradas en el mundo entero por sus virtudes medicinales. Los animales pirináicos son el oso, la gamuza, el perro de los Pirineos, los caballos de Navarra, las águilas y los buitres.

Por otra parte, los verdaderos y durables intereses de las diversas naciones están de acuerdo entre sí. Ha habido algunas veces pueblos envidiosos de nuestras glorias, de nuestras luces, de nuestra prosperidad. Esa envidia de los pueblos entre sí no es ménos vituperable que la de los individuos.

Observadlo bien, en efecto, amigos mios; miéntras más *ilustrado* y *virtuoso* es un pueblo, mayor motivo tienen los otros para felicitarse de ello; porque si ese pueblo hace un descubrimiento en las ciencias, en las artes, en la industria, los otros le aprovecharán; y si está habituado á respetar siempre la justicia, los otros, léjos de tener que temer, estarán en seguridad y áun contarán con su apoyo. ¿A quién preferiríais tener por vecino, á un hombre ilustrado y honrado ó á un hombre ignorante y perverso? La eleccion no podría ser dudosa.

La Bolsa de Paris, donde se venden y se compran las *rentas sobre el Estado*, las *obligaciones* de los ferro-carriles y otros valores.

Asimismo, la *prosperidad material* de un pueblo no es en manera alguna para los pueblos vecinos una desgracia; léjos de eso, cuando el comercio y la hacienda están florecientes y los negocios van bien en un país, los otros resienten una benéfica influencia. Este es un hecho cada dia más sensible, á medida que las relaciones de comercio y de dinero son más frecuentes entre los diversos pueblos. Sobreviene alguna gran crísis en los negocios de un país, los otros se inquietan en seguida y resienten más ó ménos las consecuencias. Por ejemplo, si las rentas sobre el Estado sufren una baja considerable en la Bolsa de Paris, bajan inmediatamente en los demas Estados.

Así, áun bajo el aspecto de la prosperidad material, como bajo el de los intereses morales, las naciones están unidas por lazos de solidaridad.

De manera que la máxima del Evangelio debería de ser practicada por los pueblos como por los individuos: — Amaos los unos á los otros; todos sois hermanos.

Llegará un tiempo en que los pueblos no harán consistir su prosperidad en la grandeza de su territorio; lo cual engendra enemistades y guerras interminables. Si la prosperidad de una nacion se midiese por la extension de su territorio, la Rusia debía de ser diez veces más dichosa que la Francia, porque es diez veces más grande. Pero no es así. Los pueblos son como los agricultores: vale más para ellos tener un campo bien cultivado que dos campos incultos. Nó, lo que hace la grandeza de un país, es su progreso en la moralidad, en la ciencia, en las artes, y tambien en la agricultura, la industria y el comercio.

Pues bien, hijos mios, todos esos progresos acabarán por engendrar la paz y la concordia, en vez de engendrar la discordia y la guerra. Pidamos pues siempre al cielo, para nosotros y para nuestra Patria, esos bienes verdaderos que lo son tambien para todos los demas hombres ; y trabajemos, en la medida de nuestras fuerzas, en el progreso moral, intelectual y material de nuestro país. De esa manera habremos contribuido á un tiempo á la felicidad de nuestra Patria muy amada, y á la de esa otra gran patria no ménos querida á nuestras almas, la Humanidad.

CLXXV. — **La visita á la biblioteca.** — **Rivista general de las ciencias.** — *CIENCIAS MATEMÁTICAS.* — **La geometría y la aritmética.**

« Dios lo ha hecho todo con medida, número y peso. »

El Sr. Edmundo, que había tomado prestados varios libros á la biblioteca de la ciudad, quiso, al acercarse las vacaciones, devolverlos ; llevó consigo á los tres niños para que vieran la biblioteca, rica de un gran número de volúmenes.

Frascuelo se quedó maravillado de ver tantos libros.

— Señor, dijo al salir, ¿ cómo ha podido usted tener tiempo para leer todo eso ?

El Sr. Edmundo, *sonriendo*. — Pero, amigo mio, estoy léjos de haberlo leido todo.

Frascuelo. — Sin embargo, señor, es usted tan sabio, que se diría que ha leido todos los libros.

El Sr. Edmundo. — Querido niño, me haces demasiado honor. Por otra parte, no hay quien los haya leido todos. Aun cuando hubiese yo leido toda esta biblioteca, hay en las otras bibliotecas, en Francia y en el extranjero millones de libros de toda suerte, que la vida de muchos centenares de hombres no bastaría á leer.

Frascuelo. — ¡ Oh, Dios mio, ! ¿ hay tantas cosas que

leer y que aprender? ¿Cómo pueden los sabios reconocerse en medio de todo eso?

El Sr. Edmundo. — ¿Has olvidado acaso, queridito mio, lo que hacen todos los trabajadores para terminar una tarea que no podría hacer uno solo? *Dividen* entre ellos el trabajo. Así lo hacen los sabios, esos grandes trabajadores, esos grandes obreros del pensamiento, que se esfuerzan en conquistar y cultivar un dominio sin límites: el de la verdad. Cada uno se ocupa en una ciencia particular, para la cual se siente con mayor aptitud y gusto. Porque no lo olvideis, hijos mios, hay un número muy grande de ciencias, y ninguno las posée todas.

Frascuelo. — Yo querría saber al ménos el nombre de esas ciencias diferentes.

Enrique y Amada. — ¡Y nosotros tambien, señor!

El Sr. Edmundo. — Ese es un deseo muy legítimo, hijos mios. Pues bien, recorramos un poco si quereis, y como á vuelo de pájaro, el vasto dominio de las ciencias, tan rico en bellezas y en maravillas.

Comencemos por las *ciencias* de la *materia*.

En primer lugar, ¿dónde están colocados esos jardines, esas casas que nos rodean? ¿Dónde estamos nosotros mismos con nuestro cuerpo, y qué es lo que recorremos cuando andamos?

Enrique. — ¡Toma! señor, estamos sobre la tierra.

El Sr. Edmundo. — ¿Y la tierra misma, amigo mio, adónde está?

Enrique, *despues de haber reflexionado un poco*. — Señor, está en el espacio.

El Sr. Edmundo. — Enhorabuena. Todos los objetos materiales están asimismo en el espacio, y tienen por primer carácter la extension. Pues bien, Enrique, ¿cómo se llama la *ciencia de la extension*, la ciencia que estudia todas las propiedades de las figuras: cuadrado, círculo, triángulo, etc.?

Enrique. — Creo, señor, que esa ciencia es la geometría, que va usted á enseñarme el año próximo.

El Sr. Edmundo. — Precisamente. Pascal, de quien hemos hablado á propósito de la brueta era un gran geómetra.

CIENCIAS MATEMÁTICAS.

Pero miremos de nuevo en nuestro derredor. Hé ahí un hombre que pasa, y otro, y otro más. ¿Cuántos son, Frascuelo?

FRASCUELO. — Tres, señor.

EL SR. EDMUNDO. — ¿Y *tres* qué cosa es, hijo mio?

FRASCUELO. — Un número.

EL SR. EDMUNDO. — ¿Y cómo se llama la *ciencia de los números*, Frascuelo?

FRASCUELO. — Esa sí la conozco bien, porque usted nos la ha enseñado; es la *aritmética*. Esas largas operaciones no son siempre muy fáciles.

EL SR. EDMUNDO. — Amigo mio, si la aritmética no es fácil, por lo ménos es muy útil. Ya recordareis, hijos mios, que gracias á la geometría y á la aritmética se ha podido hacer cálculos bastante exactos para emprender la perforacion del monte Cenis. Gracias á esas dos ciencias se puede medir las tierras, levantar los planos, construir en fin esas grandes vías tan iguales de los ferro-carriles.

LAS MATEMÁTICAS. — La *agrimensura* es la aplicacion de la geometría á la medida de los terrenos, al levantamiento de planos, á la nivelacion y á otra multitud de operaciones prácticas. La *nivelacion* consiste en buscar las diferencias de nivel entre varios lugares, como un llano y una colina. Para eso se hace uso de un *nivel de agua* á traves del cual se ve, y de una *mira* ó poste pintado de blanco y de rojo que se coloca sucesivamente en los diversos lugares cuya altura se quiere comparar. — En las construcciones de caminos y de ferro-carriles, la nivelacion es una de las operaciones más importantes.

Amada, ¿me dirá usted el nombre de esas dos primeras ciencias juntas?

AMADA, *despues de un momento de reflexion.* — Señor, creo recordar que son las *matemáticas*, en las cuales se distinguió Sofía Germain.

EL SR. EDMUNDO. — Muy bien, hija mia. « Dios ha hecho todo, dice la Biblia, con número, medida y peso. » De ahí la necesidad de esas ciencias matemáticas que enseñan á contar, á medir y á pesar los objetos.

19.

CLXXVI.— *CIENCIAS FÍSICAS.* — **Utilidad de la mecánica y de la astronomía. — Los satélites de Júpiter y la navegacion. — Los arrecifes. — La física. — Galvani y sus ranas. — La química.**

> No hay descubrimiento alguno del pensamiento que no sea ó no llegue á ser tarde ó temprano útil á la humaninad.

El Sr. Edmundo. — Hay otra propiedad de la materia no ménos importante que las precedentes, y no ménos general. Tratad de encontrarla, hijos mios. Vamos á ver, ¿qué hacemos en este momento con nuestras piernas?

Frascuelo. — Andamos.

El Sr. Edmundo. — Andar es *moverse*. Pues bien, todo se mueve en derredor nuestro, áun las cosas que parecen inmóviles ; porque como ya lo sabeis, la tierra gira en el espacio en derredor del sol, y el sol al derredor de otra estrella, y así sucesivamente.

¿Cómo se llama, Enrique, la *ciencia del movimiento*, esa ciencia, que estudia el juego de las máquinas de todas clases, y que enseña á construirlas?

Enrique. — La *mecánica*, la ciencia que tanto amaba Stephenson.

El Sr. Edmundo. — Precisamente, amigos mios ; pero el movimiento no se encuentra solamente en la tierra, y las más bellas máquinas no son las que el hombre ha construido. Dios, el *eterno geómetra*, ¿no ha construido una máquina infinitamente más maravillosa, una máquina infinitamente grande y que no se descompone jamas, una máquina en que se encuentra realizado lo que los hombres han buscado en vano : el movimiento perpetuo? ¿Quién va á decirme el nombre de esa máquina y de sus grandes ruedas girando sin cesar unas en torno de otras?

Los tres niños reflexionaron. Bien pronto Amada exclamó con su vivacidad habitual : — Señor, esa admirable máquina debe de ser el *mundo*, de que la tierra forma parte, y las grandes ruedas son los *astros*, que giran los unos en torno de los otros, sin detenerse nunca.

El Sr. Edmundo. — Muy bien, Amadita. Dígame usted ahora el nombre de esa ciencia que con la ayuda del telescopio estudia los movimientos de los astros.

AMADA — Es la *astronomía*, en la cual se ocupaban Képler y Newton. ¡ Cuán bella debe de ser esa ciencia, señor !

EL SR. EDMUNDO. — Muy bella en efecto y muy interesante. Con el auxilio del telescopio el astrónomo descubre las maravillas del espacio infinitamente grande, como el naturalista, con el auxilio del microscopio, descubre las maravillas de los séres infinitamente pequeños. Las estrellas se hallan tan léjos de nosotros en el espacio que su luz tarda millares de años en llegar hasta nosotros.

ENRIQUE. — ¡ Oh, señor ! eso es muy sorprendente ; pero, dígame usted, ¿ la ciencia de las artes sirve para otra cosa que para interesarnos? ¿ Qué utilidad puede tener para nosotros saber lo que pasa en los astros ?

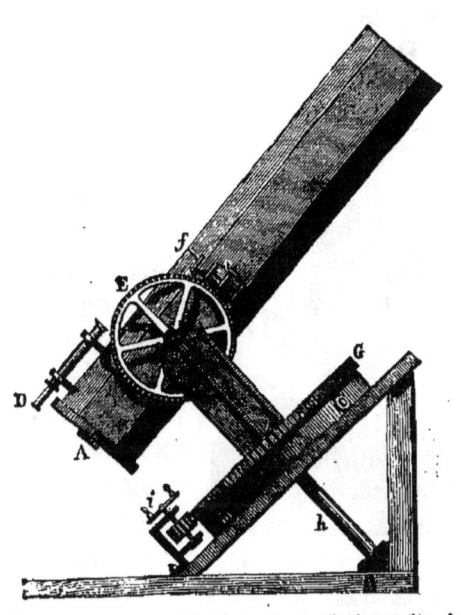

LA ASTRONOMIA : El *telescopio*. — La invención del telescopio data del principio del siglo XVII. Ha sido perfeccionado por Newton y Herschell. Se compone de un largo tubo que contiene en el interior vidrios de aumento, y que se puede hacer girar en diversos sentidos para fijar los ojos en un astro. Hay telescopios tan poderosos, que si hubiese por ejemplo en la luna rebaños de elefantes ó de grandes animales, esos telescopios permitirían verlos.

EL SR. EDMUNDO. — Amigo mio, aún cuando no sirviera más que para elevar nuestra alma hácia Dios y hacernos admirar sus obras, ya sería mucho. Pero la astronomía nos presta servicios enteramente prácticos, y es útil hasta para el comercio.

ENRIQUE. — ¡ Al comercio ! ¿ Cómo es posible ? No se viaja en los astros.

EL SR. EDMUNDO. — No, sin duda, no se viaja en los astros, pero se viaja en la tierra y en el mar. Ahora bien, para dirigirse, el marino mira los astros, y calculando su posicion, puede calcular tambien el lugar exacto en que está su buque.

ENRIQUE. — Es cierto. ¿Donde tenía yo la cabeza?

EL SR. EDMUNDO. — No digais jamas, hijos mios, lo que muchos hombres dicen cuando se les habla de las ciencias : «¿Para qué sirve eso?» Porque es bueno conocer la verdad; todas las verdades se refieren las unas á las otras, y cosas que parecían primero inútiles han tenido más tarde consecuencias prácticas de una utilidad muy grande.

Por ejemplo, hace 250 años, Galileo descubrió que el planeta Júpiter, el más bello de los que vemos brillar por la noche, está rodeado de cuatro pequeñas lunas ó *satélites*, que giran en derredor suyo como nuestra luna en torno de la tierra. Al saber este descubrimiento, muchos indiferentes han debido exclamar : «¿Para qué sirve eso?» Pues bien, sólo desde esa época se ha podido hacer cartas marinas bastante exactas para evitar todo error y toda desgracia á los buques. Antes, los errores de las cartas ocasionaban muchos naufragios, sobre todo en los mares lejanos como los de la Oceanía : creyendo estar en un sitio se estaba en otro; no se sabía evitar los parajes peligrosos en que se ocultan las rocas submarinas, y esos arrecifes de corales de que ya os he hablado. Los progresos de la astronomía han producido pues los de la *geografía*, que es la descripcion de la tierra, nuestro planeta.

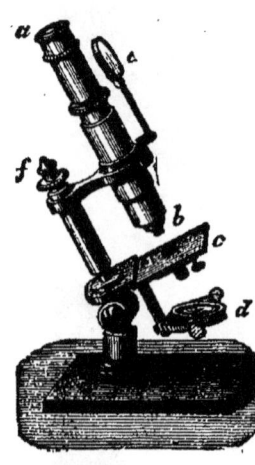

LA HISTORIA NATURAL. — El *microscopio*, descubierto al fin del siglo sexto, sirve á aumentar para los ojos y á hacer ver objetos muy pequeños, que escaparían á la simple vista. En una gota de agua el microscopio puede hacer descubrir una multitud de pequeños séres animados, y todo un mundo viviente.

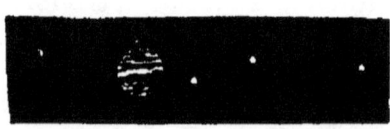

LA ASTRONOMIA. *Júpiter y sus satélites.* — Júpiter es el mayor de los planetas que giran en derredor del sol. Es 1.400 veces mayor que la tierra.

Otro ejemplo. Un sabio, llamado Galvani, despues de haber disecado ranas, las había colgado en su balcon. Acercó por casualidad uno de sus instrumentos de cobre, y una de las ranas muertas se puso á mover las patas, lo cual le sorprendió mucho.

Frascuelo. — ¡Ya lo creo!

El Sr. Edmundo. — Galvani, inmediatamente, fija su atencion en ese fenómeno. Hace toda clase de experiencias sobre las ranas y sobre las contracciones eléctricas que pueden sufrir. Un indiferente habría podido decir: «¿Para qué sirve eso? Ese sabio se divierte como un niño grande.» Pues bien, esas experiencias han hecho descubrir la pila eléctrica, y en seguida el telégrafo, y despues los cables submarinos, y en fin la luz eléctrica que alumbra los faros. Se preguntará todavía: «¿Para qué sirve eso?»

Enrique. — Ahora comprendo, señor, que todos los descubrimientos del pensamiento tienen consecuencias, como nuestras acciones que las tienen hasta el infinito.

El Sr. Edmundo. — Hé ahí una excelente reflexion, Enrique. Ahora, dime el nombre de la ciencia que

La física: el *barómetro*. — Este instrumento cuya primera idea fué de Galileo, y que Torricelli construyó, sirve para medir la gravedad del aire que está sobre nuestras cabezas. Segun que el aire es más ó ménos ligero, hay motivo para esperarse buen ó mal tiempo, calma ó tempestad.

El *termómetro*. — Este instrumento sirve para apreciar la temperatura: indica los grados de calor ó de frio. Cuando hace calor, el líquido sube en el tubo del termómetro; cuando hace frio, vuelve á bajar. Cuando el termómetro marca 0, el agua hiela; cuando marca 100° el agua entra en ebullicion.

estudia la electricidad, el calor, la luz, la gravedad y las *propiedades generales* de la materia.

Enrique. — Debe ser la *física*, señor.

El Sr. Edmundo. — Sí, amigo mio; acuérdese usted del descubrimiento del pararayo por Franklin, y de las oscilaciones de la péndula por Galileo: son descubrimientos relativos á la física.

Amada. — El *termómetro* de papá, que nos indica el calor de la temperatura, y su *barómetro* que nos predice algunas veces el tiempo, ¿no son instrumentos de física?

El Sr. Edmundo. — Sí, hija mia, é instrumentos de primera necesidad para el físico.

Ademas de sus propiedades generales, los cuerpos adquieren propiedades particulares muy curiosas combinándose entre sí. ¿Os acordais de que en el istmo de Suez, para formar masas de granito se combinó la cal con la arena? ¿Sabeis cómo se llama la ciencia que estudia todas las *combinaciones de los cuerpos?*

Los niños buscaron sin encontrar.

El Sr. Edmundo continuó entónces: — Esta ciencia se llama la *química*. El químico, en sus vasos curvos llamados *retortas*, mezcla los diferentes cuerpos, los descompone y los vuelve á componer. La química es una de las ciencias más necesarias á la industria.

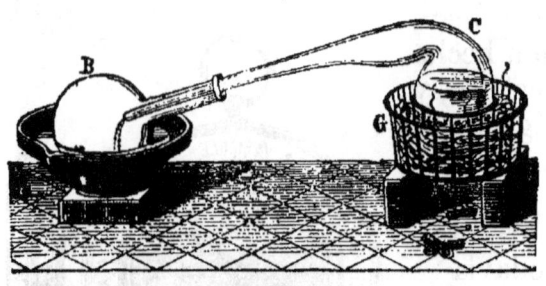

LA QUÍMICA. — La *retorta* es un vaso de vidrio curvo, lleno de los objetos que se quiere someter á la accion del fuego y destilar. Los vapores de estos objetos son recibidos en un globo de vidrio. El horno y la retorta son los principales instrumentos del químico.

CLXXVII. — *CIENCIAS NATURALES.* — **Las antiguas edades de la tierra. — El estudio de las plantas y de los animales.**

« Cada sér viviente es un pequeño mundo. »
(LEIBNITZ.)

EL SR. EDMUNDO. — La tierra, nuestra mansion, estuvo al principio encendida como un horno vasto. Tomó despues poco á poco la forma que hoy presenta. Su superficie en otro tiempo ardiente é inflamada se enfrió lentamente, y se formaron los mares. Pero el interior ha quedado ardiente y forma como un vasto núcleo de fuego. Las montañas se han elevado bajo la accion de ese fuego interior; ese fuego es el que todavía en nuestra época, lanza sus llamas y su humo á traves de los volcanes como el Vesubio y el Etna, hace hervir y brotar en chorros las aguas subterráneas, como en Islanda. La ciencia que explica estos hechos, y que estudia la historia de la tierra en las diversas épocas de su formacion, es la *geología*.

Cuando la superficie de la tierra se puso bastante sólida y cuando el aire se hizo respirable, se mostraron los séres vivientes. En primer lugar los vegetales y las plantas de toda especie, selvas enormes y árboles gigantescos. ¿Conoceis, hijos mios, ese pequeño arbusto que se llama helecho?

AMADA. — Sí, señor, le vimos en nuestro último paseo por el campo.

EL SR. EDMUNDO. — Pues bien, los helechos tenían, al principio del mundo, más de doscientos piés de alto. Eran más elevados que las torres de la catedral.

LA HISTORIA NATURAL: *erupcion del Vesubio.* — El año 79 despues de J. C., el Vesubio, situado no léjos de Nápoles, enterró bajo sus cenizas las cuidades de Herculano y de Pompeya. — En 472, hubo una nueva erupcion: la cantidad de cenizas que salió del volcan fué tal, que cambió el dia en noche en toda la Italia; el viento llevó cenizas hasta Constantinopla y hasta Trípoli en Africa. Las bombas volcánicas vomitadas por el Vesubio eran tan grandes, que muchas de ellas no pudieron ser trasportadas por veinte bueyes.

AMADA. — ¡Oh! ¡Dios mio!... ¿Cómo se ha podido saber eso?

EL SR. EDMUNDO. — Hija mia, se encuentra hoy todavía los helechos y los otros grandes árboles en la tierra, bajo la forma de carbon y de hulla. Los filones de las minas, como aquella en que trabajaba Stephenson, no son otra cosa que los troncos y las ramas de los grandes árboles de otro tiempo. Los árboles de nuestra época son mucho ménos grandes, gracias á Dios; porque no podríamos vivir en medio de semejante vegetacion.

340 FRASCUELO.

¿Sabeis cómo se llama la ciencia que estudia las plantas de todas clases?

Enrique. — Yo lo sé, señor: en nuestros paseos por

La Historia Natural: *cráter del Etna.* — El Etna es una alta montaña de Sicilia siempre cubierta de nieve y que vomita incesantemente humo y cenizas. En 1755, las lavas corrieron sobre la nieve que fundieron y convirtieron de repente en torrentes; una parte de la montaña se hundió, formando los precipicios que representa el grabado.

las montañas, usted llevaba al hombro una caja de hojalata y ponía en ella las plantas curiosas que encontrábamos. Muchas veces me ha hecho usted llevar esa caja. Trepábamos por las rocas para coger las lindas florecillas: yo llevaba á usted todas las que encontraba, y usted las examinaba con atencion. Usted me ha hablado entónces de esa ciencia de las plantas, que es la *botánica.*

El Sr. Edmundo. — Eso es, amigo mio.

Las plantas han cedido poco á poco el lugar sobre la tierra á los animales que han comenzado, ellos tambien, por ser gigantescos, como casas.

Frascuelo. — ¿Eran, pues, como la ballena que iba á romper de un colazo el cable trasatlántico?

El Sr. Edmundo. — Sí. Se encuentra sus osamentas en la tierra, las huellas de sus pasos sobre la piedra; algunas veces se ha encontrado hasta animales enteros conservados en los hielos flotantes. Así es como se ha

CIENCIAS NATURALES. 341

conocido un enorme elefante llamado *mammouth* cuya raza ha desaparecido hoy.

Otros monstruos de una fuerza extrema, llamados *megaterios* arrancaban árboles enteros con sus garras para comerse las raíces, los frutos y las hojas. Hoy esos monstruos han dejado el puesto á animales ménos enormes, y tambien ménos terribles.

La ciencia que estudia todas las especies de animales se llama la *zoología*.

La botánica y la zoología reunidas forman una gran ciencia, la *historia natural* que es el estu-

LA HISTORIA NATURAL. : *las fuentes brotantes ó geisers* de Islandia. — En tiempo ordinario es una simple fuente. En ciertos momentos se oye ruidos como descargas de artillería; el suelo tiembla, el agua desborda, despues se produce un chorro de agua hirviente que se eleva á 30 metros de altura. En seguida no se ve más que una nube de vapor blanco.

LA HISTORIA NATURAL. — I. Hoja de *helecho* en la hulla. — II. Huellas dejadas en la greda por un monstruo de las antiguas edades,

dio de los séres vivientes y su historia sobre la tierra.

LA HISTORIA NATURAL.— *Hielos flotantes.*— En los países vecinos del polo, enormes masas de hielo de formas fantásticas, y que tienen algunas veces hasta 100 metros de altura flotan en el Océano. Esas masas de hielo son un peligro permanente para los navegantes y rompen como cáscaras de nuez los buques que encuentran. Un pescador encontró en 1799 sobre una masa de hielos flotantes un enorme elefante de especie desconocida, que se habia conservado perfectamente en el hielo. Tomó sus colmillos, y las tribus salvajes vecinas le despedazaron para alimentar con su carne á los perros. Más tarde se descubrió tambien otro animal de ese género en los hielos. Era un mammouth ó elefante de las antiguas edades, cuya raza vivía hace muchos millares de años.

Entre esos séres vivientes, ¿quiénes, Amadita, el más perfecto que conocemos?

AMADA. — Es el hombre, señor.

EL SR. EDMUNDO. — El estudio del cuerpo del hombre forma parte de la historia natural. ¿Pero el hombre tiene solamente un cuerpo?

AMADA. — Señor, tiene tambien un espíritu de que su cuerpo es el instrumento.

LA HISTORIA NATURAL : el *mammouth.*— La raza de este elefante gigantesco ha desaparecido del globo. Su piel estaba cubierta de largos pelos de un color rojo oscuro; su cabeza tenía una espesa crin; sus colmillos eran largos y corvos.

EL SR. EDMUNDO.— Sí, hija mia. El espíritu, el alma,

lo que es capaz de pensar, de amar y de querer. Pero, dígame usted, ¿no llegamos aquí á un mundo enteramente nuevo? El pensamiento y la voluntad no pueden

LA HISTORIA NATURAL : el *megaterio*. — Bajo este nombre, que significa *monstruo enorme*, se designa animales de una raza que hoy ha desaparecido y cuya talla era mayor que la del elefante.

verse, ni tocarse, ni ser del dominio de ninguno de nuestros sentidos : para estudiarlos no se sirve uno de instrumentos como el físico ó el médico, sino de la reflexion interior, del pensamiento solo. Entramos en el mundo invisible, en el mundo del *espíritu*.

CLXXVIII. — *LAS CIENCIAS MORALES. FILOSOFÍA.*

« Conócete á tí mismo. » (*Sócrates.*)
« Consideraos atentamente vosotros mismos.»
(*Evangelio.*)

El Sr. Edmundo. — No creais, queridos niños, que

el mundo del espíritu nos sea muy extraño y esté muy distante de nosotros; es por el contrario, nuestra verdadera patria. Por nuestro cuerpo, vivimos en el mundo material; pero ¿cuál es, Amadita, el mundo en que vivimos por nuestro pensamiento, por nuestros sentimientos, por nuestra voluntad, por nuestros deseos y nuestras esperanzas?

Amada. — Señor, es sin duda el mundo invisible, el mundo del pensamiento y del espíritu.

El Sr. Edmundo. — Ese mundo en que viven las almas y cuyo soberano es Dios, es una vasta region, hijos mios.

Frascuelo. — Debe de ser muy difícil, señor, estudiar ese gran mundo invisible.

El Sr. Edmundo. — Sin duda, Frascuelo; pero los sabios se han dividido aquí tambien la tarea. En primer lugar, hijos mios, ¿sabeis cómo se llama la ciencia del espíritu? Se llama la *filosofía*.

— ¡La filosofía! exclamó Enrique. — Creo que usted nos ha dicho que Sócrates, Platon, Aristóteles, eran grandes filósofos de la Grecia, Ciceron un filósofo de Roma, Pascal un filósofo frances.

— Precisamente, hijo mio. *Filosofía* quiere decir *investigacion de la sabiduría*, porque el que conoce bien el mundo del pensamiento es un *sabio*. Como el dominio de las cosas morales es muy vasto, se ha dividido la filosofía en várias partes. La primera se llama el *estudio del alma, ó psicología*. ¿Os acordais, hijos mios, de que hemos estudiado juntos en nuestras primeras conversaciones el papel del sufrimiento?

Amada. — Ya lo creo que me acuerdo; ¡he pensado tanto en eso, señor! y todavía pienso en ello muchas veces. Me ha admirado mucho ver cuán útil es el sufrimiento para advertirnos todas nuestras necesidades, y cuán buena es para nosotros la Providencia, áun cuando nos hace sufrir penosas pruebas!

El Sr. Edmundo. — Pues bien, querida niña, al estudiar así todos los efectos que el sufrimiento produce en nosotros, hacíamos el estudio de nuestra alma, nos ocupábamos en la *psicología.*

Amada. — ¡Cuánto me agrada esa ciencia, señor!

El Sr. Edmundo. — Despues de haber estudiado el alma humana, la filosofía se ocupa en los mejores medios de descubrir la verdad, y en las mejores reglas del razonamiento. Vamos á ver, Enrique, ¿qué se dice del que hace un razonamiento falso? ¿No se dice que falta á las reglas de la...?

El Sr. Edmundo se detuvo, dejando á Enrique el cuidado de acabar.

Enrique, *despues de un instante*. — A las reglas de la *lógica*.

El Sr. Edmundo. — Eso es, y la lógica es el *arte de razonar bien*.

Pero sobre la verdad está el bien para el cual está hecha nuestra alma. La ciencia del bien y de nuestros deberes tiene un nombre que no buscareis largo tiempo.

— La *moral*, exclamó Amada; ¿no es verdad, señor?

El Sr. Edmundo. — Justamente. De todas las ciencias es la más importante para nosotros y la que deberíamos conocer mejor; porque haciéndonos comprender las razones de nuestros deberes, nos los hace más fáciles y más dulces. El estudio de nuestros deberes de ciudadano, que hemos hecho juntos, se llama *moral cívica*.

La filosofía tiene ademas una cuarta parte de que os hablaré más tarde en que se busca los motivos de creer en Dios que podemos encontrar en nuestra razon y en el espectáculo de la naturaleza.

CLXXIX. — **Las *BELLAS ARTES*. — Arquitectura, escultura, pintura, música, poesia, elocuencia.**

El que ama lo bello amará tambien el bien.

El Sr. Edmundo. — Nuestro espíritu no está hecho solamente para descubrir lo cierto y lo bueno; está hecho tambien para amar y admirar lo *bello*. Así, Amada, ¿no ha admirado usted jamas, durante la noche, el cielo estrellado donde Dios ha sembrado los mundos como un polvo luminoso?

Amada. — ¡Oh! sí señor, muchas veces. ¡Es tan hermoso el cielo!

EL SR. EDMUNDO. — Y las florecitas en los campos, ¿no son bellas tambien? ¿No las ha admirado usted muchas veces?

AMADA. — Sí, señor, porque me agradan mucho las flores.

EL SR. EDMUNDO. — Ademas de todas esas bellas cosas que produce la naturaleza, desde la estrella del cielo hasta la flor de los campos, hay tambien cosas

LA ARQUITECTURA : la *casa cuadrada de Nimes*. — Son los hermosos restos de un antiguo templo de arquitectura griega. Se ha establecido allí un museo de cuadros y de escultura.

LA ARQUITECTURA : *castillo feudal* de Pierrefonds (Oise). — Son las ruinas imponentes de una fortaleza elevada en la edad media y que sostuvo un sitio en tiempo de Enrique IV.

muy bellas que son obra de los hombres : todas las obras maestras de las *artes*.

ENRIQUE. — Señor, me ha enseñado usted una multitud de esas obras maestras en nuestro viaje. Me ha ense-

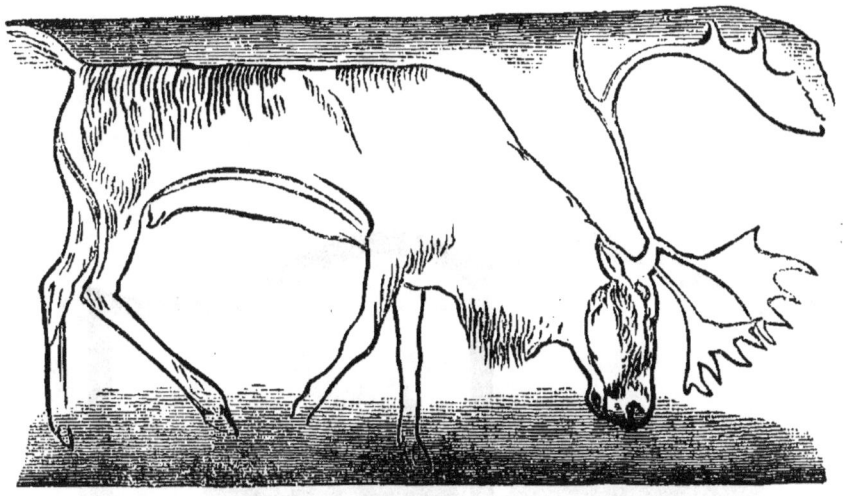

LA ESCULTURA: *una de las primeras esculturas de la humanidad.* — En la caverna d'Aurignac, de que más arriba se ha hablado, se encontraban cuchillos ó instrumentos de cuerno de reno que pertenecieron á los hombres antiguos. Sobre uno de esos instrumentos estaba esculpida la imágen del *reno*, y ya hay, en ese primer ensayo de escultura, cierto arte.

ñado usted muchas catedrales magníficas, castillos, casas

LA PINTURA: *uno de los primeros dibujos de la humanidad.* — Es un dibujo hecho en las paredes de la caverna de Aurignac por uno de los hombres antiguos que buscaban allí un abrigo, y que muchas veces disputaban su guarida al oso de las cavernas. Este dibujo, grosero todavía, representa el mismo oso de las cavernas.

elegantes, y me habeis dicho que el arte de hacer esas bellas construcciones se llama *arquitectura*.

Reliure serrée

EL SR. EDMUNDO. — ¿Te acuerdas tambien de las bellas estatuas que te enseñé en várias catedrales, y en las plazas de las ciudades? El arte de hacer esas estatuas

LA PINTURA. — Un cuadro del más grande pintor francés : *la peste entre los Filisteos*, por Nicolas Pou Nació en 1594, y murió en 1665. Era de un carácter dulce, noble, desinteresado; amaba el arte por el mismo, vendia sus obras maestras á ménos de su valor, y vivió largo tiempo pobre.

se llama la *escultura*. Ya os he hablado, hijos mios, de la estatua de Gutenberg, por David d'Angers.

Y el arte de dibujar y de pintar cuadros ¿cómo se llama, Frascuelo?

FRASCUELO. — Es la *pintura*.

EL. SR. EDMUNDO. — ¿Y el arte de componer ó de ejecutar bellos cantos con la voz ó con los instrumentos.

FRASCUELO. — Es la *música*. ¡ Oh ! ese es un arte que me agrada muchísimo. Cuando estoy solo, nada me agrada tanto como ponerme á cantar todo lo que puedo : eso me acompaña.

EL SR. EDMUNDO. — La música es, en efecto, hijos mios, uno de los mejores entretenimientos para los trabajadores.

AMADA. — A mí tambien me agrada mucho la música y me agradan tal vez más la *poesía* y los bellos versos, por ejemplo los de Racine, de Corneille, de La Fontaine, de Molière, de Lamartine y de Victor Hugo.

ENRIQUE. — ¡ Y la *elocuencia*, pues, que se nos olvidaba!

EL SR. EDMUNDO. — Hijos mios, acabais de nombrar casi todas las *bellas artes,* así llamadas porque tienen por objeto encantar el alma con el amor de lo bello para elevarla hácia el bien.

Uno de los grandes poetas de la Francia : *Lamartine,* nacido cerca de Macon en 1770 muerto en 1869.

CLXXX. — LAS *CIENCIAS DE LA SOCIEDAD.* — **Derecho y política. — Verdadero sentido de la soberanía nacional.**

« Los hombres no pueden cambiar por su voluntad las leyes eternas de la justicia de las cuales no son más que la expresion imperfecta sus leyes escritas. »
(San AGUSTIN.)

EL SR. EDMUNDO. — A las ciencias morales se refieren otras grandes y bellas ciencias que estudian la sociedad humana : las *ciencias sociales.* La primera es el *derecho.*

ENRIQUE. — Tengo mucho gusto en oir hablar de esa ciencia, porque papá grande quiere que curse yo *derecho.*

EL SR. EDMUNDO. —Pues bien, amigo mio, la ciencia del derecho, llamada tambien *jurisprudencia,* estudia primero las reglas de justicia tales como se imponen á nuestra conciencia; luego estudia las leyes establecidas por los hombres.

¿ Comprendeis bien, hijos mios, la diferencia que existe entre la *justicia natural* y las *leyes escritas* por los hombres? Las leyes de los hombres no siempre son buenas y justas. Así las leyes de Cartago — esa ciudad cerca de cuyas ruinas se eleva hoy Túnez — ordenaban inmolar niños al dios Moloch, y se les quemaba vivos; esa odiosa violacion de la justicia natural, aunque mandada por la ley cartaginesa no dejaba de ser un mal.

Túnez (150.000 habitantes), capital de Túnez, que está hoy bajo el protectorado de la Francia.

Una nacion tiene el derecho de darse á sí misma las leyes que quiere, y de nombrar ella misma los diputados encargados de hacer el código. Esto es lo que se quiere decir cuando se dice que la nacion es *libre* y *soberana*, que no pertenece á ningun amo, á ningun soberano. Pero eso no quiere decir que una nacion tenga el derecho de hacer todo, áun cosas injustas, y de cambiar el mal en bien. Una nacion debe de esforzarse en poner sus leyes civiles y políticas de acuerdo con la justicia natural.

Enrique, esas son las leyes de la Francia, es el *código* frances que aprenderás cuando estudies el derecho. El estudio de la legislacion usual forma parte de la *instruccion cívica* y es obligatorio áun en las escuelas. El conocimiento de nuestros derechos civiles y políticos, es uno de los más bellos y más necesarios.

CLXXXI. — (*Continuacion*). Derechos civiles. — Actos del estado civil. — Nacimientos, matrimonios y muertes. — Mayoría. — Alcaldes y prefectos. — Tribunales civiles y de comercio. Cortes de apelacion. Corte de casacion.

> Desde 1789, los principios de nuestro derecho son los de todos los pueblos civilizados. Esa es una de las glorias más puras de la Francia.

ENRIQUE. — Muchas veces nos ha hablado usted, señor, de los derechos civiles y de los derechos políticos;

DERECHOS CIVILES.

¿en qué consisten, pues, esas dos especies de derechos?

El Sr. Edmundo. — Hijo mio, los derechos civiles de que goza todo Frances mayor de edad desde 1789, y de que tú y Frascuelo gozarán cuando tengan 21 años, son el derecho de *propiedad,* el de *comprar,* de *vender,* de *contratar;* el de hacer *dones* y *donaciones* ó recibirlos, el de *heredar,* el de dar sus bienes por *testamento,* la libertad de profesar el *culto* que considere como mejor, es decir, la *libertad de conciencia,* el derecho de trabajar segun su voluntad, ó la *libertad del trabajo,* en fin el derecho de casarse y de fundar una familia nueva. Puede uno casarse áun ántes de cumplir los 21 años.

Enrique. — Pero, señor, ¿para casarse no está uno obligado á consultar á sus padres?

El Sr. Edmundo. — Sin duda; el hombre, ántes de su *mayoría* (veinte y cinco años), la mujer ántes de la suya (veinte y un años), no pueden casarse sin el consentimiento de su padre y de su madre. El matrimonio es un acto tan grave y de tales consecuencias para toda la vida, que la ley le ha rodeado de esas precauciones.

La *alcaldía* ó casa comunal. — El *alcalde* es el jefe de la comuna. Le auxilian uno ó dos *adjuntos.* En las comunas que tienen ménos de 20.000 habitantes, el *consejo municipal* elige el alcalde por tres años. En las comunas que tienen más de 20.000 habitantes, ó en las que son cabeceras de departamento, de distrito ó de canton, el alcalde es nombrado por el gobierno, pero escogido ordinariamente en el consejo municipal. El alcalde redacta las *actas del estado civil ;* preside el consejo municipal, lo propone los gastos y las entradas, es decir, el *presupuesto* de la comuna ; vende, compra, alquila por cuenta de la comuna, dirige los trabajos, vigila los establecimientos comunales, y está encargado de la *policía municipal* y rural.

El matrimonio, como el nacimiento y la muerte, son legalizados en la alcaldía, ante testigos, por lo que se llama una *acta del estado civil.* Las diferentes actas del estado civil son : 1º. el *acta de nacimiento* que sirve para establecer con certeza la edad de una persona. Así, Frascuelo, cuando naciste, te presentaron al alcalde, que es el primer magistrado de la comuna como el prefecto lo es del departamento. El alcalde inscribe tu nombre con los de tu padre y madre, y la fecha de tu nacimiento, sobre un gran libro de la alcaldía, llamado registro del estado civil. Cuando llegue para tí el momento de la conscripcion, presentarás tu *acta de nacimiento* para establecer que tienes veinte años. 2°. Se inscribe tambien en los registros de la alcaldía el *acta de matrimonio* que atestigua que un matrimonio ha sido celebrado tal dia, á tal hora, por ejemplo el matrimonio de tu madre con tu padre, M. Roullin. 3°. Se inscribe tambien el *acta de defuncion*, que da testimonio de que tal persona ha muerto tal dia á tal hora. Cuando tuviste la desgracia de perder á tu padre, Frascuelo, se inscribió en la alcaldía el dia de su muerte.

Estos diferentes actos inscritos en los registros de la alcaldía, establecen el *estado* exacto de las personas, es decir, su edad, el lugar de su nacimiento, su estado de celibato ó de casado, etc. Esto es lo que se llama el *estado civil*.

Frascuelo. — Pero, señor, ¿ para qué sirve tener un *estado civil?*

El Sr. Edmundo. — Amigo mio, si los gendarmes te tomasen por otro á quien te parecieras en la cara y te aprehendieran como á un ladron, ¿ no te considerarías dichoso de poder probar que eres Francisco Roullin, hijo de la Sra. viuda Roullin, y nacido en tal lugar y tal año? Y si algun pariente te dejase una herencia, ¿ no sería tambien preciso probar que eres su pariente y en qué grado?

Frascuelo. — Es cierto, señor, ahora comprendo para qué sirven todos esos grandes registros de la alcaldía; ¿ pero los tribunales se ocupan en herencias ?

El Sr. Edmundo. — Ciertamente, cuando hay contestaciones entre ciudadanos sobre sus propiedades, sus testamentos, sus herencias, etc. y que el juez de paz no ha podido ponerlos de acuerdo, el negocio se lleva ante el *tribunal civil* de primera instancia, ó cuando se trata de cosas comerciales, ante el *tribunal de comercio*.

Enrique. — Sí, mi padre grande es juez del tribunal de comercio. Ayer juzgó un proceso intentado por un negociante en vinos á la Compañía del ferro-carril de Orleans, por una barrica perdida. La Compañía fué condenada al reembolso y á pagar daños y perjuicios. Pero parece que no acepta el juicio y va á llevar el proceso ante un tribunal superior : la *Corte de apelacion.*

El. Sr. Edmundo. — Existe otro tribunal superior que anula el juicio de los demas cuando no son pronunciados segun las leyes ; es la *Corte de casacion.*

CLXXXII. — *(Continuacion).* **Derechos políticos. — Orígen de nuestro derecho frances. — Todo derecho engendra un deber. — Concejos municipales y concejos generales.**

Enrique. — Señor, usted nos ha hablado de los derechos civiles ; pero los *derechos políticos,* ¿en qué consisten?

El Sr. Edmundo. — Los derechos políticos son los que hacen que todos los ciudadanos tomen parte en el gobierno de su país. Son pues, el derecho de ser *elector* cuando se trata de elegir los *concejales* que se ocupan en los negocios de la comuna, los *consejeros generales* que se ocupan en los negocios del departamento, los *diputados* ó *senadores* que se ocupan en los negocios de la Francia; el derecho de ser *elegido* por sus conciudadanos, el derecho de llegar si se es capaz, á todas las *funciones* civiles, militares ó políticas, y en fin el de ser *jurado* en las cortes de *assises.*

El *consejo municipal* que se reune en la alcaldía es una reunion de hombres encargados de los negocios de la comuna. Son elegidos por los habitantes de la comuna por tres años. *Deliberan* sobre los *gastos* y *entradas* de la comuna ; administran sus *bienes,* votan las reparaciones que se ha de hacer, las *calles* ó *plazas* que se debe abrir, las fuentes, los *caminos,* las *escuelas,* los *colegios comunales,* los *hospicios,* las *iglesias,* los *cementerios,* las *alcabalas* sobre los vinos azúcares, cafés, velas, etc.

Ya recordareis que 12 jurados son designados por la suerte, y que el tribunal les pregunta : «¿Sí ó nó, el acusado es culpable?» De esta manera la justicia pública se sustituye á la venganza privada que es ciega é injusta. *Ningun individuo tiene el derecho de hacerse justicia por sí mismo.*

Antes de 1789 los derechos civiles y políticos no eran reconocidos ni respetados por los gobiernos. Estos derechos han sido solemnemente proclamados y consagrados por la *Asamblea nacional* en la célebre *Declaracion de los derechos del hombre*, que contiene los grandes principios de legislacion y de política llamados *principios de* 89. Esta declaracion es el primer orígen de nuestro derecho frances y de nuestra constitucion. Hé aquí el principio :

« Los representantes del pueblo frances, constituidos en *Asamblea nocional*, considerando que la ignorancia, el olvido ó el desprecio de los derechos del hombre son las causas únicas de las desgracias públicas ó de la corrupcion de los gobiernos, han resuelto exponer, en una declaracion solemne, los *derechos naturales, inalienables y sagrados del hombre...* En consecuencia, la Asamblea nacional reconoce y declara en presencia y bajo los auspicios del Sér supremo, los derechos siguientes del hombre y del ciudadano... »

Sigue despues la enumeracion de los derechos civiles y políticos. Todos esos derechos, hijos mios, imponen al que los ejerce *deberes* correspondientes. Es necesario estudiar mucho, para conocer á la vez sus derechos y sus deberes, y adquirir así la instruccion cívica.

CLXXXIII. — (*Continuacion.*) Política, economia política, historia.

La justicia es la mejor política.

El Sr. Edmundo. — A la jurisprudencia se reune la *política*, ó ciencia del gobierno. Estudia los mejores medios de hacer respetar la justicia y el derecho en toda una nacion ó entre las diversas naciones.

¿Recordais, hijos mios, el nombre de un gran político cuya historia os he contado y que ha llevado á cabo justas reformas en Francia ?

Frascuelo. — Turgot.

EL SR. EDMUNDO. — Sí, amigo mio; y lo que hace la grandeza de ese ministro célebre, es que ha considerado siempre la justicia y el respeto del derecho como la mejor regla de política.

AMADA. — Pero, señor, ¿no nos ha dicho usted tambien que Turgot era un gran *economista?*

EL SR. EDMUNDO. — Sí, querida niña. Ya sabeis que la *economía política* es la ciencia de la riqueza y del interes bien entendido. Busca lo que es más útil á la prosperidad de los particulares ó de los pueblos.

En fin, la última de las ciencias sociales es la *historia.* La historia estudia los progresos de la humanidad. ¿Recordais, queridos niños, la historia de la esclavitud, la historia de la industria en Francia, y otros muchos hechos que nos muestran el progreso de la sociedad hácia el bien?

AMADA. — ¡Oh! señor, jamas olvidaremos todas esas bellas cosas cuya historia nos ha contado usted.

CLXXXIV. — Las *CIENCIAS RELIGIOSAS.* —
Reflexiones de Amada.

« El último objeto de la ciencia es hacernos conocer y amar la perfeccion, ó Dios. » (PLATON.)

EL SR. EDMUNDO. — Amada, dígame usted ¿cuál es el objeto supremo de todos los esfuerzos de la humanidad, el modelo eterno de belleza y el ideal de bondad cuya imágen debemos de esforzarnos en reproducir en nuestras almas?

AMADA. — Dios.

EL SR. EDMUNDO. — Pues bien, hija mia, toda ciencia conduce á Dios y el más alto de todos los estudios filosóficos es el de Dios.

Hay, dice san Juan, una luz natural que alumbra á todo hombre en este mundo, la razon; y esta luz nos hace comprender que para asegurar el triunfo final del bien y de la justicia, debe existir un Dios soberanamente poderoso, sabio y bueno, providencia bienhechora que ha creado nuestras almas para la inmortalidad.

El estudio de Dios por las luces naturales de la razon se llama *teología natural* ó *teodicea* y constituye la cuarta parte de la filosofía.

Es preciso no confundirla con el estudio de Dios fundado en la fe sobrenatural y en las autoridades religiosas, estudio que se llama *teología revelada*, y que no forma parte de la filosofía propiamente dicha. San Agustin, Bossuet, Fenelon que os he citado, eran ilustres teólogos al mismo tiempo que filósofos.

Las ciencias religiosas se llaman así porque nos muestran el lazo de amor por el cual debemos *unirnos* á la justicia suprema, á Dios. Elevan nuestra alma sobre todo lo que es perecedero, y nos abren el horizonte de una vida inmortal.

Tal es, queridos niños, el conjunto de las ciencias morales, sociales y religiosas; ellas son las más altas ciencias y todas las demas no son más que su preparacion.

AMADA. — Señor, todas esas ciencias me parecen muy bellas; pero al mismo tiempo me da como tristeza ver que hay tantas cosas que saber y que yo sé tan pocas.

FRASCUELO. — Yo tambien, Sr. Edmundo. Me creía ya un poco sabio desde que asisto á las lecciones de usted; pero, por desgracia, veo bien que no sé nada.

EL SR. EDMUNDO. — Mis queridos niños, los sabios más grandes tienen de sí mismos la opinion que acabais de expresar respecto de vosotros; miéntras más cosas sabe uno, decía Sócrates, más advierte que lo que sabe no es nada en comparacion de lo que le queda por aprender. El sabio es como el viajero, que subiendo á la montaña ve á medida que se eleva agrandarse el horizonte en torno suyo. Esa no es, sin embargo, una razon para desanimarse; porque si nuestra ciencia no puede ser infinita como la de Dios, podemos por lo ménos y debemos aumentarla sin cesar.

Continuad, pues, hijos mios, instruyéndoos; no habeis dado más que los primeros pasos en un camino sin límites y en el cual debeis avanzar continuamente.

CLXXXV. — Enrique y Amada parten para los Pirineos.

Instruirse es trabajar en hacerse bueno.

El dia siguiente á la leccion del Sr. Edmundo sobre las diferentes ciencias era el dia fijado para la partida.

El preceptor, seguido de Frascuelo, condujo al Sr. Clertan y á sus hijos hasta la estacion. Allí hubo de una y otra parte adioses muy afectuosos. Enrique prometió á Frascuelo que le escribiría; Frascuelo se comprometió á responder con exactitud. Amada había dejado una provision de libros al jóven aprendiz, recomendándole que los leyese con atencion. Entónces el Sr. Clertan, poniendo su mano enflaquecida en el hombro del niño, le dijo con una voz grave:

— Adios, chiquillo, trabaja en hacerte bueno, trabajando en instruirte.

El niño levantó la cabeza para sonreir al anciano; pero el recuerdo de los beneficios de que el Sr. Clertan le había colmado en los últimos seis meses le vino á la memoria, se apoderó de él una súbita emocion, y miéntras que su boca trataba de sonreir, sus ojos se llenaron de lágrimas.

— Gracias, señor, exclamó, gracias por todo el bien que usted me ha hecho. Trataré de ser bueno como usted, y de hacer yo tambien en mi vida mucho bien.

— Hé ahí excelentes palabras, Frascuelo. Abrázame hijo mio.

El niño se puso de puntillas; el grande anciano se inclinó á él y le besó en la frente. Despues se separaron todos en silencio, haciéndose todavía de léjos algunos signos de adios y de amistad.

El Sr. Edmundo y Frascuelo volvieron á tomar en seguida el camino de la manufactura. Al niño le causaba mucha tristeza pensar que el Sr. Clertan se hallaba enfermo, y que estaría largo tiempo sin volverle á ver, así como á Enrique y Amada. Sin embargo, se entregó de nuevo á sus ocupaciones y á sus deberes con valor, pensando que el trabajo es el mejor remedio para el pesar.

Enrique escribía cada semana á Frascuelo; pero las noticias que le daba eran inquietantes.

El Sr. Clertan, léjos de recobrar sus fuerzas con el reposo, parecía perderlas más. Los médicos, espantados, se opusieron formalmente al próximo regreso del anciano á su manufactura. El aire demasiado frio del norte y el invierno que se acercaba podían serle mortales. Se le envió á pasar el invierno á Nice, y se aplazó el regreso para la primavera.

Así trascurrieron cinco meses. Las cartas de Enrique eran más alegres; el S. Clertan iba mejor, el sol del mediodía le había reanimado; se hablaba ya de próximo regreso. Se haría la maleta luego que Frascuelo pudiera anunciar la llegada de la primera golondrina.

Nice (70,000 habitantes), puerto de comercio. Naranjas, limones, flores, aceites. Hermoso paseo de palmeras.

Frascuelo estaba loco de contento; los domingos, cuando su madre le llevaba á pasear al campo, no cesaba de mirar al aire, tomando cada gorrion que pasaba por una de esas primeras golondrinas tan descadas y que le parecía tardaban mucho en venir.

Aquellas alegrías fueron de corta duracion. Bruscamente, sin que nada hubiera podido hacer presagiar esa desgracia, el Sr. Clertan exhaló el último suspiro, áun cuando parecía estar en plena convalecencia.

La golondrina.

Ocho dias despues, los obreros escoltaban al cementerio el ataud del anciano, que había deseado ser llevado á su ciudad natal para ser enterrado con su hija y con su yerno. Enrique y Amada, completamente huérfanos en lo sucesivo, quedaban bajo la tutela de un pariente lejano de su padre que debía llevarlos á Paris dentro de algunos dias. La manufactura estaba de venta, y cuando por la mañana llegaba Frascuelo á su trabajo, no podía mirar, sin sentir sus ojos llenos de lágrimas los dos grandes carteles fijados en la pared con estas palabras : DE VENTA.

El Sr. Edmundo no estaba ménos triste que Frascuelo. Amaba á los dos amables hijos del Sr. Clertan como si hubiesen sido los suyos, y le causaba mucho dolor pensar que en lo sucesivo iba á estar separado de ellos. En efecto, Amada debía entrar en uno de los mejores pensionados de Paris, y Enrique al liceo Luis le Grand.

CLXXXVI.—Ultimos consejos del S. Edmundo.

Escoger siempre el bien.

El Sr. Edmundo quiso tener valor por todos; no dejó ver demasiado á sus queridos discípulos la tristeza que le daba separarse de ellos.

La víspera de su partida los llevó, así como á Frascuelo, á dar el último paseo por aquellos hermosos sitios de que iban á alejarse. Amada quiso llevar un último ramo al sepulcro de su abuelo, y se dirigieron al cementerio.

Se estaba en los primeros dias de abril; el tiempo era azul, el sol caliente, y en el aire tibio se entrecruzaban las golondrinas. Había violetas y vincas-pervincas en los setos, y margaritas por todas partes; era una verdadera fiesta primaveral en la naturaleza. Pero jamas había parecido á Frascuelo más triste el campo. Miraba á Enrique, tan alegre en otro tiempo, tan serio ahora, y caminaba á su lado sin poder pronunciar una palabra. Amada, pálida y vestida de negro estaba casi inconocible. Los largos bucles de la niña habían desaparecido en señal de duelo, lo mismo que su traje blanco : marchaba silenciosa, y con los ojos encarnados haciendo tristemente su ramo. En cuanto á Fanor, encantado de haber vuelto á encontrar á su amita corría locamente por el camino, ladrando de placer, y de vez en cuando volviendo hácia Amada como para solicitar una caricia. Ella, bruscamente, le apartaba, como impaciente de la alegría del pobre animal.

Frascuelo observaba todo eso pensando que hacía poco más de un año que en semejante época se había encontrado enfrente de Amada por la primera vez; le había declarado que la aborrecía porque era rica, dichosa, sin cuidado de la vida, miéntras que él era pobre, triste, condenado al trabajo. En su imaginacion volvía á ver á Amada corriendo por el prado, al sol, con el cabello suelto, la sonrisa en los labios, seguida de su perro fiel. ¡Cuánto habían cambiado los tiempos! ¿En aquel momento no era Frascuelo el más dichoso de los dos? Frascuelo siempre pobre, es cierto, pero con una familia, una madre de quien era el sostén, que le amaba, le cuidaba, le consolaba cuando estaba triste, una madre de la que nada le separaba! ¿Qué le quedaba á Amada, fuera de su fortuna? Llevada léjos del lugar en que había nacido, ¿no iba á vivir en lo sucesivo en medio de caras desconocidas? Enrique que tanto la amaba, iba á participar de la misma suerte; los dos pobres niños ya no se verían más que raras veces. Privados de las caricias de su querido abuelo, separados uno de otro, ¡cuán desgraciados iban á ser!... Frascuelo, abrumado por sus reflexiones, exclamó en el momento de llegar al cementerio:

—¡Oh! señorita Amada, ¡qué mal hacía yo en otro tiempo en aborrecer á usted porque era más dichosa que yo!

—¿Qué quieres decir, Frascuelo? interrumpió Enrique con asombro.

—Quiero decir, señor Enrique, que hace un año, comparando la suerte de la señorita Amada con la mia, y viéndola más dichosa que yó, había tenido tanta envidia, que la había deseado mal. ¡Ay! en este momento quisiera ser el más pobre de los pobres infelices que hay en el mundo, si eso pudiese haceros á usted y á ella dichosos como ántes.

Amada miró afectuosamente al niño.

—Frascuelo, le dijo; pero si eres mejor que hace un año, y si yo lo soy tambien, lo debemos á mi padre grande y al Sr. Edmundo; y yo quisiera en el momento de separarme de ellos saberles decir todo lo que siento!...

— ¡Oh! sí, exclamaron Enrique y Frascuelo, tomando con afecto las manos del Sr. Edmundo, y dirigiendo una mirada expresiva al sepulcro del Sr. Clertan.

— Queridos niños, exclamó el preceptor, por donde quiera que esteis os seguiré con el corazon y con la ternura. Os he dado, en cuanto me ha sido posible, lo mejor de mis pensamientos y de mis sentimientos. En lo sucesivo hay entre nosotros un lazo dulce y fuerte que nada podría romper.

« Entre nosotros y el que lloramos, querido abuelo vuestro y amigo de todos nosotros, hay tambien un lazo todavía más fuerte : un recuerdo que llama incesantemente nuestros pensamientos hácia un mundo superior á las cosas de la tierra.

« ¿No os parece, hijos mios, que amais todavía más á vuestro padre grande desde que habeis tenido el dolor de perderle y que ahora están unidas vuestras almas á la suya más fuertemente que nunca?

— ¡Ah! señor, dijo Amada, eso es cierto. Yo pienso siempre en mi padre grande ; me parece que ve todo lo que hago, que sabe todo lo que pienso, y eso me consuela un poco.

El Sr. Edmundo. — No se equivoca usted, queridita mia. Como los sabios de todos los países lo han enseñado desde la más remota antigüedad, y como lo repetía Sócrates al morir, el amor y el pensamiento son actos de nuestra alma inmortal. Así como ella, sobreviven á la destruccion de nuestro cuerpo. El alma de los que amamos y que nos aman tiene pues todavía lazos con la nuestra, áun despues de la muerte ; nos sigue y sigue en nosotros las huellas que nos ha dejado : goza del espectáculo del bien que ha podido hacer y de las consecuencias felices de las buenas acciones. Lo mismo que amamos siempre á los que ya no son de este mundo, somos siempre amados de ellos ; porque el amor triunfa de la muerte.

« La muerte no es, pues, más que una separacion pasajera. Por desgracia, los accidentes de la vida tienen más relacion de lo que se piensa con los de la muerte. La vida tambien es para nosotros lo desconocido. ¿Qué porvenir os está reservado, queridos niños? nadie lo sabe.

» Pero lo que sí sabeis, lo que os he dicho muchas veces, lo que os repito aún, lo que es cierto, en una palabra, — ¡es el deber!

» Cualquiera que sea la suerte que os aguarde, queridos niños, haced siempre vuestro deber.

» Dejadme en este momento triste y fugitivo que nos reune acaso por la última vez, daros como última enseñanza y como resúmen de todas mis lecciones, la divisa que quisiera yo fuese la de vuestra vida entera : — *¡Escoger siempre el bien!*

» Vosotros sois tres almas jóvenes, igualmente puras, igualmente nuevas, pero destinadas sin embargo á seguir diferentes vías en la vida; hijos mios, hay un medio seguro de no separaros jamas, de no encontraros nunca en bandos enemigos, y es el de escoger siempre el mismo objeto, *¡el bien!*

» En las horas de incertidumbre, como las hay para todos en la vida, no digais nunca : — ¿Qué resolucion será más ventajosa á mis intereses? ¿De qué lado están la fortuna, los honores ó el placer? sino simplemente : — ¿De qué lado está el bien?

» ¿Y entónces, aún cuando del lado del bien estén el sufrimiento, los peligros y el número más pequeño de hombres, no vaciléis, la eleccion es buena : el porvenir es del bien, porque el bien es imperecedero. Repetid, pues, las últimas palabras que os dirijo sobre esta tumba: — ¡Escoger siempre el bien! »

Al acabar estas palabras, el Sr. Edmundo se arrodilló en la tierra recientemente removida, y los tres niños le imitaron. Cada uno oraba en el fondo de su corazon.

— Padre grande, decía interiormente Amadita, las bellas palabras del Sr. Edmundo son las mismas que usted me ha dicho muchas veces. La nieta de usted no las olvidará jamas en la existencia nueva que va á llevar en lo sucesivo léjos de usted; vivirá como si usted la viese todavía, como si esperara aún por recompensa el beso que usted le daba por la noche cuando se había manejado bien... ¡Oh! padre grande, ¡seré buena, seré dulce,

ULTIMOS CONSEJOS DEL SR. EDMUNDO.

amaré á todos los que sufren, escogeré siempre el bien; trataré de tener, como usted lo deseaba, *un gran corazon*, para ser amada de todos y merecer el bello nómbre que usted me ha dado! Padre grande, bendígame usted, porque jamas olvidaré sus lecciones y sus ejemplos.

Enrique, animado de los mismos sentimientos que Amada, tomaba en su alma iguales resoluciones, y prometía ademas á su abuelo ser en lo sucesivo en la vida el apoyo y el protector de su hermanita.

En cuanto á Frascuelo, con la frente apoyada en sus dos manos, el corazon conmovido, disimulando sus ojos húmedos, lloraba y oraba á un tiempo. Se repetía las últimas palabras que el Sr. Clertan le había dirigido al momento de partir, repetía las del Sr. Edmundo, y se decía: — Continuaré trabajando en hacerme bueno y en instruirme. Escogeré siempre el bien y guardaré siempre en mi alma el caro recuerdo de los que me le han hecho conocer y amar.

Muchos años han pasado desde aquel dia; pero nuestros tres niños no le han olvidado.

Amada es una jóven de una perfeccion rara. Es un alma noble y elevada que cumple todo lo que su niñez prometía.

Enrique continúa valientemente sus estudios. Piensa en volver á comprar un dia la manufactura de su abuelo y en emplear dignamente su fortuna cuando disponga de ella. Escribe con frecuencia al Sr. Edmundo y á Frascuelo.

El Sr. Edmundo no ha dejado la direccion de la fábrica á pesar del cambio de dueño. Frascuelo está pues siempre bajo la proteccion del excelente profesor, que continúa dándole sus lecciones y sus consejos. Así es que Frascuelo se vuelve un jóven obrero tan instruido como inteligente y bueno. Gana fuertes jornales, y la comodidad aumenta en casa de la viuda Roullin. Eugenito sigue las huellas de su hermano el mayor; lee ya corrientemente en los libros que Amada había dejado á Frascuelo al partir; sabe tambien la cancion del pobre, que había hecho feliz á Frascuelo, y que este no ha olvidado. Todavía, cuando Frascuelo está triste, la canta muchas veces, por la noche, en la velada, á media voz, y se acuerda del Sr. Clertan, Enrique, y Amadita; despues piensa que aunque separado de ellos por los accidentes de la vida, les quedará unido por el reconocimiento y el afecto, marchando como ellos hácia un mismo objeto, obedeciendo á una misma divisa : — ¡Escoger siempre el bien!

FIN.

INDICE.

I. — Entrada de Frascuelo al aprendizaje 1
II. — El Sr. Clertan. — El ojo del amo 3
III. — El juego. — Frascuelo olvida su trabajo. 4
IV. — La envidia 6
V. — La envidia conduce á la perversidad 7
VI. — Amada y Frascuelo. — La altivez 9
VII. — Remordimientos de Frascuelo. 10
VIII. — Las humillaciones de Frascuelo 11
IX. — El libro de Amada. — Es preciso amar á los que nos aborrecen 13
X. — La conciencia de Amada no se tranquiliza 14
XI. — Tened un gran corazon y se os amará. 15
XII. — La cancion del pobre. . 16
XIII. — La reconciliacion. — Jamas nos creamos enemigos los unos de los otros 18
XIV. — El almuerzo compartido . 21
XV. — El trabajo trae consigo la felicidad. 23
XVI. — Piensa ántes de obrar. . 24
XVII. — De la oracion 26
XVIII. — Ser dichoso es tener la conciencia tranquila 27
XIX. — El rico debe instruirse. . 28
XX. — El pobre debe instruirse . 31
XXI. Frascuelo toma una buena resolucion. — Utilidad de la lectura. 32
XXII. — El vestido blanco de Amada. - La pureza del corazon. 33
XXIII. — Historia del abuelo de Amada. — Ricos y pobres. . 35
XXIV.— Frascuelo pone en práctica los consejos de Amada : Es preciso reflexionar ántes de obrar. — La prudencia. . 36
XXV. — La prudencia es madre de la seguridad 38
XXVI. — Frascuelo es recompensado. — Un servicio produce otro servicio. — La renta sobre el Estado. 40
XXVII. — Las lecciones en comun. — El Sr. Edmundo. . . . 41
XXVIII. — Amada querria conocer algunos remedios para los sufrimientos de los pobres. — El sufrimiento, principio de la caridad. 42

XXIX. — Los hombres deben luchar juntos contra el sufrimiento 43
XXX. — El hombre está hecho para el progreso, al cual es excitado por el sufrimiento. ... 45
XXXI. — La NATURALEZA y la INDUSTRIA. Dos clases de utilidades. 47
XXXII. — El trabajo y la industria elevan la inteligencia del hombre. — El sagotal y los habitantes de Ceram. 50
XXXIII. — El trabajo de la inteligencia, en la industria, reemplaza y disminuye poco á poco el trabajo del cuerpo. —La instruccion obligatoria 52
XXXIV. — Historia de Jorge Stephenson. Su infancia 54
XXXV.—(Continuacion.) Stephenson rehusa ir á la taberna. — Sus primeros trabajos. 56
XXXVI. — (Continuacion). El padre y el hijo de Stephenson. — Amor filial y amor paternal. . . 57
XXXVII. — (Continuacion.) Stephenson ingeniero de la mina . 58
XXXVIII. — (Continuacion). Nuevos estudios de Stephenson. — Roberto y su borriquito 59
XXXIX. — (Continuacion.) El incendio en la mina. — El fuego grisú. 60
XL. — Invencion de la lámpara de los mineros. 62
XLI. — (Continuacion.) Stephenson busca la mejor locomotiva. — Las luchas del progreso contra la rutina. 64
XLII.—(Continuacion.) Invencion de la mejor locomotiva. — Concurso de 1829. — El COHETE . . 65
XLIII. — La divisa de Stephenson. — Perseverancia 66
XLIV. — El hijo de Stephenson, Roberto. — Los puentes sobre el mar. — Los ferro-carriles de Rouen y de Marsella 67
XLV. — La industria acerca á los hombres y prepara el reinado de la paz. 68
XLVI. — Pascal y la invencion de la bructa. — Las ventajas de la civilizacion 71
XLVII. — El hombre está hecho para vivir en sociedad. — Robinson y sus compañeros invisibles. — Las primeras edades de la humanidad y las selvas virgenes 73
XLVIII.—Los hombres son com-

pañeros de trabajo. — Los cuatro salvajes y la piedra. - El coral. — El trípoli 76
XLIX. — De la DIVISION DEL TRABAJO en la industria, y de sus buenos efectos. 78
L. — Cada uno se aprovecha del trabajo de todos. — BENEFICIOS DE LA ASOCIACION. — El alfiler, la sal, la pimienta, el café . . . 80
LI. — PODER DE LA ATENCION. — El niño y la máquina de vapor. — Historia del jóven Potter 82
LII. — Descubrimientos debidos á la atencion. — Cristóbal Colon y las yerbas de la playa. — La lámpara de la catedral de Pisa y la péndula de los relojes. . . . 84
LIII. — Los relojes de otro tiempo. — El reloj de los salvajes. — Los cocos y el cocotero 85
LIV. — La manzana de Newton. — Descubrimientos astronómicos. — Las maravillas del cielo. 86
LV. — Fíjese la atencion en sí mismo. — El cuaderno de Franklin y el exámen de conciencia. 89
LVI. — (Continuacion). — El cajero y la teneduría de libros de comercio. — Quiebras y bancarotas. . . . . , . . 90
LVII. — La prevision y la economía. — El salvaje imprevisor. . 91
LVIII. — El imprevisor es un ciego. — Necesidad de la prevision y de la economía para el obrero. 92
LIX. — Historia de un salvaje industrioso. — De la propiedad. — La red 93
LX. — Frascuelo propietario. — Diversas especies de propiedades. — Propiedad de la persona. Bienes muebles é inmuebles. . 95
LXI. — El salvaje industrioso (continuacion). — El CAMBIO, las convenciones y los CONTRATOS. — Fabricacion de una segunda red. — Construccion de una choza. — La hamaca. 97
LXII. — El salvaje industrioso. (continuacion.) — El ALQUILER DEL TRABAJO. Obrero y patron. — El ALQUILER DE LA CASA. El contrato de arrendamiento. Propietario y locatario. 100
LXIII. — Historia de un salvaje. (Continuacion). — Venta de las redes. — El COMERCIO y los contratos de venta 101
LXIV. — (Continuacion.) Invencion de una canoa 103
LXV. — (Continuacion). Viaje al bosque. Los pericos y los monos. — Ventajas del comercio. 105
LXVI. — Comunidad de los intereses entre los hombres 107

LXVII. — (Continuacion.) Las consecuencias de la injusticia . . . 108
LXVIII. — (Continuacion). Justicia de la PROPIEDAD 109
LXIX. — (Continuacion.) La HERENCIA Y LOS TESTAMENTOS. — Derecho de dar. Derecho de testar. — Conclusiones sobre la historia de un salvaje industrioso. 112
LXX. — La primera de las propiedades es la propiedad de sí MISMO. — Injusticia de la ESCLAVITUD. — Miseria de los esclavos en la antigüedad. — Los jardines de Babilonia y las pirámides de Egipto. — Los esclavos en el molino. 114
LXXI. — Santa Batilde. — San Vincente de Paul. — La parte que tomó la Francia en la abolicion de la esclavitud. — Los negros de América. — Los mercados de esclavos. 119
LXXII. — HISTORIA DE LA ESCLAVITUD. — Los ESTADOS UNIDOS; sus tierras incultas y sus animales salvajes. — Los peones. —Lincoln 121
LXXIII. — (Continuacion). Noble respuesta de los esclavos. — Las escuelas de negros. — Los vivacs. — La muerte de Lincoln. 123
LXXIV. — Distincion de los deberes de JUSTICIA y de CARIDAD. — Una restitucion de San Luis. 126
LXXV. — (Continuacion). La LIBERTAD, la IGUALDAD y la FRATERNIDAD, consecuencias de la justicia y de la caridad. — Los crimenes contra la justicia. — Los tribunales. 127
LXXVI. — Belleza de la CARIDAD y de la FRATERNIDAD. — Todos los hombres deben amarse y de ayudarse mutuamente 128
LXXVII. — El DERECHO 129
LXXVIII. — El rico y su vecino. — Caridad privada. Fraternidad pública. Instituciones de asistencia pública. 131
LXXIX. — Armonía de la JUSTICIA y de la UTILIDAD. — Camilo en el sitio de Falérios. — La traicion á la patria 133
LXXX. — Armonía de la justicia y de la utilidad (continuacion). — Aristides y Temistocles ante la flota espartana 135
LXXXI. — ¿Qué cosa es el CAPITAL? — El herrero Julian. . . . 137
LXXXII. — La CAJA DE AHORROS. Cajas postales y escolares. . 139
LXXXIII. — El capital del trabajador. — Lo que produce una economia de 10 céntimos diarios 140
LXXXIV. — El INTERES. La canoa prestada. Contratos de présta-

INDICE.

mos. — Hipotecas. — Usura. — Los notarios............ 142
LXXXV. — Posibilidad para todo trabajador de reunir un pequeño capital. — Del TABACO y de las costumbres dispendiosas. — El ensayo desgraciado de Frascuelo 145
LXXXVI. — Peligros materiales y morales del ABUSO DEL TABACO. 147
LXXXVII. — Pérdida de dinero causada por el abuso del tabaco. 148
LXXXVIII. — Lo que sucederia si se dejara de fumar. — El empleo del capital. — La manía de la imitacion 149
LXXXIX. · La instruccion obligatoria. — La instruccion es un capital moral ,......... 150
XC. — Bibliotecas populares y escolares........... , . . 152
XCI. — Un gran trabajo ejecutado por la Francia. — El CANAL DE SUEZ. — Las Indias y el Asia. — Las acciones del canal de Suez; el Sr. Clertan accionista . . . 154
XCII. — (Continuacion). El Egipto y el Africa. — El canal de agua dulce. — El Nilo. — El desierto trasformado 158
XCIII. — El istmo de Suez (continuacion). — Construccion de un muelle en el mar. — Fabricacion de las piedras. — Las máquinas para levantar los fardos.—El trabajo debajo del agua. 161
XCIV. — Otro gran trabajo ejecutado por la Francia : El TUNEL DEL MONTE-CENIS. — Un nuevo túnel : el San Gotardo..... 163
XCV. — La MONEDA. — Los cambios entre los negros de Africa. — Los filones de oro en las rocas. 166
XCVI. — El ORO y sus cualidades. — El laminador y la hilera. — El batido del oro en hojas. — Descubrimiento de las minas de oro en California. — La California y sus habitantes....... 168
XCVII. — La MONEDA (continuacion). Su utilidad para el comercio. — El zapatero, el sombrerero, y el panadero 170
XCVIII. — La MONEDA (continuacion). — Ventajas del oro. — Los billetes de banco y el banco de Francia........... 171
XCIX. — El VALOR y el PRECIO de las mercancias 173
C. — La variacion de los precios. — OFERTA de los vendedores y DEMANDA de los compradores. — Los ramos de cerezas 174
CI.—La eleccion de una profesion 176
CII. — El cumple años de Enrique y el arco de Estéban...... 177
CIII. — Una leccion dada por Amada. — El zapatero exigente. La LIBERTAD DEL TRABAJO. . . . 180
CIV. — Utilidad de la CONCURRENCIA para el comercio. — Quejas de la frutera. — Jardinero y viñador............. 183
CV. — La concurrencia favorece el progreso. — El arco fabricado por Frascuelo 186
CVI. — El respeto de la LIBERTAD. — La envidia produce la injusticia. — El pobre no debe envidiar al rico........... 187
CVII. — LA VERDADERA IGUALDAD. El orgullo produce la injusticia. — El rico no debe despreciar al pobre............ 189
CVIII. — HISTORIA DE LA INDUSTRIA EN FRANCIA. — Las corporaciones, el aprendizaje y el maestrazgo. — La obra maestra. — Los asadores 190
CIX. — Los privilegios. — Zapateros y zapatilleros....... 194
CX.—(Continuacion). Los antiguos reglamentos. — Las galeras . 196
CXI. — Los PROCESOS en Francia antiguamente. — Los sastres y los ropavejeros. — Los polleros y los asadores. — Los farsantes de la feria 197
CXII. — Los PROCESOS hoy. — Los jueces de paz. — Los tribunales de comercio 200
CXIII. — Las corporaciones impedian los progresos de la industria. — Los cordones y los calzones. — Botones de nácar y botones de tela. — Indianas ó telas pintadas. — Leprévost y los sombreros de seda 201
CXIV. — (Continuacion). Argand y el perfeccionamiento del alumbrado. — Las lámparas antiguamente y hoy. — Las lámparas de los faros. — Réveillon y los papeles pintados 204
CXV. — Las miserias de la antigua Francia. — Las hambres periódicas.—Las víctimas del hambre 207
CXVI. — (Continuacion). Duracion media de la vida en Francia, antiguamente y hoy....... 209
CXVII. — Un grande hombre de Estado frances : TURGOT. — Un rasgo de su infancia. — El dinero bien empleado 210
CXVIII. — (Continuacion). Turgot magistrado. — Un acto de justicia. — Turgot economista. La ECONOMÍA POLÍTICA 211
CXIX. — TURGOT (continuacion). El hambre de 1770. Parmentier y la patata. — Una astucia de Luis XVI 214
CXX. — Turgot ministro de Luis XVI. — Las corporaciones

INDICE.

abolidas. — El bienhechor calumniado............ 216
CXXI. — Los principios de la TELEGRAFÍA. — Las señales de los Galos. — Los fuegos de los castillos en la edad media. — Las palomas viajeras. — Los despachos por globos durante la guerra............ 218
CXXII. — Los hermanos Chappe. — Las invenciones de tres escolares. — El telégrafo aéreo. — Primer despacho trasmitido por el telégrafo aéreo....... 221
CXXIII. — La ELECTRICIDAD. La velocidad de la electricidad y la rapidez del pensamiento.. 222
CXXIV. — Los imanes. — Los cisnes de Enrique.—El telégrafo eléctrico........... 224
CXXV. — Los CABLES SUBMARINOS entre Francia y Argel, entre Europa y América. — Historia del cable trasatlántico. — Encuentro de una ballena.... 226
CXXVI. — Primer viaje del LEVIATHAN. — Una ciudad flotante. 229
CXXVII. — Nuevo viaje del LEVIATHAN. — Reflexiones de Frascuelo. — Los tesoros de los particulares y de los gobiernos 230
CXXVIII. — El primer despacho de América a Europa. La superticion. Los viérnes de Cristóbal Colon........... 233
CXXIX.—El ESTADO y el GOBIERNO. — Las leyes y el respeto que les es debido.......... 235
CXXX.—Los IMPUESTOS y el tesoro público. — Impuestos directos é indirectos.......... 236
CXXXI. — Manera de establecer los impuestos.— Deberes de los electores para con la Patria. — La instruccion cívica...... 238
CXXXII. — La CONSTITUCION. — La Cámara de diputados. El Senado. El presidente. Los ministros............ 239
CXXXIII. — El VOTO. — Superioridad de la lucha electoral sobre las revoluciones. — Necesidad de la instruccion cívica. — El deber militar y la disciplina.. 241
CXXXIV. — La HIGIENE. — El aire del campo y el aire de la ciudad. — La respiracion en el hombre. — El aseo. — Los vestidos. — La asfixia. — Cuidados á los asfixiados. — Frascuelo hace provision de buen aire.... 243
CXXXV. — Higiene (continuacion). — Respiracion en las plantas. — Utilidad higiénica de los árboles. — Cómo las plantas salubrifican el aire viciado por los animales........... 246

CXXXVI.—Utilidad de los árboles para la agricultura y la industria. —La repoblacion de los montes. — Productos de nuestros bosques. Leña, carbon, resina, corteza y corcho.......... 247
CXXXVII.— La mutilacion de los árboles. — El merodeo.... 249
CXXXVIII.— Pájaros é insectos. — Nuestra AGRICULTURA. — Tierras incultas. — El desagüe. — Los desiertos de Africa: pozos artesianos y oasis artificiales. 251
CXXXIX. — La LABRANZA.— Los arados, el rastrillo y el rodillo. — El tiesto de flores de Amada. — Cómo se promete Frascuelo cultivar su pequeño jardin... 254
CXL.— Los BARBECHOS y los AMELGAMIENTOS. — Plantas agotantes y mejorantes.—Olivier de Serres 256
CXLI. — El GANADO. — ABONOS y ESTERCOLADURAS. — El guano y las aves marinas del océano Pacífico............ 258
CXLII. — Necesidad del dinero y de una buena contabilidad para la agricultura......... 260
CXLIII.— Necesidad de la inteligencia y de la instruccion para la agricultura. — Las escuelas de agricultura.......... 262
CXLIV. — Utilidad de las VIAS DE COMUNICACION. — El mar y los rios navegables. — Buques y barcas. Los pizarrales. — Las salidas del comercio...... 264
CXLV. — Los viajes en tiempo de Luis XIV. — Los peajes.. 268
CXLVI. — Historia de FULTON. — El buque de vapor...... 270
CXLVII. — Historia de Fulton. (continuacion).— El primer viaje del buque de vapor. — El primer salario.......... 271
CXLVIII. — Las MÁQUINAS. — El buque de Papin......... 273
CXLIX. — Las MÁQUINAS (continuacion). — La instruccion nos hace á propósito para varios oficios. — El torrente de la montaña. — Las crisis y las huelgas en la industria......... 275
CL. — Las máquinas de hoy y los esclavos de otro tiempo. — Las primeras máquinas y los primeros instrumentos de los hombres. — La infancia de la industria humana. — La edad de piedra y la edad de bronce. 277
CLI. — La más bella de las máquinas. — La IMPRENTA.... 280
CLII. — Historia de la invencion de la imprenta. — Gutenberg lapidario y grabador 282
CLIII. — (Continuacion.) Gutenberg impresor.......... 284

INDICE.

CLIV. — Gutenberg (*continuacion*). — Consecuencias de la imprenta. — ¿Deben los trabajadores quejarse de las invenciones nuevas y de las nuevas máquinas? 286
CLV. — El crédito. — Frascuelo haciendo crédito al Sr. Clertan. 288
CLVI.—Los contratos y promesas. — Habituaos á la lealtad. — Las palabras del trapacero son moneda falsa. — El abuso de confianza 290
CLVII.— Las deudas y el abuso del crédito. — Ventas por embargo.— Sauvage en su prision. — Los buques de hélice.... 292
CLVIII. — Los gastos útiles y el consumo productivo. — La merienda de Amada.— Las simientes del agricultor. — El gasto de carbon en la industria. — Los gastos de instruccion de Enrique 294
CLIX. — Gastos infructuosos y consumo improductivo. — Granizo. — Incendio. — Objetos quebrados 296
CLX. — El consumo del alcohol y de los licores fuertes. — La embriaguez es ruinosa para la bolsa 299
CLXI.— La higiene y los licores fuertes. — La embriaguez es ruinosa para la salud.—Degrada al hombre y le expone al crimen. — Tabernas y cafés. — La promesa de Frascuelo y de Enrique 302
CLXII.— La lotería.— La sopera ganada por Frascuelo 304
CLXIII.— El juego.— Historia de un jugador 305
CLXIV. — Del seguro. — Cómo el hombre llega á preveer los accidentes futuros 307
CLXV. — Sociedades de socorros mutuos. — Cómo habria debido emplear Frascuelo el dinero que puso á la lotería. 309
CLXVI.— Seguros contra los accidentes. — Caja de retiros. — Seguros sobre la vida.— Lo que debería hacer todo obrero ... 310
CLXVII. — Historia de los equitativos trabajadores de Rochdale. —Las huelgas.— La asociacion 313
CLXVIII.— Los equitativos trabajadores (*continuacion*). — Sociedades cooperativas de Roubaix, Paris, Lyon, Grenoble ... 315
CLXIX. — La influencia de las madres y el papel de la mujer en la familia.—Blanca de Castilla. 318
CLXX. — Dos mujeres célebres de Francia. I. Sofia Germain.

— La Escuela politécnica ; la Escuela normal 320
CLXXI.—Historia de dos mujeres célebres de Francia. II. Madame Dacier 323
CLXXII.— Superioridad de las reformas pacíficas sobre las revoluciones violentas.—La crisálida 324
CLXXIII.— Pensad en las consecuencias de vuestras acciones. — El cambiador de los ferrocarriles. — El homicida por imprudencia. — El elector. — El futuro médico. — Las gotas de agua y la voz del mar ... 325
CLXXIV. — Armonía de los verdaderos intereses entre las naciones. — El amor de nuestra Patria y de la Humanidad ... 328
CLXXV. — La visita á la biblioteca. — Revista general de las ciencias. — Ciencias matemáticas. — La geometría y la aritmética 331
CLXXVI. — Ciencias físicas. — Utilidad de la mecánica y de la astronomía. — Los satélites de Júpiter y la navegacion. — Los arrecifes. — La física. — Galvani y sus ranas.— La química. 334
CLXXVII. — Ciencias naturales. — Las antiguas edades de la tierra.— El estudio de las plantas y de los animales...... 338
CLXXVIII. — Las ciencias morales. Filosofía 343
CLXXIX. — Las bellas-artes. — Arquitectura, escultura, pintura, música, poesia, elocuencia. 345
CLXXX. — Las ciencias de la sociedad. — Derecho y política. — Verdadero sentido de la soberanía nacional. 349
CLXXXI.— (*Continuacion*). Derechos civiles.— Actos del estado civil. — Nacimientos, matrimonios y muertes — Mayoría. — Alcaldes y prefectos. — Tribunales civiles y de comercio. Cortes de apelacion. Corte de casacion. 350
CLXXXII. — (*Continuacion*). Derechos políticos. — Orígen de nuestro derecho frances.—Todo derecho engendra un deber. — Concejos municipales y concejos generales 353
CLXXXIII.— (*Continuacion*). Política, economía política, historia. 354
CLXXXIV. — Las ciencias religiosas.—Reflexiones de Amada. 355
CLXXXV. — Enrique y Amada parten para los Pirineos 357
CLXXXVI. — Ultimos consejos del Sr. Edmundo. 359

PARIS. — LIBRERIA É IMPRENTA DE CH. BOURET
Calle Visconti, 23.

NUEVO MÉTODO

...CIALMENTE ADECUADO A LOS NIÑOS DE LAS ESCUELAS PRIMARIAS

PRESENTANDO EN LA MISMA PAGINA

MODELOS Y CALCOS IMPRESOS EN NEGRO Y AZUL

Premiado por la Sociedad de Instruccion elemental de Francia, en su cesion anual del 18 de Julio de 1869

LA COLECCION SE COMPONE DE OCHO CUADERNOS

ciento, sin trece por doce, en **papel ordinario**.............. 8 fr.
— — **papel superior y mucho más fuerte.** 9 fr.

Dejamos á los maestros el cuidado de apreciar estos cuadernos como merecen y reconocer su evidente superioridad, pero sin hablar de la diferencia de precio; — diferencia notable, pues este Método á 40 0/0 más barato que los demas Métodos, — los Señores Profesores podrán convencerse de las verdades siguientes :

1º. La letra de los modelos es más elegante que la de los métodos análogos.

2º. Su impresion es infinitamente más esmerada, el trazado más regular, y la letra se mantiene clara y hermosa hasta los últimos cuadernos, miéntras que en los otros métodos los últimos modelos llegan á ser peores que la letra que se suele exigir de los discípulos.

3º. Su graduacion y método no pueden ser mejores, y los trazados azules, sin repetirse demasiado, tampoco se suprimen bruscamente como sucede en otros métodos.

4º. El papel empleado, no el de la cubierta, sinó el del interior, es mejor y no se deja calar por la tinta.

Todas estas ventajas aparecen con evidencia, por la sencilla comparacion de los métodos en boga.

Paris. — Librería é imprenta de CH. BOURET, calle Visconti, 23.

EN LA MISMA LIBRERIA

LA
LLAVE DE LA ESCR

NUEVO MÉTODO

ESPECIALMENTE ADECUADO A LOS NIÑOS DE LAS ESCUELAS PRIMARIAS

PRESENTANDO EN LA MISMA PAGINA

MODELOS Y CALCOS IMPRESOS EN NEGRO Y AZUL

Premiado por la Sociedad de Instruccion elemental de Francia, en su cesion anual del 18 de Julio de 1869

LA COLECCION SE COMPONE DE OCHO CUADERNOS

El ciento, sin trece por doce, en **papel ordinario**. . . . . 8 fr. »
— — — **papel superior y mucho más fuerte.** 9 fr. »

Dejamos á los maestros el cuidado de apreciar estos cuadernos como merecen y reconocer su evidente superioridad, pero sin hablar de la diferencia de precio ; — diferencia notable, pues este Método sale á 40 0/0 más barato que los demas Métodos, — los Señores profesores podrán convencerse de las verdades siguientes :

1º. La letra de los modelos es más elegante que la de los métodos análogos.

2º. Su impresion es infinitamente más esmerada, el trazado más regular, y la letra se mantiene clara y hermosa hasta los últimos cuadernos, miéntras que en los otros métodos los últimos modelos llegan á ser peores que la letra que se suele exigir de los discípulos.

3º. Su graduacion y método no pueden ser mejores, y los trazados azules, sin repetirse demasiado, tampoco se suprimen bruscamente como sucede en otros métodos.

4º. El papel empleado, no el de la cubierta, sin el del interior, es mejor y no se deja calar por la tinta.

Todas estas ventajas aparecen con evidencia, por la sencilla comparacion de los métodos en boga.

Paris. — Librería é imprenta de Ch. Bouret, calle Visconti, 23.

www.ingramcontent.com/pod-product-compliance
Lightning Source LLC
Chambersburg PA
CBHW060052190426
43201CB00034B/1205